TEACHING MATERIALS FOR COLLEGE STUDENTS

高 等 学 校 教 材

Fundamentals of Ship
Engineering
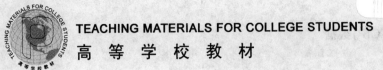

船舶工程基础

李志刚 主编

中国石油大学出版社

图书在版编目(CIP)数据

船舶工程基础/李志刚主编.—东营:中国石油
大学出版社,2011.8
ISBN 978-7-5636-3499-6

Ⅰ.①船… Ⅱ.①李… Ⅲ.①船舶工程—高等学校—
教材 Ⅳ.①U66

中国版本图书馆 CIP 数据核字(2011)第 126135 号

中国石油大学(华东)规划教材

书　　名:船舶工程基础
作　　者:李志刚

责任编辑:穆丽娜(电话 0532—86981531)
封面设计:九天设计

出 版 者:中国石油大学出版社(山东 东营　邮编　257061)
网　　址:http://www.uppbook.com.cn
电子信箱:shiyoujiaoyu@126.com
印 刷 者:青岛星球印刷有限公司
发 行 者:中国石油大学出版社(电话 0532—86981532,0546—8392563)
开　　本:180 mm×235 mm　印张:23.75　字数:464 千字
版　　次:2011 年 11 月第 1 版第 1 次印刷
定　　价:36.00 元

Preface

前言

目前,海洋油气资源开发的高潮正在掀起,石油工业正在走向"海洋时代"。中国石油大学(华东)于 2001 年成立了船舶与海洋工程专业,其主要目标是为中国的海洋石油事业培养人才。本书是为满足该专业的教学需要而编写的。

船舶,作为水上运载工具的代名词,是进行海洋油气开发所必须具备的重要工具。船舶知识也成为从事海洋油气开发的技术人员所必须掌握的专业知识之一。然而,船舶工业是古老的传统工业,有着悠久的历史,与船舶工程相关的理论和技术体系非常庞大,其内容也非常丰富,所以,要想在有限的学时和有限的篇幅内包含所有的内容,即便是基础的内容,也是不现实的。因此,在教学中必须对船舶相关内容有所取舍。

实际上,一名海洋油气工程师所需要掌握的船舶知识,与一名造船工程师相比,无论在深度上还是广度上,都应该有所不同。基于以上考虑,同时也作为一种探索,本书根据海洋油气开发的特点,以适用为原则,将船舶工程的基本概念和基本原理作为主要关注点,对船舶工程的各方面内容进行了梳理和筛选。

全书内容共分 12 章:

第 1 章简单介绍船舶和船舶工程的概念、船舶的基本构成及常见的船舶类型。

第 2 章首先介绍船舶的主要参数,包括船舶主要尺度和吨位等参数;然后介绍船体形状的表达手段,主要包括尺度比、船型系数和船体型线图。

第 3 章到第 8 章分别介绍船舶的浮性、稳性、抗沉性、快速性、操纵性和耐波性。这些性能是衡量船舶航行性能的重要指标,也是船舶工程中的原理性内容,所以占用了较大篇幅。但对这六大性能的叙述也是有所区别的:其中较为详细地讨论了船舶的浮性、稳性和抗沉性,即船舶静力学方面的内容;在船舶快速性中主要介绍了船舶阻力方面的内容,而对于船舶推进部分的内容仅作概念性解释;操纵性部分的内容仅给予基本介绍;耐波性部分的内容则给予了较为全面的讨论。这种处理方式与海洋油气开发中所遇到的船舶工程问题有关。在海洋油气开发中遇到的海洋结构物主要是各种海洋平台,这些平台在工作时多处于固定状态,即便是在拖航时也是处于较低航速状态。

第9章介绍了船舶的各种结构形式和强度的基本概念,其中主要介绍的是各种船体结构形式。

第10章简要介绍了船舶设计的主要阶段和各阶段的工作内容。

第11章从总体上介绍了造船用钢材,船舶建造的主要工艺过程、主要工作内容和相关装备。

第12章介绍了船舶检验的相关内容。

为了不影响整个理论叙述的连续性,本书将船体近似计算的内容单独拿出来作为附录,主要包括常用的船舶近似计算方法和近似计算方法在船体近似计算中的应用。附录还给出了一条船的静水力曲线的计算实例。在阅读和教学过程中,如果需要这一部分内容,可以根据情况插入阅读和讲解。

由于在中国石油大学(华东)船舶与海洋工程专业的教学计划中有专门讲解"船体强度与结构设计"方面内容的课程,并有相应的教材,因此本书对该方面的内容没有进行深入的讨论。

本书的出版得到了中国石油大学(华东)教材建设基金的支持,在此表示感谢。还要感谢陈建民教授和刘震教授审阅了全部书稿,并提出了宝贵意见。另外,在编写过程中,本书参考了大量的国内外文献,书末仅列出了主要的参考文献,如有遗漏,敬请见谅。在此,对这些文献的作者亦表示衷心的感谢!最后感谢所有为本书的编写和出版付出辛勤劳动的人们!

尽管在编写过程中参阅了大量的国内外相关教材和文献资料,然而,要在有限的篇幅内承载如此多的内容,其轻重深浅很难处理,加之编者水平有限,文中必有不当和错漏之处,敬请各位专家斧正,并希望读者不吝赐教。编者电子邮箱:Lee18198@163.com。

李志刚

2010 年于中国石油大学(华东)

Contents

目录

第1章　　绪　论

▣ 1.1　船舶及其发展历程

1.1.1　船舶(ship,vessel)

　　船舶是水上、水面及水下运载工具的统称,有舟、舫、舶、筏、排、舰、艇等名称。船舶又有"活动的水上建筑物"之称,它同陆上的建筑物一样,具有一定的外部形状和内部空间,并具有特定的功能,可满足不同的使用要求。但船舶又不同于一般的陆上建筑物,其特点包括:

　　(1)船舶活动在水面或水下,且是可移动的;

　　(2)船舶处于水与空气两种介质之中,且海船活动于海水中,更有盐雾、湿度等问题存在;

　　(3)船舶(包括船上的各种设备)经常处于波浪之中,外部环境恶劣,运动状态及受力状况复杂多变。

1.1.2　船舶的发展历程

　　船舶,是劳动人民认识自然、征服自然和改造自然的产物,是人类智慧的结晶。同其他运载工具一样,它经历了从无到有、从简单到复杂、从低级到高级的发展历程。

　　船舶的发展大致经历了原始舟筏、桨船、帆船、蒸汽机船和现代舰船几个时代。期间,船体由最原始的芦苇和原木做成的简易小舟发展成为具有复杂结构的现代钢铁舰船,驱动船舶的动力也由最初的人力发展到现代的核动力。

　　下面将沿着船体的发展和动力的发展两条主线简要介绍船舶的发展历程。

　　1)原始舟筏时代

　　原始社会的人类大多临水而居。如果没有水上交通工具,他们就无法捕捞深水区的鱼群,无法追赶逃到河对面的野兽;遇到洪水泛滥,人可能被活活淹死。于是,古人对船只充满了美好的向往,留下了许多美丽的传说,如中国的八仙过海、西方的诺亚方舟。这个时期的舟筏多以未加工的原始材料为主做成,如原木、芦苇、葫芦和动物皮等,动力以人力为主。

2)桨船时代

在人类的航海史上,桨船时代持续的时间最长。桨船时代最显著的特征是以桨、篙或橹等工具代替人的手、脚来推动船舶前进。另外,在这个时期,船体的结构也发生了本质性的变化,出现了具有舷侧、横梁和龙骨的船舶,但材料仍以木材为主,动力也仍以人力为主。

3)帆船时代

肌肉和风是帆船最古老的推进器。刚开始出现的风帆较为简易,仅作为辅助动力在桨船上使用;后来,风帆的面积增大,航速提高,出现了多桅帆船,船体出现多层甲板,长宽比也趋向合理。如郑和的宝船就是多桅帆船的杰出代表:船长44丈,宽18丈,拥有9根桅杆,12张帆。

风帆是人类航海史上的伟大发明。帆船由沿海走向大洋,变天堑为通途,航速越来越快。著名的哥伦布发现新大陆、麦哲伦环球航行等事件就发生在这个时期。但大约到19世纪中叶,帆船的能量已经达到了极限,不能再使帆船增加运输量和提高航速了。另外,虽然帆船经济实惠,不需要燃料,但是它离不开风,而且顶风航行时,只能曲折前进,航行的准确性较差,并且无法在像苏伊士运河那样有限的水域航行。于是,帆船开始装备发动机作辅助动力,并逐渐被蒸汽动力船所替代。

4)蒸汽机船时代

18世纪下叶,瓦特发明的蒸汽机表现出惊人的动力。19世纪初,第一艘蒸汽轮船诞生,但当时的蒸汽机非常笨重,功率也不大,所以跑不快,因而受到一部分人的抵制。

早期的蒸汽船由船舷或船尾的叶轮旋转来推动。这种叶轮体积巨大,而且非常明显地暴露在水面上,使人一目了然,故此称为明轮。因此人们把这种装有明轮推进器的蒸汽船称为轮船。后来螺旋桨虽取代了明轮,但人们对轮船的这一称呼一直沿用至今。

在这个时代,除船舶推进动力方面的变化外,船体本身的材料也由以木材为主转变为铁木混合和铁制材料。

5)现代舰船

蒸汽机体积过于庞大,而且效率不高。随着内燃机的出现,船舶技术的发展又出现了一次革命性的变革。

现代舰船的动力装置通常包括柴油机动力、燃气轮机动力、核动力和联合动力装置。船体材料则以钢铁为主,并出现了许多新型材料。船型趋于多样化。详细内容将在"1.4船舶类型"中介绍。

综观船舶的发展历程,从古代船只到现代舰船,船舶技术大致经历了三次飞跃性的发展:一是造船材料由木质材料发展为钢铁材料,并趋于多样化;二是推进方式由传统的篙、桨、橹、帆等人力或借助自然力推进发展为机器推进;三是导航方法由初期的海岸观察、天文导航和指南针导航发展为无线电、雷达和卫星等现代化导航方法。第三个方面实际上应该属于航海技术方面的发展,但是这些通信导航设备已经成为现代舰船不可缺少的重要组成部分,因此也将其列入船舶技术的发展之中。

■ 1.2 船舶基本结构

船舶总体上由主船体(hull)和上层建筑(superstructure)两部分组成。下面首先介绍船舶各主要部位的名称及其含义,然后分别介绍主船体和上层建筑的构成情况。

1.2.1 船舶主要部位

船舶各部位都有其专门的名称和术语。图 1-2-1 所示为普通货船的基本构成和各主要部位的名称。

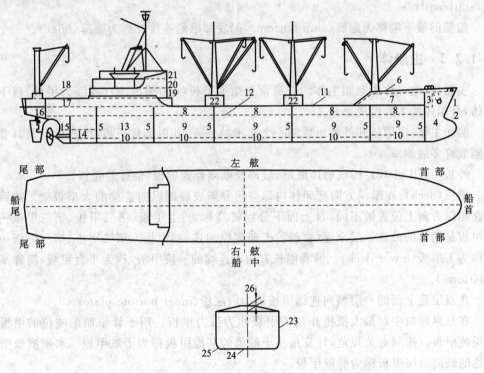

图 1-2-1 普通货船的基本构成和各主要部位的名称

1—首柱;2—球鼻首;3—锚链舱;4—首尖舱;5—横舱壁;6—首楼甲板;7—首楼;8—甲板间舱;9—货舱;
10—双层底;11—上甲板;12—下甲板;13—机舱;14—轴隧;15—尾尖舱;16—舵机舱;17—尾楼;18—尾楼甲板;
19—艇甲板;20—驾驶甲板;21—罗经甲板;22—桅屋;23—舷侧;24—船底;25—舭部;26—梁拱

船舶的前端叫船首(stem),后端叫船尾(stern)。向着船首的方向叫前方,向着船尾的方向叫后方,与首尾线成90°的方向叫正横。船舶的中心线叫首尾线,它将船舶划分为左右对称的两半。

首部(bow):简称艏,船首弯曲部分,指从船长中点起向船首延伸0.4倍船长以外的长度范围。

尾部(stern):简称艉,船尾弯曲部分,指从船长中点起向船尾延伸0.4倍船长以外的长度范围。

中部(amidship):简称舯,指从船长中点起向首尾延伸0.2倍船长的长度范围。船长的中点处叫船中(midship),船中也可指在船宽中点处或处于中心线的方向上。

平行中体(parallel middle body):在船中前后有一段横剖面形状与船中横剖面相同的船体。在船中以前的船体称为前体(fore body),在船中以后的船体称为后体(after body)。

舷侧(ship side):船舶的两侧。从船尾向船首看,船的左边叫左舷(port),右边叫右舷(starboard)。

船舶的最下端称为船底(ship bottom),船底和舷侧连接处称为舭部(bilge)。

1.2.2 主船体

主船体,也可称为船舶主体。它通常是指上甲板(upper deck)(或强力甲板)以下的船体,是船体的主要组成部分。

船舶主体:由甲板和外板组成的一个水密的外壳,其内部被甲板、纵横舱壁及其骨架分隔成许多的舱室。

外板(shell plate):构成船体底部、舭部及舷侧外壳的板,俗称船壳板。

甲板(deck):在船深方向把船体内部空间分隔成层的纵向连续的大型板架。按照甲板在船深方向上位置的不同,自上而下分别将其称为:上甲板、第二甲板、第三甲板……上甲板是船体的最高一层全通(自船首至船尾纵向连续)甲板。第二甲板、第三甲板……统称为下甲板(lower deck)。沿着船长方向不连续的一段甲板,称为平台甲板,简称平台(platform)。

在双层底上面的一层纵向连续甲板称为内底板(inner bottom plate)。

在总纵弯曲中起最大抵抗作用的甲板称为强力甲板。用于计量船舶吨位的甲板称为量吨甲板。按照有关规范,计算最小干舷值的基准甲板称为干舷甲板。水密横舱壁所上达的最高一层甲板称为舱壁甲板。

舱壁(bulkhead):将船体内部空间分隔成舱室的竖壁或斜壁。沿着船宽方向设置的竖壁,称为横舱壁(transverse bulkhead);沿着船长方向布置的竖壁,称为纵舱壁(longitudinal bulkhead)。在船体最前面位于船首尖舱后端的一道水密横舱壁,称为防撞舱壁(collision bulkhead),又称船首尖舱舱壁;位于船尾尖舱前端的水密横舱壁,称为船尾尖舱舱壁(afterpeak bulkhead)。

如果船舶的上甲板在中心线处高于左右两侧，那么在船中处的高度差称为梁拱(camber)。

1.2.3 上层建筑

在上甲板上，由一舷伸至另一舷的或其侧壁板离舷侧板向内不大于船宽 B（通常以符号 B 表示船宽）的 4％的围蔽建筑物，称为上层建筑，包括船首楼、桥楼和船尾楼。其他的围蔽建筑物称为甲板室。但不严格区分时，通常将上甲板以上的各种围蔽建筑物统称为上层建筑。

1) 船首楼(forecastle)

位于船首部的上层建筑，称为船首楼。船首楼的长度一般为船长 L（通常以符号 L 表示船长）的 10％左右。超过 $25％L$ 的船首楼，称长船首楼。船首楼一般只设一层。船首楼的作用是减小船首部上浪，改善船舶航行条件。船首楼内的舱室可作为储藏室等。

2) 桥楼(bridge)

位于船中部的上层建筑，称为桥楼。长度大于 $15％L$，且不小于 6 倍本身高度的桥楼，称为长桥楼。桥楼主要用来布置驾驶室和船员居住处所。

3) 船尾楼(poop)

位于船尾部的上层建筑，称为船尾楼。长度超过 $25％L$ 的船尾楼，称为长尾楼。船尾楼可减小船尾上浪，保护机舱，并可布置船员住舱及其他舱室。

4) 甲板室(deck house)

对于大型船舶，由于甲板的面积较大，布置船员房间等并不困难，在上甲板的中部或尾部可只设甲板室。甲板室两侧外面的甲板是露天的，因此有利于甲板上的操作，且便于前后行走。

5) 上层建筑的甲板

(1) 罗经甲板(compass deck)：又称顶甲板，是船舶最高的一层露天甲板，位于驾驶台顶部，其上设有桅桁及信号灯架、各种天线、探照灯和标准罗经等。

(2) 驾驶甲板(navigation deck)：设置驾驶台的一层甲板，位于船舶最高位置，操舵室、海图室、报务室和引航员房间都布置在该层甲板上。

(3) 艇甲板(boat deck)：放置救生艇或救助艇的甲板。要求该层甲板位置较高，艇的周围要有一定的空旷区域，以便在紧急情况下能集合人员，并能迅速登艇。救生艇布置于两舷侧，能迅速降落到水中。船长室、轮机长室、会议室、接待室一般多布置在该层甲板上。

(4) 起居甲板(accommodation deck)：位于艇甲板下方，主要用来布置船员住舱及生活服务的辅助舱室。大部分船员房间及公共场所一般都布置在这一层甲板上。

（5）游步甲板（promenade deck）：在客船或客货船上供旅客散步或活动的一层甲板，甲板上有较宽敞的通道及活动的场所。

1.3 船舶系统构成

现代船舶形式多样，每艘船舶都由多个不同的系统组成。不同类型的船舶，其组成系统是不同的，但有些系统是几乎所有船舶所共有的。

下面以钢制运输船舶为例简单介绍一下常见的组成系统。

1.3.1 船体结构（hull structure）

船体结构是所有船舶上必须具备的基本系统，是其他系统的载体。船体是一种在水面上下运动的复杂的空间结构物，其结构必须水密、坚固。

1.3.2 动力系统（power system）

船舶动力系统为船舶前进和其他需要提供动力支持，主要包括推进装置、辅助机械及设备、动力管路系统和机舱机械设备的遥控与自动化装置等。对螺旋桨船来说，船舶动力系统包括主机、辅机、电站、轴系和螺旋桨等，其中主机、大部分辅机、电站等一般均布置在机舱内，螺旋桨布置在船体尾部，轴系介于主机与螺旋桨之间。图 1-3-1 为船舶推进装置示意图。

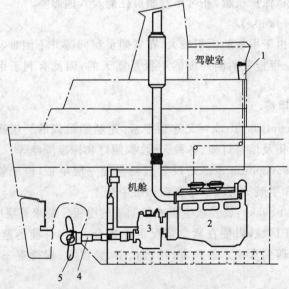

图 1-3-1 船舶推进装置示意图

1—遥控操纵台；2—主机；3—传动设备；4—轴系；5—螺旋桨

主机(main engine)的作用是把燃料燃烧得到的热能转化为机械能,用以推动船舶前进。常见的主机类型有蒸汽机、内燃机和核动力等。

轴系(shafting)在主机的曲轴输出法兰和螺旋桨之间,包括传递主机功率的传动轴(推力轴、中间轴、尾轴和联轴器)、支撑传动轴用的轴承(中间轴承、推力轴承和尾轴承)以及其他附件。轴系的主要任务是将主机的功率传递给螺旋桨,同时又将螺旋桨产生的推功率传递给船体,以推动船舶。图1-3-2为船舶轴系示意图。

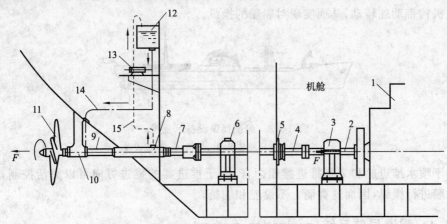

图 1-3-2　船舶轴系示意图

1—主机;2—推力轴;3—推力轴承;4—中间轴;5—隔舱填料;6—中间轴承;7—尾轴尾管;8—尾管支承;
9—尾管;10—人字架;11—螺旋桨;12—尾轴油柜;13—尾轴润滑油泵;14—进油管;15—回油管

螺旋桨(screw propeller)通常装于船的尾部,也有一些特殊船只在首尾部都装有螺旋桨,如渡轮。在船尾部中线处只装一只螺旋桨的船称为单桨船,左右各装一只螺旋桨的船称为双桨船,也有三桨船、四桨船,甚至更多桨数的船。

辅机是许多机器设备的总称。其作用:一是使管路系统及时有效地输送工质,保证主机正常工作;二是满足船上人员生活和工作的需要。辅机主要包括各种水泵、油泵、净油机、空气压缩机、风机、制冷与空调装置、制淡水装置、辅助锅炉等。

电站中有发电机及其原动机(一般为柴油机)、配电板、蓄电池和变流机等,主要用来供给船舶用电机械所需要的电能。

动力管路系统是为维持动力装置本身的需要而设置的管路系统,有燃油系统、润滑系统、冷却水系统、压缩空气系统等。

机舱及机械设备的遥控与自动化装置的主要作用是保证实现动力装置远距离操纵与集中控制,改善工作条件,提高工作效率并减少维修工作等,主要有自动控制与调节系统、自动操纵系统及集中监测系统等。

1.3.3　操纵系统(maneuvering system)

操纵系统是用于保持和改变船舶航向的设备的总称。大多数船的操纵系统由操舵设备、传动装置、舵机、转舵装置及舵组成。图1-3-3为常见船舶操纵设备在船上的布置示意图。操舵设备一般设在驾驶室中。舵机设在舵机舱内。舵布置在船体尾部的螺旋桨之后。船舶航行时,驾驶人员操纵舵轮(操舵设备),通过传动装置带动舵机,由舵机通过转舵机构带动舵转动,从而实现对船舶的操纵。

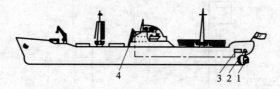

图 1-3-3　船舶操纵设备示意图
1—舵装置;2—转舵装置;3—舵机;4—操舵设备

对于喷水推进船和Z形推进器船而言,由于推进器的推进方向可以灵活控制,可代替舵对船进行操纵,因而这类船上不设舵和舵机。

1.3.4　观通导航系统(navigation system)

观通导航系统是船舶的五官,包括多种仪器设备,如具有导航或定位功能的磁罗经、电罗经、雷达、测深仪、无线电测向仪、自动操舵仪、计程仪、无线电定位系统、卫星导航接收机、自动避碰装置等,具有通讯功能的收发报设备、无线电话、呼叫设备、卫星通讯设备等。这些仪器设备一般都安放在相应的舱室内,其天线常安装在甲板上面的桅杆上。桅杆上一般还装有航行灯、信号灯及探照灯等。

1.3.5　停船系统(stopping system)

停船系统的作用是使船停泊,包括锚系统和系泊系统。其中,锚系统的作用是使船抛锚停泊,系泊系统的作用是使船系缆停泊。

锚系统主要由锚、锚链、锚链筒、制链器、锚机、锚链管、锚链舱和弃链器等组成。图1-3-4为常见的锚系统在船上的布置情况。

锚(anchor):被抛入水底后,通过吃入水底泥土提供停船用的系留力。常见的锚包括有杆锚(stock anchor)、无杆锚(stockless anchor)以及改良的大抓力锚(high holding power anchor)和各种各样的特种锚。具有代表性的有杆锚是海军锚(admiralty anchor)。常见的无杆锚有霍尔锚(Hall's anchor)和斯贝克锚(Speke anchor)。大抓力锚有燕尾锚,又称丹福斯锚(Danforth anchor)。

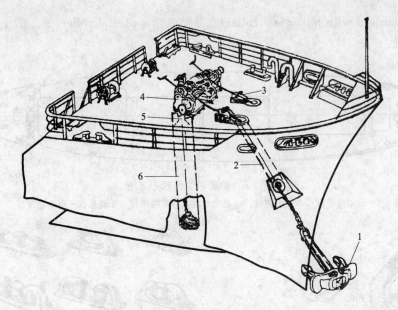

图 1-3-4　锚系统的布置

1—锚；2—锚链筒；3—制链器；4—锚机；5—锚链管；6—锚链舱

锚链(anchor chain)：连接锚和船体的链条，用来传递锚的抓力并缓冲船舶所受的外力。

锚链筒(hawse pipe)：斜穿船首楼甲板与舷侧板、引导锚链通向舷外的孔道，也是锚的收藏处所。

制链器(chain stopper)：设置在锚机和锚链筒之间，用来夹住锚链。

锚机(windlass)：抛锚与收锚用的动力机械，一般布置在船首部的上甲板上。

锚链舱(chain locker)：存放锚链的水密舱室，一般设在防撞舱壁之前，锚机后方的下面，船首尖舱的上面或后面，其截面形状为圆形或方形。

锚链管(chain pipe)：锚链进出锚链舱的通道，位于链轮下方，正对锚链舱的中央部位。

弃链器(cable releaser)：使锚链末端与船体相连并且在紧急情况下需弃锚时能迅速解脱锚链的一种专用装置。

系泊系统主要由系船缆、导缆装置、系缆装置和绞缆机械等组成，一般都左右对称地布置在上甲板上。图 1-3-5 是某船系泊系统的布置情况。

系船缆(mooring hawser)：又称系船索，简称系缆，是船舶系泊或拖带时用的缆索。船上用作系船缆的有钢丝绳、白棕绳、化学纤维绳和链条等。

导缆装置：一种在船舶系泊时导引系船缆由舷内通向舷外、变换方向、限制系船缆导出位置并减少缆索磨损的导缆器(fairlead)，包括导缆孔(mooring pipe)、导缆钳(chock)、导向滚柱(fairlead with horizontal roller)和导向滚轮(pedestal roller)等。图 1-3-6 为各种导缆装置。

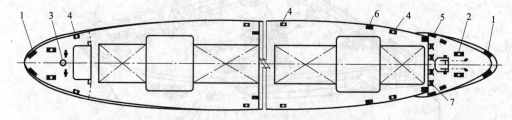

图 1-3-5　船舶系缆装置布置图

1—滚轮导缆钳；2,4—系缆桩；3—系缆绞盘；5—导缆钳；6—导缆孔；7—钢索卷车

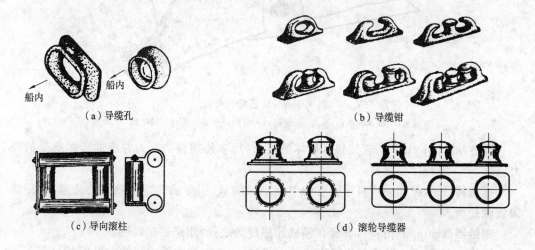

（a）导缆孔　　　　　　　　　　（b）导缆钳

（c）导向滚柱　　　　　　　　　（d）滚轮导缆器

图 1-3-6　导缆装置

常见的系缆装置是系缆桩，也称缆桩(bollard)，是专供固定缆索用的装置。一般对称布置在船首、船尾和船中的左右舷甲板上。常见的缆桩有立式、斜式、单柱、双柱、十字、双十字和羊角桩等，如图 1-3-7 所示。

图 1-3-7　系缆桩

绞缆机械：用以卷收和存放缆索的装置。

1.3.6 起货系统(cargo lift system)

起货系统是船舶货物装卸设备的总称。货物装卸设备的类型取决于船舶运载货物的种类。

装卸液体货物的船上有输送泵系统;装卸散装货物的船上有传送带系统;装卸固体货物一般采用船用起重机或吊杆式起货设备。对专用集装箱船而言,基本上不自带起货设备,而是依靠岸上的集装箱装卸设备进行装卸作业。滚装船则依靠坡道、跳板和升降机等装卸货物。

1.3.7 救生设备(life-saving system)

救生设备的作用是供船上人员在水域救助落水人员,或在海难事故中供乘员自救。救生设备一般包括救助艇(rescue boat)、救生艇(life boat)、救生筏(life raft)、个人救生设备、弹抛器具、通讯设备、烟光信号以及艇筏的登乘及降落装置等。救助艇、救生艇和救生筏通常布置在救生甲板上。

当船舶发生海难事故时,载满乘员的救生艇可迅速、安全地降落到海面,等待救援或驶向附近海岸。救生艇应有足够的强度、干舷和良好的稳性。艇内设有由水密的空气箱或泡沫塑料浮体构成的贮备浮力,以保证其在载满额定乘员、属具并灌满水时也不会沉没。艇内备有一定量的干粮、淡水、药品及帆、桨等物品。图 1-3-8 为某封闭式耐火救生艇的结构示意图。

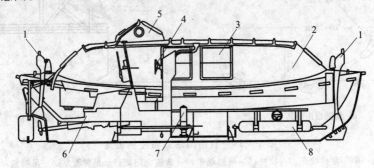

图 1-3-8　全封闭耐火救生艇的结构示意图

1—吊艇钩;2—玻璃钢艇体;3—进出口;4—操纵器;5—驾驶窗;6—推进装置;7—泵;8—压缩空气瓶

某些大型客船或有特殊用途的船舶配备有救助艇。它主要用于救助落水人员和集结脱险的救生艇、救生筏。

吊艇架(boat davit)主要用于吊放救生艇,按操作特点可分为转出式、摇倒式和重力式三种。海船上应用较多的是重力式吊艇架。重力式吊艇架也有多种不同结构,但都是利用艇的自重,通过一定装置,使艇很快滑出或倒向舷外。图 1-3-9 为某重力式吊艇架的结构和工作原理示意图。图 1-3-10 为某自由滑落式救生艇装置的结构和工作原理示意图。

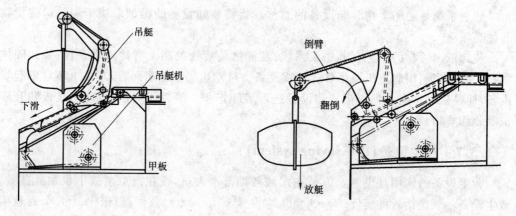

图 1-3-9　重力式吊艇架

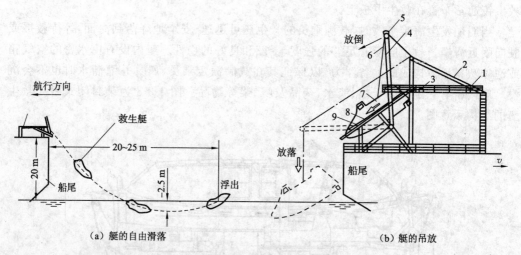

（a）艇的自由滑落　　　　　　　　　　　（b）艇的吊放

图 1-3-10　自由滑落式救生艇装置

1—牵引复位绞车；2—拉杆；3—吊艇绞车；4—放艇龙门架；5—吊艇滑车；6—吊艇索；
7—全封闭耐火救生艇；8—钢质滑板；9—滑道铜球

图 1-3-11 为海船上采用较多的气胀式救生筏的结构和工作原理示意图。

个人救生用具包括救生衣（life jacket）和救生圈（life buoy）等。

1.3.8　生活设施

为保障船上人员能够进行正常的生活和工作，船上必须设置一些生活和工作处所，如走廊、住室、休息室、盥洗室、餐室、厨房、配膳室、储物间、储藏室、办公室、工作间、医务室等,这些处所中均布置有与其功能相应的设备和家具。

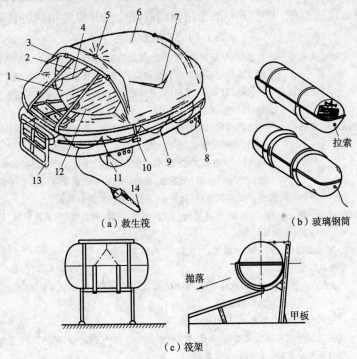

（a）救生筏 （b）玻璃钢筒

（c）筏架

图 1-3-11　气胀式救生筏

1—下浮胎；2—上浮胎；3—蓬柱；4—内扶手索；5—示位灯；6—蓬帐；7—雨水沟；8—提拎带；9—外扶手索；
10—海水电池袋；11—平衡袋；12—筏底；13—软梯；14—海锚

▣ 1.4　船舶类型

　　船舶作为水上的重要交通工具,因其航行区域、航行状态、推进方式、动力装置、造船材料和使用性能等的不同,可以划分为许多类别。例如:按航行区域可分为内河船舶、沿海船舶和远洋船舶;按航行状态可分为水下船舶、水面船舶、排水型船舶以及特种船舶;按推进方式可分为风帆船、明轮船、螺旋桨船和喷水船等;按动力装置可分为内燃机船、蒸汽轮机船、燃气轮机船以及用原子锅炉与蒸汽轮机相配合的核动力船;按造船材料可分为木船、水泥船、钢船和玻璃钢船等。

　　然而,最常用的分类方法还是根据船舶的不同性能和用途,将船舶划分为民用船舶和军用舰艇两大类。民用船舶又包括运输船、工程船、渔业船、工作船和海洋开发船等;军用舰艇则包括潜艇、航空母舰、巡洋舰、驱逐舰、护卫舰、小型舰艇、登陆战舰艇、水雷战舰艇和军辅船等。简要分类如表 1-4-1 所示。

13

下面首先按照民船和军舰的分类方法简要介绍各种船舶,然后介绍为提高航速而开发的各种特种高性能船舶,并在下一节专门介绍海洋油气开发常用的各种船舶。

表 1-4-1　船舶分类

运输船——货船(包括杂货船、散货船、集装箱船、滚装船、载驳船、油船、液化气船、冷藏船及多用途运输船等)、客货船、客船(包括游艇)、渡船、驳船等。

工程船——挖泥船、起重船、浮船坞、救捞船、布设船(包括布缆船和敷管船)、疏浚船、炸礁船、打桩船等。

民用船舶 — 渔业船——网类渔船(包括拖网、围网和刺网渔船)、钓类渔船、捕鲸船、渔业加工船、渔业调查船、冷藏运输船、渔政船等。

按用途 — 工作船——破冰船、引航船、消防船、供应船、交通船、助航工作船(包括测量船、灯标船和航标船)、浮油回收船、交通艇、拖船、推船、带缆艇及多用途工作船等。

海洋开发船——海洋调查船、钻井船、多用途拖船、潜水器等。

军用舰艇——航空母舰、巡洋舰、驱逐舰、护卫舰、快艇、潜艇、猎潜舰艇、布雷舰艇、扫雷舰艇、登陆战舰艇、辅助艇船等。

船舶 — 按航行状态——排水型船舶、滑行艇、水翼艇、气垫船、气翼艇等。

按推进动力 — 非机动船舶

　　　　　机动船舶——蒸汽机船、汽轮机船、柴油机船、燃气轮机船、联合动力装置船、电力推进船、核动力船及风帆助推船。

按机舱部位——尾机型船、中机型船、中尾机型船等。

按推进器——按推进器型式有螺旋桨船(主要型式)、喷水推进船、喷气推进船、明轮船、平旋轮船等;按推进器数目还有单桨船、双桨船、多桨船等。

按船主体数目——单体船、双体船、多体船、小水线面双体船等。

按船体结构材料——钢船、铝合金船、木船、钢丝网水泥船、玻璃钢艇、橡皮艇、混合结构船等。

按主体连续甲板的层数——单甲板船、双甲板船、多甲板船等。

1.4.1　民用船舶

1) 运输船(transport ship)

运输船是指运输货物和旅客的船舶。运输船包括客船、客货船、货船等,货船又包括杂货船、散货船、集装箱船、滚装船、载驳船、油船、液化气船、冷藏船等。

客船(passenger ship):以载运旅客为主的专用船舶,通常也载运少量的货物和邮件等。客船又分远洋客船、沿海客船和内河客船三种。

客货船(passenger-cargo ship):载客兼载货,因其载客与载货的多少而有载客为主与载货为主之分。

货船(cargo ship,cargo carrier):以运输货物为主的专用船舶,亦可搭乘少量旅客,但以不超过 12 人为限。通常按货物性质分为干货船和液货船(油船)、气体船(石油气)三种。干货船又分为杂货船和散货船等。

杂货船(general cargo ship):以装载成包、成箱、成捆杂件货物为主,也可装运某些散装货的船,船上设有货舱和起货设备。按其机舱在船上的位置不同可分为中机型船(机舱位于船中)、尾机型船(机舱位于船尾)和中后机型船(机舱位于船中偏尾部方向)。

散货船(bulk carrier):专运散装货物(如煤、矿砂、谷物、盐等)的船舶。

载驳船(barge carrier):一种类似于集装箱运输方式的专运货驳的船。

集装箱船(container ship):一种专门将货物装于集装箱内进行运输的船。集装箱船一般不配备起货设备,而由港口和码头的设备实现货物的装卸。

滚装船(roll-on/roll-off ship):亦称"滚上滚下船",是以运载装货车辆或以滚动方式在水平方向装卸集装箱的船,在船的尾部或首部或两侧设跳板,供机动车自行上下,也可用叉车或牵引车拖带非自动车或载有集装箱的挂车装卸。

油船(oil carrier,oil tanker):专门运载散装石油类液货的船。

液化气船:运输液化气体燃料的船,有液化天然气船(liquified natural gas,LNG)和液化石油气船(liquified petroleum gas, LPG)。

化学品船(chemical carrier):运载液态化学物质的船。

驳船(barge):本身无动力或只设简单的推进装置,依靠其他船舶带动的平底船。

2) 工程船(work ship)

从事各种工程技术作业的船舶,称为工程船。按不同工程技术作业的要求,工程船上装备有各种相应的专用设备。工程船的种类很多,有挖泥船、起重船、浮船坞、救捞船、打桩船、航标船、布缆船等。

挖泥船(dredger):一种借助机械或流体力的挖泥设备挖取、提升和输送水下地表层的泥土、沙、石块和珊瑚礁等沉积物的船。挖泥船的应用非常广,主要用于消除航道和港口的泥沙淤积,因此它是保证水上交通畅通的重要工程船。

起重船(floating crane):俗称"浮吊",在甲板上设有起重设备,专供水上起吊重物用的船。可用于筑港、水上建筑、水下打捞、水上安装、港口锚地装卸和海洋开发等。

浮船坞(floating dock):供造船、修船用的场所。一般工厂的船坞都建在陆上,而浮船坞则是活动于水上的,是用以修造船舶的水上基地,它可以根据工作需要用拖船搬移位置。

救捞船(salvage ship):救捞工程的工作母船,也是整个救捞工程的指挥部,专用于打捞沉船或救助遇难船舶。在一般救捞船上都配备甲板减压舱、下潜减压舱、救助绞车、收放式深潜器、封舱抽水、除泥清舱等设备。

打桩船(floating pile driver):在甲板端部或中部设有打桩或压桩设备,用于水上工程打桩的船。

航标船(buoy tender):设有起放航标的起重机和绞盘等设备,可在航道及其附近进行航标布设、巡检、补给、修理和维护作业的船。

布缆船(cable layer):设有布缆机等专用设备,可在海上布设和维修水底电缆的船。

3）渔业船

渔业船是从事与渔业生产活动有关的船舶的总称，包括从事渔业捕猎、养殖、加工、运输和科研等的船舶。直接利用渔具和网具捕捞鱼类或其他水生物的船称为渔船(fishing vessel)，其他统称渔业辅助船。

4）工作船(jolly ship)

工作船是为航行或其他专业进行服务工作的船舶，如拖船、推船、破冰船、引航船、消防船、供应船、航道测量船等。

拖船(tug)：专门用于在水上拖曳其他船舶或浮体的船。拖船上除了一般船舶的航行设备外，还有特殊的拖曳设备，如拖钩、拖柱、拖缆绞车等。

推船(pusher)：其工作性质与拖船相似，它是把拖船的拖带法改为顶推法。一般在船首设有顶推架或顶推连接装置。

破冰船(icebreaker)：一种专门借助本身船体重力和动能或其他方法来破碎冰层、开辟航道的船舶，使其他船队可尾随前进，以维持正常航行或其他水上作业。

引航船(pilot boat)：又称领港船、引水船，其任务是接送港口引航员上下外国船舶，并引导外国船舶安全进出港口。

消防船(firefighting ship)：又称"救火船"，是用于扑救船舶、港口岸边或码头上火灾的船，船上设有强大的消防泵、水炮、水枪及灭火剂等消防器材。

供应船(supply ship)：为船舶、钻井平台、海岛、灯塔等供应各种物资器材的船舶的统称，如供油船、供水船等。

多用途工作船(multipurpose working ship)：兼具以上多种功能的船舶，这些船通常具备拖带、消防和供应等功能。

1.4.2　军用舰船

军用舰船简称"军舰"，是指执行军事任务的船艇。按任务不同可分为战斗舰艇和辅助舰船。在水面舰艇中，一般排水量在500 t以上者为舰，500 t以下者为艇，但潜艇无论吨位为多少都称为艇。

1）战斗舰艇(combat ship)

战斗舰艇指具有直接作战能力的各种舰艇的统称，包括潜艇、航空母舰、巡洋舰、驱逐舰、护卫舰、军用快艇、水雷站舰艇以及登陆战舰艇等。

潜艇(submarine)：主要在水下、也可在水面执行作战任务的舰艇。它有常规潜艇和核潜艇之分。

航空母舰(aircraft carrier)：以舰载机为主要武器并作为其海上活动基地的大型水面战斗舰艇。

巡洋舰(cruiser)：主要用于远洋作战，具有较强的独立作战能力和指挥职能的大型水面战斗舰艇。

驱逐舰(destroyer)：一般指装备多种武器、以中远海作战为主的水面战斗舰艇。

护卫舰(frigate)：以护航、反潜或警戒巡逻为主要任务的水面战斗舰艇。

军用快艇(fast attack craft)：一种高速、小型的战斗舰艇，包括鱼雷艇和导弹艇。

水雷战舰艇(mine warfare ship)：包括布雷舰艇(mine layer)和扫雷舰艇(mine sweeper)。布雷舰艇是布设水雷的专用舰艇；扫雷舰艇是专门用来搜索和排除水雷的辅助战斗舰艇。

登陆战舰艇(amphibious warfare ships and crafts)：运送登陆人员和武器装备使之在敌岸登陆的舰艇，包括步兵登陆舰艇和坦克登陆舰艇等。

2) 辅助舰船(auxiliary ship)

辅助舰船又称"军辅船"，是执行海上战斗保障、技术保障和后勤保障任务但不直接参加对敌作战的各种舰艇的统称。

海上补给船(underway replenishment ship)：能在航行状态下利用专门的补给装置和(或)舰载直升机等为水面舰艇补给各种消耗品的辅助舰船。

打捞救生船(rescue ship)：一种多用途后勤支援船。其主要任务是：在进行航天试验活动时，打捞导弹锥体、卫星仪器舱和飞船座舱；在平时，负责救援遇难舰艇和人员。

侦察船(scout ship)：属于情报支援船。其主要任务是搜集电子情报和通信情报。

航天测量船(instrumented tracking and telemetry ship)：船上装备有精密的测量系统，如雷达跟踪系统、遥测系统、数据处理系统、计时系统、通信系统、船位姿态测量系统和航天指挥控制系统等，它可以在预定的海域跟踪、遥测各种远程导弹、卫星和飞船，并可精确测定它们的着落点。

海洋监视船(ocean surveillance ship)：船上装有庞大的拖曳式基阵声呐，可对水下进行大范围的监视，主要用来支援反潜战。

训练舰(training ship)：一种专门为培养海军指战员和院校学员练习实际操作的舰船。

医院船(hospital ship)：专门用于对伤、病员及海上遇险者进行海上救护、治疗和运送的辅助舰船。

1.4.3 特种船舶

特种船舶，又称"高性能船舶"(high performance craft)，是为提高航速而发展的各种新型船舶的统称。这些船舶的航行状态不同于普通的排水型船舶，这些船舶包括滑行艇、水翼艇、气垫船、地效翼艇、小水线面双体船以及采用各种助升措施的船舶，如图1-4-1所示。

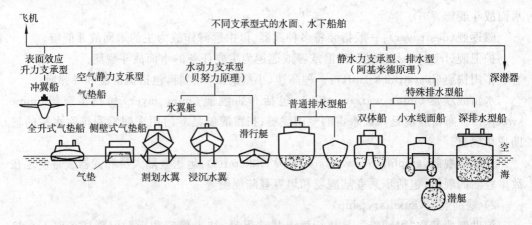

图 1-4-1　船舶的不同航行状态

滑行艇(planing boat)：高速航行时仅部分艇底接触水面，处于滑行状态的艇，其重量大部分靠水动力作用产生的升力支承。

水翼艇(hydrofoil craft)：高速航行时靠艇体下部所装水翼产生水动升力将艇体拖出水面航行的艇。

气垫船(air-cushion vessel)：利用高于大气压的空气在船体与支承表面间形成气垫，使全部或部分船体脱离支承表面而高速航行的船。

地效翼艇(ram-wing craft)：能在水面航行或做低空飞行的高速艇。它是利用安装在船体上的机翼贴近水面或地面飞行时的表面效应所产生的气动升力支承船重。

小水线面双体船(small waterplane area twin hull, SWATH)：将双体船的片体在水线处缩小宽度造成狭长流线型面的高速船舶，可改善耐波性，减少兴波阻力。

1.4.4　海洋开发船

近年来，随着海上石油和海上矿藏的勘探和开采，海洋科学考察船、潜水器和石油钻井平台等得到了迅速的发展。

1) 海洋科学考察船(oceanographic research ship)

海洋科学考察船包括综合调查、气象调查、渔业调查和定点调查等船型，是活动的海上研究基地。一般要求其具有以下特点：① 具有坚固的船体和优良的航行性能；② 具有大的续航能力和经济的航行性能；③ 具有供设置实验室和资料保存等所需的舱容；④ 具有便于工作的宽敞的甲板面积和装置观察仪器的空间；⑤ 配有投掷入海观察仪器和取样设备的起卸装置；⑥ 可给工作人员创造方便的工作条件和居住条件等。观察精度要求高的调查船的主要仪器应加防震装置。船舶能微速航行，具有小的回转半径，有的还设有直升机平台。

2) 深潜器(deep diving submersible)

近代深潜器一般都有一定的活动能力，但多数在使用前由大型水面船舶携带到现场,然后从母船甲板上放下对海底进行研究和考查。母船设有维修工场、研究室、住舱、作业甲板及深潜器用的起卸吊杆装置。深潜器大致可以分为载人的和无人的两种,其中无人深潜器又可分为遥控式和自主式。

3) 移动式钻井平台(mobile drilling platform)

移动式钻井平台具有一个被托出水面、能避开波浪冲击的平台甲板,甲板上设有井架、钻机等钻井设备和器材及相应的工作场所和生活舱室等。移动式钻井平台主要有以下几种类型:

(1) 坐底式钻井平台(submersible drilling platform)。它是移动式钻井平台中发展得最早的一种,始用于1949年。通常由三部分组成:上体、支柱和下体。上体为钻井所需的平台,也称平台主体或平台甲板;下体又称沉垫,可提供移动时所需的浮力;在上体和下体之间有若干支柱加以连接。当平台需钻井坐底时,在沉垫中灌入压载水使之沉底,但此时上体仍需高出水面。钻井完毕后,排出压载水,使下体上浮,然后进行移位。其主要工况有四个:拖航状态、沉浮状态、坐底钻井状态和坐底自存状态。坐底式平台一般无自航能力,拖移时需其他辅助船只配合。这种平台主要用于浅水作业,水深一般不大于40 m。图1-4-2为我国自行设计和制造的第一艘坐底式钻井平台——“胜利一号”——外形图。

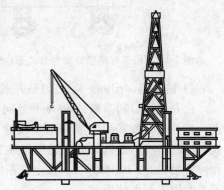

图 1-4-2 “胜利一号”坐底式平台外形图

(2) 自升式钻井平台(jack-up drilling platform)。它由可升降的桩腿和一个箱形的船体(又称平台主体)组成,船体的上甲板就是钻井的工作平台。平台主体的形状有三角形、矩形或多边形,相应的桩腿数目有三根、四根或多根。桩腿的型式有桁架式和壳体式。自升式平台又可分为井口槽式和悬臂梁式。图1-4-3为桁架桩腿悬臂梁自升式平台的外形图。自升式平台在钻井时,先将桩腿降下,当桩腿下端插入海底后,再升高船体至水面以上,使之不受波浪冲击;钻井完毕后,先将船体下降至水面,再将桩腿拔出、升起,然后移航到新的井位。工作水深一般在100 m以内。

(3) 半潜式钻井平台(semi-submersible drilling platform)。半潜式平台是坐底式平台概念和小水线面船概念相结合的结果。如图1-4-4所示,其基本结构通常由四部分组成:平台主体(甲板结构)、浮体、立柱和支撑(或撑杆)。平台主体用以布置钻井设备、钻井器材、作业场所以及生活舱室等;浮体提供所需的绝大部分浮力,其内部空间经分隔后布置燃油舱、淡水舱及压载水舱等液体舱以及泵舱、推进器机舱等;立柱将平台主体和浮体连接起来,使重力与浮力得以相应传递与支承。支撑的作用在于保证平台主体、浮体和立柱三者间的可靠连接并确保平台的整体强度。工作时,浮体沉于水线以下,以减小波浪对它的作用力;平台主体高出水面,以避开波浪的冲击;立柱以小水线面穿过水面,从而使平台在波浪中具有较小的运动响应。这些特点对于漂浮钻井作业具有十分重要的意义。半潜式平台可用于深水钻探。

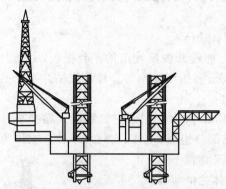 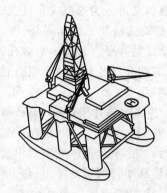

图 1-4-3　桁架桩腿悬臂梁自升式平台外形图　　　图 1-4-4　半潜式平台外形图

4）钻井船(drilling ship)与钻井驳(drilling barge)

钻井船(驳)和半潜式钻井平台同属于浮式钻井装置,具有浮式钻井装置的一切特点。钻井船在发展初期多用旧船改建而成,后来才进行专门设计和建造。钻井船能自航,且航速较高,而钻井驳则无推进装置。按船型分,钻井船(驳)可分为单体型、双体型和伸臂型,如图 1-4-5 所示。按定位系统分,又可分为锚泊定位及动力定位两大类。钻井船主要用于深水钻探。

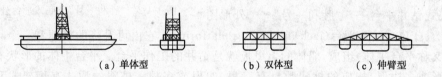

（a）单体型　　　　　（b）双体型　　　　　（c）伸臂型

图 1-4-5　钻井船与钻井驳的船型

5）海上油气生产浮式系统

目前,世界上有多种用于海上油气生产的浮式系统。浮式系统不是永久地固定在海底,而是通过系泊系统将其暂时固定,所以它有一定的灵活性。现有的浮式系统有以下几种:

(1) 浮式生产储卸油系统(floating production storage and offloading system, FPSO)。它是目前海上油气开发的一种重要设施。从外形来看,它和油船十分相似,但实际上,它与一般船舶有很大的不同。FPSO 是集海上油气生产、储存、外输、生活和动力于一体的海洋工程结构物。通常,FPSO 主要由上部模块、船体和系泊系统三个部分组成。上部生产模块一般在 FPSO 主甲板以上,包括根据生产工艺的要求而设置的油气生产和污水处理所需要的设备,如加热器、分离器、冷却器、活水脱油装置、压缩机、输送泵、安全放空装置以及生产所需的其他配套设施,就相当于一座陆上的生产厂。船体内除压载水舱、燃油舱、淡水舱、机泵舱和部分与生产模块相关的工艺舱室外,很大部分舱室用来储存经处理的合格原油。系泊系统将 FPSO 的船体与海底连接,调节在风、浪、流作用下的运动,保证 FPSO 长期安全地在海上作业。一般采用单点系泊,以便在环境力作用下全方位自由旋转,达到受力和运动最小状态。根据油田的水深、海况、产量以及油气的特点,选择不同形式的单点系泊。图 1-4-6 所示为 FPSO 在海上油田的一般连接形式。

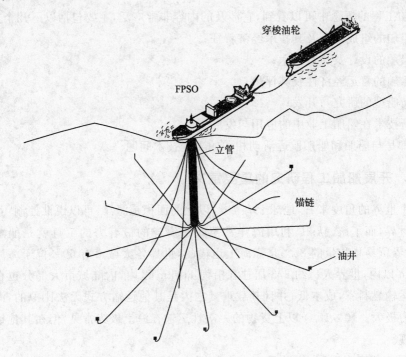

图 1-4-6　FPSO 在海上油田的一般连接形式

（2）浮式储备装卸系统(FSO)。它是一种具有油船或驳船形状的浮式结构物,配有储存石油的船舱。它可以将开采的石油卸载到穿梭油轮上,但它没有生产加工装置。

（3）浮式生产系统(FPS)。这种浮式装置只是用来对采出的原油进行加工的,而没有储备装置。一般需通过石油管线将石油输出到海岸加工厂或直接输出到附近的 FSO。

（4）浮式储备系统(FSU)。它是一种只用来储存石油的浮式设备,通过石油管线将石油输出到岸上加工厂,而不是卸载到穿梭油轮上,有时也可作为 FSO 使用。

■ 1.5　船舶工程及本书内容的安排

1.5.1　船舶工程(ship engineering)

船舶工程是船舶与海上结构物设计、建造、维修的理论研究和工程技术的总称。

它是在船舶科学技术的理论与实践不断发展的基础上形成的,是包括船舶性能、结构、强度、设备、设计、建造工艺,船用机电、材料、观通导航及经济和管理等方面的综合性工程。

1.5.2　船舶工程的主要内容

从船舶工程的概念中可以看到,它涉及的内容非常广泛,主要包括以下几个方面:

(1) 船舶的组成部分及其技术经济特征;

(2) 船舶的设计及建造技术;

(3) 船舶的营运经济性及其评价;

(4) 新船型的研究与开发;

(5) 新技术在船舶工业中的应用与发展。

这些都是与船舶和船舶航运活动相关的工程技术问题。

1.5.3　开展船舶工程研究的重要意义

从整个世界的角度来看,地球上有 70% 以上的面积是海洋,可以说谁控制了海洋,谁就控制了世界,而了解、认识、利用海洋甚至改造海洋的最有力的工具就是船舶。据统计,现代世界贸易货物量的 85% 是靠海上运输的,世界各大城市有 60% 位于海岸边上或距海 50 km 以内,世界人口约 2/3 居住在沿海 80 km 以内,内陆城市大部分也在大河两岸。海上运输燃料省,成本低,并且其载重量之大是其他运输方式无法比拟的,海运航道的通过能力极大。10×10^4 t 以上货物的一次性运输在海上极为常见,但在其他运输领域却很难实现。

从中国的角度来看,中国既是一个大陆国家,又是一个海洋国家。渤海、黄海、东海和南海的面积共有 470×10^4 多平方千米,岛屿有 6 000 多个,大陆海岸线有 18 000 多千米,这些海区、岛屿和海岸区纵跨热带、亚热带和温带,有丰富的自然资源和广阔的海洋空间。根据《联合国海洋法公约》,应划归中国管辖的海域(包括大陆架和专署经济区)有几百万平方千米。此外,国家管理范围以外的海床、海底及其资源,是"人类的共同继承财产",中国也有分享的权利。中国的海洋开发具有十分广阔的前景。

从油气资源的角度来看,蕴藏在海洋中的石油储量约为 $1 350 \times 10^8$ t(约占全球储量的 2/3),天然气储量约为 140×10^{12} m³;我国的石油储量约为 $150 \times 10^8 \sim 200 \times 10^8$ t,天然气储量约为 6.3×10^{12} m³,仅渤海海域就有约 70×10^8 t 的储量。

综上所述,海洋对于我国来说有着十分重要的政治、经济和军事意义,而船舶则是维护国家主权、海洋权益和发展经济必不可少的工具,因此开展船舶与海洋结构物方面的研究具有十分重要的意义。

1.5.4　本书内容的安排

由上面的介绍可以看出，船舶工程所包含的内容非常庞大，由于篇幅所限，本书不能包含所有内容。本书的主要目的是介绍船舶工程的基础性内容，因此重点关注基本概念、基本原理和基本方法。

各章的划分和内容的安排如下：

第 1 章主要介绍船舶和船舶工程方面的基本概念和基本常识。通过学习，读者可以对船舶和船舶工程有一个总体性的认识。

第 2 章主要介绍用于表征船舶技术特征(尤其是几何特征)的主要参数和技术手段。该章内容是进行船舶知识学习以及技术交流的基础。

第 3 章到第 8 章分别介绍船舶的六大性能：浮性、稳性、抗沉性、快速性、操纵性和耐波性，是船舶工程中的原理性内容，是开展船舶设计和航行性能评价的重要理论基础，因此必须予以重视。但是对于主要从事海洋油气开发的人士来讲，其中的浮性、稳性、抗沉性、快速性中的船舶阻力部分以及耐波性等内容显得更为重要。事实上，本书对各性能的侧重点已进行了相应处理。

第 9 章主要介绍船体强度的基本概念和船体结构的基本形式。通过学习可以对船体结构有一个全面的认识，并为船舶建造部分的学习以及后续的结构设计课程的学习打下基础。

第 10 章仅仅简要介绍了船舶设计的主要阶段和工作内容，使读者对船舶设计总体上有一个基本的认识。

第 11 章从造船用钢材的基本知识出发，重点介绍了船舶建造的主要工艺过程、主要工作内容和相关装备。该章内容与工程实践紧密结合，通过学习，读者能够对船舶建造有一个较为全面的系统的认识。

第 12 章介绍了船舶检验方面的基本内容。无论对于造船者还是用船者，该章内容都是必不可少的。

另外，为了不影响整个理论叙述的连续性，本书将船体近似计算的内容单独拿出来作为附录放在最后。该部分内容是进行船舶设计计算的实用方法，是船舶设计人员所必须掌握的基本技能。在阅读和教学中可以根据情况插入阅读或讲解。

思考题

1. 基本概念
船舶　船舶工程　主船体　上层建筑　甲板　舱壁
2. 以钢制运输船舶为例简单介绍常见的船舶组成系统。
3. 常见的船舶类型有哪些？分别有什么用途和特点？
4. 特种船舶与普通排水型船舶的差别是什么？

第2章 船舶主要要素及船体形状的表达

    船舶主要要素(principal particulars)是船体主尺度、载重量、载客量、主机型号及其主要参数、航速、船员定额、续航力等的总称,是衡量一条船舶的基本指标。本章主要介绍船体主尺度和载重量,其他要素将在相应章节中介绍。

    船体的形状对其航行性能有着直接的影响,因此需要通过多种方法对船体进行全面的表达,本章主要介绍主尺度比、船型系数和型线图等。

■ 2.1 船体基本投影面及常用坐标系

    船体基本投影面及常用坐标系是船体数据描述和计算的基准,需要首先介绍。

2.1.1 基本投影面

    为了方便对船体进行分析和讨论,一般根据船体的形状设立三个基本投影面,如图 2-1-1 所示。

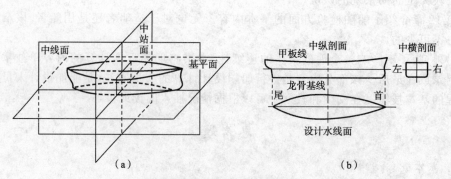

图 2-1-1 船体基本投影面

    中站面(midstation plane):通过船长(通常为垂线间长或设计水线长,详见下一节的介绍)的中点并垂直于水平面的横向平面,它把船体分为首尾两部分,常用符号⊗表示。

中线面(center line plane)：通过船宽中央的纵向垂直平面，它把船体分为左右两部分。在绝大多数情况下，中线面也是船体的对称面。

基平面(base plane)：又称基面，是通过中线面和中站面交线上的船底板上缘的水平面。它与中线面、中站面相互垂直。基平面与中线面的交线称为基线(base line)。

船体外形曲面与中线面的截面称为中纵剖面，与中站面的截面称为中横剖面。

中站面、基平面和中线面是三个互相垂直的平面，它们在船体图中的作用，相当于机械图中的正投影面、水平投影面和侧投影面。

还有一个经常会用到的投影面——设计水线面。

设计水线面(designed water plane)：船舶在预期设计状态自由正浮于静水中时，船体型表面与水面的交线称为设计水线，其所在的平面称为设计水线面。所谓船体型表面(molded hull surface)，对于钢质船舶而言，是指不包括船壳板和附体在内的船体外形的设计表面(一般就是船壳板的内表面)。所谓附体(appendages)，是指水线以下突出于船体型表面以外的物体，通常包括轴包套、艉轴架、艉轴、舵、螺旋桨、舭龙骨、方龙骨、减摇鳍、导流罩等，但不包括外板。由船体型表面所围封的船体称为裸船体(bare hull, naked hull)。

在不特指的情况下，水线面(water plane)是指由水线所围封的平面。水线(waterline)则是指在任意吃水情况下水面与船体型表面的交线。

2.1.2　船体坐标系

为了确切地表达和计算各参数的位置，需要建立一个坐标系统。在船体计算中通常采用空间直角坐标系，如图 2-1-2 所示。它是固定在船舶上的，以三个互相垂直的坐标平面(即基平面、中站面和中线面)的交点作为原点，以三个坐标平面间的交线作为坐标轴。基平面与中线面的交线是 x 轴，也就是船体的基线，指向船首为正；基平面与中站面的交线是 y 轴，指向右舷为正；中线面与中站面的交线是 z 轴，向上为正，如图 2-1-2(a)所示。有时也使用指向左舷为 y 轴正方向的坐标系，如图 2-1-2(b)所示。

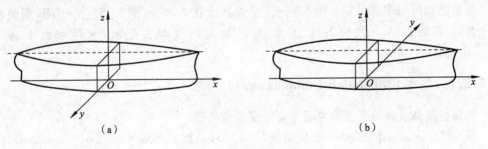

(a) 　　　　　　　　　　　　(b)

图 2-1-2　船体直角坐标系

▣ 2.2　船舶主尺度

船舶的主尺度(principle dimensions)是表示船体外形大小的基本量度,包括长度、宽度、深度和吃水等。按度量方法的不同可分为全部尺度、船型尺度和登记尺度,如图2-2-1所示。

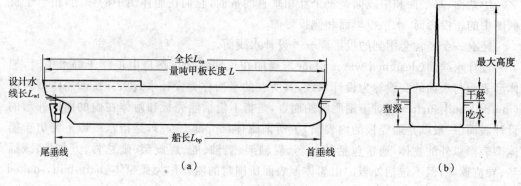

图 2-2-1　船舶尺度

2.2.1　全部尺度(overall dimensions)

全部尺度是指船舶外形的最大尺度,也是船舶的周界尺度。

(1) 全长(overall length):船首最前端与船尾最后端之间的水平距离,也称总长,以L_{oa}表示。

(2) 全宽(extreme breadth):又称最大宽,是指船体最宽处两舷船壳板外缘之间的水平距离,如果有固定的舷边装置或护舷材也应包括在内。

(3) 最大高度(extreme height):通常指自龙骨下缘到最高桅顶的垂直距离,因此也称龙骨底到桅顶高度。所谓龙骨,是指船底上位于首尾中心线处的从艏至艉贯通底部全长的纵向连续构件。

船舶能否顺利靠离一定长度的码头,要看其全长为多少;能否通过一船闸,则要看其全宽如何;能否从一大桥下通过,则要以最大高度减去吃水,求得水面上高度(air draught)。

2.2.2　船型尺度(molded dimensions)

量到船体型表面的尺寸称为船型尺寸或船型尺度。

(1) 型长(molded length):也称船长(length),是指沿满载水线(load waterline),由首柱前缘量至舵柱后缘(无舵柱的量至舵杆中心线)的长度。

所谓首柱(stem),是指在船体最前端,从船底到甲板,连接两侧外板和龙骨的构件。

所谓舵柱(rudder post),是指用于挂舵的立柱。有的船舶无舵柱,直接通过舵杆(rudder stock)连接舵叶和转舵机构。

型长通常又称为垂线间长(length between perpendiculars)用L_{bp}或L_{pp}表示。这里的垂线是指首垂线和尾垂线。通过满载水线与首柱前缘的交点所作的铅垂线称为首垂线;通过满载水线与舵柱后缘(无舵柱的为舵杆中心线)的交点所作的铅垂线称为尾垂线。所谓满载水线,是指船舶按照额定载荷满载后,船体表面与水面的交线。如无特别说明,一般所说的船长就是垂线间长。

(2)型宽(molded breadth):在船的最宽处,由一舷船壳板的内缘量至另一舷船壳板内缘的水平距离。

(3)型深(molded depth):在船长中点处,沿船舷由平板龙骨上缘量至上甲板下缘的垂直距离。所谓平板龙骨,是指船底上位于首尾中心线处的一列纵向外板。

船舶设计中主要用到型尺度。船厂及设计单位所提供给船上使用的有关稳性、浮性、抗沉性及船体强度等的数值,都是根据型尺度计算得来的。

2.2.3 登记尺度(registered dimension)

登记尺度是指丈量船舶吨位所采用的尺度。

1)对国际航行船舶

(1)登记长度(registered length):龙骨板上缘的最小型深85%处的水线长度的96%,或沿该水线从首柱前缘量至上舵杆中心的长度,取两者中较大者。

(2)登记深度(registered depth):在登记长度中点所量取的型深。

(3)登记宽度(registered breadth):在登记长度中点所量取的型宽。

2)对国内航行船舶

(1)长度:量吨甲板(一般是上甲板)型线首尾两端点之间的水平长度。

(2)船宽:中剖面处的型宽。

(3)船深:中剖面处的型深。

2.2.4 吃水(draft,draught)

吃水,泛指船体在水面以下的深度。与吃水相关的参数主要有以下七个。

(1)型吃水(molded draft):船舶中站面处基平面至水面之间的垂直距离,常用T或d表示。

(2)设计吃水(designed draft):基平面与设计水线面之间的垂直距离。

(3)首吃水(fore draft):首垂线处的型吃水。

(4)尾吃水(after draft):尾垂线处的型吃水。

(5)平均吃水(mean draft):首、尾吃水的平均值;当船舶有横倾时,则指左右舷测量值的平均值。

(6) 外形吃水(navigational draft)：包括任何附体或水线下突出物在内的船舶最低点至水面的垂直距离。

(7) 结构吃水(scantling draft)：船体结构设计所依据的吃水。

船舶的吃水可以通过绘制于船体外表面的吃水标志读取，如图 2-2-2 所示。船舶的吃水标志(draft mark)称为水尺，它绘在船首、尾及船中两侧的船壳上，俗称六面水尺。水尺采用米制时，用阿拉伯数字标绘，每个数字的高度为 10 cm，上下两数字的间距也是10 cm，并以数字下缘为准。采用英制水尺时，用阿拉伯数字或罗马数字标绘，每个数字高度为 6 in，上下两数字的间距也是 6 in，也以数字下缘为准。

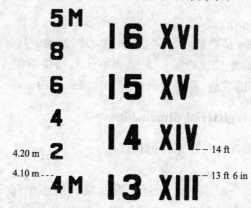

图 2-2-2　水尺标志

观测船舶吃水时，根据实际水线在数字中的位置，按比例取其读数。有波浪时应取其最高及最低时读数的平均值。有些大型船舶设有吃水的指示系统，可以在驾驶台上直接读出六面水尺的读数。

2.2.5　其他尺度参数

水线长(waterline length)：与基平面平行的任一水线平面与船体型表面首尾端交点之间的水平距离。

水线宽(waterline breadth)：与基平面平行的任一水线平面处，船体型表面之间垂直于中线面的最大水平距离。

设计水线长(designed waterline length)：船舶处于设计状态时的水线长，常用 L_{wl} 表示。

满载水线长(load waterline length)：船舶处于满载状态时的水线长。

满载水线宽(load waterline breadth)：船舶处于满载状态时的水线宽。

干舷(freeboard)：在船中处，从甲板线的上边缘向下至有关载重线上边缘的垂直距离。干舷高度标志船舶保留浮力的大小，与船舶的安全有关，将在第 3 章中进行详细介绍。

■ 2.3　船舶吨位

船舶吨位表示船舶的大小和运输能力,有重量吨和登记吨位两种。

2.3.1　重量吨(weight tonnage)

重量吨是以重量(t)来表示的吨位,包括载重量和排水量。

1) 载重量(dead weight)及其分类

载重量表示船舶载重的能力。

(1) 总载重量(dead weight tonnage):船舶在规定状态下所能装载的货物、旅客、燃料、淡水及供应品等的总重量。它表示船舶的最大载重能力。通常所说的载重量指的是总载重量,用 DW 或 DWT 表示。

(2) 净载重量(payload):实际装运旅客和货物的重量,即从总载重量中减去燃料、淡水、供应品等重量。它反映船舶有用的运输能力。为了使净载重量达到最大值,每个航次都要合理计算燃料、淡水等的供应量,以免浪费运力;并要及时清除废旧物料、污水等,以免增加额外重量。

2) 排水量(displacement)及其分类

排水量是指船体所排开的水的重量。1 m³ 淡水的重量为1 t,海水的重量约为 1.025 t。

空船重量与载重量之和就是船舶的排水量。由于船舶在实际使用中载重量总是变化的,其排水量也随装载情况而变化,因此需要定义船舶的若干典型装载情况及相应的排水量来反映船舶的各种技术性能。

对于民用船舶来说,在最基本的两种典型装载情况下,其相应的排水量为空载排水量和满载排水量。

(1) 空载排水量(light displacement):船舶在全部建成后交船时的排水量,即空船重量。此时,动力装置系统内有可供动车用的油和水,但不包括航行所需的燃料、润滑油和炉水储备以及其他的载重量。

(2) 满载排水量(full load displacement):在船上装载设计规定的载重量的排水量。设计规定的载重量即设计任务书要求的货物、旅客和船员及其行李、粮食、淡水、燃料、润滑油、锅炉用水的储备以及备品、供应品等均装载满额的重量。

军用舰艇规定了五种典型的装载情况,其相应的排水量有下述五种。

(1) 空载排水量:建造全部完工后军舰的排水量。舰上装有机器、武器和其他规定的战斗装备,但不包括人员和行李、粮食、供应品、弹药、燃料、润滑油、炉水及饮用水等。

(2) 标准排水量:人员配备齐全、必需的供应品备足、做好出海作战准备时的排水量。其中既包括弹药、给养和其他规定的作战用品,又包括机器、锅炉和管系内的淡水、海水和润滑油,亦即包括准备开动机器装置的各项重量,但不包括燃料、润滑油和锅炉用水的储备量。

（3）正常排水量：正式试航时的排水量，相当于标准排水量加上保证 50％航程所需的燃料、润滑油和锅炉用水的重量。

（4）满载排水量：标准排水量加上保证全航程所需的燃料、润滑油和锅炉用水的重量。

（5）最大排水量：满载排水量再加上附加的作战储备（包括弹药、水雷等）和附加的燃料、润滑油、锅炉用水（直至储存这些物品的舱柜装满为止）的重量。

客船和军舰常以满载排水量为其重量标志。货船以总载重量作为其重量标志，比如通常所说的万吨轮，是指其载重量可达 10^4 t，其空船重量可能只有几千吨。拖船则以主机功率作为其技术标志。

2.3.2　登记吨位（registered tonnage）

登记吨位是指丈量船舶容积而计算得出的吨位。大多数海运国家都曾采用英国的摩逊（Moorson）丈量法，以 100 ft^3（或 2.83 m^3）作为 1 吨位，但丈量规则各不相同。1969 年国际海事组织通过了《1969 年国际船舶吨位丈量公约》，规定了统一的丈量方法。这个公约于 1982 年 7 月 18 日起对新船生效，对老船则从 1994 年 7 月 18 日起适用。公约确定登记吨位是没有单位的，不用"吨"来表示。国际航行船舶的登记吨位根据公约的规定来核定，国内航行船舶则按我国《海船吨位丈量规范》的规定来核定。登记吨位有总吨位与净吨位两种。

（1）总吨位（gross tonnage）：表示船舶总容积的吨位，以 GT 表示。它是按规定方法丈量出船舶所有围蔽处所的容积（m^3）后，再乘以一个系数（可按公式算得或从系数表中查得）得出的。可由下式求得：

$$GT = K_1 V \tag{2-3-1}$$

式中　GT——总吨位；

　　　V——船舶所有围蔽处所的总容积，m^3；

　　　K_1——系数，$K_1 = 0.2 + 0.02 \lg V$（或从系数表中查出）。

总吨位表示的是船舶建造规模的大小，是统计船舶吨位的通用单位，也是计算海事赔偿费用的基准。

（2）净吨位（net tonnage）：表示船舶适合运输货物和旅客的有效容积的吨位。净吨位是船舶实际营运的有效吨位，所以也是计算税收和港口费用等的标准。

通过苏伊士、巴拿马等运河的船舶，还有按运河当局规定的丈量规范所丈量的运河吨位，它是运河当局收取通行税的根据。

◾2.4　船体形状的表达

从船舶的主尺度仅能了解到船舶在单方向上的尺寸，但并不能得到船舶形状在空间上的特征，主尺度比值、船型系数和船体型线图提供了更为精确的表达船体形状的手段。

2.4.1 主尺度比值(dimension ratio)

从船舶主尺度比值可以看出船舶的几何形状特征,它还可以反映船舶某些航海性能的好坏和船体结构的强弱。主尺度比值有以下五种。

(1) 长度宽度比(length breadth ratio)L/B。该值对船舶快速性影响较大。L/B 值大表示船体狭长,阻力较小,航速较高。

(2) 型宽吃水比(breadth draft ratio)B/T。该值对船舶的稳性和航行阻力影响比较大。B/T 越大,稳性越好,但航行阻力也较大。B/T 过大时容易造成摇摆过快,不利于船上人员的生活和工作。

(3) 长度吃水比(length draft ratio)L/T。该值与船的操纵性有关。L/T 小,则操纵比较灵活,回转性和应舵性好;L/T 大,则航向稳定性好。

(4) 型深吃水比(depth draft ratio)D/T。该值影响船舶大角度横倾时的稳性和抗沉性。D/T 大,则船的储备浮力大,对提高大倾角稳性和抗沉性有利。

(5) 长度型深比(length depth ratio)L/D。该值影响船舶的结构强度。L/D 越小,则总纵强度越好。

2.4.2 船型系数(coefficients of form)

船型系数表示船舶水下部分的丰满程度,它们都是小于 1 的数。主要尺度和主尺度比值相同的船舶,其形状和航行性能还可能有较大的差异。船型系数能进一步表明船体水下部分的形状特征,它与船舶航行性能的关系更为密切。常见的船型系数有面积系数和体积系数。

1) 面积系数

如图 2-4-1 所示,面积系数包括水线面系数和中横剖面系数。

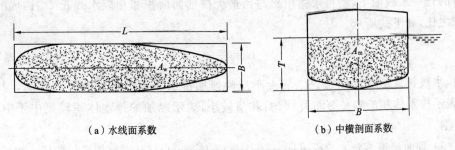

(a) 水线面系数　　　　　　　　　　(b) 中横剖面系数

图 2-4-1　面积系数

(1) 水线面系数 C_{wp}(waterplane coefficient):与基平面相平行的任一水线面的面积 A_w 与对应的水线长 L_{wl} 和水线宽 B_{wl} 的乘积(即矩形面积 $L_{wl}B_{wl}$)之比,如下式所示。

$$C_{wp} = \frac{A_w}{L_{wl}B_{wl}} \tag{2-4-1}$$

其中,水线长和宽常用垂线间长和满载水线宽。C_{wp}的大小表示水线面的丰满程度。

(2)中横剖面系数 C_m(midship section coefficient):与基平面相平行的任一水线面下,中横剖面的面积 A_m 与对应的水线宽 B_{wl} 和吃水 T 的乘积(即矩形面积 $B_{wl}T$)之比,如下式所示。

$$C_m = \frac{A_m}{B_{wl}T}\qquad(2\text{-}4\text{-}2)$$

其中,水线宽常用满载水线宽。C_m的大小表示水线以下中横剖面的丰满程度。

2)体积系数

如图 2-4-2 所示,体积系数包括方形系数、纵向棱形系数和垂向棱形系数。

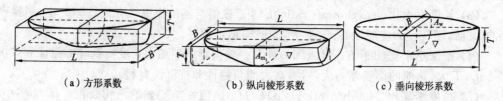

（a）方形系数　　　　　（b）纵向棱形系数　　　　　（c）垂向棱形系数

图 2-4-2　体积系数

(1)方形系数 C_b(block coefficient):与基平面相平行的任一水线面下,型排水体积▽与其对应的水线长、水线宽和平均型吃水的乘积($L_{wl}B_{wl}T$)之比,如下式所示。

$$C_b = \frac{\nabla}{L_{wl}B_{wl}T}\qquad(2\text{-}4\text{-}3)$$

其中,水线长和宽常用垂线间长和满载水线宽。C_b的大小表示船舶水下部分的丰满程度。

(2)纵向棱形系数 C_p(prismatic coefficient):有时简称为"棱形系数",指与基平面相平行的任一水线面下,型排水体积▽与由最大横剖面面积和相应水线长 L_{wl} 构成的柱体体积之比,如下式所示。

$$C_p = \frac{\nabla}{A_m L_{wl}}\qquad(2\text{-}4\text{-}4)$$

其中,水线长常用垂线间长。C_p的大小反映船舶排水体积沿船长的分布情况。其值较大,表示排水体积沿船长分布较均匀;其值较小,表示船舶的排水体积较集中于中部,两端瘦削。

(3)垂向棱形系数 C_{vp}(vertical prismatic coefficient):与基平面相平行的任一水线面下,型排水体积▽与由相应的水线面面积和平均型吃水构成的柱体体积之比,如下式所示。

$$C_{vp} = \frac{\nabla}{A_w T}\qquad(2\text{-}4\text{-}5)$$

C_{vp}的大小表示排水体积沿船深方向的分布情况。

2.4.3 船体型线图

船舶主要尺度可表示出船体的外形尺寸,而主尺度比值和船型系数则可反映出船体形状的特征,但它们都不能完整地反映出船体这一空间几何体的准确形状。型线图(lines plan)是一张可完整精确地表示船体形状的图样,是建造船舶的重要依据。

1) 型线(molded lines)的形成及其投影

图 2-4-3 为船体型线的形成示意图,下面仅取首部对一般船体进行说明。

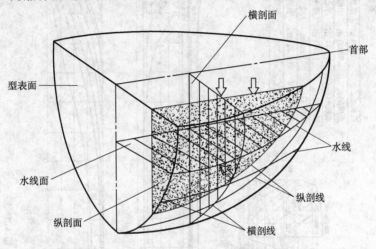

图 2-4-3　船体型线的形成示意图

用平行于中线面的纵剖面剖切船体,可得到与船体型表面相交的线,称为纵剖线(buttocks)。重合于中线面的中纵剖线反映出包括首尾部分轮廓的侧面形状。通常在船的一侧取 3～5 根纵剖线。

用水平面(即水线面)剖切船体,可得到与船体型表面相交的线,称为水线。通常从船底至设计吃水以相等的距离作若干条水线。

用平行于中站面的横剖面剖切船体,可得到与船体型表面相交的线,称为横剖线(body lines)。一般将船舶垂线间长作 20 等份,画出 21 条横剖线。

2) 型线图的三视图

上述三组平行平面剖切船体所得到的纵剖线、水线和横剖线,分别投影到三个基本投影面后就得到船体型线图的三视图。由于一般船体左右对称,水线图通常只画一半,如图 2-4-4 所示。三视图分别称为纵剖线图、半宽水线图和横剖线图。

型线图也和其他总体性船体图样一样,在图面上都画成船首向右、船尾向左的形式。三个视图应符合投影一致性要求。在横剖线图中,中线的左面画船的后半段横剖线,右面画船的前半段横剖线。为使图面紧凑,横剖线图可以有多种布置位置,图 2-4-4 中将其置于纵剖线图的上方。通常在型线图上还要以表格的形式列出该船的主要要素。

主要要素

总长 L_{oa}	75.00 m	水线面系数 C_{wp}	0.832
垂线间长 L_{pp}	70.00 m	中横剖面系数 C_m	0.980
水线间长 L_{wl}	71.33 m	浮心纵向位置 x_B	−0.426 m
型宽 B	13.40 m	排水量	2 858 t
型深 D	5.40 m	梁 拱	0.20 m
设计吃水 d	4.20 m	首脊弧	0.00 m
方形系数 C_b	0.704	尾脊弧	0.40 m

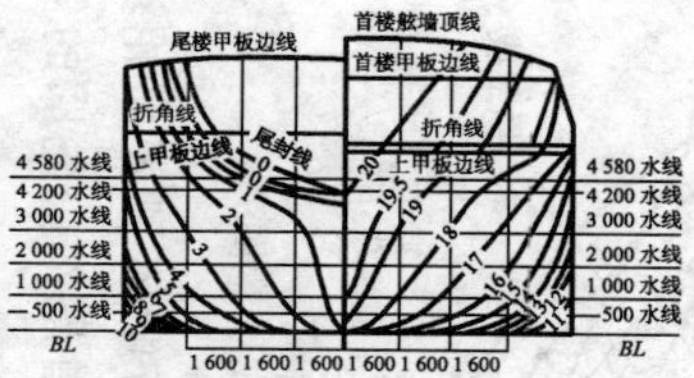

（a）横剖线图

（b）纵剖线图

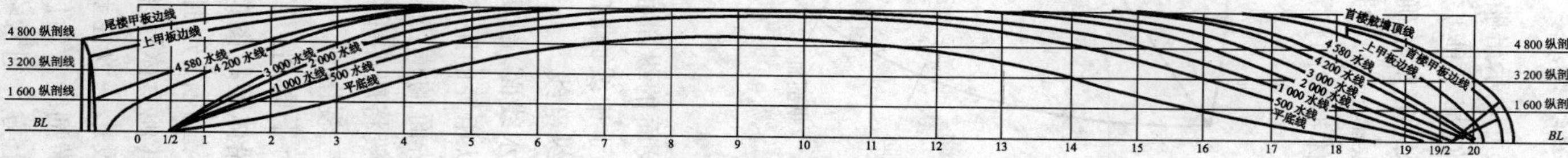

（c）半宽水线图

图 2-4-4　船体型线图

　　由于纵剖线、水线和横剖线都是特殊位置的平面曲线,在与其平行的基本投影面投影成反映实形的曲线,而在其他两个与其垂直的基本投影面上则投影成直线。这些线分别构成各个视图的"格子",反映了各剖面的剖切位置,以相应的数字表示,如 1 600 号纵剖线、2 000 水线、2 号横剖线等。

　　图中还有其他一些曲线,下面分别说明其含义及特征。甲板边线是指甲板型表面的边缘线。舷墙顶线是指舷墙的上边缘线。舷墙是露天甲板处的防护围墙结构。甲板边线和舷墙顶线都是空间曲线,不是剖切平面与船体型表面的交线,因此在三个视图中都投影成不反映实形的曲线。折角线是指在船体表面或船体结构曲度突变呈折角而形成的棱角交线。

　　3) 型值(offsets)与型值表(table of offsets)

　　船体型线图上图形尺寸的表达也与一般工程图有所不同。它用表征船体形状的型表面上一些特定位置处各点的坐标值来表示,称为型值。这些型表面上特定的点取为各型线的交点。其数值就是这些交点到中线面的半宽值 y 和到基平面的高度值 z,如图 2-4-5 所示。将这些坐标值制成表格形式,称为型值表,如表 2-4-1 所示。

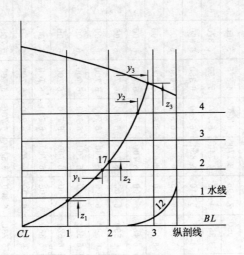

图 2-4-5　型值

$y_i(i=1,2,\cdots)$—以中线面为基准的半宽值;$z_i(i=1,2,\cdots)$—以基平面为基准的高度值

　　有了型线图和型值表,就可完整而精确地表达出船体的形状和大小。型线图和型值表是进行船体表面积、排水体积以及航行性能计算的依据。以型线图为基础,通过放样可以得到全部船体零件的形状,因此型线图是船体建造的主要依据。

表 2-4-1　型值表

站号	半宽										高度						
	平底线	500 水线	1 000 水线	2 000 水线	3 000 水线	4 200 水线	4 580 水线	上甲板边线	首楼甲板边线	舷墙顶线	中纵剖线	1 600 纵剖线	3 200 纵剖线	4 800 纵剖线	上甲板边线	首楼甲板边线	舷墙顶线
尾封板	—	—	—	—	—	—	1 640	4 060	5 000	—	4 300	4 580	5 600	7 730	5 900	8 300	—
1/2	—	550	—	—	—	—	3 095	4 980	5 660	—	3 730	4 000	4 650	5 635	5 750	8 150	—
1	200	1 690	770	980	1 255	2 240	3 720	5 345	5 885	—	0	3 525	4 280	5 310	5 700	8 100	—
2	760	2 850	2 050	2 595	3 170	3 015	4 875	5 960	6 280	—	0	420	3 000	4 520	5 630	8 030	—
3	1 660	3 990	3 360	4 085	4 740	4 430	5 790	6 370	6 560	—	0	0	825	3 020	5 580	7 980	—
4	2 700	4 985	4 585	5 310	5 830	5 540	6 380	6 600	—	6 650	0	0	110	1 240	5 540	—	6 850
5	3 730	5 700	5 540	6 115	6 395	6 260	6 630	6 700	—	6 700	0	0	0	380	5 490	—	6 510
6	4 540	6 100	6 150	6 550	6 640	6 575	6 700	6 700	—	6 700	0	0	0	40	5 440	—	6 440
7	4 965	6 300	6 480	6 700	6 700	6 685	6 700	6 700	—	6 700	0	0	0	0	5 400	—	6 400
8	5 200	6 300	6 590	6 700	6 700	6 700	6 700	6 700	—	6 700	0	0	0	0	5 400	—	6 400
9	5 200	6 300	6 590	6 700	6 700	6 700	6 700	6 700	—	6 700	0	0	0	0	5 400	—	6 400
10	5 200	6 180	6 590	6 600	6 700	6 700	6 700	6 700	—	6 700	0	0	0	0	5 400	—	6 400
11	4 615	5 965	6 520	6 300	6 580	6 700	6 700	6 700	—	6 700	0	0	0	0	5 400	—	6 400
12	4 045	5 630	6 380	5 790	6 250	6 700	6 600	6 700	—	6 700	0	0	0	0	5 400	—	6 400
13	3 280	5 100	6 140	4 935	5 565	6 570	6 360	6 700	—	6 700	0	0	0	0	5 400	—	6 400
14	2 345	4 360	5 730	3 735	4 415	6 160	5 680	6 700	—	6 700	0	25	0	110	5 400	—	6 400
15	1 415	3 420	5 055	2 345	2 940	5 260	4 300	6 550	—	6 700	0	160	90	330	5 400	—	6 400
16	655	2 365	4 140	1 020	1 420	3 855	2 470	5 750	—	6 650	0	790	390	780	5 400	—	6 400
17	220	1 325	2 970	420	690	2 120	1 450	3 950	—	6 270	200	3 375	1 275	1 790	5 430	—	6 530
18	—	380	1 760	—	—	1 200	390	2 670	—	5 260	1 000	4 780	3 385	3 580	5 480	—	7 600
19	—	—	630	—	—	0	—	1 140	5 020	4 460	4 200	6 270	5 170	4 990	5 530	7 800	8 390
19.5	—	—	100	—	—	—	—	—	4 030	3 430	—	—	6 480	7 310	5 560	7 840	8 600
20	—	—	—	—	—	—	—	—	2 730	—	—	—	8 500	—	5 580	7 880	8 800

思考题

1. 基本概念

　　全部尺度　船型尺度　登记尺度　型长　型宽　型深　载重量　排水量　吃水　主尺度比值　船型系数　方形系数　棱形系数　水线面系数　横剖面系数　型线图　型值　型值表

2. 简述船舶主尺度、主尺度比值、船型系数及其物理意义。

3. 简述型线图和型值表的生成、构成及其表达的内容。

习　题

1. 某船长 $L=155$ m，船宽 $B=18.0$ m，吃水 $T=7.1$ m，排水体积 $\nabla=10\,900$ m³，中横剖面面积 $A_m=115$ m²，水线面面积 $A_w=1\,980$ m²。试求：

（1）方形系数 C_b；

（2）纵向棱形系数 C_p；

（3）水线面系数 C_{wp}；

（4）中横剖面系数 C_m；

（5）垂向棱形系数 C_{vp}。

2. 两底面积相等的正圆锥体在底部处相连接，每个锥体的高等于其底部直径，这个组合体浮于水面，其顶点在水表面上。试求：

（1）方形系数 C_b；

（2）纵向棱形系数 C_p；

（3）水线面系数 C_{wp}；

（4）垂向棱形系数 C_{vp}。

3. 某船船长 92.0 m，船宽 9.1 m，吃水 2.9 m，中横剖面系数 $C_m=0.814$，方形系数 $C_b=0.468$。试求：

（1）排水体积 ∇；

（2）中横剖面面积 A_m；

（3）纵向棱形系数 C_p。

第3章　　船舶浮性

能够漂浮于水面,是船舶所应具备的基本性能。一条船能否浮于水面,将以怎样的姿态浮于水面,就是浮性所要讨论的问题。

■ 3.1　概述

所谓船舶浮性(buoyancy),是指在一定装载情况下,船舶在水中具有以正常浮态漂浮的能力。

3.1.1　船舶在静水中的平衡条件

当船舶漂浮于水面(或浸没于水中)时,受到的力有自身重力(gravity)和由静水压力所形成的浮力(buoyancy force),如图 3-1-1 所示。

重力的大小等于船舶的全部重量,其方向垂直向下,其作用点为船舶重心(center of gravity)G。重心的位置取决于全船重量的分布情况。

浮力的大小等于船体所排开水的重量,通常称为排水量,可写成:

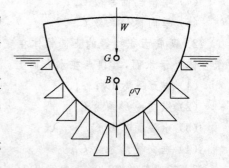

图 3-1-1　船舶在静水中的受力

$$\Delta = \rho \nabla$$

式中　Δ——浮力,即船的排水量,t;

∇——船的排水体积,m³;

ρ——水的密度,t/m³(淡水为 1.000 t/m³,海水为 1.025 t/m³)。

浮力垂直向上,作用于船舶排水体积的几何中心 B,该点称为浮心(center of buoyancy)。

要使船舶能够漂浮于水面(或浸没于水中),也即使其处于平衡状态,就必须使重力 W 和浮力 Δ 大小相等,方向相反,且作用于同一条直线上,即 $W = \Delta = \rho \nabla$,如图 3-1-2

所示。

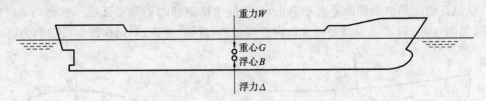

图 3-1-2 静水中重力与浮力的平衡

3.1.2 船舶浮态(floating condition)

船舶浮于静水的姿态称为浮态。当重力和浮力达到平衡时,船舶即可漂浮于水面,即处于平衡状态,然而其姿态却是多种多样。

船舶通常有以下浮态:正浮、横倾、纵倾和任意浮态。

1) 正浮(floating on even keel)

正浮是指船舶中纵剖面和中横剖面均垂直于静止水面时的浮态,如图 3-1-3 所示。

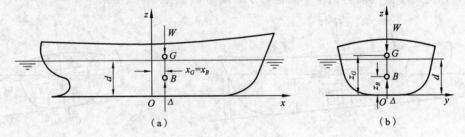

图 3-1-3 船舶正浮

2) 横倾(heel)

横倾是指船舶中横剖面垂直于静止水面,但中纵剖面与铅垂平面成一横倾角 ϕ 时的浮态,如图 3-1-4 所示。横倾角 ϕ 通常以向右舷倾斜(右倾)为正,向左舷倾斜(左倾)为负。

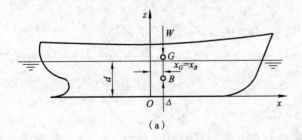

图 3-1-4 船舶横倾

3) 纵倾(trim)

纵倾是指船舶中纵剖面垂直于静止水面,但中横剖面与铅垂平面成一纵倾角 θ 时的浮态,如图 3-1-5 所示。纵倾角通常以向首部倾斜(首倾)为正,向尾部倾斜(尾倾)为负。

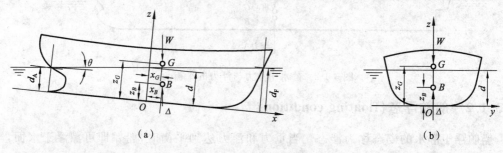

图 3-1-5　船舶纵倾

4) 任意浮态

任意浮态是指船舶既有横倾又有纵倾时的浮态,即船舶的中纵剖面与铅垂平面有一横倾角 ϕ,同时中横剖面与铅垂平面也有一纵倾角 θ,如图 3-1-6 所示。

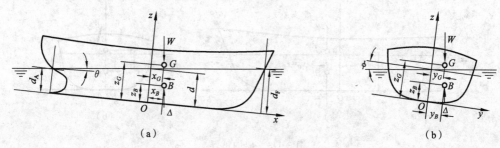

图 3-1-6　任意浮态

由上述说明可知,正浮、横倾和纵倾都是任意浮态的特例。

正浮:

$$\phi=\theta=0$$

横倾:

$$\theta=0, \quad \phi\neq0$$

纵倾:

$$\phi=0, \quad \theta\neq0$$

任意浮态:

$$\phi\neq0, \quad \theta\neq0$$

若以坐标值 (x_G,y_G,z_G) 表示船舶重心 G 的位置,以坐标值 (x_B,y_B,z_B) 表示船舶浮心 B 的位置,则船在静水中任意浮态下的平衡方程为:

$$\begin{cases} W = \Delta = \rho \nabla \\ x_B - x_G = (z_G - z_B)\tan\theta \\ y_B - y_G = (z_G - z_B)\tan\phi \end{cases} \tag{3-1-1}$$

正浮态的平衡方程($\phi = \theta = 0$):

$$\begin{cases} W = \Delta = \rho \nabla \\ x_B = x_G \\ y_B = y_G \end{cases} \tag{3-1-2}$$

横倾态的平衡方程($\theta = 0$):

$$\begin{cases} W = \Delta = \rho \nabla \\ x_B = x_G \\ y_B - y_G = (z_G - z_B)\tan\phi \end{cases} \tag{3-1-3}$$

纵倾态的平衡方程($\phi = 0$):

$$\begin{cases} W = \Delta = \rho \nabla \\ x_B - x_G = (z_G - z_B)\tan\theta \\ y_B = y_G \end{cases} \tag{3-1-4}$$

由上述平衡方程可知,船舶的浮态可用吃水、横倾角和纵倾角等参数表示。但在实际应用中,船舶的纵倾角 θ 很难直接测出,一般都是以首尾吃水差表示,因此更普遍的船舶浮态参数是:首吃水 d_F、尾吃水 d_A 和横倾角 ϕ。其他有关参数可根据这三个基本浮态参数导出。

平均吃水:

$$d = \frac{d_F + d_A}{2} \tag{3-1-5}$$

纵倾值(首尾吃水差):

$$t = d_F - d_A \tag{3-1-6}$$

纵倾角:

$$\theta = \arctan\frac{d_F - d_A}{L} = \arctan\frac{t}{L} \tag{3-1-7}$$

3.1.3 船舶浮性的主要内容

船舶浮性主要研究船舶在静水中正常漂浮的能力,主要解决以下两个问题:

(1) 船舶能否漂浮于水面或水中;

(2) 船舶将以怎样的姿态(浮态)漂浮于水中。

船舶浮性研究的主要内容包括:研究重量和排水量(浮力)、重心和浮心之间的相互关系及其计算方法,并最终确定船舶的浮态。其中,重量和重心的计算依据是船舶总布置图和其他图纸及相关技术资料,排水量和浮心的计算依据主要是型线图和型值表。

■ 3.2 船舶重量与重心位置的计算

3.2.1 重量和重心的计算方法

船舶总重量是船上各项重量的总和。若已知各个项目的重量 W_i,则船舶总重量 W 可按下式求得:

$$W = W_1 + W_2 + W_3 + \cdots + W_n = \sum_{i=1}^{n} W_i \tag{3-2-1}$$

式中 n——组成船舶总重量的各重量项目的数目。

若已知各项重量 W_i 的重心位置的坐标值 (x_i, y_i, z_i),则船舶的重心位置 (x_G, y_G, z_G) 可按下式求得:

$$x_G = \frac{\sum_{i=1}^{n} W_i x_i}{\sum_{i=1}^{n} W_i}, \quad y_G = \frac{\sum_{i=1}^{n} W_i y_i}{\sum_{i=1}^{n} W_i}, \quad z_G = \frac{\sum_{i=1}^{n} W_i z_i}{\sum_{i=1}^{n} W_i} \tag{3-2-2}$$

为了避免船舶处于横倾状态,在建造和使用过程中,总是设法使其重心位于中纵剖面上,即 $y_G = 0$。

船舶的组成项目繁多,船的重量和重心的计算非常繁琐(尤其是大船),因此,一般根据总布置图和结构图等图纸分组列表计算,如表 3-2-1 所示。

表 3-2-1 重量和重心计算表

序　号	项目名称	W_i/t	对基平面		对中横剖面	
			z_i/m	$W_i z_i/(t \cdot m)$	x_i/m	$W_i x_i/(t \cdot m)$
1	⋯	W_1	z_1	$W_1 z_1$	x_1	$W_1 x_1$
2	⋯	W_2	z_2	$W_2 z_2$	x_2	$W_2 x_2$
3	⋯	W_3	z_3	$W_3 z_3$	x_3	$W_3 x_3$
⋮	⋮	⋮	⋮	⋮	⋮	⋮
总　计		$\sum W_i$		$\sum W_i z_i$		$\sum W_i x_i$

3.2.2 船舶重量的分类

1) 固定重量(空船重量)

船体钢料、木作舾装、机电设备以及武器装备等的重量和重心在船舶使用过程中是固定不变的,这一类重量的总和称为船的空船重量或船舶自身的重量。

2) 可变重量(载重量)

货物、船员、行李、旅客、淡水、粮食、燃料、润滑油以及弹药等的重量和重心在船舶使用过程中是会变化的,这一类重量的总和称为船的可变重量或载重量。

■3.3 船舶排水量与浮心位置的计算

船舶所受的浮力就是其排水量,船体水下体积的形心就是其浮心。求得排水体积以后,根据相应水域的水密度,即可得到排水量。因此排水量的计算可以转化为排水体积(displaced volume)的计算,并且通用性更强。排水体积和浮心的计算依据是型线图和型值表。常用的计算方法有垂向计算法和纵向计算法。

3.3.1 垂向计算法

顾名思义,垂向计算法是沿船舶吃水方向进行计算,即根据水线面计算排水体积和浮心位置。

计算的基本思路是:首先计算各水线面面积和水线面的形心位置等有关数据,然后将水线面沿吃水方向积分来计算排水体积和浮心位置。由此可见,其基本计算是有关水线面的计算。下面首先讨论水线面的有关计算。

3.3.1.1 水线面的计算

水线面的计算主要是水线面面积和形心位置的计算,有时还需计算水线面系数。

1) 水线面面积的计算

如图 3-3-1(a)所示,首先取图中的阴影部分作为微面积,然后沿船长方向积分,即可得到水线面的面积,其计算公式为:

$$A_\text{w} = 2\int_{-\frac{L}{2}}^{\frac{L}{2}} y \mathrm{d}x \tag{3-3-1}$$

式中 L——水线长,在计算中一般取为垂线间长;

y——水线半宽,以下均同,不再特别说明。

2) 水线面形心位置的计算

水线面的形心称为漂心(center of floatation)。由于船体一般左右对称,因此漂心的横向坐标 y_F 一般为零。下面主要讨论其纵向坐标 x_F 的计算方法。

漂心纵向坐标的计算方法:先计算水线面对 Oy 轴的静矩 M_{Oy},然后用该静矩除以水线面面积 A_w,即得到漂心的纵向坐标 x_F,其计算公式如下:

$$x_F = \frac{M_{Oy}}{A_\text{w}} = \frac{\int_{-\frac{L}{2}}^{\frac{L}{2}} xy \mathrm{d}x}{\int_{-\frac{L}{2}}^{\frac{L}{2}} y \mathrm{d}x} \tag{3-3-2}$$

3) 水线面系数 C_wp 的计算

依水线面系数的定义,可由下式计算:

$$C_\text{wp} = \frac{A_\text{w}}{LB}$$

式中 L,B——相应的水线长和水线宽。

3.3.1.2 排水体积和浮心位置的计算

船为正浮态,在离基平面 z 处,取高度为 $\mathrm{d}z$ 的一薄层进行分析,如图 3-3-1(b)所示。

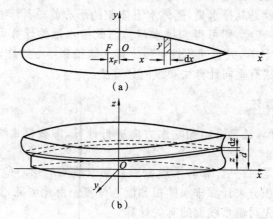

图 3-3-1 垂向计算法示意图

1)排水体积的计算

该薄层的微体积为:

$$\mathrm{d}\nabla = A_{\mathrm{w}}\mathrm{d}z \tag{3-3-3}$$

式中 A_{w}——离基平面 z 处的水线面面积。

于是,船舶在吃水 d 时的排水体积:

$$\nabla = \int_0^d A_{\mathrm{w}}\mathrm{d}z = 2\int_0^d \int_{-\frac{L}{2}}^{\frac{L}{2}} y\,\mathrm{d}x\mathrm{d}z \tag{3-3-4}$$

2)浮心位置的计算

基本思路:先求出排水体积对各坐标平面的静矩,然后用静矩除以排水体积,即得各坐标。由于船体左右对称,所以在船舶正浮时只需计算其浮心的纵向和垂向坐标。

(1)浮心纵向坐标的计算。

基本思路:先求得排水体积对中站面 yOz 的静矩 M_{yOz},然后用该静矩除以排水体积 ∇,即得浮心纵向坐标 x_B。

参考图 3-3-1,薄层的微体积对中站面 yOz 的静矩可由下式计算:

$$\mathrm{d}M_{yOz} = x_F A_{\mathrm{w}}\mathrm{d}z$$

式中 x_F——离基平面 z 处水线面的漂心的纵向坐标;

A_{w}——离基平面 z 处水线面的面积。

于是,排水体积 ∇ 对中站面 yOz 的静矩为:

$$M_{yOz} = \int_0^d x_F A_{\mathrm{w}}\,\mathrm{d}z = 2\int_0^d \int_{-\frac{L}{2}}^{\frac{L}{2}} xy\,\mathrm{d}x\mathrm{d}z \tag{3-3-5}$$

因此,浮心纵向坐标为:

$$x_B = \frac{M_{yOz}}{\nabla} = \frac{\int_0^d x_F A_w \mathrm{d}z}{\int_0^d A_w \mathrm{d}z} = \frac{\int_0^d \int_{-\frac{L}{2}}^{\frac{L}{2}} xy \mathrm{d}x \mathrm{d}z}{\int_0^d \int_{-\frac{L}{2}}^{\frac{L}{2}} y \mathrm{d}x \mathrm{d}z} \qquad (3\text{-}3\text{-}6)$$

（2）浮心垂向坐标的计算。

同理可得排水体积对基平面 xOy 的静矩和浮心垂向坐标：

$$M_{xOy} = \int_0^d z A_w \mathrm{d}z = 2\int_0^d \int_{-\frac{L}{2}}^{\frac{L}{2}} yz \mathrm{d}x \mathrm{d}z \qquad (3\text{-}3\text{-}7)$$

$$z_B = \frac{M_{xOy}}{\nabla} = \frac{\int_0^d z A_w \mathrm{d}z}{\int_0^d A_w \mathrm{d}z} = \frac{\int_0^d \int_{-\frac{L}{2}}^{\frac{L}{2}} yz \mathrm{d}x \mathrm{d}z}{\int_0^d \int_{-\frac{L}{2}}^{\frac{L}{2}} y \mathrm{d}x \mathrm{d}z} \qquad (3\text{-}3\text{-}8)$$

需要说明的是：以上公式针对的是正浮状态，其他浮态会有所不同。

由此可见，在垂向计算法中，计算排水体积和浮心位置的基本运算是有关水线面的计算，如水线面面积、漂心纵坐标等。在具体计算时，由于水线往往不能用确切的数学表达式（如 $y = f(x)$ 表达），因此通常需要采用近似计算方法。关于近似计算方法及其在船体计算中的应用详见附录 A。

利用近似计算方法计算排水体积和浮心位置的计算过程是：首先计算各水线处的水线面面积和漂心坐标，然后由各水线面面积计算排水体积，由各水线面面积和漂心纵向坐标进一步计算排水体积对中站面和基平面的静矩，最后由各静矩和排水体积求得浮心的位置。

3.3.1.3　与垂向计算法相关的几条曲线

船舶在实际使用中，其吃水会随着所装载物品的多少而发生变化，因此通常需要知道船舶在不同吃水下的相关参数。利用前面的计算公式，改变其吃水 d，即可计算出不同吃水处的值，由此可得到以下曲线。

1）水线面面积曲线

以吃水为纵坐标，水线面面积为横坐标，可得如图 3-3-2 所示的水线面面积曲线。

水线面面积曲线具有以下特性：

（1）在某一吃水 d 时，水线面面积曲线与 Oz 轴所围的面积等于该吃水下的排水体积 ∇，即：

$$\nabla = \int_0^d A_w \mathrm{d}z$$

（2）水线面面积曲线与 Oz 轴所围的面积，其形心的垂向坐标等于浮心垂向坐标 z_B，即：

$$z_B = \frac{\int_0^d z A_w \mathrm{d}z}{\int_0^d A_w \mathrm{d}z}$$

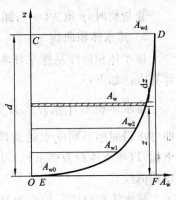

图 3-3-2　水线面面积曲线

（3）在吃水 d 以下的水线面面积曲线与 Oz 轴所围的面积和以吃水 d 及该处的水线面面积 A_{wd} 所构成的矩形面积之比，等于吃水 d 时的垂向棱形系数 C_{vp}，即：

$$C_{vp} = \frac{\text{面积 } OCDE}{\text{面积 } OCDF} = \frac{\nabla}{A_{wd}d} \qquad (3-3-9)$$

由此可见，水线面面积曲线的形状反映了排水体积沿吃水方向的分布情况。

2）每厘米吃水吨数曲线

每厘米吃水吨数（tons per centimeter of immersion，TPC）：船舶正浮时吃水增加（或减小）1 cm 时，引起排水量增加（或减小）的吨数。

根据水线面面积曲线可以算出在任何吃水时的每厘米吃水吨数，其计算方法如下。

设船舶在吃水 d 时的水线面面积为 A_w，则吃水改变 δd 时排水体积的变化为：

$$\delta \nabla = A_w \delta d$$

相应的排水量的变化为：

$$\delta \Delta = \rho A_w \delta d \qquad (3-3-10)$$

式中 ρ——水的密度，t/m^3。

当 $\delta d = 1$ cm $= 1/100$ m 时，令 $\delta \Delta = TPC$，则：

$$TPC = \frac{\rho A_w}{100} \qquad (3-3-11)$$

由上式可见，每厘米吃水吨数 $TPC(t/cm)$ 只与 A_w 和 ρ 有关。

由于水线面面积 A_w 是随吃水而变化的，因此 TPC 也随吃水的不同而变化。TPC 随吃水的变化绘制而成的曲线，称为每厘米吃水吨数曲线。该曲线的形状与水线面面积曲线相似。

若已知船舶在吃水 d 时的 TPC 数值，便可迅速地求出装卸少量货物 p t（不超过排水量的 10%）之后的平均吃水变化量 δd cm，即：

$$\delta d = \frac{p}{TPC}$$

装货物时，p 取为"＋"；卸货物时，p 取为"－"。

3）排水体积曲线

排水体积曲线是排水体积随吃水变化的关系曲线。计算方法如下：

排水体积的计算公式为 $\nabla = \int_0^d A_w dz$，改变其上限即可求得船舶不同吃水处的排水体积，然后以吃水为纵坐标，以排水体积为横坐标，可得如图 3-3-3 所示的排水体积曲线。

排水体积曲线一般应包括三根曲线，即型排水体积

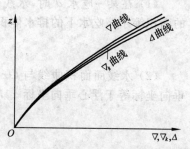

图 3-3-3 排水体积曲线

▽曲线、总排水体积▽$_k$曲线(也代表在淡水中的排水重量)和总排水量 △ 曲线。

(1) 型排水体积▽:根据型线图计算而得的▽值,它没有包括船壳板及附体(如舭龙骨、舵、支轴架、螺旋桨等)在内。

(2) 总排水体积▽$_k$:包括壳板及附体在内的排水体积,记为▽$_k$。其数值可按有关图纸资料算出,也可以根据下式进行估算:

$$\nabla_k = k\nabla$$

其中,系数 k 以取尺度大小相近的同类型船的数值为宜。通常 k 值在 1.004~1.03 范围内变化,一般小船取大值,大船取小值,如万吨级货船的 k 值约为 1.006。

(3) 总排水量 △:在总排水体积的基础上乘以水的密度,即:

$$\Delta = \rho \nabla_k \qquad (3-3-12)$$

对于海船,$\rho = 1.025 \ \text{t/m}^3$。

排水体积曲线具有以下特性:

(1) 在任意吃水 d_i 时的排水体积曲线与 $O\nabla$ 轴所围成的面积 OEF 等于该吃水下的水线面面积曲线与 Oz 轴所围的面积 OAB 对 OA_w 轴的静矩,即排水体积曲线与 $O\nabla$ 轴所围的面积 OEF 等于排水体积▽对基平面的静矩。

由图 3-3-4 可知,在任意吃水 d_i 时的排水体积
为:

$$\nabla_i = \int_0^{d_i} A_w \mathrm{d}z \qquad (3-3-13)$$

▽$_i$ 对基平面的静矩为:

$$M_{xOy} = \int_0^{d_i} z A_w \mathrm{d}z \qquad (3-3-14)$$

而 $\mathrm{d}\nabla = A_w \mathrm{d}z$,因此:

$$M_{xOy} = \int_0^{d_i} z A_w \mathrm{d}z = \int_0^{\nabla_i} z \mathrm{d}\nabla = 面积 OEF$$

$$(3-3-15)$$

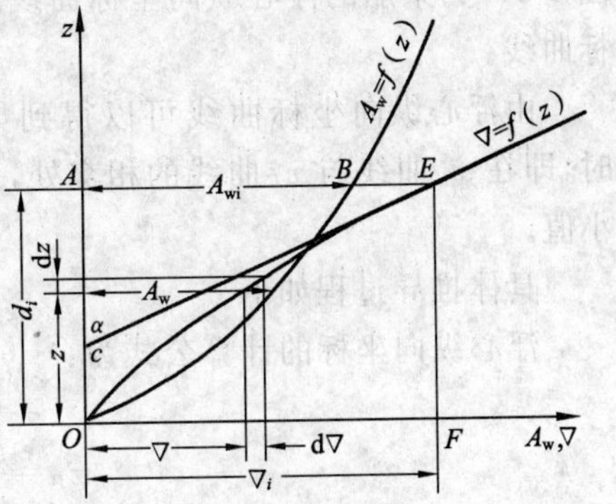

图 3-3-4　排水体积曲线的特性

(2) 排水体积曲线和 Oz 轴所围的面积 OAE 等于排水体积▽$_i$对吃水 $d_i = OA$ 的水平面的静矩。

图 3-3-4 中的面积 OAE 可以表示为:

$$面积 OAE = \int_0^{d_i} \nabla \mathrm{d}z \qquad (3-3-16)$$

也可表示为:

$$面积 OAE = 面积 OAEF - 面积 OEF = d_i \nabla_i - z_B \nabla_i = (d_i - z_B)\nabla_i \qquad (3-3-17)$$

因此,面积 OAE 等于排水体积▽$_i$对吃水 d_i 的水平面的静矩。

由以上特性可以得到一种由排水体积曲线求浮心垂向坐标的方法,其公式为:

$$z_B = d_i - \left(\int_0^{d_i} \nabla dz \right) / \nabla_i \tag{3-3-18}$$

该公式在船体近似计算时经常采用,其结果比利用水线面面积曲线计算的结果更接近实际情况。

4)浮心坐标曲线

船舶浮心即为排水体积的形心,其位置可由纵向、横向和垂向三个坐标来确定。一般船舶水下部分左右舷是对称的,在正浮状态时,横向坐标 y_B 为零。因此,浮心坐标曲线一般包括浮心纵向坐标曲线和浮心垂向坐标曲线,分别表达了浮心纵向坐标和浮心垂向坐标随吃水的变化情况。

(1)浮心纵向坐标曲线。

计算时,先算出不同吃水处的水线面漂心纵向坐标,并将其计算结果绘制成其随吃水变化的曲线,即水线面漂心纵向坐标曲线。由漂心纵向坐标可进一步计算并画出浮心纵向坐标随吃水变化的关系曲线,即浮心纵向坐标曲线。图 3-3-5 为某船的浮心纵向坐标曲线和水线面漂心纵向坐标曲线。

由浮心纵向坐标曲线可以得到如下结论:当 $x_B = x_F$ 时,即在 x_B 曲线与 x_F 曲线的相交处,x_B 曲线有最大值或最小值。

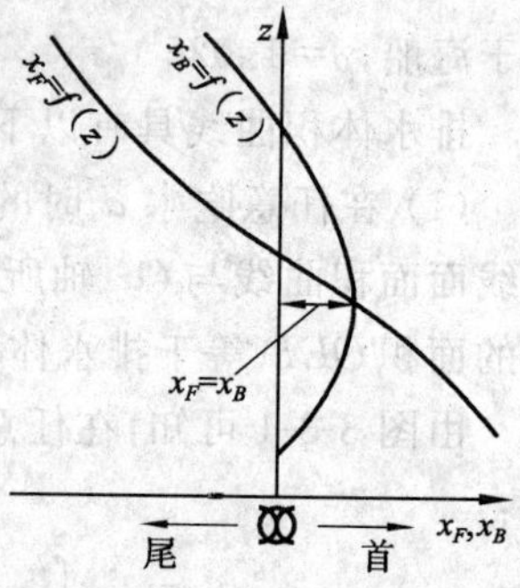

图 3-3-5 浮心纵向坐标曲线

具体推导过程如下。

浮心纵向坐标的计算公式为:

$$x_B = \frac{M_{yOz}}{\nabla} = \frac{\int_0^{d_i} x_F A_w dz}{\int_0^{d_i} A_w dz} \tag{3-3-19}$$

将上式对吃水变量 z 求导数,得:

$$\frac{dx_B}{dz} = \frac{\frac{dM_{yOz}}{dz} \nabla - M_{yOz} \frac{d\nabla}{dz}}{\nabla^2} \tag{3-3-20}$$

由于 $d\nabla = A_w dz$,则:

$$\frac{d\nabla}{dz} = A_w \tag{3-3-21}$$

由于 $dM_{yOz} = x_F A_w dz$,所以有:

$$\frac{dM_{yOz}}{dz} = x_F A_w \tag{3-3-22}$$

另外,由于 $x_B = \frac{M_{yOz}}{\nabla}$,于是有:

$$M_{yOz} = x_B \nabla \qquad (3\text{-}3\text{-}23)$$

从而可以得到：

$$\frac{\mathrm{d}x_B}{\mathrm{d}z} = \frac{A_w}{\nabla}(x_F - x_B) \qquad (3\text{-}3\text{-}24)$$

因此，当 $x_B = x_F$ 时，$\frac{\mathrm{d}x_B}{\mathrm{d}z} = 0$，即在 x_B 曲线与 x_F 曲线相交处（该处 $x_B = x_F$），x_B 曲线有最大值或最小值，并且当吃水变化 $\mathrm{d}z$ 或排水量变化 $\mathrm{d}\nabla$ 时，浮心纵向坐标 x_B 的变化量为：

$$\mathrm{d}x_B = \frac{A_w}{\nabla}(x_F - x_B)\mathrm{d}z = (x_F - x_B)\frac{\mathrm{d}\nabla}{\nabla} \qquad (3\text{-}3\text{-}25)$$

（2）浮心垂向坐标曲线。

由以下公式即可求得浮心垂向坐标随吃水的变化，并绘制出相应的浮心垂向坐标曲线，如图 3-3-6 所示。

$$z_B = \frac{M_{xOy}}{\nabla} = \frac{\int_0^{d_i} zA_w \mathrm{d}z}{\int_0^{d_i} A_w \mathrm{d}z} \qquad (3\text{-}3\text{-}26)$$

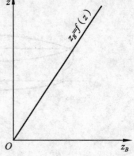

由图可知，船舶浮心垂向坐标总是随吃水的增加而增大。实际上，将上式对吃水变量 z 求导数可得：

$$\frac{\mathrm{d}z_B}{\mathrm{d}z} = \frac{\dfrac{\mathrm{d}M_{xOy}}{\mathrm{d}z}\nabla - M_{xOy}\dfrac{\mathrm{d}\nabla}{\mathrm{d}z}}{\nabla^2} = \frac{A_w}{\nabla}(z - z_B) \qquad (3\text{-}3\text{-}27)$$

图 3-3-6　浮心垂向坐标曲线

那么，当吃水变化 $\mathrm{d}z$ 或排水量变化 $\mathrm{d}\nabla$ 时，浮心垂向坐标 z_B 的变化量为：

$$\mathrm{d}z_B = \frac{A_w}{\nabla}(z - z_B)\mathrm{d}z = (z - z_B)\frac{\mathrm{d}\nabla}{\nabla} \qquad (3\text{-}3\text{-}28)$$

从上式可知，由于浮心总是在水线以下，即 $z - z_B > 0$，因此船舶的浮心垂向坐标曲线总是随吃水或排水量的增加而增长，浮心垂向坐标总是随吃水或排水量的增加而增大。

3.3.2　纵向计算法

纵向计算法是沿着船长方向，根据横剖面计算排水体积和浮心位置。其基本思路是：首先计算各横剖面面积和横剖面的形心位置坐标等相关数据，然后将横剖面沿船长方向积分来计算排水体积和浮心位置。下面首先讨论关于横剖面的计算。

3.3.2.1　横剖面的计算

横剖面计算一般包括横剖面面积 A_s 和面积形心位置坐标的计算，对中横剖面来说，还需计算中横剖面系数 C_m。

1）横剖面面积 A_s 的计算

如图 3-3-7(b) 所示，取阴影部分作为微面积，将该微面积沿吃水方向积分即得横剖

面的面积,其计算公式为:

$$A_s = 2\int_0^d y\,dz \tag{3-3-29}$$

2)横剖面形心位置坐标的计算

由于船体一般左右对称,所以横剖面的横向坐标一般为零。因此通常只需计算其垂向坐标 z_a。计算垂向坐标时,首先计算横剖面对 Oy 轴的静矩 M_{Oy},然后用该静矩除以横剖面面积 A_s 即得其垂向坐标 z_a。

如图 3-3-7(b)所示,横剖面对 Oy 轴的静矩 M_{Oy} 的计算公式为:

$$M_{Oy} = 2\int_0^d zy\,dz \tag{3-3-30}$$

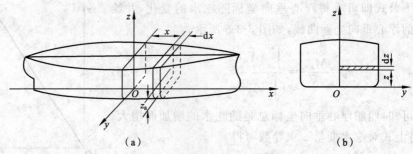

(a)   (b)

图 3-3-7　纵向计算法示意图

则横剖面的形心的垂向坐标可由下式计算:

$$z_a = \frac{M_{Oy}}{A_s} = \frac{2\int_0^d zy\,dz}{2\int_0^d y\,dz} = \frac{\int_0^d zy\,dz}{\int_0^d y\,dz} \tag{3-3-31}$$

3)中横剖面系数 C_m 的计算

$$C_m = \frac{A_m}{Bd} \tag{3-3-32}$$

式中　A_m——中横剖面的面积,计算方法同横剖面面积的计算。

3.3.2.2　排水体积和浮心位置的计算

图 3-3-7 为船舶吃水为 d 时的正浮状态。在离中站面 x 处,取长度为 dx 的一薄层进行分析。

1)排水体积的计算

基本思路:首先计算横剖面的面积,然后对横剖面面积沿船长方向积分,即得排水体积。

如图 3-3-7(a)所示,所取薄层的微体积为 $d\nabla = A_s dx$,A_s 是离中站面 x 处的横剖面面

积。于是,船在吃水 d 时的排水体积可由下式计算:

$$\nabla = \int_{-\frac{L}{2}}^{\frac{L}{2}} A_s \mathrm{d}x = 2\int_{-\frac{L}{2}}^{\frac{L}{2}}\int_0^d y\mathrm{d}z\mathrm{d}x \tag{3-3-33}$$

2）浮心位置的计算

同样由于船体左右对称,所以一般只需计算浮心的纵向坐标和垂向坐标。

基本思路:先求排水体积对中站面 yOz 和基平面 xOy 的静矩,然后由 $x_B = \dfrac{M_{yOz}}{\nabla}$ 和 $z_B = \dfrac{M_{xOy}}{\nabla}$ 求浮心的纵向坐标和垂向坐标。

由图 3-3-7 知,所取薄层微体积 $\mathrm{d}\nabla$ 对中站面 yOz 和基平面 xOy 的静矩分别为:

$$\mathrm{d}M_{yOz} = xA_s\mathrm{d}x, \qquad \mathrm{d}M_{xOy} = z_a A_s\mathrm{d}x$$

式中　　z_a——离中站面 x 处的横剖面面积的形心垂向坐标。

于是,排水体积 ∇ 对中站面 yOz 和基平面 xOy 的静矩分别为:

$$M_{yOz} = \int_{-\frac{L}{2}}^{\frac{L}{2}} xA_s\mathrm{d}x = 2\int_{-\frac{L}{2}}^{\frac{L}{2}}\int_0^d xy\mathrm{d}z\mathrm{d}x \tag{3-3-34}$$

$$M_{xOy} = \int_{-\frac{L}{2}}^{\frac{L}{2}} z_a A_s\mathrm{d}x = 2\int_{-\frac{L}{2}}^{\frac{L}{2}}\int_0^d zy\mathrm{d}z\mathrm{d}x \tag{3-3-35}$$

所以,浮心的纵向坐标和垂向坐标分别为:

$$x_B = \frac{M_{yOz}}{\nabla} = \frac{\int_{-\frac{L}{2}}^{\frac{L}{2}} xA_s\mathrm{d}x}{\int_{-\frac{L}{2}}^{\frac{L}{2}} A_s\mathrm{d}x} = \frac{\int_{-\frac{L}{2}}^{\frac{L}{2}}\int_0^d xy\mathrm{d}z\mathrm{d}x}{\int_{-\frac{L}{2}}^{\frac{L}{2}}\int_0^d y\mathrm{d}z\mathrm{d}x} \tag{3-3-36}$$

$$z_B = \frac{M_{xOy}}{\nabla} = \frac{\int_{-\frac{L}{2}}^{\frac{L}{2}} z_a A_s\mathrm{d}x}{\int_{-\frac{L}{2}}^{\frac{L}{2}} A_s\mathrm{d}x} = \frac{\int_{-\frac{L}{2}}^{\frac{L}{2}}\int_0^d zy\mathrm{d}z\mathrm{d}x}{\int_{-\frac{L}{2}}^{\frac{L}{2}}\int_0^d y\mathrm{d}z\mathrm{d}x} \tag{3-3-37}$$

由以上计算公式可知,纵向计算法的基本计算是有关横剖面的计算。同样由于船体的横剖线往往不能用确切的数学表达式表达,因此通常需要采用近似计算方法计算。

在纵向计算法中,利用近似计算方法计算排水体积和浮心位置的计算过程是:首先按照横剖面计算方法,将型线图上各站号处吃水为 d 的横剖面面积 A_s 及其对基平面的静矩 M_{Oy} 和横剖面的形心垂向坐标 z_a 计算出来,然后根据以上公式计算排水体积和浮心坐标。具体计算可参考附录 A.2.2。

3.3.2.3　横剖面面积曲线

根据前面算出的船舶在某一吃水 d 时的各站号处的横剖面面积 A_s,以船长 L 为横坐标,以横剖面面积 A_s 为纵坐标,即可绘制出横剖面面积曲线,如图 3-3-8 所示。

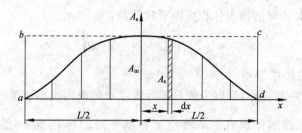

图 3-3-8　横剖面面积曲线

横剖面面积曲线具有以下特性：

（1）在某一吃水 d 时的横剖面面积曲线与横轴（即 x 轴）所围的面积，等于该吃水时的排水体积 ∇，即：

$$\nabla = 2\int_{-\frac{L}{2}}^{\frac{L}{2}} A_s \mathrm{d}x \tag{3-3-38}$$

（2）横剖面面积曲线与 x 轴所围的面积，其形心的纵向坐标等于浮心纵向坐标 x_B，即：

$$x_B = \frac{\int_{-\frac{L}{2}}^{\frac{L}{2}} x A_s \mathrm{d}x}{\int_{-\frac{L}{2}}^{\frac{L}{2}} A_s \mathrm{d}x} \tag{3-3-39}$$

（3）横剖面面积曲线与 x 轴所围的面积和以船长 L、船中横剖面面积 A_m 所构成的矩形面积之比，等于船舶在吃水 d 时的纵向棱形系数 C_p，即：

$$C_p = \frac{曲线所围面积}{矩形面积\ abcd} = \frac{\nabla}{A_m L} \tag{3-3-40}$$

所以，横剖面面积曲线的形状反映了船舶排水体积沿船长方向的分布情况。

横剖面面积曲线的上述特性很重要。根据船舶在任一水线下（包括计算船舶静止在波浪上时水线呈波形曲线）的横剖面面积曲线，可以方便地求出该水线下的排水体积和浮心纵向坐标。

3.3.3　垂向计算法和纵向计算法小结

两种计算排水体积和浮心坐标的基本公式完全相同。在实际计算中，可根据需要采用其中一种，或同时应用两种方法进行计算，相互校核。

一般来说，若要求取船舶在正浮状态下随吃水变化的排水体积和浮心坐标，则可采用垂向计算法进行计算。

在船舶使用过程中，若载荷变化、舱室破损进水以及抗沉性计算、下水计算等涉及船舶在纵倾状态下的排水体积和浮心坐标等值，或者计算船体强度时需要绘制浮力曲线图等,则常采用纵向计算法进行计算。

▣ 3.4 船舶在纵倾浮态下排水体积和浮心位置的计算

在设计、建造和使用过程中,经常需要知道船舶在纵倾状态下的排水体积和浮心位置,这可利用邦戎曲线图和费尔索夫图谱求得。

3.4.1 邦戎曲线(Bonjean's curves)图

1) 邦戎曲线的绘制

设船体某一站号处的横剖面如图 3-4-1 所示。该横剖面自船底到最高一层连续甲板在不同吃水情况下的横剖面面积,可由公式 $A_s = 2\int_0^{d_i} y \mathrm{d}z$ 的变上限积分求得。然后,以吃水 d 为纵坐标,以横剖面面积 A_s 为横坐标,绘出 A_s 随 d 变化的曲线 $A_s = f(z)$,如图 3-4-2 所示。

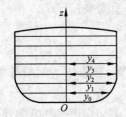

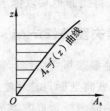

图 3-4-1 横剖面图   图 3-4-2 横剖面面积随吃水变化的曲线

把型线图上各站号处的横剖面都进行如上计算,便可得出各横剖面在不同吃水下的面积,然后在每个站号处以吃水为纵坐标,横剖面面积为横坐标,画出其相应的 $A_s = f(z)$ 曲线,如图 3-4-3 所示,这一组曲线称为邦戎曲线,整个曲线图形称为邦戎曲线图。

该曲线在 19 世纪末由法国人邦戎(Bonjean)最早制成使用而得名。后来在使用过程中,为便于计算船舶在纵倾水线下的浮心及各舱形心的垂向坐标,在邦戎曲线图上还画出横剖面面积对基平面的静矩曲线(见图 3-4-3 中虚线)。为缩短图纸的长度和使用方便,在绘制邦戎曲线图时,对船长和型深采用不同比例,因此此图上的船形会显得短而高。

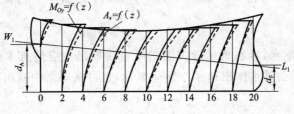

图 3-4-3 邦戎曲线图

2）邦戎曲线图的运用

运用邦戎曲线图可以方便地算出任意纵倾水线下的排水体积和浮心位置,其计算步骤为:

(1) 根据船舶的首吃水 d_F 和尾吃水 d_A,在邦戎曲线图上作出纵倾水线 W_1L_1;

(2) 自纵倾水线 W_1L_1 与各站号垂线的交点作平行于基线的直线,并分别与各站的 $A_s = f(z)$ 曲线(以实线表示)相交于 A_{si},与各站的 $M_{Oy} = f(z)$ 曲线(以虚线表示)相交于 M_{Oyi},根据各自的曲线比例量出各站的横剖面面积 $A_{s0}, A_{s1}, A_{s2}, \cdots$ 和面积对基平面的静矩 $M_{Oy0}, M_{Oy1}, M_{Oy2}, \cdots$;

(3) 根据量出的数值,可绘制该纵倾水线 W_1L_1 下的横剖面面积曲线 $A_s = f(x)$ 及横剖面静矩曲线 $M_{Oy} = f(x)$;

(4) 由横剖面面积曲线的特征可知,该曲线 $A_s = f(x)$ 下的面积及其形心纵向坐标分别为船舶在纵倾水线 W_1L_1 下的排水体积和浮心纵向坐标 x_B;

(5) 同理,横剖面面积对基平面线的静矩曲线 $M_{Oy} = f(x)$ 下的面积等于排水体积对基平面的静矩 M_{xOy},将此静矩除以排水体积后,便得出浮心垂向坐标 z_B。

3.4.2　费尔索夫图谱(Firsov's diagram)

费尔索夫图谱是根据邦戎曲线计算并绘制而成的曲线图,它表达了船舶在纵倾水线下的排水体积、浮心纵向坐标与首尾吃水之间的关系。

费尔索夫图谱的横坐标是首吃水 d_F,纵坐标是尾吃水 d_A,图中有两组曲线,一组为排水体积的等值曲线,另一组为浮心纵向坐标的等值曲线,如图 3-4-4 所示。

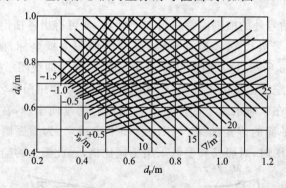

图 3-4-4　费尔索夫图谱

已知船的首尾吃水,可在费尔索夫图谱中直接查出相应的排水体积和浮心纵向坐标。反之,若已知船的排水体积和浮心纵向坐标,也可从图谱中查出相应的首吃水和尾吃水。

▣ 3.5　船舶在任意浮态下排水体积和浮心位置的计算

下面介绍一种可计算船舶在纵倾和横倾浮态(任意浮态)下的排水体积和浮心位置的方法。该方法是由前苏联符拉索夫(Flasov)提出的,他使用三组曲线(称为符拉索夫曲线)进行计算。

如图 3-5-1 所示,符拉索夫曲线包括以下曲线:

(1) 船舶各站半个横剖面面积 A_s 随吃水变化的曲线组 a;

(2) 船舶各站半个横剖面对中线的面矩 M_{Oz} 随吃水变化的曲线组 b;

(3) 船舶各站半个横剖面对基线的面矩 M_{Oy} 随吃水变化的曲线组 c。

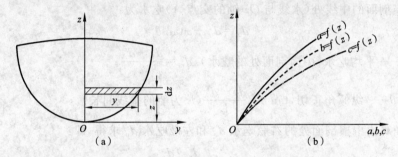

图 3-5-1　符拉索夫曲线及其计算示意图

3.5.1　符拉索夫曲线的绘制

在正浮状态不同吃水的情况下,将型线图上各个站号处横剖面的一半(通常取右舷部分)面积 a 及其对中线的面矩 b 和对基线的面矩 c,按照下列变上限积分公式分别计算出来:

$$\begin{cases} a = \int_0^z y \, \mathrm{d}z \\ b = M_{Oz} = \dfrac{1}{2}\int_0^z y^2 \, \mathrm{d}z \\ c = M_{Oy} = \int_0^z zy \, \mathrm{d}z \end{cases} \tag{3-5-1}$$

然后在型线图上各个站号处,以吃水为纵坐标,以 a,b 和 c 为横坐标,将计算结果分别绘制成三组曲线,如图 3-5-1(b)所示,这些曲线称为符拉索夫曲线。

3.5.2　符拉索夫曲线的使用

1) 计算横剖面面积

设船的首吃水为 d_F,尾吃水为 d_A,横倾角为 ϕ,则利用这三个参数,可求得距中横剖

面 x 处的一个横剖面与水线面交线的位置,如图 3-5-2 所示。

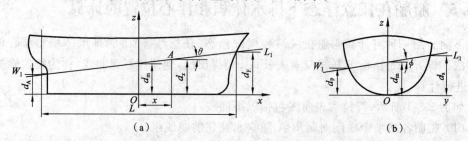

图 3-5-2 横剖面与水线面交线的确定

在该横剖面的中线处(水线与 Oz 轴的交点 A)吃水为:

$$d_x = d_m + x\tan\theta \qquad (3\text{-}5\text{-}2)$$

式中 d_m——平均吃水(中横剖面处的吃水), $d_m = \dfrac{d_F + d_A}{2}$;

   $\tan\theta$——纵倾角正切, $\tan\theta = \dfrac{d_F - d_A}{L}$ (L 为船的垂线间长)。

横倾角可由中横剖面处的右舷吃水 d_s 和左舷吃水 d_p 求得,即:

$$\tan\phi = \dfrac{d_s - d_p}{B} \qquad (3\text{-}5\text{-}3)$$

式中 B——船的型宽。

在该横剖面上,通过点 A 作一与水平面成角度 ϕ 的横倾水线 W_1L_1,这便是该横剖面与水线面的交线,如图 3-5-2(a)所示。

如图 3-5-3 所示,自横倾水线 W_1L_1 和横剖面轮廓线的交点 W_1 和 L_1,分别作水平线 W_1E 和 FL_1,则横倾水线 W_1L_1 下的横剖面面积 A_{sx} 可写作:

面积 A_{sx} = 曲线面积 OW_1L_1O

   = (曲线面积 OFL_1O − 三角形面积 AFL_1) + (曲线面积 OW_1EO +

   三角形面积 EW_1A)

   $= a_1 - a_4 + a_2 + a_3 \qquad (3\text{-}5\text{-}4)$

式中的 a_1 和 a_2 可根据水平线 W_1E 和 FL_1 分别从符拉索夫曲线 $a = f(z)$ 上量得,如图 3-5-4 所示; a_3 和 a_4 可直接从该横剖面图中求得:

$$a_3 = \dfrac{1}{2}\overline{W_1E}\cdot\overline{AE} = \dfrac{1}{2}y_2^2\tan\phi \qquad (3\text{-}5\text{-}5)$$

$$a_4 = \dfrac{1}{2}\overline{FL_1}\cdot\overline{AF} = \dfrac{1}{2}y_1^2\tan\phi \qquad (3\text{-}5\text{-}6)$$

式中 y_1, y_2——该横剖面坐标 FL_1 和 W_1E 的长度,可直接量得。

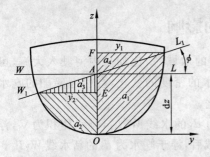

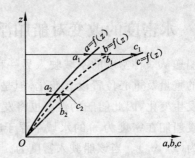

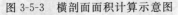

图 3-5-3　横剖面面积计算示意图　　图 3-5-4　符拉索夫曲线使用示意图

2）计算排水体积和浮心坐标

按照上述方法,可在型线图上将其他各站号的横剖面面积算出,然后绘出船舶在纵倾和横倾浮态下的横剖面面积曲线图 $A_s=f(x)$,再根据横剖面面积曲线的特性,可求出船舶在纵倾和横倾浮态下的排水体积和浮心纵向坐标。

（1）排水体积：

$$\nabla = \int_{-\frac{L}{2}}^{\frac{L}{2}} A_{sx}\,dx \qquad (3\text{-}5\text{-}7)$$

（2）浮心纵向坐标：

$$x_B = \frac{\int_{-\frac{L}{2}}^{\frac{L}{2}} A_{sx}x\,dx}{\nabla} \qquad (3\text{-}5\text{-}8)$$

（3）浮心横向坐标：

$$y_B = \frac{M_{xOz}}{\nabla} \qquad (3\text{-}5\text{-}9)$$

M_{xOz} 为排水体积对中线面 xOz 的静矩,可应用符拉索夫曲线 $b=f(z)$,参照上述求面积的类似方法求得,即：

$$b = M_{Oz} = \frac{1}{2}\int_0^z y^2\,dz \qquad (3\text{-}5\text{-}10)$$

$$y_B = \frac{\int_{-\frac{L}{2}}^{\frac{L}{2}} M_{Oz}\,dx}{\nabla} \qquad (3\text{-}5\text{-}11)$$

（4）浮心垂向坐标 z_B。

可应用符拉索夫曲线 $c=f(z)$,参照上述求面积的类似方法求得,即：

$$c = M_{Oy} = \int_0^z zy\,dz \qquad (3\text{-}5\text{-}12)$$

$$z_B = \frac{\int_{-\frac{L}{2}}^{\frac{L}{2}} M_{Oy}\,dx}{\nabla} \qquad (3\text{-}5\text{-}13)$$

■3.6　水密度的改变对船舶浮态的影响

当船舶从一种密度的水域驶入另一种密度的水域时,比如从内河驶入大海,可以认为船舶的重量及重心位置没有变化,但是由于水的密度的变化,会引起船舶的吃水和浮心位置发生变化,因此船舶的浮态也将发生变化。

假设船舶在密度为 ρ_1 的水域中浮于吃水为 d_1 的水线 W_1L_1,排水体积为 ∇,浮心 B 的位置为 (x_B,z_B)。当该船驶入密度为 ρ_2 的水域后,浮于吃水为 d_2 的新水线 W_2L_2。由于船的重量不变,所以排水量 $\triangle$ 也不变,所以:

$$\rho_1\nabla=\rho_2(\nabla+\mathrm{d}\nabla)=\rho_2\nabla+\rho_2\mathrm{d}\nabla \tag{3-6-1}$$

或

$$-(\rho_2-\rho_1)\nabla=\rho_2A_\mathrm{w}\mathrm{d}d \tag{3-6-2}$$

或

$$-\mathrm{d}\rho\nabla=\rho_2A_\mathrm{w}\mathrm{d}d \tag{3-6-3}$$

式中　∇——船在吃水 d_1 时的排水体积;

$\mathrm{d}d$——平均吃水的变化,也称船的平行下沉量,$\mathrm{d}d=d_2-d_1$;

A_w——船在吃水 d_1 时的水线面面积;

$\mathrm{d}\rho$——水的密度的变化,$\mathrm{d}\rho=\rho_2-\rho_1$。

整理可得:

$$\mathrm{d}d=-\frac{\nabla\mathrm{d}\rho}{A_\mathrm{w}\rho_2} \tag{3-6-4}$$

由上式可求得水的密度变化后船舶吃水的变化,其总体规律是:从低密度水域驶入高密度水域,吃水变浅;从高密度水域驶入低密度水域,吃水加深。

当吃水变化后,浮心从点 $B(x_B,z_B)$ 移至点 $B_1(x_{B1},z_{B1})$,浮心位置的变化量为 $\mathrm{d}x_B=x_{B1}-x_B$ 和 $\mathrm{d}z_B=z_{B1}-z_B$,结合浮心坐标曲线部分得到的结论(式中的 z 即吃水 d):

$$\mathrm{d}x_B=\frac{A_\mathrm{w}}{\nabla}(x_F-x_B)\mathrm{d}z$$

$$\mathrm{d}z_B=\frac{A_\mathrm{w}}{\nabla}(z-z_B)\mathrm{d}z$$

因此可得以下算式:

$$\mathrm{d}x_B=-\frac{\mathrm{d}\rho}{\rho_2}(x_F-x_B) \tag{3-6-5}$$

$$\mathrm{d}z_B=-\frac{\mathrm{d}\rho}{\rho_2}(d_1-z_B) \tag{3-6-6}$$

对于大多数船舶而言,$x_F-x_B<0$,因此得出以下结论:

(1) 当船舶从海水驶入淡水区域时,船舶的吃水增加,浮心位置向上、向后移动,船发生首倾；

（2）当船舶从淡水驶入海水区域时，船舶的吃水减少，浮心位置向下、向前移动，船发生尾倾；

（3）当船的水线面漂心 F 与浮心 B 在同一垂直线上时，$x_F = x_B$，水的密度的改变对船的纵倾没有影响。

◘ 3.7　船舶浮性的衡准

3.7.1　储备浮力（reserve buoyancy）和干舷

船舶在风浪中航行时，由于其受到的水压力随波浪的变化而不断地重新分布，船在静水面上的浮力与重力的平衡状态常被破坏，迫使船舶始终处在不停地浮沉升降的运动中。为了确保航行安全，船舶除了在设计水线以下有足够的排水体积以保证足够的浮力之外，在水线以上还必须有相当的水密体积，这一部分水密体积可以保证在船舶继续下沉时提供更大的浮力，通常称之为储备浮力。储备浮力的大小对船舶破损后是否沉没及在风浪中水涌上甲板的程度或会不会倾覆等性能都有重要影响。

储备浮力常以占满载排水量的百分数来表示，其大小根据船舶类型、航行区域以及载运货物的种类而定。内河驳船的储备浮力约为其满载排水量的 10％～15％，海船约为 20％～50％，军舰的储备浮力往往在 100％以上。

储备浮力通常以干舷来表示。当然干舷还与船的强度有关，干舷越大，强度越好。对于每一艘船舶所必须具有的最小干舷数值，国际和国内的相关法规都有详细的规定，规定在船中两舷勘绘载重线标志，表明该船在不同航区、不同季节中航行时所允许的最大吃水线，以此规定船舶安全航行所需的最小干舷和最小储备浮力，如图 3-7-1 所示。

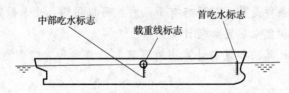

图 3-7-1　船舶载重线标志的勘绘位置

3.7.2　载重线标志（loadline mark）

图 3-7-2 为国际航行船舶在船中央舷侧的载重线标志。它由一个外径为 300 mm、内径为 250 mm 的圆环，一条横贯圆环中心的长为 450 mm、宽为 25 mm 的水平线段，以及在圆环前方 540 mm 处的长为 230 mm、宽为 25 mm 的若干水平线段所组成。

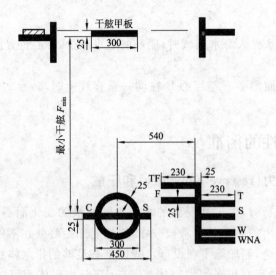

图 3-7-2　右舷载重线标志(单位为 mm)

　　各水平线段是船舶按其航行的区域和季节而定的载重水线,从上到下各线段及对应字母所表示的意义是:TF—热带淡水载重线;F—夏季淡水载重线;T—热带载重线;S—夏季载重线;W—冬季载重线;WNA—冬季北大西洋载重线。

　　圆环两侧的字母"C"和"S"表示勘定干舷的检验机关是中国船级社。当勘定干舷的检验机关为其他机构时,标注的字符会有所不同。若实际吃水超过规定的载重线上缘(即载重线标志被水淹没),则表明该船已处于超载状态,其结果是造成储备浮力减小,航行的安全性得不到保障,港务监督机构应不准其出港。

思考题

　　1. 船舶的平衡条件是什么?浮态有哪几种?可以用哪几个参数表征?

　　2. 船舶的重量和重心位置如何计算?

　　3. 试描述垂向计算法和纵向计算法的原理和计算步骤。它们通常各应用于哪种浮态?

　　4. 简述每厘米吃水吨数、每厘米吃水吨数曲线及其用途。

　　5. 试述水线面面积曲线和横剖面面积曲线的特性。

　　6. 什么是邦戎曲线?如何绘制?有何用途?

　　7. 费尔索夫图谱的表达形式是什么?有何用途?

　　8. 当船舶从海水驶进淡水(或从淡水驶进海水)时,吃水如何变化?其相应的浮心和浮态又如何变化?

　　9. 试描述利用符拉索夫曲线求排水体积和浮心位置的基本原理。

习 题

1. 某海船的中横剖面是长方形,各水线长均为 128 m,最大宽度为 15.2 m,每隔 1.22 m 自上而下各水线面面积系数分别为 0.8,0.78,0.72,0.62,0.24 和 0.04。试列表计算:

(1) 各水线的每厘米吃水吨数;

(2) 最高水线下的排水量、浮心垂向坐标、方形系数和棱形系数;

(3) 自上而下第二水线下的排水量和浮心垂向坐标。

2. 某船水线长 $L=100$ m,在正浮态时,各横剖面面积如下表所列:

站 号	0	1	2	3	4	5	6	7	8	9	10
横剖面面积/m²	0	13.3	30.4	44.4	53.8	57.3	54.3	44.7	30.1	13.5	0

(1) 以适当比例画出该船的横剖面面积曲线;

(2) 用梯形法和辛氏第一法按表格计算排水体积和浮心纵向坐标;

(3) 求纵向棱形系数。

3. 某船长 60 m,其水线下横剖面均为等边三角形,从尾垂线起各站的宽度值分别为 0.3,1.6,4.3,5.0,4.6,4.0 和 3.3 m。试求:

(1) 水线面漂心位置 x_F;

(2) 排水体积∇;

(3) 浮心位置 x_B 和 z_B;

(4) 方形系数 C_b。

4. 某船船长 $L=164$ m,船宽 $B=19.7$ m,方形系数 $C_b=0.5$,水线面系数 $C_{wp}=0.73$,在海水中平均吃水 $d=8.2$ m。求船进入淡水中的平均吃水。

5. 某船在海水中的正常吃水 $d=2.2$ m,排水量 $\Delta=930$ t,水线面积 $A_w=606$ m²,型深 $D=3.35$ m,在甲板处的水线面面积 $A_w=658$ m²。假定船的水上部分舷侧是直线形状,求储备浮力占排水量的百分数。

(注:1,2,3 题需要使用近似计算法,详见附录)

第4章　船舶稳性

　　船舶在停泊或航行的过程中会受到各种外力的作用,如风、浪、货物的移动与装卸等,船舶的浮态会因此而发生变化。

　　所谓船舶稳性(stability),是指船舶在外力作用下偏离其平衡位置而倾斜,当外力消失后,能自行回复到原来平衡位置的能力,或者说船舶在外力作用消失后保持其原有位置的能力。

■ 4.1　概述

4.1.1　稳性的主要研究内容

　　要讨论稳性的内容,首先需要分析船舶倾斜时作用在船上的两个力矩:倾斜力矩和复原力矩。

　　1) 倾斜力矩(inclining moment)

　　倾斜力矩是外力作用对船施加的力矩,它是船舶倾斜的直接原因。倾斜力矩产生的原因可能是:风和浪的作用、船上货物的移动、旅客集中于某一舷侧、拖船的急牵、火炮的发射以及船舶回转等。

　　2) 复原力矩(righting moment, restoring moment)

　　由于倾斜力矩的存在,船舶将发生倾斜,水线位置也会发生变化,但此时可以认为重心与重量不变,因此船舶的排水体积不变。但水线位置的变化将导致船舶水下形状发生变化,因此浮心位置发生变化,于是重心和浮心将不再位于同一铅垂线上,重力和浮力会形成一个力偶,这个力偶的矩称为复原力矩,如图4-1-1所示。

　　之所以称为复原力矩,是因为它可能使船舶回复到原来的平衡位置。之所以说可能,是因为由图4-1-1可知:复原力矩可能为正,也可能为负,为正时使船复原,为负时将加剧船舶倾斜。因此复原力矩并不是总能使船回复到其原有的平衡位置。

　　复原力矩通常记为 M_R :

$$M_R = \Delta \overline{GZ}$$

(4-1-1)

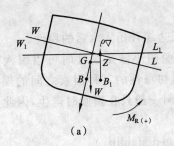 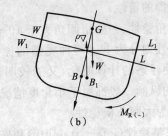

图 4-1-1 复原力矩

式中$\overline{GZ}$称为复原力臂（righting lever, restoring lever）。

由以上分析可知：倾斜力矩来自船舶外部，其大小取决于外界条件，无法改变；而复原力矩的大小则取决于排水量、重心和浮心的相对位置等因素，这些因素由船体的形状以及船舶的重量分布情况所决定，如果在船舶设计和运营时精心计算，使得船舶倾斜时产生正的复原力矩，那么船舶就具备保持其原有位置的能力，也即具备稳性。因此，船舶稳性的主要研究内容是：船舶复原力矩的计算及相关影响因素的分析。

4.1.2 稳性的分类和研究方法

为了方便研究，对船舶稳性的内容进行了划分，分别进行研究。

1）横稳性（transverse stability）和纵稳性（longitudinal stability）

船舶在任何方向的倾斜，可分成两种基本浮态：横向倾斜和纵向倾斜。

横向倾斜：简称横倾，即向左舷或右舷一侧的倾斜。当倾斜力矩的作用平面平行于中横剖面时称为横倾力矩，它使船舶产生横倾。

纵向倾斜：简称纵倾，即向船首或船尾的倾斜。当倾斜力矩的作用平面平行于中纵剖面时称为纵倾力矩，它使船舶产生纵倾。

船舶在横向和纵向抵抗倾斜的能力，分别称为横稳性和纵稳性。一般船舶的长度比宽度大得多，因此主要关注其横稳性。但对于像半潜式钻井平台这种长、宽尺度较为接近的浮体，则不仅要关注其横稳性，还要关注其纵稳性。

2）静稳性（statical stability）和动稳性（dynamical stability）

若倾斜力矩的作用是从零开始逐渐增加的，使船舶倾斜时的角速度很小，可忽略不计，则这种倾斜下的稳性称为静稳性。

若倾斜力矩是突然作用在船上，使船舶倾斜时有明显的角速度变化，则这种倾斜下的稳性称为动稳性。

3）初稳性（initial stability）和大倾角稳性（stability at large angle）

这是最为常用的分类方法。

初稳性（或称小倾角稳性）：一般指倾斜角度小于10°～15°或上甲板边缘开始入水前

（取其小者）的稳性。

大倾角稳性：一般指倾角大于 $10°\sim15°$ 或上甲板边缘开始入水后的稳性。

把稳性划分为上述两种类型的原因是：在研究船舶小倾角稳性时可以引入某些假定，既可使浮态的计算简化，又能较明确地获得影响初稳性的各种因素之间的规律。此外，船舶的纵倾一般都属于小角度情况，而大角度倾斜一般只在横倾时产生，因此大倾角稳性也称为大倾角横稳性。

4）完整稳性（intact stability）和破舱稳性（damaged stability）

完整稳性是指船舶完好状态下的稳性，一般所说的稳性就是指完整稳性。

破舱稳性是指当船舶出现舱室破损时的稳性，一般放在船舶抗沉性中讨论。

下面将首先讨论初稳性，并利用初稳性和浮性知识解决一些实际问题，然后讨论大倾角稳性和动稳性，最后讨论船舶稳性的衡准。

■ 4.2 初稳性

4.2.1 稳心（metacenter）和稳心半径（metacentric radius）

前已述及，稳性的主要研究内容是复原力矩的计算及其影响因素的分析。而新的浮心位置的计算和确定，是求取复原力矩的关键。只有得到新的浮心位置，才能确定出重力作用线和浮力作用线之间的垂直距离，即复原力臂。有了复原力臂即可计算复原力矩。因此，在讨论稳性问题时，需要首先确定倾斜水线的位置，然后求出浮心位置和浮力作用线的位置，最后分析复原力矩的大小及方向。

1）倾斜水线位置的确定

如图 4-2-1 所示，设船舶平浮时的水线为 WL，在外力作用下横倾一小角度 ϕ 后的水线为 W_1L_1。由于船仅受倾斜力矩的作用，排水体积保持不变，故倾斜水线 W_1L_1 应是等体积倾斜水线。

为了确定 W_1L_1 的位置，对入水楔形 LOL_1 和出水楔形 WOW_1 分别进行分析。

三角形 LOL_1 的面积为：

$$面积 LOL_1 = \frac{1}{2}y_1^2 \tan \phi \tag{4-2-1}$$

沿船长取一小段 $\mathrm{d}x$，其体积为：

$$\mathrm{d}V_1 = \frac{1}{2}y_1^2 \tan \phi \mathrm{d}x \tag{4-2-2}$$

那么整个入水楔形的体积为：

$$V_1 = \int_{-\frac{L}{2}}^{\frac{L}{2}} \frac{1}{2}y_1^2 \tan \phi \mathrm{d}x \tag{4-2-3}$$

同理，可以求出出水楔形的体积：

$$V_2 = \int_{-\frac{L}{2}}^{\frac{L}{2}} \frac{1}{2} y_2^2 \tan \phi \, \mathrm{d}x \qquad (4\text{-}2\text{-}4)$$

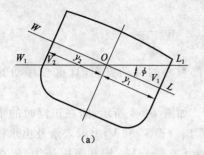 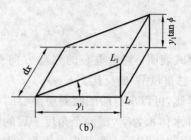

图 4-2-1　入水和出水楔形

在等体积倾斜的情况下,出水楔形的体积和入水楔形的体积必然相等,即 $y_1 = y_2$,由此可得:

$$\int_{-\frac{L}{2}}^{\frac{L}{2}} \frac{1}{2} y_1^2 \, \mathrm{d}x = \int_{-\frac{L}{2}}^{\frac{L}{2}} \frac{1}{2} y_2^2 \, \mathrm{d}x \qquad (4\text{-}2\text{-}5)$$

两个积分分别表示水线面 WL 在轴线 OO' 两侧的面积对于轴线 OO' 的静矩,如图 4-2-2 所示。因此,上式表示水线面 WL 对轴线 OO' 的面积静矩等于零,亦即 OO' 通过水线面 WL 的形心(或称漂心)。

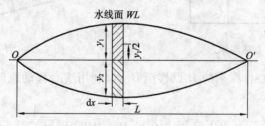

图 4-2-2　倾斜轴线

由此可以得出结论:两等体积水线面的交线 OO' 必然通过原水线面 WL 的漂心。

这样,当已知船的倾角 ϕ(小角度)及原水线面 WL 的漂心位置后,可立即确定倾斜 ϕ 后的等体积水线 W_1L_1 的位置。

2)浮心位置的确定

为了方便确定浮心位置,首先介绍重心移动原理。

(1)重心移动原理。

如图 4-2-3 所示,由重量为 W_1 和 W_2 的两个物体所组成的系统,其总重量 $W = W_1 + W_2$,重心在 G 点。

若将重量为 W_1 的物体从重心 g_1 点移至 g_2 点,则总重量 W 的重心将自 G 点移至 G_1 点,且有:

$$GG_1 /\!/ g_1 g_2 \quad 且 \quad \frac{\overline{GG_1}}{\overline{g_1 g_2}} = \frac{W_1}{W} \tag{4-2-6}$$

或

$$GG_1 /\!/ g_1 g_2 \quad 且 \quad \overline{GG_1} = \frac{W_1 \overline{g_1 g_2}}{W} \tag{4-2-7}$$

上式表明，整个重心的移动方向平行于局部重心的移动方向，且重心移动的距离 $\overline{GG_1}$ 与总重量 W 成反比。

据此，可以求得船舶倾斜后浮心的移动距离。如图 4-2-4 所示，船在正浮时的水线为 WL，排水体积为 ∇，横倾小角度 ϕ 后的水线为 $W_1 L_1$。设 V_1 和 V_2 表示入水及出水楔形的体积，g_1 和 g_2 表示入水及出水楔形的体积形心。由于 $V_1 = V_2$，因此可以认为，船在横倾至 $W_1 L_1$ 时的排水体积相当于把楔形 WOW_1 这部分体积移至楔形 LOL_1 处，其形心则自 g_2 移至 g_1。

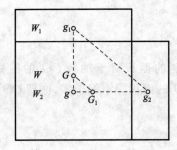

图 4-2-3　重心移动原理

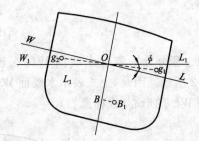

图 4-2-4　浮心的移动

设船横倾后的浮心自原来的 B 点移至 B_1 点，利用重心移动原理，可以求得浮心的移动距离为：

$$\overline{BB_1} = \frac{V_2 \, \overline{g_1 g_2}}{\nabla} \quad 且 \quad BB_1 /\!/ g_1 g_2 \tag{4-2-8}$$

由于 $V_1 = V_2$，故 $\overline{g_1 O} = \overline{g_2 O} = \overline{g_1 g_2}/2$，代入上式得：

$$\overline{BB_1} = 2 \, \overline{g_1 O} \, \frac{V_1}{\nabla} \tag{4-2-9}$$

上式右端 $V_1 \overline{g_1 O}$ 是入水楔形体积对于倾斜轴线 OO' 的静矩：

$$V_1 \overline{g_1 O} = \int_{-\frac{L}{2}}^{\frac{L}{2}} \frac{1}{2} y \cdot y \tan \phi \, \mathrm{d}x \cdot \frac{2}{3} y = \frac{1}{3} \tan \phi \int_{-\frac{L}{2}}^{\frac{L}{2}} y^3 \, \mathrm{d}x \tag{4-2-10}$$

当 ϕ 为小角度时，$\tan \phi \approx \phi$，故：

$$2 V_1 \overline{g_1 O} = \frac{2}{3} \phi \int_{-\frac{L}{2}}^{\frac{L}{2}} y^3 \, \mathrm{d}x \tag{4-2-11}$$

其中，$\dfrac{2}{3} \displaystyle\int_{-\frac{L}{2}}^{\frac{L}{2}} y^3 \, \mathrm{d}x$ 为水线面 WL 的面积对于纵向中心轴线 OO' 的横向惯性矩 I_T，因此：

$$\overline{BB_1} = \frac{I_T}{\nabla}\phi \tag{4-2-12}$$

由此可见,浮心移动的距离 $\overline{BB_1}$ 与横向惯性矩 I_T 和横倾角 ϕ 成正比,而与排水体积 ∇ 成反比。由此即可确定新的浮心位置。

3)稳心和稳心半径

如图 4-2-5 所示,船舶在横倾 ϕ 角后,浮心自原来的位置 B 沿某一曲线移至 B_1,这时浮力的作用线垂直于 $W_1 L_1$,并与原正浮时的浮力作用线(中线)相交于 M 点。当 ϕ 为小角度时,曲线 BB_1 可看作圆弧的一段,M 点为圆心,而 $\overline{BM} = \overline{B_1 M}$ 为半径。

船舶在小角度倾斜过程中,可假定倾斜前后的浮力作用线均通过 M 点,因此 M 点称为横稳心(或初稳心),$\overline{BM}$ 称为横稳心半径(或初稳心半径)。

当 ϕ 为小角度时,圆弧 BB_1 的长度约等于直线段 BB_1 的长度($\overline{BB_1} = \overline{BM}\phi$),结合式(4-2-12),可得横稳心半径的计算公式:

$$\overline{BM} = \frac{I_T}{\nabla} \tag{4-2-13}$$

需要说明的是:式(4-2-13)是在研究等体积小角度倾斜时导出的,而在实际解决初稳性问题时,可推广到倾斜角度小于 $10° \sim 15°$ 的情况。这相当于假定船舶在等体积小角度倾斜过程中,浮心移动曲线是以横稳心半径为半径的圆弧,稳心 M 点位置保持不变,倾斜前后的浮力作用线均通过稳心 M。这个假定既可使讨论的问题简化,又可使实际的计算简便。

船舶在等体积纵倾的情况,如图 4-2-6 所示,与上面所讨论的横倾情况相同,完全可以得出类似的结果,则纵稳心半径的计算公式:

$$\overline{BM}_L = \frac{I_{LF}}{\nabla} \tag{4-2-14}$$

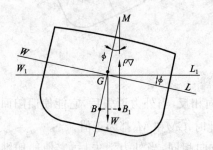
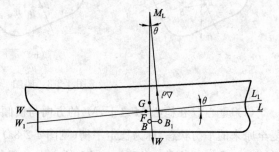

图 4-2-5 横稳心和横稳心半径   图 4-2-6 纵稳心和纵稳心半径

式中 I_{LF}——水线面面积 A_w 对于通过该水线面漂心 F 的横轴的纵向惯性矩。

$$I_{LF} = I_L - A_w x_F^2 \tag{4-2-15}$$

船舶工程基础

$$I_L = 2\int_{-\frac{L}{2}}^{\frac{L}{2}} x^2 y\,\mathrm{d}x \tag{4-2-16}$$

式中 I_L——水线面面积 A_w 对于通过该水线面中站处 Oy 横轴的纵向惯性矩；

x_F——水线面 WL 的漂心 F 的纵向坐标。

4.2.2　初稳性公式和稳性高(metacentric height)

船舶横倾某一小角度 ϕ 时，若船上的货物并未移动，则重心位置 G 保持不变，而浮心则自 B 点移至 B_1 点。如图 4-2-7 所示，此时重力 W 的作用点 G 和浮力 $\triangle$ 的作用点 B_1 不在同一铅垂线上，因而产生了一个复原力矩 M_R，即：

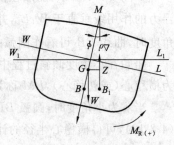

图 4-2-7　横稳性高

$$M_R = \triangle \overline{GZ} = \triangle \overline{GM}\sin\phi \tag{4-2-17}$$

式中 $\overline{GZ}$——复原力臂；

$\overline{GM}$——横稳性高，亦称初稳性高(initial metacentric height)。

当横倾角度较小时，$\sin\phi = \phi$，上式可写为：

$$M_R = \triangle \overline{GM}\phi \tag{4-2-18}$$

以上两式均称为初稳性公式。

从复原力矩 M_R 和横倾方向(或从稳心 M 和重心 G 的相对位置)之间的关系，可以判断船舶平衡状态的稳定性能，如图 4-2-8 所示。

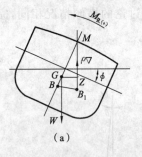
(a)

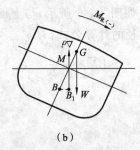
(b)

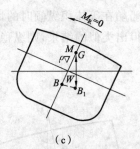
(c)

图 4-2-8　船舶平衡状态

(1) 重心 G 在稳心 M 之下，M_R 的方向与横倾方向相反，当外力消失后，它能使船舶回复至原来的平衡状态，称为稳定平衡(见图 4-2-8a)。此时，$\overline{GM}$ 和 M_R 都为正值。

(2) 重心 G 在稳心 M 之上，M_R 的方向与横倾方向相同，当外力消失后，它使船舶继续倾斜而不再回复至原来的平衡状态，称为不稳定平衡(见图 4-2-8b)。此时，$\overline{GM}$ 和 M_R 都为负值。

(3) 重心 G 和稳心 M 重合，$\overline{GM}=0$，$M_R=0$，当外力消失后，船不会回复到原来位置，也不会继续倾斜,称为中性平衡或随遇平衡(见图 4-2-8c)。

船舶在水面上的平衡状态不外乎上述三种情况,其中(2)和(3)两种情况是不允许出现的,因为这两种情况下船舶在倾斜后不可能回复到原来的平衡位置,也就是说,这两种情况下船舶的稳性得不到保证。

从初稳性公式中可以看出,船舶在一定排水量下产生小横倾时,横稳性高 $\overline{GM}$ 越大,复原力矩 M_R 也越大,即抵抗倾斜力矩的能力越强。因此,横稳性高 $\overline{GM}$ 是衡量船舶初稳性的主要指标。

但是横稳性高也不是越大越好,过大时,船的摇摆周期短,在海上遇到风浪时会产生急剧的摇摆,所以横稳性高的数值要适当。各类船舶的横稳性高如下表所示。

表 4-2-1 各类船舶的横稳性高

船舶类型	$\overline{GM}$/m	船舶类型	$\overline{GM}$/m
客 船	0.3~1.5	航空母舰	2.7~3.5
干货船	1.0~1.3	驱逐舰	0.7~1.2
油 船	1.5~2.5	潜艇(水上)	0.3~0.8
拖 船	0.5~0.8	潜艇(水下)	0.2~0.4

根据以上原理,同样可以得到船舶的纵稳性公式和纵稳性高。

纵稳性公式:

$$M_{RL}=\Delta \overline{GM}_L \theta \tag{4-2-19}$$

式中 $\overline{GM}_L$——纵稳性高。

对于一般船舶,纵稳心 M_L 较重心 G 高得多。通常,纵稳性高 $\overline{GM}_L$ 与船长 L 为同一数量级,因此可不考虑纵向稳性问题。但对于长宽尺度较为接近甚至相等的船舶,如移动式海洋平台、起重船等则必须考虑。

通常用首尾的吃水差来表达船舶的纵倾情况。若船长为 L,首尾吃水差为 t(首倾时取作正值,尾倾时取作负值),则纵倾角 θ 为:

$$\theta \approx \tan \theta = \frac{t}{L} \tag{4-2-20}$$

那么,纵稳性公式可写为:

$$M_{RL}=\Delta \overline{GM}_L \frac{t}{L} \tag{4-2-21}$$

初稳性高 $\overline{GM}$ 和 $\overline{GM}_L$ 可由以下关系式计算:

$$\overline{GM}=\overline{KB}+\overline{BM}-\overline{KG} \tag{4-2-22}$$

$$\overline{GM}_L=\overline{KB}+\overline{BM}_L-\overline{KG} \tag{4-2-23}$$

式中 $\overline{KB}$——浮心高度(或以浮心垂向坐标 z_B 表示);

$\overline{BM}$——初稳心半径(或称横稳心半径);

$\overline{BM}_L$——纵稳心半径;

$\overline{KG}$——重心高度(或以重心垂向坐标 z_G 表示)。

4.2.3 初稳性公式的应用

1) 横倾角的估算

根据初稳性公式,可以求得引起船舶横倾 1°所需的横倾力矩。以 M_0 表示引起横倾 1°所需的横倾力矩,令 $\phi=1°=1/57.3$ rad,根据初稳性公式,这个力矩和复原力矩相平衡,即:

$$M_0=\frac{\Delta\overline{GM}}{57.3} \tag{4-2-24}$$

若有横倾力矩 M_H 作用于船上,则由此引起的横倾角度可由下式计算:

$$\phi=\frac{M_H}{M_0} \tag{4-2-25}$$

2) 纵倾值的估算

根据纵稳性公式可以求得引起船舶纵倾 $t=1$ cm 所需的纵倾力矩(即每厘米纵倾力矩,moment to change trim one centimeter,MTC)公式,以 MTC 表示每厘米纵倾力矩,令 $t=1$ cm$=1/100$ m,则有:

$$MTC=\frac{\Delta\overline{GM}_L}{100L} \tag{4-2-26}$$

对于一般船舶,由于浮心和重心之间的距离 $\overline{BG}$ 与纵稳心半径 $\overline{BM}_L$ 相比是一个小值,因此可以认为 $\overline{GM}_L=\overline{BM}_L$,则:

$$MTC=\frac{\Delta\overline{BM}_L}{100L} \tag{4-2-27}$$

若有纵倾力矩 M_T 作用于船上,由此引起的纵倾值 t(cm)为:

$$t=\frac{M_T}{MTC} \tag{4-2-28}$$

■ 4.3 船舶静水力曲线

前面讨论的船舶在静止正浮状态下浮性和初稳性的计算结果通常都要绘制成综合性的曲线图,即船舶静水力曲线(hydrostatic curves)图,如图 4-3-1 所示。

静水力曲线图全面表达了船舶在静止正浮状态下浮性和稳性要素随吃水的变化规律,图中一般应包括下列曲线:

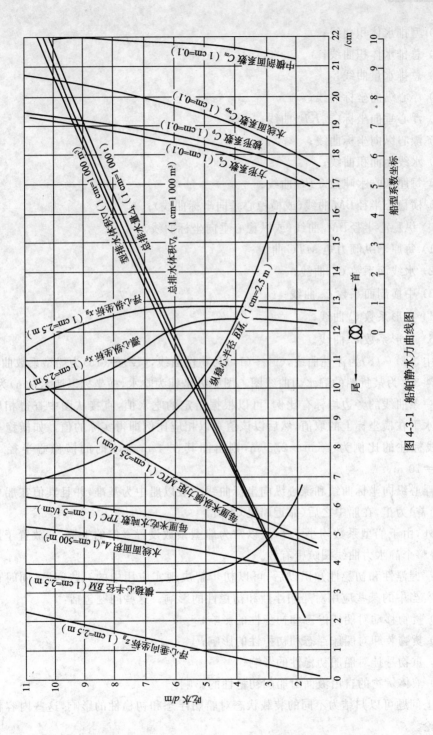

图 4-3-1 船舶静水力曲线图

(1) 型排水体积曲线；

(2) 总排水体积曲线；

(3) 总排水量曲线；

(4) 浮心纵向坐标曲线；

(5) 浮心垂向坐标(或$\overline{KB}$)曲线；

(6) 漂心纵向坐标曲线；

(7) 水线面面积曲线；

(8) 每厘米吃水吨数 TPC 曲线；

(9) 横稳心半径$\overline{BM}$曲线(或横稳心垂向坐标曲线)；

(10) 纵稳心半径$\overline{BM}_L$曲线(或纵稳心垂向坐标曲线)；

(11) 每厘米纵倾力矩 MTC 曲线；

(12) 水线面系数 C_{wp} 曲线；

(13) 中横剖面系数 C_m 曲线；

(14) 方形系数 C_b 曲线；

(15) 棱形系数 C_p 曲线。

其中，(1)～(8)为浮性曲线，(9)～(11)为稳性曲线，(12)～(15)为船型系数曲线。

图 4-3-1 为某货船的静水力曲线图。图中纵坐标为吃水，横坐标以厘米(cm)为单位。图中每一条曲线的旁边均标有比例，可以根据指定的吃水值，直接从图中查得相应曲线在该吃水下在横坐标上的取值，然后以该值乘以相应比例即得实际的值。如横稳心半径$\overline{BM}$曲线标注的比例为 1 cm＝2.5 m，则由图其在 4 m 吃水时的横稳心半径$\overline{BM}$＝4×2.5＝10 m。

但浮心纵向坐标曲线和漂心纵向坐标曲线一般以船中为基准，并且其值在船中之前(靠近船首)为正，在船中之后(靠近船尾)为负。

另外，由于船型系数均小于1，所以常为船型系数设置专门的坐标，并放置于图的右端，使得整个静水力曲线图疏密有致。

在掌握浮性和初稳性知识以后，可以初步解决现实应用中的一些问题，同时也能够了解现实当中的某些应用对船舶浮性和初稳性的影响。这些问题包括：

(1) 货物移动对船舶浮态和初稳性的影响；

(2) 货物装卸对船舶浮态和初稳性的影响；

(3) 重物悬挂对船舶初稳性的影响；

(4) 液体货物的自由液面对船舶初稳性的影响。

以上问题可以归结为不同的装载状态对船舶浮态和初稳性的影响，这些内容将在下一节讨论。

■4.4 装载状态对船舶浮态和初稳性的影响

4.4.1 重物移动对船舶浮态及初稳性的影响

当船上的重物移动时,船舶的排水量保持不变,但其重心会发生变化,因此其浮态和初稳性都会变化。下面先分别讨论重物在垂向、横向及纵向上的移动情况,然后再研究重物在任意方向上的移动情况。

1) 重物的垂向移动

如图 4-4-1 所示,将船上某一重量为 p 的货物自 A 点(垂向坐标 z_1)沿垂直方向移至 A_1 点(垂向坐标 z_2),移动的距离为(z_2-z_1)。船的重心,由原来的 G 点垂向移动至 G_1 点,根据重心移动原理可得:

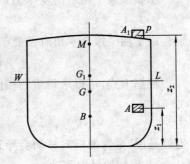

$$\overline{GG_1}=\frac{p(z_2-z_1)}{\Delta} \tag{4-4-1}$$

船的排水量和浸水部分的形状都不发生变化,故浮心 B 及稳心 M 的位置保持不变。

图 4-4-1 垂向移动重物

从图中可以看出,由于重心的移动,引起了初稳性高的改变,假设原来的初稳性高为 $\overline{GM}$,新的初稳性高为 $\overline{G_1M}$,则:

$$\overline{G_1M}=\overline{GM}-\overline{GG_1}=\overline{GM}-\frac{p(z_2-z_1)}{\Delta} \tag{4-4-2}$$

同理,新的纵稳性高为:

$$\overline{G_1M_L}=\overline{GM_L}-\frac{p(z_2-z_1)}{\Delta} \tag{4-4-3}$$

对于一般船舶,通常纵稳性高的数值很大,$\overline{GG_1}$ 相对于 $\overline{GM_L}$ 来说是一个小量,在应用时常可认为 $\overline{G_1M_L}\approx\overline{GM_L}$。

由上式可知,若把重物垂直向上移动,则将提高船的重心,使初稳性高减小。由此可见,提高船的重心对稳性不利。反之,若把重物向下移动,则将降低船的重心,使初稳性高增加,故降低船的重心是提高船舶稳性的有效措施之一。

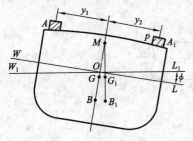

图 4-4-2 横向移动重物

2) 重物的横向移动

如图 4-4-2 所示,将船上重量为 p 的货物自 A 点(横向坐标 y_1)沿横向水平方向移至 A_1 点(横向坐标 y_2),移动的距离为(y_2-y_1),船的重心自原来的 G 点横向移动至 G_1 点,根据重心移动原理可得:

$$\overline{GG_1} = \frac{p(y_2 - y_1)}{\Delta} \tag{4-4-4}$$

这时，重力的作用线通过 G_1，不再与原来的浮心 B 在同一铅垂线上。因此，船舶将发生横倾，浮心自 B 点向横倾一侧移动。当倾斜到某一角度 ϕ 时，新的浮心 B_1 与 G_1 在同一铅垂线上，船就保持新的平衡状态，并浮于新的水线 W_1L_1。

重物的横向移动相当于形成一个横倾力矩：

$$M_H = p(y_2 - y_1)\cos\phi \tag{4-4-5}$$

船在横倾 ϕ 角后的复原力矩为：

$$M_R = \Delta\overline{GM}\sin\phi \tag{4-4-6}$$

由于船横倾至 ϕ 角时已处于平衡状态，故 $M_R = M_H$，即：

$$\Delta\overline{GM}\sin\phi = p(y_2 - y_1)\cos\phi \tag{4-4-7}$$

根据上式，可以求得重物横向移动后船的横倾角的正切：

$$\tan\phi = \frac{p(y_2 - y_1)}{\Delta\overline{GM}} \tag{4-4-8}$$

也就是说，重物的横向移动会导致船舶横倾，横倾角的大小可由上式计算。

3）重物的纵向移动

如图 4-4-3 所示，将船上重量为 p 的货物自 A 点（纵向坐标 x_1）沿纵向水平移至 A_1 点（纵向坐标 x_2），移动的距离为 $(x_2 - x_1)$，船的重心由 G 点移至 G_1 点，因此船将产生纵倾，并浮于新的水线 W_1L_1，其纵倾角为 θ，应用上述重物横向移动的处理办法，可以得到类似的结果，参照横倾角计算公式可知，重物沿纵向移动后船的纵倾角可由下式求得：

$$\tan\theta = \frac{p(x_2 - x_1)}{\Delta\overline{GM}_L} \tag{4-4-9}$$

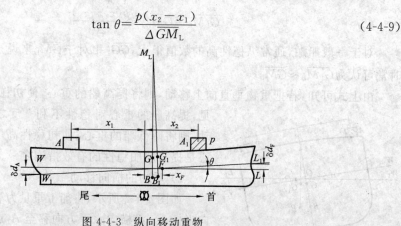

图 4-4-3　纵向移动重物

船舶纵倾通常用首尾吃水差来表示，因此需要了解重物沿纵向移动后首尾吃水的变化情况。前面已经证明，等体积倾斜的水线面 W_1L_1 与原水线面 WL 的交线必然通过 WL 的漂心 F，这样，首尾吃水的变化可从图中的三角形 LFL_1 及 WFW_1 中求得：

$$\delta d_F = \left(\frac{L}{2} - x_F\right)\tan\theta = \left(\frac{L}{2} - x_F\right)\frac{p(x_2 - x_1)}{\Delta \overline{GM}_L} \tag{4-4-10}$$

$$\delta d_A = -\left(\frac{L}{2} + x_F\right)\tan\theta = -\left(\frac{L}{2} + x_F\right)\frac{p(x_2 - x_1)}{\Delta \overline{GM}_L} \tag{4-4-11}$$

若船原来的首吃水为 d_F，尾吃水为 d_A，则重物沿纵向移动后的首尾吃水分别为：

$$d'_F = d_F + \delta d_F = d_F + \left(\frac{L}{2} - x_F\right)\frac{p(x_2 - x_1)}{\Delta \overline{GM}_L} \tag{4-4-12}$$

$$d'_A = d_A + \delta d_A = d_A - \left(\frac{L}{2} + x_F\right)\frac{p(x_2 - x_1)}{\Delta \overline{GM}_L} \tag{4-4-13}$$

4）重物沿任意方向的移动

如图 4-4-4 所示，将船上重量为 p 的货物自 A_1 点 (x_1, y_1, z_1) 移至 A_2 点 (x_2, y_2, z_2)，可以认为重物沿任意方向的移动由下列三个方向的分位移组成，即：

（1）沿垂直方向移动 $\overline{A_1 A'_1} = z_2 - z_1$；

（2）沿水平横向移动 $\overline{A'_1 A''_1} = y_2 - y_1$；

（3）沿水平纵向移动 $\overline{A''_1 A_2} = x_2 - x_1$。

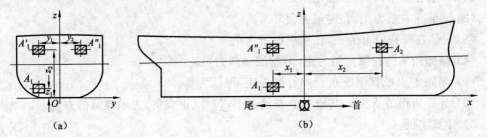

图 4-4-4　沿任意方向移动重物

至于船的浮态及稳性所发生的变化，同样可以认为是由三个方向分位移的变化所产生的总结果。可按照下列步骤，求得重物沿任意方向移动后船的浮态及稳性：

（1）考虑重物沿垂直方向的移动，求出新的稳性高；

（2）利用已求得的新的稳性高，求出横倾角、纵倾角及首尾吃水。

其计算过程和相应的计算公式如下：

（1）新的稳性高。

$$\overline{G_1 M} = \overline{GM} - \frac{p(z_2 - z_1)}{\Delta}$$

$$\overline{G_1 M}_L = \overline{GM}_L - \frac{p(z_2 - z_1)}{\Delta}$$

(2) 横倾角正切。

$$\tan \phi = \frac{p(y_2 - y_1)}{\Delta \overline{G_1 M}}$$

(3) 纵倾角正切。

$$\tan \theta = \frac{p(x_2 - x_1)}{\Delta \overline{G_1 M_L}}$$

(4) 首尾吃水的变化。

$$\delta d_F = \left(\frac{L}{2} - x_F\right)\tan \theta = \left(\frac{L}{2} - x_F\right)\frac{p(x_2 - x_1)}{\Delta \overline{G_1 M_L}}$$

$$\delta d_A = -\left(\frac{L}{2} + x_F\right)\tan \theta = -\left(\frac{L}{2} + x_F\right)\frac{p(x_2 - x_1)}{\Delta \overline{G_1 M_L}}$$

(5) 船的最后首尾吃水。

$$d'_F = d_F + \delta d_F$$

$$d'_A = d_A + \delta d_A$$

需要说明的是:在讨论上述问题时,是按坐标系统来进行分析的,在应用有关公式计算船的浮态和稳性时,应该弄清正负号的关系,以免发生错误。具体约定如下:

(1) x 值在船中前为正,在船中后为负;

(2) y 值在右舷为正,在左舷为负;

(3) z 值在基线以上为正,在基线以下为负;

(4) 横倾角 ϕ 向右舷倾斜为正,向左舷倾斜为负;

(5) 纵倾角 θ(或首尾吃水差 t)首倾为正,尾倾为负;

(6) 计算所得的 ϕ 和 θ,其绝对值表示大小,符号(正或负)表示倾斜的方向。

5) 计算实例

例 4-4-1 某船的船长 $L = 110$ m,船宽 $B = 11.5$ m,首吃水 $d_F = 3.3$ m,尾吃水 $d_A = 3.2$ m,排水量 $\Delta = 2\,360$ t,初稳性高 $\overline{GM} = 0.8$ m,纵稳性高 $\overline{GM_L} = 115$ m,漂心纵向坐标 $x_F = -2.2$ m。现将船上 $p = 50$ t 的载荷自位置 1 处 $(x_1 = 25$ m,$y_1 = 3$ m,$z_1 = 2.5$ m) 移到位置 2 处 $(x_2 = 10$ m,$y_2 = 1.5$ m,$z_2 = 6$ m)。求船的浮态和初稳性。

解:

(1) 新的初稳性高

$$\overline{G_1 M} = \overline{GM} - \frac{p(z_2 - z_1)}{\Delta} = 0.8 - \frac{50 \times (6 - 2.5)}{2\,360} = 0.726 \text{(m)}$$

(2) 新的纵稳性高

$$\overline{G_1 M_L} \approx \overline{GM_L} = 115 \text{(m)}$$

(3) 船的横倾角正切

$$\tan \phi = \frac{p(y_2 - y_1)}{\Delta \overline{G_1 M}} = \frac{50 \times (1.5 - 3)}{2\ 360 \times 0.726} = -0.044 \quad 即左倾 2.5°$$

（4）船的纵倾角正切

$$\tan \theta = \frac{p(x_2 - x_1)}{\Delta \overline{G_1 M_L}} = \frac{50 \times (10 - 25)}{2\ 360 \times 115} = -0.002\ 76 \quad 即尾倾 0.16°$$

（5）船倾斜后的首尾吃水

$$d'_F = d_F + \left(\frac{L}{2} - x_F\right)\tan \theta = 3.3 + (55 + 2.2) \times (-0.002\ 76) \approx 3.14(\text{m})$$

$$d'_A = d_A - \left(\frac{L}{2} + x_F\right)\tan \theta = 3.2 - (55 - 2.2) \times (-0.002\ 76) \approx 3.35(\text{m})$$

4.4.2　装卸载荷对船舶浮态及初稳性的影响

装卸载荷会引起船舶排水量及重心的变化，从而使船舶的浮态及初稳性也产生变化。根据装卸载荷的大小，分别讨论装卸小量载荷和装卸大量载荷对船舶浮态及初稳性的影响。

4.4.2.1　装卸小量载荷对船舶浮态及初稳性的影响

在船上任意位置处增加小量载荷，会使船的吃水增加，并可能产生横倾和纵倾。为了简便起见，分两步进行讨论：

（1）假定载荷装载的位置在水线面漂心 F 的垂直线上，这样只改变船的平均吃水和稳性高，而不产生横倾和纵倾；

（2）把载荷移到指定的位置，以确定船的横倾和纵倾。

1）在漂心垂直线上任意位置装卸载荷对船舶浮态及初稳性的影响

设船原平浮于水线 WL，吃水为 d，排水量为 Δ，浮心 B、重心 G、稳心 M、漂心 F 的位置如图 4-4-5 所示。现将重量为 p 的载荷装在通过漂心 F 垂直线上的 A 处，其坐标为 $(x_F, 0, z)$。

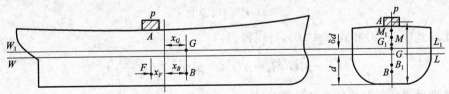

图 4-4-5　在漂心垂直线上装卸载荷

船在增加载荷前平浮于水线 WL，此时：

$$\Delta = \rho \nabla \qquad x_G = x_B \tag{4-4-14}$$

船在增加载荷 p 后浮于水线 $W_1 L_1$，设平均吃水的增量是 δd，水线 WL 与 $W_1 L_1$ 之间所增加的一薄层排水体积为 $\delta \nabla$，则：

$$\Delta + p = \rho(\nabla + \delta\nabla) \tag{4-4-15}$$

即：

$$p = \rho\delta\nabla \tag{4-4-16}$$

上式表明，载荷 p 由浮力的增量 $\rho\delta\nabla$ 所平衡。由于 p 是小量载荷，水线面 WL 与水线面 W_1L_1 十分接近，可以认为 $\delta\nabla$ 的体积形心与水线面 WL 的漂心在同一垂直线上，因此，载荷 p 与浮力增量 $\rho\delta\nabla$ 的作用点在同一铅垂线上。这时船将不产生横倾和纵倾，而只是增加平均吃水，其增加数值为：

$$\delta d = \frac{\delta\nabla}{A_w} = \frac{p}{\rho A_w} \tag{4-4-17}$$

式中　A_w——水线面 WL 的水线面面积。

但是，这时船的浮心、重心及稳心分别由原来的 B, G, M 点移至 B_1, G_1, M_1 点，因而初稳性高也将由原来的 $\overline{GM}$ 变为 $\overline{G_1M_1}$。

为了确定新的初稳性高，先讨论船在横倾某一小角度 ϕ 时的复原力矩。

设新的初稳性高为 $\overline{G_1M_1}$，则横倾 ϕ 角时的复原力矩为：

$$M_R = (\Delta + p)\overline{G_1M_1}\sin\phi \tag{4-4-18}$$

同时，复原力矩也可以从分析图 4-4-6 所示的情况中求得：

$$M_R = \Delta\overline{GM}\sin\phi - p\overline{CA}\sin\phi$$

式中　$\overline{CA}$——浮力增量 $\rho\delta\nabla$ 的作用点至载荷 p 的作用点之间的垂向距离，即：

$$\overline{CA} = z - \left(d + \frac{\delta d}{2}\right) \tag{4-4-19}$$

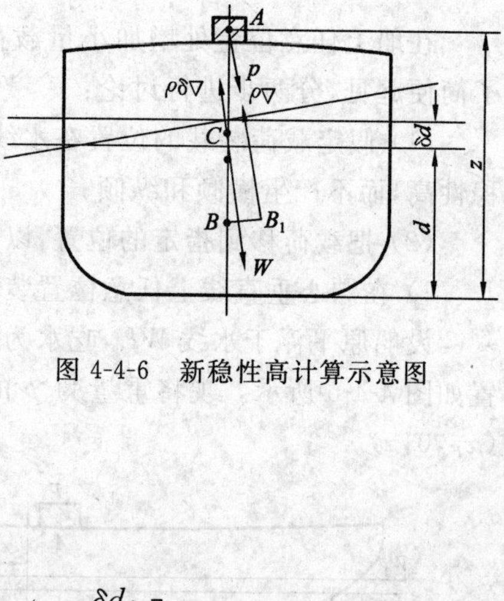

因此，

$$M_R = \Delta\overline{GM}\sin\phi - p\left[z - \left(d + \frac{\delta d}{2}\right)\right]\sin\phi \tag{4-4-20}$$

图 4-4-6　新稳性高计算示意图

比较式(4-4-18)和式(4-4-20)，可以得到：

$$(\Delta + p)\overline{G_1M_1} = \Delta\overline{GM} - p\left[z - \left(d + \frac{\delta d}{2}\right)\right] \tag{4-4-21}$$

整理可得新的初稳性高的计算公式：

$$\overline{G_1M_1} = \overline{GM} + \frac{p}{\Delta + p}\left(d + \frac{\delta d}{2} - \overline{GM} - z\right) \tag{4-4-22}$$

根据上式，可以判断载荷 p 的装卸高度 z 对于初稳性高的影响：

(1) 若 $z = d + \dfrac{\delta d}{2} - \overline{GM}$，则 $\overline{G_1M_1} = \overline{GM}$，即初稳性高不变；

（2）若 $z > d + \dfrac{\delta d}{2} - \overline{GM}$，则 $\overline{G_1M_1} < \overline{GM}$，即初稳性高减小；

（3）若 $z < d + \dfrac{\delta d}{2} - \overline{GM}$，则 $\overline{G_1M_1} > \overline{GM}$，即初稳性高增大。

由此可知，在船上有一高度为 $\left(d + \dfrac{\delta d}{2} - \overline{GM}\right)$ 的平面（称为中和面或极限平面），当载荷 p 的重心刚好位于此平面时，则对于初稳性高没有影响；若装载的货物高于此中和面，则将减小初稳性高；反之，将增大初稳性高。

至于装载货物 p 后对于纵稳性的影响，与上述情况相似，参照前式可得新的纵稳性高：

$$\overline{G_1M_{L1}} = \overline{GM_L} + \frac{p}{\Delta + p}\left(d + \frac{\delta d}{2} - \overline{GM_L} - z\right) \tag{4-4-23}$$

对于一般船舶，由于 $\left(d + \dfrac{\delta d}{2} - z\right)$ 的数值和 $\overline{GM_L}$ 相比是小量，可以忽略，因此新的纵稳性高可近似写成：

$$\overline{G_1M_{L1}} \approx \overline{GM_L} - \frac{p}{\Delta + p}\overline{GM_L} = \frac{\Delta}{\Delta + p}\overline{GM_L} \tag{4-4-24}$$

在卸除小量载荷的情况下，同样可以应用上述有关公式分析计算船舶的浮态及初稳性的变化，只需把载荷重量 p 改为 $-p$，并应注意平均吃水的增量 δd 是负值。

2）在任意位置装卸载荷对船舶浮态及初稳性的影响

设重量为 p 的载荷装在船上 A 处，其坐标为 (x, y, z)，如图 4-4-7 所示。重量 p 装在船上任意位置 A 处而引起浮态及初稳性的变化，可按下列步骤计算。

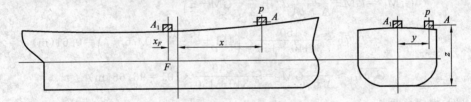

图 4-4-7　在任意位置装卸载荷

（1）假定重量 p 装在 A_1（坐标 $x_F, 0, z$）处，则：

平均吃水增量

$$\delta d = \frac{p}{\rho A_w} \tag{4-4-25}$$

新的初稳性高

$$\overline{G_1M_1} = \overline{GM} + \frac{p}{\Delta + p}\left(d + \frac{\delta d}{2} - \overline{GM} - z\right) \tag{4-4-26}$$

新的纵稳性高

$$\overline{G_1M}_{L1} \approx \frac{\Delta}{\Delta+p}\overline{GM}_L \tag{4-4-27}$$

(2) 将重量 p 自 $A_1(x_F,0,z)$ 移至 $A(x,y,z)$ 处,则首尾吃水的变化:

$$\delta d_F = \left(\frac{L}{2}-x_F\right)\tan\theta = \left(\frac{L}{2}-x_F\right)\frac{p(x_2-x_1)}{\Delta\overline{G_1M}_{L1}} \tag{4-4-28}$$

$$\delta d_A = -\left(\frac{L}{2}+x_F\right)\tan\theta = -\left(\frac{L}{2}+x_F\right)\frac{p(x_2-x_1)}{\Delta\overline{G_1M}_{L1}} \tag{4-4-29}$$

(3) 最终的首尾吃水:

$$d'_F = d_F + \delta d + \delta d_F \tag{4-4-30}$$
$$d'_A = d_A + \delta d + \delta d_A \tag{4-4-31}$$

3) 计算实例

例 4-4-2 某海船 $L=91.5$ m,$B=14.0$ m,$d_F=3.75$ m,$d_A=4.45$ m,平均吃水 $d_m=$ 4.1 m,$\rho=1.025$ t/m³,$\Delta=3\ 340$ t,$A_w=936.6$ m²,$x_F=-3.66$ m,$\overline{GM}=0.76$ m,$\overline{GM}_L=$ 101 m。现将 $p=150$ t 的载荷装在船上坐标为($x=6$ m,$y=0.5$ m,$z=7$ m)处。求装上载荷后船的浮态和初稳性。

解:

(1) 装载 p 后的平均吃水增量

$$\delta d = \frac{p}{\rho A_w} = \frac{150}{1.025 \times 936.6} = 0.156(\text{m})$$

(2) 新的初稳性高

$$\overline{G_1M}_1 = \overline{GM} + \frac{p}{\Delta+p}\left(d_m + \frac{\delta d}{2} - \overline{GM} - z\right)$$

$$= 0.76 + \frac{150}{3\ 340+150} \times \left(4.1 + \frac{0.156}{2} - 0.76 - 7\right) = 0.61(\text{m})$$

$$\overline{G_1M}_{L1} \approx \frac{\Delta}{\Delta+p}\overline{GM}_L = \frac{3\ 340}{3\ 340+150} \times 101 = 96.66(\text{m})$$

(3) 横倾角正切

$$\tan\phi = \frac{py}{(\Delta+p)\overline{G_1M}_1} = \frac{150 \times 0.5}{(3\ 340+150) \times 0.61} = 0.035\ 2$$

(4) 纵倾角正切

$$\tan\theta = \frac{p(x-x_F)}{(\Delta+p)\overline{G_1M}_{L1}} = \frac{150 \times (6+3.66)}{(3\ 340+150) \times 96.66} = 0.004\ 3$$

(5) 首尾吃水的变化

$$\delta d_F = \left(\frac{L}{2}-x_F\right)\tan\theta = \left(\frac{91.5}{2}+3.66\right) \times 0.004\ 3 = 0.212(\text{m})$$

$$\delta d_A = -\left(\frac{L}{2}+x_F\right)\tan\theta = -\left(\frac{91.5}{2}-3.66\right) \times 0.004\ 3 = -0.181(\text{m})$$

（6）最终的首尾吃水

$$d'_F = d_F + \delta d + \delta d_F = 3.75 + 0.156 + 0.212 = 4.12(\text{m})$$

$$d'_A = d_A + \delta d + \delta d_A = 4.45 + 0.156 - 0.181 = 4.43(\text{m})$$

4.4.2.2　装卸大量载荷对船舶浮态及初稳性的影响

当船上增加或卸除大量的载荷（超过排水量的10%）时，应用上面有关公式来计算船舶的浮态和初稳性就不够准确了。因为在装卸大量载荷时，船的吃水变化较大，因此新水线与原水线的水线面面积、漂心位置等差别较大。

在这种情况下，应根据静水力曲线图中的有关资料进行计算，才能得到比较准确的结果。这里需要应用的静水力曲线资料包括：

① 排水量 Δ 曲线；② 浮心坐标 x_B 及 z_B 曲线；③ 漂心纵向坐标 x_F 曲线；④ 横稳心半径 $\overline{BM}$ 曲线；⑤ 每厘米纵倾力矩 MTC 曲线。

其具体的计算步骤如下：

（1）求出新的排水量和重心位置。

设船舶原来的排水量为 Δ，重心坐标为 (x_G, z_G)。现装上大量载荷 p，其重心在坐标 (x, y, z) 处，加载后船舶的排水量 $\Delta_1 = \Delta + p$，此时，船的重心位置为：

$$x_{G1} = \frac{\Delta x_G + px}{\Delta + p}, \qquad z_{G1} = \frac{\Delta z_G + pz}{\Delta + p} \tag{4-4-32}$$

（2）在静水力曲线图上量取新的 z_B，$\overline{BM}$，x_B，x_F，MTC，如图4-4-8所示。

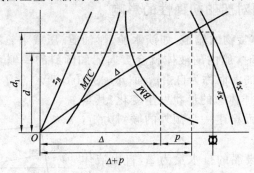

图 4-4-8　量取新的 z_B，$\overline{BM}$，x_B，x_F，MTC

在静水力曲线图横坐标上按比例量取排水量 $(\Delta + p)$，从这点作垂线与排水量曲线相交，再从交点引水平线与纵坐标轴相交，即得相应的正浮吃水 d_1，根据吃水 d_1 可从有关曲线上量得 x_{B1}，z_{B1}，$\overline{B_1M_1}$，x_{F1} 及 MTC_1 等数值。

（3）求取新的初稳性高和浮态。

排水量为 $(\Delta + p)$ 时的初稳性高可由下式计算：

$$\overline{G_1M_1} = z_{B1} + \overline{B_1M_1} - z_{G1} \tag{4-4-33}$$

进而可得横倾角正切：

$$\tan \phi = \frac{py}{(\Delta + p)\overline{G_1 M_1}} \qquad (4\text{-}4\text{-}34)$$

船的重心 G 和浮心 B_1 不一定在同一铅垂线上，由此所引起的纵倾力矩可以由下式求得：

$$M_{\mathrm{T}} = (\Delta + p)(x_{G1} - x_{B1}) \qquad (4\text{-}4\text{-}35)$$

此时，船的纵倾值：

$$t = \frac{M_{\mathrm{T}}}{100MTC_1} \qquad (4\text{-}4\text{-}36)$$

船的首尾吃水：

$$d_{\mathrm{F}} = d_1 + \left(\frac{L}{2} - x_{F1}\right)\frac{t}{L} \qquad (4\text{-}4\text{-}37)$$

$$d_{\mathrm{A}} = d_1 - \left(\frac{L}{2} + x_{F1}\right)\frac{t}{L} \qquad (4\text{-}4\text{-}38)$$

对于卸除载荷的情况，也可用同样的方法进行计算，这时在静水力曲线图的横坐标上应截取的排水量为 Δ 和 $(\Delta - p)$，在应用有关公式时需把载荷重量 p 改为 $-p$。

除了移动和装卸货物会对船舶的初稳性产生影响以外，船上所装载的货物种类及状态也会对初稳性产生影响。下面主要介绍液体货物的自由液面和悬挂重物对初稳性产生的影响。

4.4.3 自由液面对船舶初稳性的影响

船上设有装载液体货物的舱柜，如淡水舱、燃油舱、压载水舱等，或如果舱内液体没有装满，则船舶在倾斜时，舱内的液体就会流向船舶倾斜的一侧，且液面保持与水面平行，这种可以自由流动的液面称为自由液面（free surface）。

当液体流动后，液体体积的形状发生变化，其重心向倾斜一侧移动，因而产生一个额外的倾斜力矩，其结果是降低船的稳性。

如图 4-4-9 所示，设船的排水量为 Δ，自由液体的体积为 V，液体的密度为 ρ_1。当船处于正浮状态时，其重心在 G 点，舱内的自由液面 CD 平行于水线 WL，其重心在 a 点。当船横倾一小角度 ϕ 时，舱内液体的自由表面也发生倾斜，变为 $C'D'$，且平行于新水线 W_1L_1，其重心由 a 点移至 a_1 点。设在 a 点加上一对大小相等、方向相反的共线力 $\rho_1 V$，则可以看作船的重心不变，但增加了一个横倾力矩，其数值为：

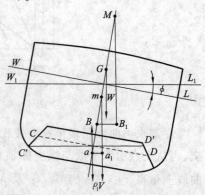

图 4-4-9　自由液面

$$M_{\mathrm{H}} = \rho_1 V \,\overline{aa_1} = \rho_1 V \,\overline{am}\sin\phi \qquad (4\text{-}4\text{-}39)$$

式中　m——自由液体倾斜后重量作用线和正浮时重量作用线的交点；

$\overline{am}$——液体重心移动曲线 aa_1 在 a 处的曲率半径。

这种情况和讨论船舶等体积倾斜时浮心移动的情况相类似。在小倾角范围内，aa_1 可看作圆弧，m 为其圆心，$\overline{am}$ 为其半径。因此：

$$\overline{am} = \frac{i_x}{V} \tag{4-4-40}$$

式中　i_x——自由液面的面积对其倾斜轴线的横向惯性矩；

V——舱内液体的体积。

这样，自由液面产生的横倾力矩可写成：

$$M_{\mathrm{H}} = \rho_1 V \frac{i_x}{V} \sin\phi = \rho_1 i_x \sin\phi \tag{4-4-41}$$

因此，在船横倾 ϕ 角后，除了船本身的复原力矩 $M_{\mathrm{R}} = \Delta\,\overline{GM}\sin\phi$ 外，还有一个自由液面所产生的横倾力矩。这样，船的实际复原力矩为：

$$M_{\mathrm{R1}} = \Delta\,\overline{GM}\sin\phi - \rho_1 i_x \sin\phi = \Delta\left(\overline{GM} - \rho_1 \frac{i_x}{\Delta}\right)\sin\phi \tag{4-4-42}$$

即船的实际初稳性高为：

$$\overline{G_1 M_1} = \overline{GM} - \rho_1 \frac{i_x}{\Delta} \tag{4-4-43}$$

式中，$\rho_1 \dfrac{i_x}{\Delta}$ 称为自由液面对初稳性高的修正值。其数值只与自由液面的大小、密度及船的排水量有关，而与自由液体的体积无关。

用类似方法可以求得自由液面对纵稳性高的影响：

$$\overline{G_1 M_{\mathrm{L}}} = \overline{GM} - \rho_1 \frac{i_y}{\Delta} \tag{4-4-44}$$

式中　i_y——自由液面的面积对其倾斜轴线的纵向惯性矩。

船上有多个自由液面时，可先算出各自的 $\rho_1 i_x$，然后把它们加起来，再除以船的排水量，即得所有自由液面对初稳性高的修正值。

相应的横稳性高和纵稳性高分别为：

$$\overline{G_1 M_1} = \overline{GM} - \frac{\sum \rho_1 i_x}{\Delta} \tag{4-4-45}$$

$$\overline{G_1 M_{\mathrm{L}}} = \overline{GM} - \frac{\sum \rho_1 i_y}{\Delta} \tag{4-4-46}$$

从以上分析可以看出，自由液面的影响是减小了船的初稳性高，即降低了船的初稳性。如果自由液面的面积很大，可能会使船失掉初稳性。为了减小自由液面对初稳性的不利影响，最有效的办法是在船内设置纵向舱壁。下面通过一个简单例子，说明设置纵向舱壁对减小自由液面影响的效果。

设有一个长为 l、宽为 b 的矩形自由液面 A。在横倾时,该自由液面对于其倾斜轴的惯性矩为:

$$i_x = \frac{lb^3}{12}$$

若采用纵向舱壁将其分成两个相同的部分,则自由液面 A_1 及 A_2 对于其倾斜轴的面积惯性矩的总和为:

$$\sum_{j=1}^{2} i_{xj} = 2 \times \frac{l(b/2)^3}{12} = \frac{1}{4} \times \frac{lb^3}{12}$$

由此可见,用纵向舱壁将自由液面等分后,自由液面对稳性的不利影响可减小至 1/4。

同样可以证明,如果用两道纵向舱壁将自由液面分成三等份,则其影响可减小至 1/9。进一步推论可得,将舱室进行 n 等分后,自由液面的影响可减小到未分舱前的 $1/n^2$。

因此,船上宽度较大的油舱、水舱等通常都要设置纵向舱壁,以减小自由液面对稳性的不利影响。

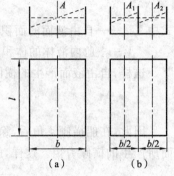

图 4-4-10　设置纵向舱壁示意图

4.4.4　悬挂重物对船舶初稳性的影响

船舶的悬挂重物包括未固定的悬挂救生艇、用吊杆起货以及未加固定的悬挂货物等。在船舶发生倾斜时,它们对稳性均会产生不利影响。

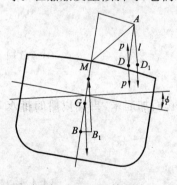

图 4-4-11　悬挂重量

设船上有一悬挂于 A 点的重物 p,其重心位于 D 点,悬挂长度为 l,如图 4-4-11 所示。当船横倾一小角度 ϕ 后,重物 p 自 D 移至 D_1 点。若在 D 点加上一对大小相等、方向相反的共线力 p,则可以看作船的重心不变,但增加了一个横倾力矩,即:

$$M_H = pl\sin\phi \tag{4-4-47}$$

故船在横倾 ϕ 角时的实际复原力矩是:

$$M_{R1} = \Delta \overline{GM} \sin\phi - pl\sin\phi = \Delta\left(\overline{GM} - \frac{pl}{\Delta}\right)\sin\phi \tag{4-4-48}$$

船的实际初稳性高为:

$$\overline{G_1 M} = \overline{GM} - \frac{pl}{\Delta} \tag{4-4-49}$$

可见,悬挂重物使初稳性高减小了 pl/Δ。用同样方法,可以求得悬挂重物情况下船的纵稳性高:

$$\overline{G_1 M_L} = \overline{GM_L} - \frac{pl}{\Delta} \qquad\qquad (4\text{-}4\text{-}50)$$

■ 4.5 船舶倾斜试验

初稳性高是衡量船舶稳性的重要指标,因此正确地求出初稳性高是十分重要的,其数值可由下式确定:

$$\overline{GM} = \overline{KB} + \overline{BM} - \overline{KG} \quad \text{或} \quad \overline{GM} = z_B + \overline{BM} - z_G$$

还可以写为:

$$z_G = z_B + \overline{BM} - \overline{GM} = z_M - \overline{GM} \qquad\qquad (4\text{-}5\text{-}1)$$

式中,浮心垂向坐标 z_B 和横稳心半径 $\overline{BM}$ 可以根据型线图及型值表相当精确地求得,因而问题的关键在于重心垂向坐标 z_G 值是否精确。

在船舶设计阶段计算所得的重量和重心位置,与船舶建成后的实际重量和重心位置往往有一定差异。故在船舶建成以后都要进行倾斜试验(inclining test),以便准确地求得重量及重心的位置。

倾斜试验的目的是确定船舶的重量和重心位置,试验结果要求精确可靠。

4.5.1 倾斜试验的原理

当船正浮于水线 WL 时,其排水量为 Δ。若将船上 A 点处的重物 p 横向移动某一距离 l 至 A_1 点,则船将产生横倾并浮于新水线 $W_1 L_1$,如图 4-5-1 所示。从船上载荷移动的计算公式可知,此时船的横倾角 ϕ 的正切为:

$$\tan\phi = \frac{pl}{\Delta\,\overline{GM}}$$

因此可得:

$$\overline{GM} = \frac{pl}{\Delta\tan\phi}$$

代入式(4-5-1)可得:

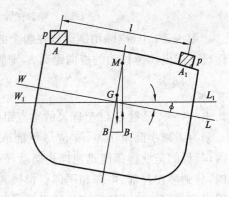

图 4-5-1 横向移动货物

$$z_G = z_B + \overline{BM} - \frac{pl}{\Delta\tan\phi} \qquad\qquad (4\text{-}5\text{-}2)$$

若已测得船的首吃水、尾吃水和船中吃水,则可根据静水力曲线或邦戎曲线求得船的排水量 Δ、浮心垂向坐标 z_B、横稳心半径 $\overline{BM}$ 以及浮心纵向坐标 x_B。另外,已知移动重量 p、横向移动距离 l,并测量出横倾角 ϕ,即可得到船的重心垂向坐标 z_G。

在有初始纵倾的情况下,可根据下式求得重心纵向坐标 x_G:

$$x_G = x_B + (z_G - z_B)\tan\theta \qquad (4\text{-}5\text{-}3)$$

4.5.2 倾斜试验方法

试验前,应先测量首尾吃水和船中吃水以及水的密度,以便精确地求出排水量。

倾斜试验所用的移动重物一般是生铁块,将它们分成 p_1, p_2, p_3, p_4 四组,堆放于甲板上指定的位置,如图 4-5-2 所示。每组重物的重量相等,即 $p_1 = p_2 = p_3 = p_4$。为了形成足够的倾斜力矩,使船产生 $2°\sim4°$ 的横倾角,移动重物的总重量约为船舶排水量的 $1\%\sim2\%$,移动的距离约为船宽的 $3/4$。横倾角 ϕ 可采用倾角传感器测量,也可采用如图 4-5-3 所示的简易测量装置测量。

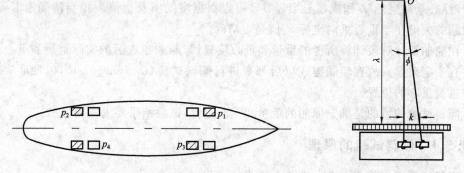

图 4-5-2 倾斜试验   图 4-5-3 倾角测量

图 4-5-3 中,摆锤用细绳挂在船上的 O 点处,下端装有水平标尺。当船横倾时,可在标尺上读出摆锤移动的横向距离 k,则船的横倾角正切为:

$$\tan\phi = \frac{k}{\lambda} \qquad (4\text{-}5\text{-}4)$$

式中 λ——悬挂点 O 至标尺的垂直距离。

为了减小测量误差,λ 应尽可能取得大些。摆锤下端装有翼板并浸在油槽或水槽内,其目的是使摆锤能迅速停止摆动,便于读得精确的 k 值。通常在船上设置 $2\sim3$ 个摆锤,分别装在首部、中部和尾部。横倾角 ϕ 取几个摆锤所得数据的平均值。当然可以使用更为精密的测量仪器直接测得倾斜角度。

为了提高试验结果的精确程度,应使被试验的船舶重复倾斜 n 次,亦即在试验时需按一定的次序将船上各组重物移动多次,每次将重物作横向移动后,应计算其横倾力矩 M 并测量相应的横倾角 ϕ。设整个试验共倾斜 n 次,每次相应的力矩为 $M_1, M_2, \cdots, M_n$,横倾角为 $\phi_1, \phi_2, \cdots, \phi_n$,则可根据下式算出各次的 $\overline{GM}$ 值,然后取其算术平均值,即得船的初稳性高。

$$\overline{GM} = \frac{M}{\Delta\tan\phi} \qquad (4\text{-}5\text{-}5)$$

4.5.3 倾斜试验注意事项

为保证试验的准确性,在试验时应注意以下几点:

(1)应选风力不大于2级的晴天进行试验,试验地点应选在静水的遮蔽处所。试验时应注意风和水流的影响,尽可能使船首正对风向和水流方向,最好在坞内进行倾斜试验。

(2)为不妨碍船的横倾,应将系泊缆绳全部松开。

(3)凡船上能自行移动或晃动的物体都应设法固定;机器停止运转;与试验无关的人员均应离船,留在船上的人员都要有固定位置,不能随意走动。

(4)船上的各类液体舱柜都应抽空或注满,以消除自由液面的影响;如有自由液面,则应查明其大小,以便进行修正。

(5)试验时,将船上的装载情况(包括试验时在船上的人员重量和位置)以及船上缺少或多余的物资都应作详细记录,以便将试验结果修正到空载状态。

(6)试验时各项工作应有统一的指挥,观察记录工作务必认真仔细。

▣ 4.6 大倾角稳性

前面讨论的船舶的初稳性问题及结论只适用于小倾角情况,即横倾角不超过$10°\sim15°$。但是,船舶在航行中的横倾角通常远远超过上述范围,这时便不能用初稳性来判断船舶是否具有足够的稳性。例如,船舶在航行中遇到较大的风浪时稳性是否足够?是否会丧失稳性而倾覆?船舶在航行中究竟能抵抗多大的风浪?因此必须研究船舶的大倾角稳性(stability at large angle),以便全面考察船舶在各种装载情况下是否具有足够的稳性。

4.6.1 船舶静稳性曲线(statical stability curve)

在讨论大倾角稳性问题时,仍然是研究船舶倾斜后产生复原力矩以阻止其倾覆的能力,而且着重研究复原力矩随横倾角变化的规律。为使研究的问题简化,假定船舶处于静水之中,受静水力作用,水线面为一水平面,并且忽略船舶在横倾时由于船体首尾不对称所引起的纵倾影响,即不考虑它们之间的耦合作用。

如图4-6-1,船舶原浮于水线W_0L_0,排水量为Δ,重心在G点,浮心在B_0点。设该船在外力矩作用下横倾某一较大的角度ϕ,浮于水线$W_\phi L_\phi$。此时,船的重心位置保持不变,由于排水体积的形状发生了变化,浮心位置由B_0点沿某一曲线移动到B_ϕ点。于是重力(大小等于排水量Δ)和浮力就形成了一个复原力矩,其大小为:

$$M_R = \Delta\,\overline{GZ} = \Delta l \qquad (4\text{-}6\text{-}1)$$

式中$l = \overline{GZ}$为重力作用线与浮力作用线之间的垂直距离,称为复原力臂或静稳性臂。对于一定的船,静稳性臂l随排水量Δ、重心高度$\overline{KG}$及横倾角ϕ而变化。在排水量Δ及重心高度$\overline{KG}$一定时,$\overline{GZ}$只随ϕ而变化,如图 4-6-2 所示。

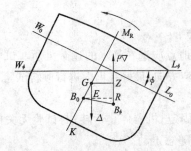

图 4-6-1 复原力矩

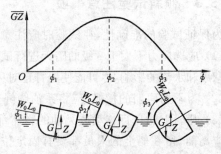

图 4-6-2 静稳性臂

讨论大倾角稳性的关键是确定复原力矩 M_R(或复原力臂 l),而求复原力臂的关键是确定船舶在横倾 ϕ 后的浮心位置 $B_\phi(y_\phi, z_\phi)$。因此计算复原力臂的途径一般是根据水线 $W_\phi L_\phi$ 计算倾斜后的浮心位置 $B_\phi(y_\phi, z_\phi)$ 或利用重心移动原理计算倾斜后浮心位置的移动距离 $\overline{B_0 B_\phi}$。在前面已经得到船舶在小倾角时的静稳性臂:

$$\overline{GZ} = \overline{GM} \sin \phi \approx \overline{GM}\phi$$

这个公式是根据下列假定得出的:

(1)等体积倾斜轴线通过正浮水线面的漂心;

(2)浮心移动曲线是圆弧的一段,其圆心为初稳心 M,半径为初稳心半径 $\overline{BM}$。

这些假定使得初稳性的研究大为简化,但当横倾角超过 $10°\sim15°$ 后,上述假定就不再适用。这是因为在大倾角情况下,由于入水和出水楔形形状的不对称性,等体积倾斜水线不再通过正浮水线面的漂心,浮心的移动曲线也不再是圆弧,倾斜前后的浮力作用线的交点 M 将随倾角而变动。

大倾角时的静稳性臂可用下式表示:

$$\overline{GZ} = \overline{B_0 R} - \overline{B_0 E} \quad \text{或} \quad l = l_b - l_g \tag{4-6-2}$$

式中,$l_b = \overline{B_0 R}$ 为浮心沿水平横向移动的距离,其数值完全由排水体积的形状所决定,因此称为形状稳性臂;$l_g = \overline{B_0 E} = \overline{B_0 G} \sin \phi$,其数值主要由重心位置所决定,因此称为重量稳性臂。

静稳性臂 l 随横倾角 ϕ 的变化比较复杂,不能用简单的公式来表示。通常根据计算结果绘制成如图 4-6-3 所示的 $l = f(\phi)$ 曲线图,称为静稳性曲线图。它表示船舶在不同倾角时复原力矩(或复原力臂)的大小。

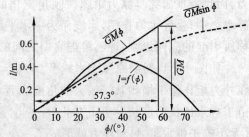

图 4-6-3 静稳性曲线图

若把初稳性公式 $l = \overline{GM} \sin \phi \approx \overline{GM}\phi$ 也画在图中,则从图中可以看出:在小倾角时,三

条曲线基本上是重合的,但随着横倾角的增加,初稳性公式就不符合实际情况了。这也正是需要特别研究大倾角稳性的原因。

研究大倾角稳性的主要任务就是得到船舶的静稳性曲线。

4.6.2 静稳性曲线的计算

从图 4-6-4 中可以清楚地看出:只要知道横倾后的浮力 $\rho\nabla$ 作用线的位置,便可立即得出静稳性臂 $\overline{GZ}$。因此,静稳性曲线的计算便可归结为如何求得船舶在横倾后浮力作用线的位置。

静稳性曲线的计算方法主要有两种:等排水量法和变排水量法。等排水量法是首先确定等体积倾斜水线,然后求出船舶倾斜后的浮心位置,进而求得形状稳性臂和静稳性臂,该方法又称为克雷洛夫第二法。变排水量法是根据船舶倾斜后出水和入水楔形体积的移动来求得所对应的排水体积的浮力作用线位置,因此船舶倾斜前后水线下所对应的排水体积并不相等,该方法又称为郭洛瓦诺夫法。下面介绍最为常用的变排水量计算法。

1) 基本原理

如图 4-6-4 所示,船舶正浮于水线 W_0L_0,吃水为 d_0,排水体积为 ∇_0,浮心在 B_0 处,其高度为 $\overline{KB_0}$。当船舶横倾 ϕ 角时,假定倾斜水线为 $W_\phi L_\phi$,并与 W_0L_0 相交于 O 点。V_1 为入水楔形的体积,V_2 为出水楔形的体积,NN' 为通过 O 点的计算静矩的参考轴线,c 为旋转点 O 至中心线的距离(即偏离值)。水线 $W_\phi L_\phi$ 下的排水体积 ∇_ϕ 必然是:

$$\nabla_\phi = \nabla_0 + V_1 - V_2 \qquad (4-6-3)$$

根据合力矩原理,由图可以看出 ∇_ϕ 对于 NN' 的体积静矩为:

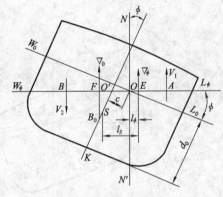

图 4-6-4 变排水量计算图

$$M_\phi = \nabla_\phi \overline{OE} = V_1\overline{OA} + V_2\overline{OB} - \nabla_0\overline{OF} \qquad (4-6-4)$$

船舶浮于倾斜水线 $W_\phi L_\phi$ 浮力作用线至轴线 NN' 的距离 $\overline{OE}$ 记为 l_ϕ:

$$l_\phi = \overline{OE} = \frac{M_\phi}{\nabla_\phi} = \frac{V_1\overline{OA} + V_2\overline{OB} - \nabla_0\overline{OF}}{\nabla_0 + V_1 - V_2} \qquad (4-6-5)$$

令:

$$\delta\nabla_\phi = V_1 - V_2$$
$$M_\phi'' = V_1\overline{OA} + V_2\overline{OB}$$
$$M_\phi' = -\nabla_0\overline{OF}$$

则：

$$l_\phi = \frac{M''_\phi + M'_\phi}{\nabla_0 + \delta\nabla_\phi} \tag{4-6-6}$$

M'_ϕ 的数值是容易确定的，从图中可以看出，$\overline{OF}$ 可写为：

$$\overline{OF} = \overline{FO'} + \overline{O'O} = [(d_0 - \overline{KB_0})\tan\phi + c]\cos\phi = (d_0 - \overline{KB_0})\sin\phi + c\cos\phi \tag{4-6-7}$$

因此，

$$M'_\phi = -\nabla_0[(d_0 - \overline{KB_0})\sin\phi + c\cos\phi] \tag{4-6-8}$$

求得 l_ϕ 的关键在于：必须先求得入水楔形和出水楔形的体积差 $\delta\nabla_\phi = V_1 - V_2$，以及它们对 NN' 轴线的体积静矩 M''_ϕ。

求得 l_ϕ 后，很容易求出浮力作用线至重力作用线（通过假定重心 S）的水平距离 l_S。

$$l_S = l_\phi + c\cos\phi + (d_0 - \overline{KS})\sin\phi \tag{4-6-9}$$

2）$\delta\nabla_\phi$ 和 M''_ϕ 的计算

（1）$\delta\nabla_\phi$ 的计算。

图 4-6-5 所示为船舶横倾 ϕ 角度后某一横剖面处的入水和出水楔形。

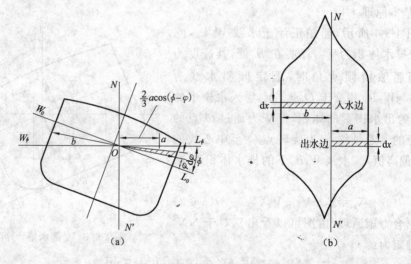

图 4-6-5　出入水楔形体积的计算

把入水楔形 L_0OL_ϕ 分成无穷多个小楔形。在 φ 处取一夹角为 $\mathrm{d}\varphi$ 的小三角形，设底边的长度为 a，则小三角形的面积为：

$$\mathrm{d}A = \frac{1}{2}a^2\mathrm{d}\varphi \tag{4-6-10}$$

在船长方向取一段 $\mathrm{d}x$，则小三角形的体积为 $\mathrm{d}A\mathrm{d}x$，沿整个船长 L 积分便可得到微楔形的体积：

$$dV_1 = \int_{-\frac{L}{2}}^{\frac{L}{2}} dA dx = \int_{-\frac{L}{2}}^{\frac{L}{2}} \frac{1}{2} a^2 d\varphi dx \qquad (4\text{-}6\text{-}11)$$

于是在横倾角 ϕ 范围内的入水楔形的体积：

$$V_1 = \int_0^\phi dV_1 = \frac{1}{2} \int_{-\frac{L}{2}}^{\frac{L}{2}} \int_0^\phi a^2 d\varphi dx \qquad (4\text{-}6\text{-}12)$$

同理，可求得出水楔形体积：

$$V_2 = \frac{1}{2} \int_{-\frac{L}{2}}^{\frac{L}{2}} \int_0^\phi b^2 d\varphi dx \qquad (4\text{-}6\text{-}13)$$

式中　b——出水楔形的水线半宽。

所以，入水与出水楔形的体积差为：

$$\delta \nabla_\phi = V_1 - V_2 = \frac{1}{2} \int_{-\frac{L}{2}}^{\frac{L}{2}} \int_0^\phi (a^2 - b^2) d\varphi dx \qquad (4\text{-}6\text{-}14)$$

（2）M_ϕ'' 的计算。

同求 $\delta\nabla_\phi$ 类似，入水小三角形面积对 NN' 轴线的面积静矩为：

$$dm = dA \cdot \frac{2}{3} a \cos(\phi - \varphi) = \frac{1}{2} a^2 d\varphi \cdot \frac{2}{3} a \cos(\phi - \varphi) = \frac{1}{3} a^3 \cos(\phi - \varphi) d\varphi \qquad (4\text{-}6\text{-}15)$$

沿整个船长 L 积分得微楔形对 NN' 轴线的体积静矩为：

$$dM_1 = \frac{1}{3} \int_{-\frac{L}{2}}^{\frac{L}{2}} a^3 \cos(\phi - \varphi) d\varphi dx \qquad (4\text{-}6\text{-}16)$$

整个入水楔形对 NN' 轴线的体积静矩为：

$$M_1 = \frac{1}{3} \int_{-\frac{L}{2}}^{\frac{L}{2}} \int_0^\phi a^3 \cos(\phi - \varphi) d\varphi dx \qquad (4\text{-}6\text{-}17)$$

同理，出水楔形对 NN' 轴线的体积静矩为：

$$M_2 = \frac{1}{3} \int_{-\frac{L}{2}}^{\frac{L}{2}} \int_0^\phi b^3 \cos(\phi - \varphi) d\varphi dx \qquad (4\text{-}6\text{-}18)$$

那么，

$$M_\phi'' = M_1 + M_2 = \frac{1}{3} \int_{-\frac{L}{2}}^{\frac{L}{2}} \int_0^\phi (a^3 + b^3) \cos(\phi - \varphi) d\varphi dx \qquad (4\text{-}6\text{-}19)$$

由于水线面 $W_\phi L_\phi$ 对于 NN' 轴线的面积惯性矩为：

$$I_\phi = \frac{1}{3} \int_{-\frac{L}{2}}^{\frac{L}{2}} (a^3 + b^3) dx \qquad (4\text{-}6\text{-}20)$$

故 M_ϕ'' 也可写为：

$$M_\phi'' = \int_0^\phi I_\phi \cos(\phi - \varphi) d\varphi \qquad (4\text{-}6\text{-}21)$$

将式（4-6-8），（4-6-14）和（4-6-21）代入式（4-6-6）便可求得浮力作用线至 NN' 轴线的距离 l_ϕ，再将此 l_ϕ 代入式（4-6-9），即可求得浮力 $\rho\nabla$ 至假定重心 S 的距离 l_S。

具体计算时，可采用乞贝雪夫近似计算法（见附录 A.1.3）列表计算，此处不作详述。

3) 稳性横截曲线

通常,按式(4-6-3)和式(4-6-9)分别计算 4~5 根水线下不同横倾角时的排水体积 ∇_ϕ 和 l_S,如图 4-6-6 所示,然后以 l_S 为纵坐标,以 ∇ 为横坐标绘制如图 4-6-7 所示的对应不同横倾角 ϕ 的 $l_S = f(\nabla)$ 曲线图,该图称为稳性横截曲线图。

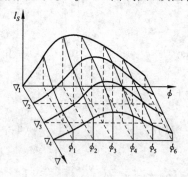

图 4-6-6 不同横倾角时的 ∇_ϕ 和 l_S

图 4-6-7 稳性横截曲线图

有了稳性横截曲线图,可以根据船舶在各种装载情况下的排水量及其重心高度,按式 $l = l_S - (z_G - z_S)\sin\phi$ 很方便地求出船舶的静稳性曲线图。式中的 l_S 可以从稳性横截曲线图上查得。

按上式计算不同横倾角 ϕ 时的静稳性臂 l,据此可绘制船舶在某一排水量时(即某一装载情况下)的静稳性曲线。

具体计算过程:

(1)根据船舶在横倾后的入水和出水楔形所形成的体积静矩,求得不同排水体积不同横倾角时浮力作用线至假定重心的距离 l_S,绘成稳性横截曲线;

(2)根据稳性横截曲线求出某一排水体积时 l_S 随 ϕ 的变化曲线;

(3)根据式 $l = l_S - (z_G - z_S)\sin\phi$ 对重心加以修正,绘出该装载情况下的静稳性曲线。

4.6.3 上层建筑及自由液面对静稳性曲线的影响

以上得到的静稳性曲线只计算到船体主体部分(即上甲板),但对于具有水密上层建筑,若满足规范的要求,也可计入上层建筑对静稳性曲线的影响。因为水密的上层建筑在入水后也产生相应的浮力和复原力矩。

此外,船内设有一定数量的燃油舱、淡水舱和压载水舱,当它们具有自由液面时,舱内的液体重心将随着船舶倾斜而移动,形成一个倾斜力矩。

因此,船舶主体的静稳性曲线计算完毕后,有时还需计算上层建筑和自由液面对稳性的影响,并进行必要的修正。

1) 上层建筑对静稳性曲线的影响

图 4-6-8 所示为某一横剖面处考虑上层建筑的情况。当船舶横倾 ϕ 角而浮于水线 $W_\phi L_\phi$ 时,设上层建筑入水部分的横剖面积为 δA,面积形心在 g 处,对轴线 NN' 的面积静矩为 $\delta m = \delta A\,\overline{OP}$。沿长度方向进行积分,便可求得上层建筑入水部分的体积 δV_ϕ 及其对轴线 NN' 的静矩 δM_ϕ。

$$\delta V_\phi = \int_{-\frac{L_s}{2}}^{\frac{L_s}{2}} \delta A \mathrm{d}x \tag{4-6-22}$$

$$\delta M_\phi = \int_{-\frac{L_s}{2}}^{\frac{L_s}{2}} \delta m \mathrm{d}x \tag{4-6-23}$$

式中 L_s——上层建筑的长度。

船舶主体在倾斜水线 $W_\phi L_\phi$ 时的排水体积 ∇_ϕ 及其对轴线 NN' 的体积静矩 M_ϕ 前已求得,故考虑上层建筑以后的总排水体积及其对 NN' 的静矩为:

$$\nabla_{\phi s} = \nabla_\phi + \delta \nabla_\phi \tag{4-6-24}$$

$$M_{\phi s} = M_\phi + \delta M_\phi \tag{4-6-25}$$

因而,浮力 $\rho \nabla_{\phi s}$ 的作用线至 NN' 的距离为:

$$l_{\phi s} = \frac{M_{\phi s}}{\nabla_{\phi s}} \tag{4-6-26}$$

考虑上层建筑以后的浮力作用线至假定重心 S 点的距离为:

$$l'_S = l_{\phi s} + c\cos\phi + (d_0 - z_S)\sin\phi \tag{4-6-27}$$

考虑上层建筑后的静稳性臂:

$$l' = l'_S - (z_G - z_S)\sin\phi \tag{4-6-28}$$

图 4-6-9 为某船满载出港时考虑和不考虑上层建筑时的静稳性曲线图。虚线是不考虑上层建筑的静稳性臂曲线,实线是计入上层建筑后的静稳性臂曲线,两者具有一定的差别。

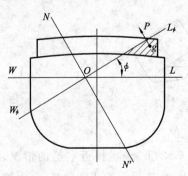

图 4-6-8 上层建筑的影响

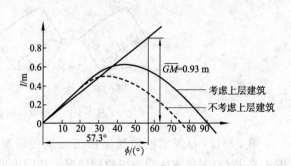

图 4-6-9 考虑和不考虑上层建筑时的静稳性曲线图

2）自由液面对静稳性臂曲线的影响

如图 4-6-10 所示，船舶在正浮时舱内液体的表面为 ab，重心位于 g 点。当船舶横倾 ϕ 角后，舱内液体向倾斜一侧移动，液面为 cd，重心自 g 点移至 g_1 点，移动的横向距离为 y，因此产生了一个倾斜力矩：

$$M_H = \rho_1 V y$$

式中　V——舱内液体的体积；

　　　ρ_1——舱内液体的密度。

设船舶原来的复原力矩为 $M_R = \Delta l$，现在由于自由液面的影响，故船舶的实际复原力矩为：

$$M_R' = \Delta l - M_H = \Delta \left(l - \frac{M_H}{\Delta} \right) = \Delta(l - \delta l) \tag{4-6-29}$$

式中　δl——自由液面对静稳性臂的影响，$\delta l = \dfrac{M_H}{\Delta} = \dfrac{\rho_1 V y}{\Delta}$。

图 4-6-11 所示为自由液面修正前后的静稳性曲线。

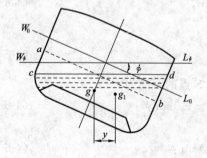

图 4-6-10　自由液面的影响

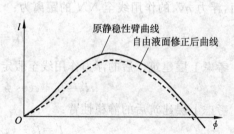

图 4-6-11　自由液面对静稳性曲线的修正

船舶在航行过程中，舱内的燃油或淡水量是变化的，因而自由液面对静稳性臂曲线的影响也是变化的。如图 4-6-12 所示。

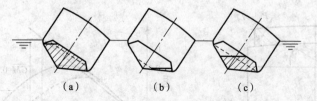

（a）　　　　　　　（b）　　　　　　　（c）

图 4-6-12　舱室中的液体变化

图 4-6-12（a）表示液体舱室接近装满的情况，图 4-6-12（b）表示接近空舱的情况，图 4-6-12（c）表示液体约为半舱的情况。从图中可以看出，在接近满舱或空舱时，自由液面对稳性的影响很小，但在半舱时其影响较大。在稳性计算中，应该把影响最大的情况

作为修正的依据。

在计算自由液面对静稳性臂的影响时,一般只考虑燃油舱及淡水舱即可,而压载水舱在加压载水时通常都是装满的,可以不予考虑。

为了减小自由液面的影响,在船上使用燃油和淡水时,应将某一舱中的燃油或淡水用完后再用其他舱中的燃油或淡水,尽量使存在自由液面的舱数最少。

4.6.4　静稳性曲线的特征

1) 静稳性曲线在原点处的斜率

由初稳性一节知,船舶横倾小角度 ϕ 时,其复原力矩 $M_R = \Delta \overline{GM} \sin \phi$,而 M_R 又可由复原力臂 l 表示为: $M_R = \Delta l$。因此对于小角度倾斜,有:

$$l = \overline{GM} \sin \phi \qquad (4\text{-}6\text{-}30)$$

将上式对 ϕ 求导,得:

$$\frac{dl}{d\phi} = \overline{GM} \cos \phi \qquad (4\text{-}6\text{-}31)$$

因此,当 $\phi \to 0$ 时,则有:

$$\left(\frac{dl}{d\phi} \right)_{\phi \to 0} = \overline{GM} \qquad (4\text{-}6\text{-}32)$$

这说明复原力臂 l 在横倾角 ϕ 趋向于零时,其导数为 $\overline{GM}$,也就是说静稳性曲线在原点处的斜率等于初稳性高 $\overline{GM}$。

因此可用此特性来绘制或检验静稳性曲线的起始段。具体做法是:在静稳性曲线图上确定一点,该点横坐标为 $57.3°$(1 rad),纵坐标为 $\overline{GM}$,连接该点和原点得一直线,该直线的斜率则为 $\overline{GM}$。静稳性曲线的起始段应与该直线相切或重合,如图 4-6-13 所示。

2) 最大复原力臂(maximum righting lever)l_m 与极限静倾角 ϕ_m

如图 4-6-13 所示,静稳性曲线的最高点 B 的纵坐标值是船舶在横倾过程中所具有的最大复原力矩(或复原力臂),表示船舶所能承受的最大静态横倾力矩。若外来的恒定(静态)横倾力矩超过此值,则船将倾覆。因此,B 点的纵坐标值称为最大复原力矩 M_R(或力臂 l_m),其对应的横倾角(B 点横坐标值)称为极限静倾角(angle of maximum righting lever)ϕ_m。

3) 稳定平衡与不稳定平衡

如图 4-6-13 所示,当恒定横倾力矩小于最大复原力矩时,代表该横倾力矩的水平线与静稳性曲线相交于 A,C 两点,其相应的横倾角为 ϕ_1 和 ϕ_2。但此时船舶的静倾角应该是 ϕ_1,理由如下:

(1) 在 ϕ_1 附近若再有一小扰动,使横倾角略微增大(或减小),则复原力矩大于(或小于)横倾力矩,船将返回到原 ϕ_1,因此 ϕ_1 处于稳定平衡状态;

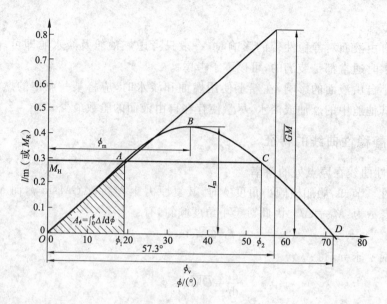

图 4-6-13 静稳性曲线图

（2）若在 ϕ_2 附近有一小扰动,使横倾角略微增大,则复原力矩小于横倾力矩,船将进一步横倾,直至倾覆,如果该扰动使横倾角略微减小,则复原力矩大于横倾力矩,船的横倾角将继续减小直至返回到 ϕ_1 处的平衡位置,因此船在 ϕ_2 处是处于不稳定平衡状态的。

由上述分析可推知:船在恒定横倾力矩作用下一般有两个平衡位置,分别处于其与静稳性曲线上升线（OB 段）的交点和下降段（BD 段）的交点,在上升段的交点为稳定平衡位置,而在下降段的交点为不稳定平衡位置。

4）稳性消失角（angle of vanishing stability）和稳距（range of stability）

静稳性曲线的 D 点处复原力矩 $M_R=0$,其对应的横倾角称为稳性消失角 ϕ_v。原点至 D 点的距离称为稳距（或称稳性范围）。

在稳距范围内,复原力矩是正值,超出稳距范围,复原力矩为负值,使船因无复原可能而继续倾斜至倾覆。

5）静稳性曲线下的面积

静稳性曲线下从原点到 ϕ 点的面积等于船倾斜 ϕ 角度后复原力矩所做的功,或者说是船倾斜后所具有的位能。

显然,静稳性曲线下的面积越大,船舶所具有可抵抗横倾力矩的位能就越大,即船舶的稳性就越好。

实际上,静稳性曲线的特征值,如原点处的斜率、最大复原力矩和极限静倾角、稳距或消失角等已大致限定了静稳性曲线的轮廓及面积,而且这些特征值都是表征船舶稳性的重要标志,因此船舶规范中对其数值有明确的规定。

4.6.5 典型的静稳性曲线图

初稳性高$\overline{GM}$的大小对静稳性曲线的形状有直接影响。图 4-6-14 是三种典型的船舶静稳性曲线图。

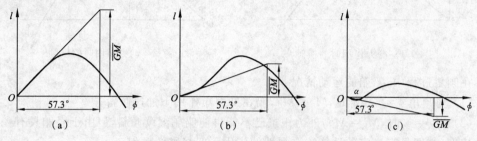

图 4-6-14 典型的船舶静稳性曲线图

图 4-6-14(a)所示静稳性曲线的初稳性高$\overline{GM}$较大,最大复原力臂 l_{m} 也不小,稳性消失角可达 $60°\sim90°$。具有这种静稳性曲线的船舶一般船宽较大、干舷较小,如江船之类。通常这类船舶的稳性是足够的,但遇到风浪时会产生剧烈的摇摆,对于海船来说并不理想。

图 4-6-14(b)所示静稳性曲线的初稳性高$\overline{GM}$较小,但曲线很快地超出原点处的切线,最大复原力臂 l_{m} 也不小,稳性消失角较大。具有这种静稳性曲线的船舶一般干舷较高,如海船。通常这类船舶的大倾角稳性是足够的,遇到风浪时摇摆相对较缓和,这种静稳性曲线对海船来说较为理想。

图 4-6-14(c)初稳性高$\overline{GM}$为负值,这种船在静水中虽然不会翻掉,但因正浮位置是不稳定平衡,故具有一永倾角 α。其大倾角稳性较差,通常不允许出现这种情况。

■ 4.7 动稳性

4.7.1 基本概念

前面讨论的船舶稳性问题,都属于静稳性范畴,即假定外力矩逐渐作用在船上,船舶在倾斜过程中倾斜得很慢,认为角速度等于零。当外力矩 M_{H} 与复原力矩 M_{R} 相等时,船舶即平衡于某一横倾角 ϕ_1,称为静横倾角,如图 4-7-1 所示。船上横向移动重物或在船的一侧装卸小量货物等情况,都可以看作外力矩的静力作用。

但实际船舶在海上航行时经常受到外力矩 M_{H} 的突然作用,如阵风的突然吹袭、海浪的猛烈冲击等。船舶在受到外力矩 M_{H} 的突然作用后将很快地产生倾斜,且在倾斜过程中具有一定的角速度,这种情况与静力作用完全不同。

如图 4-7-2,设有一个外力矩 M_{H} 突然作用在船上,使船以很快的速度产生倾斜。下面对船在受力后的运动情况进行具体分析。

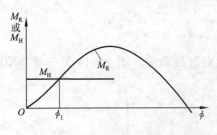

图 4-7-1　静力作用时的横倾

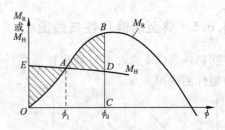

图 4-7-2　动力作用时的横倾

在倾斜过程中,船舶的运动情况:

(1) 当倾角 $\phi = 0° \sim \phi_1$ 时,$M_R < M_H$,船在外力矩作用下加速倾斜;

(2) 当 $\phi = \phi_1$ 时,$M_R = M_H$,外力矩虽已不能再使船舶继续倾斜,但由于船舶具有一定的角速度(亦即具有一定的动能),在惯性的作用下船将继续倾斜;

(3) 当倾角 $\phi = \phi_1 \sim \phi_d$ 时,$M_R > M_H$,船舶减速倾斜;

(4) 当 $\phi = \phi_d$ 时,角速度等于零,船舶即停止倾斜,但这时 $M_R > M_H$,故船舶开始复原。

在复原过程中,船舶的运动情况:

(1) 当倾角 $\phi = \phi_d \sim \phi_1$ 时,$M_R > M_H$,船舶加速复原;

(2) 当 $\phi = \phi_1$ 时,$M_R = M_H$,复原力矩已不能再使船舶复原,但由于船舶具有一定的角速度,故将继续复原;

(3) 当倾角 $\phi = \phi_1 \sim 0°$ 时,$M_R < M_H$,船的复原速度减小;

(4) 当倾角 $\phi = 0°$ 时,船的复原速度等于零而停止复原,但这时 $M_R = 0$,外力矩 M_H 又使船产生倾斜。

这样,船舶将在倾角 $0°$ 与 ϕ_d 之间往复摆动,但由于水及空气阻力的作用,船的摆动角速度逐渐减小,最后将平衡于 ϕ_1 处,如图 4-7-3 所示。船在动力作用下的横倾角 ϕ_d 称为动横倾角(dynamical heeling angle)。

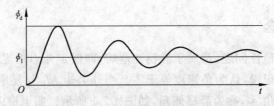

图 4-7-3　船舶的倾斜和复原过程曲线

从上述分析可知,船舶在外力矩 M_H 的动力作用下,即使已经达到了 $M_R = M_H$,船舶仍将继续倾斜,直至 ϕ_d 时才开始复原运动。而动横倾角 ϕ_d 比静横倾角 ϕ_1 大很多,这当然是比较危险的情况,故在讨论船舶的大倾角稳性时,必须研究动稳性问题。

在外力矩的动力作用下,船舶倾斜时具有一定的角速度,只有当外力矩 M_H 所做的功完全由复原力矩 M_R 所做的功抵消时,船的角速度才变为零而停止倾斜。根据这个原理,可以确定动力作用下的动横倾角 ϕ_d。

当船舶由 $\phi=0°$ 倾斜至 ϕ_d 时,外力矩 M_H 所做的功为:

$$T_H = \int_0^{\phi_d} M_H d\phi \tag{4-7-1}$$

复原力矩 M_R 在 $\phi=0°$ 倾斜至 ϕ_d 之间所做的功为:

$$T_H = \int_0^{\phi_d} M_R d\phi \tag{4-7-2}$$

从图 4-7-2 可以看出,T_H 为曲线 M_H 所围面积 $OEDC$,T_R 为曲线 M_R 所围的面积 $OABC$。因此,面积 $OEDC$＝面积 $OABC$,表示外力矩所做的功等于复原力矩所做的功,由于面积 $OADC$ 为两者所共有,故当面积 OEA＝面积 ABD(图中阴影部分)时,D 点所对应的倾斜角即为动横倾角 ϕ_d。

综上所述,关于静稳性和动稳性的特点可概括如下:

(1) 在外力矩的静力作用下,船舶横倾时的角速度很小,可以认为等于零;而当复原力矩 M_R 和倾斜力矩 M_H 相等时,即达到平衡状态。因此,船舶的静稳性是以复原力矩来表达的。

(2) 船舶在外力矩的动力作用下横倾时具有角速度。只有当外力矩所做的功 T_H 完全由复原力矩所做的功 T_R 抵消时,船的角速度才变为零而停止倾斜。因此,船舶的动稳性是以复原力矩所做的功来表达的。

4.7.2 动稳性曲线(curve of dynamical stability)

当船舶横倾至 ϕ 时,复原力矩 M_R 所做的功为:

$$T_R = \int_0^{\phi_d} M_R d\phi \tag{4-7-3}$$

式中,复原力矩($M_R=\Delta l$)随 ϕ 的变化规律是由静稳性曲线来表示的。

复原力矩所做的功又可写成:

$$T_R = \int_0^{\phi_d} M_R d\phi = \Delta \int_0^{\phi_d} l d\phi \quad 或 \quad T_R = \Delta l_d \tag{4-7-4}$$

式中 l_d——动稳性臂。

T_R 或 l_d 随 ϕ 而变化的曲线称为动稳性曲线。因此,动稳性曲线是静稳性曲线的积分曲线。有了静稳性曲线,就可以用近似计算方法求出动稳性曲线。

如图 4-7-4 所示,静稳性曲线和动稳性曲线之间有下列关系:

(1) 在 $\phi=0°$ 处,静稳性臂 $l=0$,动稳性臂 l_d 也等于零,这是 l_d 的最小值;

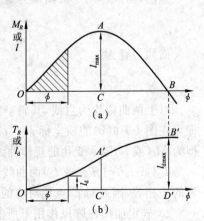

图 4-7-4 静稳性曲线和动稳性曲线

（2）当 ϕ 等于极限静倾角 ϕ_{max} 时,静稳性臂达最大值 l_{max},在动稳性臂 l_d 曲线上表现为反曲点 A';

（3）当 ϕ 等于稳性消失角时,$l=0$,动稳性臂 l_d 达最大值 l_{dmax};

（4）动稳性曲线在某一倾角处的纵坐标代表静稳性曲线至该处所围的面积。

4.7.3　静稳性和动稳性曲线的应用

船舶在海上航行时会受到各种外力的作用,根据静稳性曲线或动稳性曲线,可以求得船在外力作用下的动横倾角或者船所能承受的最大外力矩。

1）确定动横倾角

如图 4-7-5 所示,船受到定值阵风风力 F（即假定 F 不随 ϕ 角变化）的作用产生横漂,于是,水下部分受到横向水阻力 R 的作用。在稳定状态下,两个力大小相等,方向相反。由于 F 和 R 不在同一水平线上,而是相距 z_f,因而形成了一个使船横倾的力矩 M_f。

$$M_f = F z_f \qquad (4\text{-}7\text{-}5)$$

则横倾力臂为:

$$l_f = \frac{M_f}{\Delta} \qquad (4\text{-}7\text{-}6)$$

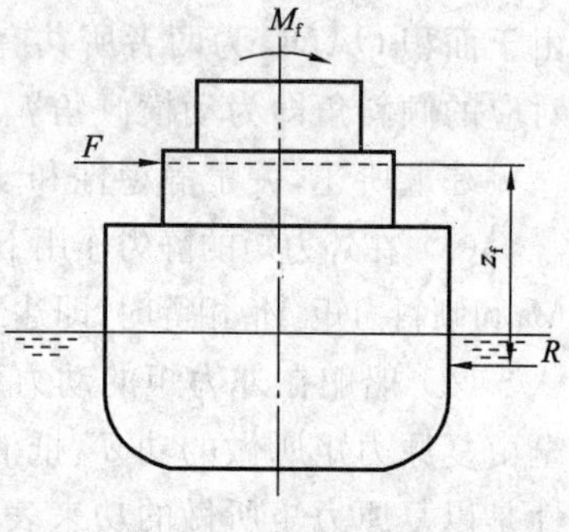

图 4-7-5　风压倾斜力矩的作用

现分别根据静稳性曲线和动稳性曲线求船舶在动力横倾力矩 M_f 作用下的动横倾角 ϕ_d。在图 4-7-6 上,作水平线 AD,令 $\overline{OA}=M_f$,并使面积 $OAB=$ 面积 BCD,便可求得动横倾角 ϕ_d。但是,借助移动直线 CD 以凑得两个面积相等是比较麻烦的,故通常直接应用动稳性曲线来求取 ϕ_d。

显然,恒风作用下的横倾力矩 M_f 所做的功为:

$$T_f = \int_0^\phi M_f \mathrm{d}\phi = M_f \phi \qquad (4\text{-}7\text{-}7)$$

横倾力臂为:

$$l_{df} = \int_0^\phi l_f \mathrm{d}\phi = l_f \phi \qquad (4\text{-}7\text{-}8)$$

以上两曲线均为直线,其斜率为 M_f（或 l_f）。当 $\phi=57.3°$ 时,$T_f=M_f$ 或 $l_{df}=l_f$。这样即可在图 4-7-6(b)的横坐标 $\phi=57.3°$ 处垂直量取 M_f（或 l_f）得 N 点,连接 ON,则直线 ON 即为 M_f（或 l_f）随 ϕ 变化的规律曲线。

T_f（或 l_{df}）与 T_R（或 l_d）两曲线的交点 C' 表示横倾力矩 M_f 所做的功与复原力矩 M_R 所做的功相等,因此与 C' 点相对应的倾角即为 ϕ_d。

2）确定船舶在阵风作用下所能承受的最大风倾力矩 M_{fmax}（或力臂 l_{fmax}）

根据前面同样的道理,如图 4-7-7 所示,在静稳性曲线图上作一水平线,使面积 OFG

＝面积 GHK，且 K 点落在静稳性曲线的下降段上，表示复原力矩所做的功恰能等于该外力矩所做的功。故 $\overline{OF}$ 即为船舶所能承受的最大风倾力矩 M_{fmax}（或力臂 l_{fmax}），与 K 点相对应的倾角称为极限动横倾角。

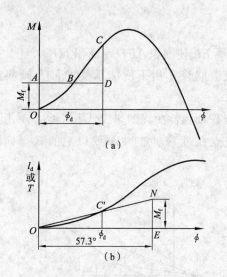

图 4-7-6 动横倾角的确定

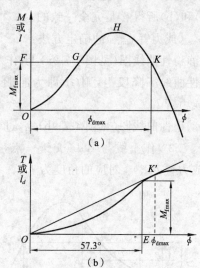

图 4-7-7 M_{fmax} 或 l_{fmax} 的确定

在动稳性曲线图上，过 O 点作与动稳性曲线相切的切线 OK'，此直线表示最大风倾力矩 M_{fmax} 所做的功，直线 OK' 在 $\phi=57.3°$ 处的纵坐标便是所求最大风倾力矩 M_{fmax}（或力臂 l_{fmax}），切点 K' 所对应的倾角便是极限动横倾角 ϕ_{dmax}。

假使船舶正浮时作用于船上的风倾力矩（或力臂）大于 M_{fmax}（或力臂 l_{fmax}），则表示该力矩所做的功的直线不再与动稳性曲线相交或相切，这就意味着在动力作用的情况下，船舶已经不能抵消该横倾力矩，船将倾覆。

3）确定船舶在风浪联合作用下所能承受的最大倾斜力矩

船舶受到波浪作用产生摇摆，当船向迎风一舷横摇至最大摆幅 ϕ_0 并刚往回横摇时，突然受到一阵风的吹袭，此时船最危险。因为这时复原力矩的方向与风倾力矩的方向一致，两个力矩加在一起促使船舶倾斜加剧，如图 4-7-8 所示。

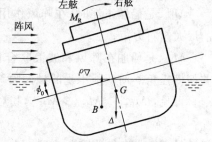

图 4-7-8 风浪联合作用

由于船舶左右对称，故其静稳性曲线和动稳性曲线必对称于过 O 点的纵轴，如图 4-7-9 所示。在图 4-7-9（a）上截取 $\overline{OG}=\phi_0$，作水平线 BE，令 $\overline{GB}=M_f$，并使面积 ABC＝面积 CDE，与 D 点对应的即为动横倾角 ϕ_d。从图上可以看出,若不考虑初始横倾角 ϕ_0,在同样的 M_f 作用下,动横倾角 ϕ_d' 要比 ϕ_d 小得多。

同样在图 4-7-9(b)上,向左量 ϕ_0,在动稳性曲线上得 A' 点,由 A' 沿横轴取 $57.3°$,作垂线,截取 $\overline{B'N'}=M_f$,连接 $A'N'$ 与动稳性曲线交于 D' 点,D' 相对应的横倾角即为 ϕ_d。由图(a)和(b)所得 ϕ_d 是完全一致的。

M_{fmax}(或力臂 l_{fmax})的确定方法:

在静稳性曲线图(见图 4-7-9a)上,作水平线 FL 使面积 $AFH=$ 面积 HKL,且 L 点落在静稳性曲线下降段上,则 $\overline{GF}$ 即为船舶在风浪联合作用下所能承受的最大倾斜力矩 M_{fmax}(或力臂 l_{fmax})。

在动稳性曲线图(见图 4-7-9b)上,过 A' 点作动稳性曲线的切线 $A'L'$,再从 A' 沿水平方向取 $57.3°$,作垂线与 $A'L'$ 交于一点,则该点在过 A' 点的水平线以上的纵坐标即为 M_{fmax}(或力臂 l_{fmax}),对应的角度为 ϕ_{dmax}。

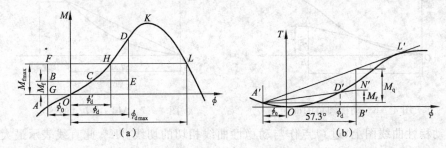

图 4-7-9　ϕ_d 和 $M_{fmax}(l_{fmax})$ 的确定

根据前面的讨论可知(见图 4-7-10):

M_{Hmax} 是船舶正浮时,在静力作用下所能承受的最大倾斜力矩;

M_{fmax} 是船舶正浮时,在阵风作用下所能承受的最大倾斜力矩;

M_{fmax}' 是船舶在阵风和波浪联合作用下,考虑共振横摇角 ϕ_0 时所能承受的最大倾斜力矩。

可见,$M_{Hmax}>M_{fmax}>M_{fmax}'$,其对应的横倾角 $\phi_1<\phi_d<\phi_d'$。

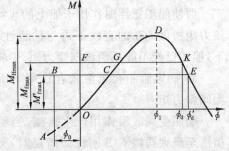

图 4-7-10　M_{Hmax},M_{fmax} 和 M_{fmax}'

显然,船舶在横摇至 ϕ_0 时,M_{fmax}' 是该船所能承受的最大倾斜力矩,倾斜力矩达到或超过此值,船舶将倾覆。从船舶能否倾覆来说,它又是使船倾覆的最小力矩(或力臂),所以称为最小倾覆力矩(capsizing moment)(或力臂),常记作 M_q(或 l_q)。ϕ_d' 称为极限动倾角(dynamical upsetting angle),记作 ϕ_{dmax},它表示船舶所允许横倾的最大角度。

由上可见,考虑横摇角 ϕ_0 的情况最危险。因此,总是依据风浪的联合作用来进行大倾角稳性的核算。

需要说明的是:

(1) 外力矩一般是随横倾角 ϕ 变化的,特别是风力矩,多半是随着 ϕ 的增加而减小,如美国假定风力矩随 $\cos^2\phi$ 变化,中国和日本的规范则取为不随 ϕ 而变的定值。这样可使计算、作图简便,外力矩在静稳性曲线图上是一水平线,在动稳性曲线图上是一斜直线,而且这样选取在实用上偏于安全,但绝不能认为外力矩总是不变的。

(2) 用动稳性曲线求解要比用静稳性曲线方便,省去了凑面积相等的步骤。但是动稳性曲线的这一优点,只有当外力矩的积分曲线是一直线时才显示出来(即外力矩为定值)。在国外的有些规范中,规定外力矩是变化的,因此在进行大倾角稳性计算时用静稳性曲线反而方便。

4.7.4 进水角(flooding angle)和进水角曲线

船舶的甲板及上层建筑的侧壁上有许多开口(如舱口、门和窗等),如果这些开口不是水密的,则当船舶倾斜时,水面达到某一开口处,海水将灌入船身主体内部,使船舶处于危险状态。

因此,当倾斜水线到达该开口处即认为船舶丧失稳性。故在稳性校核时,还要计算水线到达最先进水的那个非水密开口处的倾斜角度 ϕ_e,ϕ_e 即为进水角。进水角以后的静稳性曲线不再计及,使稳性的有效范围缩小,从而也就降低了船舶的抗风浪能力,如图 4-7-11 所示。

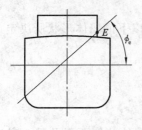 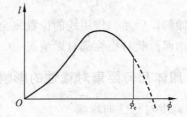

(a) 进水角   (b) 考虑进水角的稳性曲线

图 4-7-11 进水角和考虑进水角的稳性曲线

船舶的进水角随排水体积的变化而变化,ϕ_e 随排水体积变化的曲线称为进水角曲线。

船舶的进水角曲线可十分简便地求得。设 E 点为船上最先进水的非水密开口下缘,过 E 点作与水平线成倾角 $\phi_1,\phi_2,\cdots,\phi_5$ 的各倾斜水线,如图 4-7-12 所示,并算出各倾斜水线

下的排水体积 $\nabla_1, \nabla_2, \cdots, \nabla_5$，然后以进水角为纵坐标，以排水体积为横坐标绘制 ϕ_e-∇ 曲线，如图 4-7-13 所示。

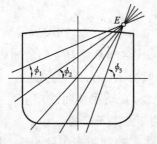

图 4-7-12　不同吃水下的进水角

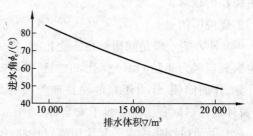

图 4-7-13　进水角曲线

设船舶在某一排水量时的稳性曲线如图 4-7-14 所示，根据排水体积在图中查得进水角 ϕ_e，并把它画在稳性曲线图上。显然，这时船舶的稳性曲线的有效部分至进水角 ϕ_e 处为止，然后根据有效部分来确定最小倾覆力矩 M_q（或力臂 l_q）。

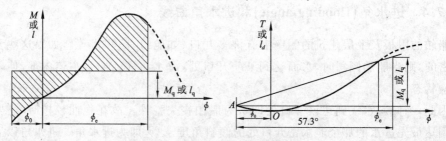

图 4-7-14　考虑进水角的稳性曲线

■ 4.8　稳性的影响因素和改善措施

船舶在倾斜以后浮力作用线的位置完全由水线以下的船体形状所决定。因此，船的主尺度和横剖面形状对稳性都有影响。

4.8.1　船体几何要素对稳性的影响

1）干舷高度对稳性的影响

如图 4-8-1 所示，设 A，B 两种船型，除型深外，其他几何要素及重心高度均相同，即 B 船的干舷较 A 船高。当倾斜水线未超过 A 船的甲板边缘时，两者的稳性相同。而当倾斜水线超过 A 船的甲板边缘后，B 船的复原力臂较 A 船大，故 B 船静稳性曲线的最大复原力臂、极限静倾角及稳距等都较 A 船为大。由此可见，增加干舷可有效地改善船的稳性。

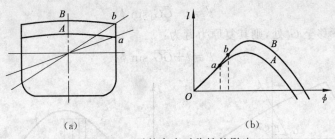

(a)　　　　　　　　　　　　(b)

图 4-8-1　干舷高度对稳性的影响

2）船宽对稳性的影响

如图 4-8-2 所示，设 A，B 两种船型，除船宽外，其他的几何要素及重心高度均相同，即 B 船的宽度较 A 船大。船宽大者水线面惯性矩也大，故 B 船的初稳性高大于 A 船。另外，船宽大者，出、入水楔形的移动力矩也大，因而复原力臂也大。但船宽大者甲板边缘入水角较小，因此 B 船静稳性曲线的最大复原力臂所对应的横倾角较 A 船小。

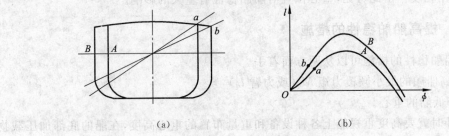

(a)　　　　　　　　　　　　(b)

图 4-8-2　船宽对稳性的影响

3）其他船型要素对稳性的影响

（1）横剖面形状对稳性的影响。

A，B 两船，尺度、排水体积和重心高度均相同，但 A 船的横剖面形状是 U 形，B 船是 V 形，因而 B 船的水线面系数比 A 船大，所以 B 船初稳性高和复原力臂均比 A 船大，如图 4-8-3 所示。

（2）横剖面底部升高对稳性的影响。

底部升高的船型，使出水楔形的体积和移动力矩减小，从而导致复原力臂和稳距的减小。

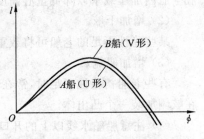

图 4-8-3　横剖面形状对稳性的影响

4.8.2　重心位置对稳性的影响

如图 4-8-4 所示，设船舶重心在 G 点时的复原力臂为 l，若重心垂直向上移动了一个距离至 G_1 处，则其复原力臂为：

$$l' = l - \overline{GG_1} \sin \phi \qquad (4\text{-}8\text{-}1)$$

如果重心下移至 G_2 处,则其复原力臂为:

$$l'' = l + \overline{GG_2} \sin \phi \qquad (4\text{-}8\text{-}2)$$

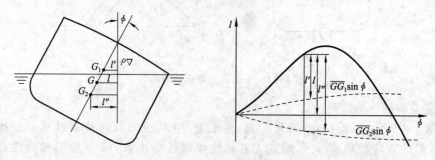

图 4-8-4　重心位置对稳性的影响

从图中可以看出,提高重心将使初稳性高 $\overline{GM}$、复原力臂 l 和稳距都相应减小;降低重心,则作用相反。由此可见,重心位置对船舶稳性有重大的影响。

4.8.3　提高船舶稳性的措施

提高船舶稳性的措施可以从两方面着手。

1) 提高船舶的最小倾覆力矩 M_q(或力臂 l_q)

(1) 降低船的重心。

在设计时就要高度重视船上各种设备和重量布置的重心高度,在船的底部加压载物是最常用的一种方法,不仅一些已投入营运后发现稳性不足的船舶采用此法,有些船在设计时就考虑在底部装有一定数量的固定压载,船舶在使用过程中也常需要在某些双层底空舱内加压载水以降低重心高度。

(2) 增加干舷。

某些稳性不足的老船可将载重线降低以增加干舷高度。

(3) 增加船宽。

有些老船初稳性不足时,常在船的两舷水线附近加装相当厚的护木和浮箱等,或可在舷侧加装一个凸出体。

(4) 注意船舶水线以上的开口位置和风雨密性及水密性,提高船舶的进水角。

2) 减小船舶所受到的风压倾斜力矩 M_f(或力臂 l_f)

该措施主要是减小船的受风面积,也就是减小上层建筑的长度和高度。

某些小型海洋船舶以及渔轮等,为了保证优良的航海性能,不得不降低船员的生活条件和工作条件,将居住舱室和驾驶室等做得矮小一些。

▣ 4.9　船舶稳性的校核与衡准

关于船舶稳性的衡准,各国的船舶检验部门或验船机构都有自己的规范,其规定各不相同。即便是同一机构的规范,其规定也随船舶类型、船舶大小、航行区域和装载情况的不同而不同。下面以我国的《海船法定检验技术规则》为例简要介绍船舶稳性的校核。

我国的《海船法定检验技术规则》中假定:船舶没有航速,受横浪作用发生共振横摇,当摇至迎风一舷最大摆幅时,受一阵风作用而不致倾覆。以此海况作为船舶可能遇到的最危险情况,有关的衡准规定都是以此为前提的。

船舶的稳性随装载情况而变化。为确保船舶在所有的装载情况下都有足够的稳性,需要对几种典型的装载情况进行稳性校核。例如,普通货船需要进行稳性计算的装载情况有:满载出港、满载到港、空载(或加压载)出港和空载(或加压载)到港四种。除上述四种典型装载情况外,如果有对稳性更不利的其他情况也应进行核算,例如航行于冰区的船舶,应考虑船体水线以上部分因结冰而对稳性的影响。

4.9.1　稳性衡准数(stability criterion numeral)K

船舶在所核算的各种装载情况下的稳性,应符合下列不等式:

$$K = \frac{M_q}{M_f} \geqslant 1 \quad \text{或} \quad K = \frac{l_q}{l_f} \geqslant 1 \tag{4-9-1}$$

式中　K——稳性衡准数;

　　　M_q——最小倾覆力矩;

　　　l_q——最小倾覆力臂,表示船舶在最危险情况下抵抗外力矩的极限能力;

　　　M_f——风压倾斜力矩,表示在恶劣海况下风对船舶作用的动倾力矩;

　　　l_f——风压倾斜力臂,表示在恶劣海况下风对船舶作用的力臂。

$K \geqslant 1$ 表示风压倾斜力矩小于使船舶倾覆所必需的最小倾覆力矩(至多是相等),所以船舶不至于倾覆,因而认为具有足够的稳性。

由此可见,所谓稳性校核计算,主要就是计算 M_q 和 M_f,最后判断 K 值是否大于(等于)1。详细的计算可参考规范或相关文献。

4.9.2　初稳性高和静稳性曲线

船舶在各种装载情况下经过自由液面修正后的初稳性高和静稳性曲线应满足下列要求:

(1)初稳性高应不小于 0.15 m。

（2）横倾角 $\phi=30°$ 处的复原力臂应不小于 0.2 m；若船体进水角 $\phi_e<30°$，则进水角处的复原力臂应不小于 0.2 m。

（3）船舶最大复原力臂所对应的横倾角 ϕ_{max} 应不小于 30°。

当船舶的船宽与型深比 B/D 大于 2 时，ϕ_{max} 可分别比上述（3）所规定的值小 $\delta\phi$。

$$\delta\phi=20\left(\frac{B}{D}-2\right)(K-1)$$

式中　D——船舶型深，m；

　　　B——不包括船壳板的最大船宽，当 $B>2.5D$ 时，取 $B=2.5D$，m；

　　　K——计算所得的稳性衡准数，当 $K>1.5$ 时，取 $K=1.5$。

对遮蔽航区的船舶，以下要求可作为上述要求的等效要求：

（1）最大复原力臂对应的横倾角 ϕ_{max} 应不小于 15°。

（2）最大复原力臂 l_{max} 值应不小于下式规定值：

$$l_{max}=0.2+0.022(30-\phi_{max})$$

（3）进水角 ϕ_e 应不小于最大复原力臂对应角 ϕ_{max}。

上述三项规定也是对船舶稳性的基本要求，这些规定实际上限定了静稳性曲线的面积和形状。

4.9.3　极限(许用)重心高度曲线(curve of limiting positions of center of gravity)

前面提到应对各种典型装载情况下的船舶进行稳性校核计算，但船舶在营运中的实际装载情况不可能与计算时的典型情况完全相同。为便于驾驶人员掌握船舶在各种实际装载情况下的稳性情况，设计者还应负责提供极限重心高度曲线。

所谓极限重心高度，是指船舶恰能满足稳性要求时的重心高度。船舶在实际营运中的重心高度不可超过此极限数值，否则便会造成稳性不足，航海安全得不到保证。

船舶在各种装载情况时（即不同排水量时）都有相应的极限重心高度。将船舶在不同排水量（通常包括该船营运时可能的排水量变化范围）时的极限重心高度连成曲线，则该曲线称为极限重心高度曲线，如图 4-9-1 所示。图中的横坐标为排水量 $\Delta(t)$，纵坐标为极限重心高度 z_{Gmax}(m)。设船舶在某装载情况时，排水量为 Δ_1，实际重心高度和极限重心高度分别为 z_{G1} 和 z_{Gmax1}。若 z_{G1} 低于 z_{Gmax1}，则该船根据所需规范稳性要求衡量，其稳性是足够的；若 z_{G1} 高于 z_{Gmax1}，即实际重心高度在极限重心高度之上，则根据所需规范稳性要求衡量，认为其稳性不足。

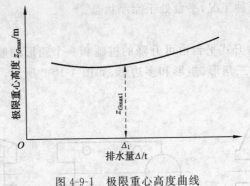

图 4-9-1　极限重心高度曲线

▣ 4.10　移动式海洋平台的稳性

目前,用于海洋石油开发的移动式平台主要有坐底式平台、自升式平台和半潜式平台等。下面简要讨论其与船舶在结构型式、工作状态及稳性计算与校核方面的差异。

4.10.1　移动式平台的特点

坐底式、自升式和半潜式平台分别适应于不同的水深。与一般船舶相比较,其结构型式较为特殊,具体体现在水下部分和水上部分的几何形状、尺度比、结构型式、设备、总布置分布及操作工况等,且无论哪一种移动式平台的结构型式都各有其特殊性。下面主要介绍各种平台的结构型式和操作工况。

1) 坐底式平台

坐底式平台一般由上体、下体(又称沉垫)和支柱构成,如图 1-4-2 和图 4-10-1 所示。上体放置用于钻采作业或其他目的的相关设备;下体是和海底连接的基础,并提供移动时所需的浮力;支柱用于连接上体和下体。下体的形状多为规则的长方体或由多个规则的长方体构成,支柱则多为柱体。

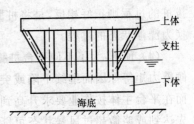

图 4-10-1　坐底式平台的基本
结构及其漂浮状态

坐底式平台的工况包括以下四种。

(1) 坐底自存:在沉垫中打入压载水,使之下沉,并坐于海底。

(2) 坐底作业:进行钻井、试采或其他作业。

(3) 沉浮状态:在沉垫中打入压载水,下沉;打出沉垫中的压载水,上浮。

(4) 拖航状态:坐底式平台一般均无自航能力,当需要移至其他位置时,需要其他设施(如拖船)辅助完成。

以上工况中的后两种工况,平台处于漂浮状态。

2) 自升式平台

如图 1-4-3 所示,自升式平台由可升降的桩腿和一个箱形的船体(又称平台主体)组成。平台主体的形状有三角形、矩形和多边形,如图 4-10-2 所示。相应的桩腿数目有三根、四根和多根。

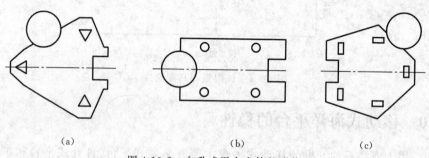

(a)   (b)   (c)

图 4-10-2　自升式平台主体的形状

自升式平台的典型工况包括以下五种。

(1) 移航:移航的方式有自航、拖航、助航和运输等,目前多采用拖航方式。拖航时,平台受风面积大,重心高,摇摆惯性矩大,这对平台的稳性、耐波性和强度是个考验。

(2) 放桩和提桩:将桩腿下放或上提,为平台就位或移航做准备。此时,平台处于漂浮状态,但桩腿在水中部分的长度以及平台的重心、浮心和质量惯性矩等要素都在不断变化,平台的初稳性、大倾角稳性和摇摆等性能也随之变化。

(3) 插桩和拔桩:插桩是指在平台定好井位并就位后,将桩腿进一步下放并触地。此时,平台的重量由浮力支持过渡到由桩腿支持,平台由漂浮状态过渡到海底支承状态。拔桩的过程则正好相反,是将桩腿由海底泥土中拔出的过程,是平台由海底支承状态转换为漂浮状态的过程。

(4) 预压:为了不使平台桩腿由于钻井机械等引起的振动及风浪等环境外力引起的倾覆力矩等原因而继续下陷或突然下陷,避免平台发生严重倾斜甚至倾埋等危险情况,而在平台主体按作业要求升高到规定高度以前,先使桩腿底下的地基土所承受的载荷预先达到或略微超过风暴状态可能出现的最大轴向力的作业过程。预压时通常利用平台自身的重量或其他可变载荷,如打压载水等。

(5) 站立状态:包括作业和自存两种状况。此时平台支撑于海底,平台主体高出水面。

以上工况中的前三种工况,平台主体处于漂浮水面的状态。

3) 半潜式平台

半潜式平台整体上由平台主体、浮体、立柱和支撑组成,其基本结构型式如图 4-10-3

所示。各部分的作用在第一章已有介绍。目前的半潜式平台多为双下体式,两个下体平行地分列于平台左右。下体的横截面形状多为矩形(四角用圆弧过渡)或船形,首端和尾端的形状也往往采用简单的几何形状,也有做成近乎流线型的船形。

图 4-10-3　半潜式平台的基本结构形式

半潜式平台的工况包括以下四种。

(1)移航:平台从一个地点转移到另一个地点的工况。对于有自航能力的,采用自航和拖轮助航的方式移航;对于非自航式平台,则采用拖航的方式。

(2)作业:指平台在井位上进行钻井或其他操作。

(3)自存:即风暴状况,是与规定的设计标准相应的最恶劣环境条件中的状况,此时,平台中止所有作业,关闭防喷器,脱开隔水管,放松锚链,平台漂浮在水面自存。

(4)其他过渡状况。

在以上所有工况中,平台均处于漂浮状态。但是在不同的工况下其吃水有所不同,如图 4-10-4 所示。

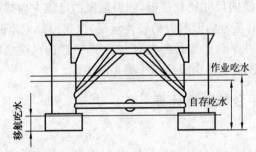

图 4-10-4　三种不同工况下的吃水

综上所述,移动式平台与一般船舶的差异主要体现在以下三个方面。

(1)移动式平台的结构型式与一般船舶不同。其船体形状多为规则几何体,坐底式与半潜式还有上体和下体。纵向和横向的尺度较为接近。对于钻井平台,其上甲板以上还有高达三四十米的井架及其附属设备。

(2)操作工况复杂多样。除了拖航工况比较相似以外,其他如坐底式平台有沉浮工况和坐底工况;自升式平台有提放桩腿、插桩及拔桩、预压、站立(包括升降主体)等工况;半潜式平台有移航、作业、自存和其他过渡状况等,其相应的状态有下潜、上浮和半潜等。另外,所有移动式平台都必须具有自存工况。这些都是一般船舶所没有或不同的。

（3）作业环境差异。船舶的环境条件一般由航区规定,且一般自航船舶有极好的机动性,完全有可能避开灾难性的环境条件(如台风海面),或通过改变航速、航向来巧妙应付。移动式平台无论在作业工况或其他工况,都不可能像船舶那样避开风浪的袭击,因此,移动式平台都有自存工况。同时,作为应急措施,平台必须具有迅速改变操作状况,使自身在短时间内处于具有抗风暴能力的状态。

4.10.2　移动式平台稳性计算与校核的特点

由于移动式平台在结构型式以及操作工况方面的特点,使其在稳性的计算和校核方面具有与一般船舶不同的特点。

（1）由于操作工况复杂多样,移动式平台稳性计算的内容较多。坐底式平台要计算沉浮过程中的稳性、坐底状况下的稳性和漂浮状态下的稳性;自升式平台要计算支承于海底状况下的稳性(对应于作业工况、自存工况、预压载与升降平台主体状态)、漂浮状态下的稳性(对应于拖航工况、升降桩腿且桩腿处于不同位置的各种状态);半潜式平台要计算下潜或上浮过程中的稳性、半潜状态下的稳性(对应于作业工况和自存工况)和漂浮状态下的稳性(对应于拖航与移位工况)。

（2）钻井平台一般由规则构件组成,这些构件在水线下的体积和体积形心可以方便地求得,因此有关钻井平台的浮性及稳性计算比较简便。

（3）平台的纵向和横向尺寸比较接近,倾斜翻覆的可能方向难以确定,因此在稳性校核计算中,需校核计算沿各方向倾斜时的稳性状况,以找出最危险的倾斜方向。

（4）由于移动式钻井平台必须长期在海上工作,遇到的风浪情况更加恶劣,因此对稳性的要求较高,对于其破舱稳性也应该给予更多的关注。

4.10.3　移动式平台的稳性计算

1）坐标系

取固定在平台上的坐标系 $Oxyz$,坐标原点 O 为平台的中纵剖面、中横剖面及基线平面的交点,x 轴指向首部为正,y 轴指向左舷为正,z 轴向上为正,如图 4-10-5(自升式)及图 4-10-6(半潜式)所示。图中还有另外一个坐标系 Ox_ay_a,其原点也在 O,但 x 轴方向与风向或倾斜方向相同。两坐标系之间的关系为:

$$x_a = x\cos\alpha + y\sin\alpha \tag{4-10-1}$$

$$y_a = -x\sin\alpha + y\cos\alpha \tag{4-10-2}$$

2）排水体积和排水量的计算

$$[\nabla]_j = \left[\sum_{i=1}^{n} V_i\right]_j \tag{4-10-3}$$

$$[\Delta]_j = \rho[\nabla]_j \tag{4-10-4}$$

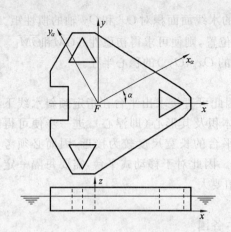
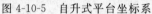

图 4-10-5 自升式平台坐标系

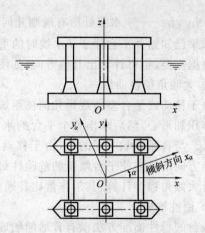

图 4-10-6 半潜式平台坐标系

3）浮心坐标

$$[x_B]_j = \left[\frac{\sum\limits_{i=1}^{n} V_i x_i}{\nabla}\right]_j, \quad [y_B]_j = \left[\frac{\sum\limits_{i=1}^{n} V_i y_i}{\nabla}\right]_j, \quad [z_B]_j = \left[\frac{\sum\limits_{i=1}^{n} V_i z_i}{\nabla}\right]_j \quad (4\text{-}10\text{-}5)$$

式中 j——所要计算的吃水编号；

   i——水线以下某一规则几何体的编号；

   V_i——j 水线下第 i 规则几何体的排水体积；

   x_i, y_i, z_i——第 i 规则体排水体积的形心坐标；

   ρ——水的密度。

4）水线面的面积和形心坐标

$$[A_w]_j = \left[\sum_{i=1}^{n} A_{wi}\right]_j \quad (4\text{-}10\text{-}6)$$

$$[x_F]_j = \left[\frac{\sum\limits_{i=1}^{n} A_{wi} x_{Fi}}{A_w}\right]_j, \quad [y_F]_j = \left[\frac{\sum\limits_{i=1}^{n} A_{wi} y_{Fi}}{A_w}\right]_j \quad (4\text{-}10\text{-}7)$$

式中 A_{wi}——j 水线处第 i 规则几何体的水线面面积；

   x_{Fi}, y_{Fi}——A_{wi} 的面积形心坐标。

5）每厘米吃水吨数

$$[TPC]_j = \frac{\rho}{100}[A_w]_j \quad (4\text{-}10\text{-}8)$$

6）横稳心半径及纵稳心半径

$$[\overline{BM}]_j = \left[\frac{I_{Ox}}{\nabla}\right]_j \quad (4\text{-}10\text{-}9)$$

$$[\overline{BM}_L]_j = \left[\frac{I_{Oy}}{\nabla}\right]_j \quad (4\text{-}10\text{-}10)$$

式中 I_{Ox}, I_{Oy}——j 水线处所有规则几何体的水线面面积对 Ox 和 Oy 轴的惯性矩。

如果已知钻井平台浮于 j 水线时的重心位置,则便可求得初稳性高 $\overline{GM}$ 和 $\overline{GM}_L$。根据需要,也可计算出其他方向(如图中的 Ox_a, Oy_a)的稳心半径。

7)大倾角稳性曲线

由于移动式平台多由规则几何体组成,因此可直接求出平台在指定倾斜水线下各部分的体积和形心,然后求出整个平台的水下体积及其形心(即浮心),进一步便可得到复原力臂。与普通船舶不同的是,由于移动式平台的长宽尺度较为接近,因而必须考虑来自哪个方向的风浪使平台倾覆的危险性最大。因此对于移动式平台,需要每隔一定的角度进行大倾角稳性计算,其工作量比普通船舶要大。

8)稳性校核

平台的稳性衡准方法没有普通船舶成熟,各国规范对于初稳性的要求也相差较大,例如,中国船级社的规范要求经过自由液面修正后的初稳性高 $\overline{GM} > 0.15$ m;美国船级社(ABS)规范和国际海事组织(IMO)都规定 $\overline{GM} > 0$ m;挪威船级社(DNV)和法国船级社(BV)规范都要求 $\overline{GM} > 0.3$ m。在大倾角稳性方面各国对衡准要求基本一致。首先在钻井平台的吃水范围内按不同的吃水和不同的水平轴计算并绘制足够数量的复原力矩曲线和风倾力矩曲线,以便找出最危险的倾覆方向,然后对该方向的复原力矩曲线及风倾力矩曲线的面积进行计算,如图 4-10-7 所示,两者之比应大于

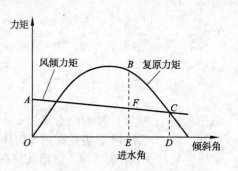

图 4-10-7   复原力矩与风倾力矩曲线

1.4(或 1.3),即:

$$\frac{\text{面积 } OBE}{\text{面积 } OAFE} \geqslant 1.4 \text{ 或 } 1.3 \text{(进水角小于第二交点 } C \text{ 对应的角度)} \qquad (4\text{-}10\text{-}11)$$

$$\frac{\text{面积 } OBCD}{\text{面积 } OACD} \geqslant 1.4 \text{ 或 } 1.3 \text{(第二交点 } C \text{ 对应的角度小于进水角)} \qquad (4\text{-}10\text{-}12)$$

思考题

1. 基本概念

稳性   稳心   稳心半径   初稳性高   静水力曲线   静稳性曲线   动稳性曲线

2. 初横稳心半径如何计算?

3. 初横稳性高如何计算? 为什么说它是衡量船舶初稳性好坏的主要指标?

4. 简述 MTC 及其用途。

5. 船上重物移动对船舶的浮态和稳性的影响如何?

6. 装卸货物对船舶的浮态和稳性的影响如何?

7. 要使船舶装卸小量重物而不发生倾斜,应在什么地方装卸? 若还要使船舶的初稳性高不变,又应在什么地方装卸?

8. 悬挂重物和自由液面对船舶稳性的影响如何? 如何减小自由液面的影响?

9. 提高船舶初稳性最有效的措施是什么?

10. 简述船舶倾斜试验的目的、基本原理和具体方法。

11. 船舶大倾角稳性主要研究什么问题?

12. 什么是静稳性曲线? 简述其变排水量计算法的基本思想。

13. 上层建筑和自由液面对静稳性曲线的影响如何?

14. 静稳性曲线的特征有哪些? 为什么说静稳性曲线的形状和面积直接表征船舶稳性的好坏?

15. 动稳性曲线的特征有哪些? 它与静稳性曲线的关系如何?

16. 简述进水角对船舶稳性的影响。

17. 稳性衡准数的含义是什么?

18. 影响船舶稳性的主要因素有哪些?

19. 改善船舶稳性的措施有哪些?

习　题

1. 某一正方形剖面的均质物体正浮于淡水中,水的密度为 $1.000\ t/m^3$,那么该物体的密度为多少时才能保持其稳定漂浮状态?

2. 某长方形起重船的主要尺度为:船长 $L=15\ m$,船宽 $B=9.0\ m$,型深 $D=2.0\ m$,起重船主体重 $p_1=56\ t$,重心高度 $\overline{KG_1}=0.85\ m$,上层建筑重 $p_2=78\ t$,重心高度 $\overline{KG_2}=7.5\ m$,水的密度 $\rho=1.025\ t/m^3$。求横稳性高 $\overline{GM}$。

3. 已知某内河船的数据:船长 $L=48\ m$,船宽 $B=8.2\ m$,吃水 $d=1.2\ m$,方形系数 $C_b=0.68$,横稳性高 $\overline{GM}=1.8\ m$,纵稳性高 $\overline{GM}_L=92.0\ m$。求:

(1) 横倾 $1°$ 的力矩;

(2) 纵倾 $1\ cm$ 的力矩;

(3) 若把船上 $10\ t$ 的重物横向移动 $2\ m$,纵向移动 $5\ m$(向船尾方向),假定水线面漂心在船中央,求重物移动后的横倾角、纵倾角及首尾吃水。

4. 某船主要数据:船长 $L=135\ m$,船宽 $B=14.2\ m$,首吃水 $d_F=5.2\ m$,尾吃水 $d_A=4.8\ m$,排水量 $5\ 200\ t$,横稳性高 $\overline{GM}=0.95\ m$,纵稳性高 $\overline{GM}_L=150\ m$,$TPC=13.8\ t/cm$,$x_F=-3.5\ m$。求在 $(x=-35\ m,y=1.0\ m,z=9.0\ m)$ 处装载 $200\ t$ 货物后船的浮态。

5. 某船船长 $L=100\ m$,首吃水 $d_F=4.2\ m$,尾吃水 $d_A=4.8\ m$,每厘米吃水吨数 $TPC=80\ t/cm$,每厘米纵倾力矩 $MTC=75\ t\cdot m$,漂心纵向坐标 $x_F=4.0\ m$。今在船上装载 $120\ t$ 的货物,问货物装载于何处才能使船的首尾吃水相等?

第 5 章　　船舶抗沉性

■5.1　概述

所谓船舶抗沉性(insubmersibility),是指船在一舱或数舱破损浸水后仍能保持一定的浮性和稳性而不至于沉没和倾覆的能力。抗沉性是船舶所必须具备的重要性能之一。

船舶,尤其是海船,在环境复杂多变的水面上航行,难免会发生事故而出现破损。如果船舶具备抗沉性,那么船舶在发生局部破损后,就不会很快沉没或者依然能够浮于水面,这样就可以减少人员的伤亡和货物的损失,有时甚至能够完全避免海难的发生。因此,一些国际组织和我国的船舶检验机构都对船舶的抗沉性提出了相关要求,并在有关公约、规则和规范中作出了明确规定。

不同类型的船舶,其抗沉性要求是不一样的。通常,对军用舰艇要求最高,客船次之,货船又次之。例如,我国有关海船抗沉性的规范规定:民用船舶的下沉极限是其舱壁甲板上表面的边线以下 76 mm 处,也就是说,船舶在破损后至少要有 76 mm 的干舷。这就相当于在船体侧视图上,舱壁甲板边线以下 76 mm 处设置一条曲线,该曲线与甲板边线平行,称为安全限界线,简称限界线(margin line),如图 5-1-1 所示。船舶下沉时,其水线不得超过该线。也就是说,即便是在某些舱室破损的情况下,船舶仍必须具备足够的浮力。

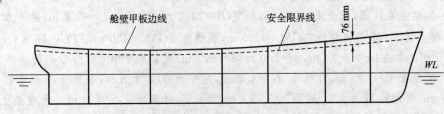

图 5-1-1　安全限界线

要达到以上要求,就必须进行以下两个方面的研究和计算:

(1) 在船舶舱室安排已经确定的情况下,计算船舶在一舱或数舱破损进水后的浮态和稳性,即破舱稳性计算;

(2) 在船舶设计时,从抗沉性要求出发,计算分舱的极限长度,即可浸长度的计算,并以此为基础合理安排船舶舱室。

这两个方面正是船舶抗沉性研究的主要内容。

■ 5.2 进水舱的分类及渗透率

5.2.1 进水舱的分类

在抗沉性计算中,根据船舱进水情况,通常将进水舱分为以下三类:

第一类舱室:舱的顶部位于水线之下,船体破损后,水灌满整个舱室,即舱内的进水量不随水线位置而变,同时不存在自由液面,如图5-2-1(a)所示。双层底舱和顶盖在水线以下的深舱柜等均属此类。

第二类舱室:舱室进水后,未被灌满,舱内的水与船外的水不相连通,有自由液面,如图5-2-1(b)所示。为调整船舶浮态而灌水的舱室,以及船体破损处已经堵塞但水未被抽干的舱室均属此类。

第三类舱室:舱顶在水线以上,舱室进水后,舱内的水与船外的水相通,因此舱内水面与船外水面保持同一水平面,如图5-2-1(c)所示。这是船舶破损舱室中最为普遍的情况。

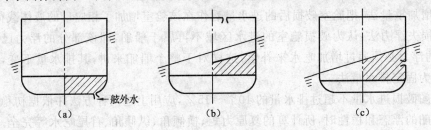

图 5-2-1 三类进水舱室

5.2.2 渗透率(permeability)

船舶破损后,进水舱室的实际进水体积与该舱室空舱型体积的比值称为体积渗透率(volume permeability),用 μ_v 表示,其计算公式如下:

$$\mu_v = V_1/V \tag{5-2-1}$$

式中 V_1——进水体积;

V——空舱型体积。

由于船舶舱室中一般都有结构件,因此其渗透率一般都小于1。在有些舱室中还安放有其他设备或者货物,如机舱和货舱等,这些舱室的渗透率会更小。我国《海船法定检验技术规则》对各类舱室的渗透率进行了规定,相应处所的渗透率如表 5-2-1 所示。

表 5-2-1　舱室渗透率的参考值

舱室名称	渗透率
空　舱	0.98
起居设备占用处所	0.95
机舱、电站等设备占用处所	0.85
货物、煤、物料储藏专用处所	0.60
锚链舱、行李舱、轴隧和储藏间等	0.60
装载油、水的双层底、深舱及尖舱	0～0.95(根据进水后的严重程度而定)

除体积渗透率外,还有面积渗透率(surface permeability)μ_a,表示实际进水面积与空舱面积之比。μ_v 和 μ_a 之间并无一定关系,在一般计算中,两者可取相同的数值,有时统称渗透率 μ。通常所说的渗透率是指体积渗透率。

■ 5.3　舱室进水后船舶浮态和稳性的计算

舱室进水后船舶浮态及稳性的计算一般称为破舱稳性计算。如果船舶破损进水量不超过排水量的 10%～15%,则可以利用初稳性公式进行计算,其误差一般在允许范围之内。计算时,常采用两种方法:增加重量法和损失浮力法。

(1)增加重量法:把舱室破损后的进水量看作在该舱室增加了相应量的液体载荷;

(2)损失浮力法:认为破损舱室的进水区域不再属于船舶,即该部分的浮力已经损失,损失的浮力必须通过增加吃水来补偿,这样对于整个船舶来讲,其排水量不变,故该方法又称为固定排水量法。

当船舶破损进水量不超过排水量的 10%～15%,应用上述两种方法并依据初稳性公式计算船舶的浮态和稳性时,所计算的复原力矩、横倾角、纵倾角、首尾吃水等完全一致。但由于两种方法计算的排水量不同,算出的初稳心高度数值不同。

若进水量较大,则必须采用其他方法(如逐步近似法)才能求得比较准确的结果。此处仅介绍进水量不超过排水量 10%～15% 的情况,并且为了方便说明问题,假定舱室在进水前是空的,即认为渗透率 $\mu=1$。因此在实际计算时,要根据相应舱室的渗透率计算实际的进水量,再以实际进水量利用以下方法进行计算。

5.3.1　第一类舱室进水的计算

这类舱室位于水线以下,且被灌满,无自由液面,进水的体积不变,重心不变,因此用增加重量法计算较为方便。

如图 5-3-1 所示,船舶在进水前浮于水线 WL 处,首吃水 d_F,尾吃水 d_A,平均吃水 d,排水量 Δ,横稳性高 $\overline{GM}$,纵稳性高 $\overline{GM}_L$,水线面面积 A_w,漂心纵坐标 x_F。设进水舱的进水体积为 V,其重心在 $C(x, y, z)$ 处。按增加重量法,可以把进入该舱的水看作在 C 处增加了大小为 $p = \rho V$ 的液体载荷(ρ 为进入舱室的水的密度),且无自由液面。因此,舱室进水后的船舶浮态和稳性可按以下步骤计算。

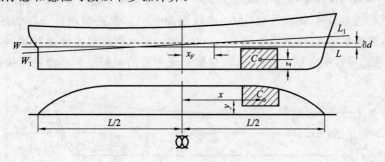

图 5-3-1　第一类舱室的进水计算图

(1) 平均吃水增量:

$$\delta d = \frac{p}{\rho A_w} \tag{5-3-1}$$

(2) 新横稳心高度:

$$\overline{G_1 M_1} = \overline{GM} + \frac{p}{\Delta + p}\left(d + \frac{\delta d}{2} - z - \overline{GM}\right) \tag{5-3-2}$$

(3) 新纵稳心高度:

$$\overline{G_1 M_{L1}} = \frac{\Delta}{\Delta + p}\overline{GM}_L \tag{5-3-3}$$

(4) 横倾角正切:

$$\tan \phi = \frac{py}{(\Delta + p)\overline{G_1 M_1}} \tag{5-3-4}$$

(5) 纵倾角正切:

$$\tan \theta = \frac{p(x - x_F)}{(\Delta + p)\overline{G_1 M_{L1}}} \tag{5-3-5}$$

(6) 纵倾引起的首尾吃水变化:

$$\delta d_F = \left(\frac{L}{2} - x_F\right)\frac{p(x - x_F)}{(\Delta + p)\overline{G_1 M_{L1}}} \tag{5-3-6}$$

$$\delta d_A = -\left(\frac{L}{2} + x_F\right)\frac{p(x - x_F)}{(\Delta + p)\overline{G_1 M_{L1}}} \tag{5-3-7}$$

(7) 船舶最后的首尾吃水:

$$d'_F = d_F + \delta d + \delta d_F \tag{5-3-8}$$

$$d'_A = d_A + \delta d + \delta d_A \tag{5-3-9}$$

5.3.2 第二类舱室进水的计算

与第一类舱室相比,该类舱室的不同之处在于:进水后,未被灌满,存在自由液面。因此仍可采用增加重量法计算,但需要进行自由液面修正。

如图 5-3-2 所示,船舶在进水前浮于水线 WL 处,首吃水 d_F,尾吃水 d_A,平均吃水 d,排水量 Δ,横稳性高 $\overline{GM}$,纵稳性高 $\overline{GM}_L$,水线面面积 A_w,漂心纵坐标 x_F。设进水舱的进水体积为 V,进水量 $p=\rho V$,其重心在 $C(x,y,z)$ 处。进水舱内自由液面对其本身的纵向主轴和横向主轴的惯性矩分别为 i_x 和 i_y,该类舱室进水后的船舶浮态和稳性可按以下步骤计算。

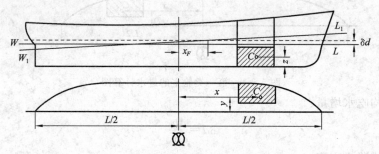

图 5-3-2　第二类舱室的进水计算图

(1) 平均吃水增量:

$$\delta d = \frac{p}{\rho A_w} \tag{5-3-10}$$

(2) 新横稳心高度:

$$\overline{G_1 M_1} = \overline{GM} + \frac{p}{\Delta+p}\left(d+\frac{\delta d}{2}-z-\overline{GM}\right) - \frac{\rho i_x}{\Delta+p} \tag{5-3-11}$$

(3) 新纵稳心高度:

$$\overline{G_1 M_{L1}} = \frac{\Delta}{\Delta+p}\overline{GM}_L - \frac{\rho i_y}{\Delta+p} \tag{5-3-12}$$

(4) 横倾角正切:

$$\tan \phi = \frac{py}{(\Delta+p)\overline{G_1 M_1}} \tag{5-3-13}$$

(5) 纵倾角正切:

$$\tan \theta = \frac{p(x-x_F)}{(\Delta+p)\overline{G_1 M_{L1}}} \tag{5-3-14}$$

(6) 纵倾引起的首尾吃水变化:

$$\delta d_F = \left(\frac{L}{2}-x_F\right)\frac{p(x-x_F)}{(\Delta+p)\overline{G_1 M_{L1}}} \tag{5-3-15}$$

$$\delta d_A = -\left(\frac{L}{2} + x_F\right)\frac{p(x - x_F)}{(\Delta + p)\overline{G_1 M_{L1}}} \tag{5-3-16}$$

（7）船舶最后的首尾吃水：

$$d'_F = d_F + \delta d + \delta d_F \tag{5-3-17}$$

$$d'_A = d_A + \delta d + \delta d_A \tag{5-3-18}$$

5.3.3　第三类舱室进水的计算

这类舱室破损进水后，舱内水面与船外水面保持在同一水平面上，其进水量无法事先确定，而要由最后的水线来确定。因此，用增加重量法计算就很不方便，而用损失浮力法计算则较为适宜。计算时，认为舱室进水后的船舶重量和重心位置保持不变。

如图 5-3-3 所示，设船舶在进水前浮于水线 WL 处，首吃水 d_F，尾吃水 d_A，平均吃水 d，排水体积 ∇，横稳性高 $\overline{GM}$，纵稳性高 $\overline{GM}_L$，水线面面积 A_w，漂心纵坐标 x_F。设进水舱在水线 WL 以下的进水体积为 V，其重心在 $C(x, y, z)$ 处，该舱在水线 WL 处的进水面积为 a，其形心在 $f(x_a, y_a)$ 处，a 称为损失水线面面积。该舱进水后，船舶将失去浮力 ρV，但因船的重量不变，故将下沉至新的水线 $W_1 L_1$ 处，以补偿损失的浮力，使得船舶达到新的平衡状态。据此，可按下面步骤计算船舶破舱进水后的浮态及稳性。

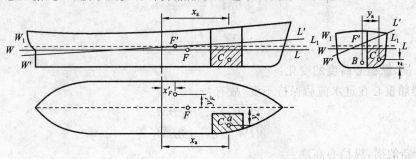

图 5-3-3　第三类舱室进水计算图

（1）平均吃水增量：

$$\delta d = \frac{V}{A_w - a} \tag{5-3-19}$$

式中　$A_w - a$——剩余水线面面积。

（2）剩余水线面面积的漂心位置 $F'(x'_F, y'_F)$：

$$x'_F = \frac{A_w x_F - a x_a}{A_w - a} \tag{5-3-20}$$

$$y'_F = \frac{-a y_a}{A_w - a} \tag{5-3-21}$$

（3）剩余水线面面积 $(A_w - a)$ 对通过其漂心 F' 的横轴和纵轴的惯性矩：

船舶工程 *基础*

$$I'_\mathrm{T} = I_\mathrm{T} - (i_x + a y_a^2) - (A_\mathrm{w} - a) y_F'^2 \tag{5-3-22}$$

$$I'_\mathrm{L} = I_\mathrm{L} - [i_y + a(x_a - x_F)^2] - (A_\mathrm{w} - a)(x_F' - x_F)^2 \tag{5-3-23}$$

式中　I_T 和 I_L——原水线面面积 A_w 对通过其漂心横向和纵向的惯性矩;

　　　　i_x 和 i_y——损失水线面面积对通过其本身形心的横向和纵向的惯性矩。

(4) 船舶浮心坐标的变化:

由图 5-3-3 可以看出,损失的浮力 ρV 的作用点在 C 处,而补偿的浮力 $\rho \delta d (A_\mathrm{w} - a)$ 的作用点在 $(x_F', y_F', d + \delta d/2)$ 处。因此,可以认为:由于体积 V 由 C 处移到了 $(x_F', y_F', d + \delta d/2)$ 处,引起船舶浮心位置移动。由此,根据重心移动原理,可以得到破舱后浮心位置变化为:

$$\delta x_B = \frac{V(x - x_F')}{\nabla} \tag{5-3-24}$$

$$\delta y_B = -\frac{V(y - y_F')}{\nabla} \tag{5-3-25}$$

$$\delta z_B = -\frac{V[z - (d + \delta d/2)]}{\nabla} \tag{5-3-26}$$

(5) 横、纵稳心半径的变化:

$$\delta \overline{BM} = \frac{I'_\mathrm{T}}{\nabla} - \frac{I_\mathrm{T}}{\nabla} \tag{5-3-27}$$

$$\delta \overline{BM}_\mathrm{L} = \frac{I'_\mathrm{L}}{\nabla} - \frac{I_\mathrm{L}}{\nabla} \tag{5-3-28}$$

(6) 横、纵稳心高度的变化:

因船舶重心在进水前后保持不变,故有:

$$\delta \overline{GM} = \delta z_B + \delta \overline{BM} \tag{5-3-29}$$

$$\delta \overline{GM}_\mathrm{L} = \delta z_B + \delta \overline{BM}_\mathrm{L} \tag{5-3-30}$$

(7) 新的横、纵稳心高度:

$$\overline{G_1 M_1} = \overline{GM} + \delta \overline{GM} \tag{5-3-31}$$

$$\overline{G_1 M_{L1}} = \overline{GM}_\mathrm{L} + \delta \overline{GM}_\mathrm{L} \tag{5-3-32}$$

(8) 横倾角正切:

$$\tan \phi = \frac{V(y - y_F')}{\nabla \overline{G_1 M_1}} \tag{5-3-33}$$

(9) 纵倾角正切:

$$\tan \theta = \frac{V(x - x_F')}{\nabla \overline{G_1 M_{L1}}} \tag{5-3-34}$$

(10) 由纵倾引起的首尾吃水的变化:

$$\delta d_\mathrm{F} = \left(\frac{L}{2} - x_F' \right) \frac{V(x - x_F')}{\nabla \overline{G_1 M_{L1}}} \tag{5-3-35}$$

↳122

$$\delta d_{\mathrm{A}} = -\left(\frac{L}{2} + x'_{\mathrm{F}}\right)\frac{V(x - x'_{\mathrm{F}})}{\nabla \overline{G_1 M_{\mathrm{L1}}}} \tag{5-3-36}$$

（11）船舶最终的首尾吃水：

$$d'_{\mathrm{F}} = d_{\mathrm{F}} + \delta d + \delta d_{\mathrm{F}} \tag{5-3-37}$$

$$d'_{\mathrm{A}} = d_{\mathrm{A}} + \delta d + \delta d_{\mathrm{A}} \tag{5-3-38}$$

5.3.4　一组舱室进水的计算

在一组舱室同时破损进水时，可以把这一组舱室看作一个等值舱室，然后利用以上方法进行计算。所谓等值，就是指该等值舱室进水后对船舶浮态和稳性的影响与一组舱室同时进水的影响相同。要利用等值舱计算，必须首先计算出等值舱的有关数据，其计算方法如下。

（1）等值舱的进水体积：

$$V = \sum V_i \tag{5-3-39}$$

（2）等值舱的形心位置：

$$x = \frac{\sum V_i x_i}{\sum V_i}, \quad y = \frac{\sum V_i y_i}{\sum V_i}, \quad z = \frac{\sum V_i z_i}{\sum V_i} \tag{5-3-40}$$

（3）等值舱在原来水线处的损失水线面面积：

$$a = \sum a_i \tag{5-3-41}$$

（4）等值舱损失水线面面积的形心坐标：

$$x_{\mathrm{a}} = \frac{\sum a_i x_{\mathrm{ai}}}{\sum a_i}, \quad y_{\mathrm{a}} = \frac{\sum a_i y_{\mathrm{ai}}}{\sum a_i} \tag{5-3-42}$$

根据进水舱室的类别，将上述数据代入前面相应的计算公式，即可计算船舶在一组舱室进水后的浮态和稳性。

5.3.5　计算实例

例 5-3-1　某海船排水量 $\Delta = 30\,000$ t，船长 $L = 198$ m，船宽 $B = 30$ m，吃水 $d = 7.9$ m，浮心垂向坐标 $z_B = 4.4$ m，重心垂向坐标 $z_G = 11$ m，初稳性高 $\overline{GM} = 1.98$ m，每厘米吃水吨数 $TPC = 45$ t/cm，船内某舱长 15 m，舱顶在基线以上 9.15 m，围绕该舱的两道纵舱壁距中线面为 3.6 m 和 11 m，该舱在双层底以上，双层底高 1.5 m。假设该舱的渗透率 $\mu = 0.8$，双层底原已充满压载水。海水的密度为 1.025 t/m³。试求：

（1）舱内进水占全舱体积一半时，该船产生的横倾角；

（2）船外海水可自由进入舱内时，该船可能产生的最大横倾角。

解：

1）舱内进水占全舱体积一半时的横倾角

该情况属第二类舱室进水，故按增加重量法计算。

（1）增加的液体重量为：

$$p = \rho V = 1.025 \times 15 \times (9.15 - 1.5) \times (11 - 3.6) \times 0.8 \times \frac{1}{2} = 348(t)$$

（2）增加重量 p 后的平均吃水增量为：

$$\delta d = \frac{p}{TPC} = \frac{348}{45} = 7.7(cm) = 0.077(m)$$

（3）增加重量 p 的重心的垂向坐标为：

$$z = \frac{1}{4} \times (9.15 - 1.5) + 1.5 = 3.41(m)$$

（4）破损舱室内自由液面对其本身纵轴的惯性矩为：

$$i_x = \frac{1}{12} \times (11 - 3.6)^3 \times 15 \times 0.8 = 405(m^4)$$

（5）新的初稳性高为：

$$\overline{G_1 M_1} = \overline{GM} + \frac{p}{\Delta + p} \left(d + \frac{\delta d}{2} - z - \overline{GM} \right) - \frac{\rho i_x}{\Delta + p}$$

$$= 1.98 + \frac{348}{30\,000 + 348} \times \left(7.9 + \frac{0.077}{2} - 3.41 - 1.98 \right) - \frac{1.025 \times 405}{30\,000 + 348}$$

$$= 2(m)$$

（6）增加重量 p 的重心的横向坐标为：

$$y = 3.6 + (11 - 3.6) \times \frac{1}{2} = 7.3(m)$$

（7）产生的横倾角为：

$$\tan \phi = \frac{py}{(\Delta + p)\overline{G_1 M_1}} = \frac{348 \times 7.3}{(30\,000 + 348) \times 2} = 0.042$$

$$\phi = 2.4°$$

2）船外海水可自由进入舱内时的横倾角

该情况属于第三类舱室进水，故按损失浮力法计算。

（1）进水前，船舶在吃水 7.9 m 时的水线面面积为：

$$A_w = \frac{100 TPC}{\rho} = \frac{100 \times 45}{1.025} = 4\,390(m^2)$$

（2）进水后损失的水线面面积为：

$$a = 15 \times (11 - 3.6) \times 0.8 = 89(m^2)$$

（3）剩余水线面面积为：

$$A_w - a = 4\ 390 - 89 = 4\ 301 (\text{m}^2)$$

（4）进水舱在吃水 7.9 m 处的进水量为：

$$p = \rho V = 1.025 \times 15 \times (7.9 - 1.5) \times (11 - 3.6) \times 0.8 = 583 (\text{t})$$

（5）平均吃水增量为：

$$\delta d = \frac{V}{A_w - a} = \frac{583}{4\ 301} = 0.14 (\text{m})$$

（6）剩余水线面的漂心横向坐标为：

$$y'_F = \frac{-a y_a}{A_w - a} = \frac{-89 \times 7.3}{4\ 301} = -0.15 (\text{m})$$

（7）损失的排水体积的形心垂向坐标为：

$$z = \frac{1}{2} \times (7.9 - 1.5) + 1.5 = 4.7 (\text{m})$$

（8）浮心的垂向位置变化为：

$$\delta z_B = -\frac{V \left[z - \left(d + \dfrac{\delta d}{2} \right) \right]}{\nabla} = \frac{583}{30\ 000} \left(7.9 + \frac{0.14}{2} - 4.7 \right) = 0.06 (\text{m})$$

（9）横稳心半径的变化为：

$$\delta \overline{BM} = \frac{I'_T}{\nabla} - \frac{I_T}{\nabla}$$

$$= -\frac{\rho}{\Delta} \left[i_x + a y_a^2 + (A_w - a) y_F'^2 \right]$$

$$= -\frac{1.025}{30\ 000} \times \left[405 + 89 \times 7.3^2 + 4\ 301 \times (-0.15)^2 \right]$$

$$= -0.18 (\text{m})$$

（10）进水后横稳性高度的变化为：

$$\delta \overline{GM} = \delta z_B + \delta \overline{BM} = 0.06 - 0.18 = -0.12 (\text{m})$$

（11）进水后横稳性高度为：

$$\delta \overline{G_1 M_1} = \overline{GM} + \delta \overline{GM} = 1.98 - 0.12 = 1.86 (\text{m})$$

（12）所求横倾角为：

$$\tan \phi = \frac{V(y - y'_F)}{\nabla \overline{G_1 M_1}} = \frac{583 \times (7.3 + 0.15)}{30\ 000 \times 1.96} = 0.074$$

$$\phi = 4.23°$$

■ 5.4 可浸长度及计算

5.4.1 可浸长度(floodable length)与可浸长度曲线

前文曾提到，我国的《海船法定检验技术规则》规定：民用船舶下沉时，其水线不得超过安全限界线。也就是说,船舶破损下沉时,其最高水线是限界线上各点的切线,这些水线又称为极限破舱水线(flood waterline)。由于船舶浮力主要依靠水密舱室来提供,因此要想达到以上要求,就必须对舱室的长度进行限制,以使其进水后的极限破舱水线恰好与限界线相切。船舶舱室的最大许可长度称为可浸长度。

由于在船长的不同位置处,船舱的横剖面大小不同,因此各船舱进水后对船舶的纵倾影响也不同,所以,可浸长度随船长的位置而变。在船体侧视图上,以各进水舱可浸长度的中点距中横剖面的距离 x 为横坐标,以对应位置的可浸长度 l 为纵坐标绘制的曲线称为可浸长度曲线,如图 5-4-1 所示。

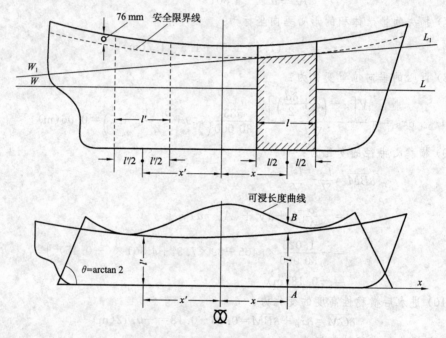

图 5-4-1   可浸长度与可浸长度曲线

5.4.2   可浸长度的计算

1)绘制极限破舱水线

如图 5-4-2 所示,在邦戎曲线图上,先从限界线的最低点画一条水平的破舱水线 H,然后在首尾垂线处,自 H 向下量取一段距离 z,其数值可近似按下式估算:

$$z = 1.6D - 1.5d$$

(5-4-1)

式中 D——舱壁甲板型深;

d——吃水。

在距离 z 内取 $2 \sim 3$ 个等分点,并从各等分点作与限界线相切的纵倾极限水线 $1F$,

$2F,3F$ 和 $1A,2A,3A$ 等。通常极限破舱水线取 $7\sim10$ 条,其中尾倾水线 $3\sim5$ 条,水平 1 条,首倾水线 $3\sim4$ 条。这些极限破舱水线对应于沿船长不同舱室进水时船舶的最大下沉限度。

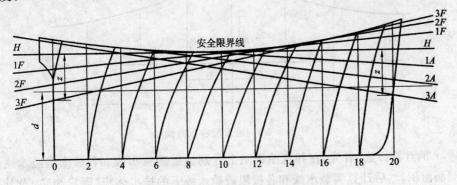

图 5-4-2　极限破舱水线的绘制

2)计算各极限破舱水线下的进水舱体积及形心纵向坐标

该步基于以下原理。如图 5-4-3 所示,船舶破损前浮于水线 WL 处,排水体积为 ∇,浮心纵向坐标为 x_B。设某舱破损进水后,船的排水体积变为 ∇_1,浮心纵向坐标变为 x_B',并浮于水线 W_1L_1 处,若破舱的进水体积为 V_i,形心纵向坐标为 x_i,则必然存在下面关系:

$$\nabla_1 = \nabla + V_i \tag{5-4-2}$$

$$M_1 = \nabla_1 x_B' = \nabla x_B + V_i x_i \tag{5-4-3}$$

式中　M_1——∇_1 对中横剖面的静矩。

若令 $\nabla x_B = M$(原排水体积对中横剖面的静矩),则破舱的形心纵坐标 x_i 可写为:

$$x_i = \frac{M_1 - M}{V_i} \tag{5-4-4}$$

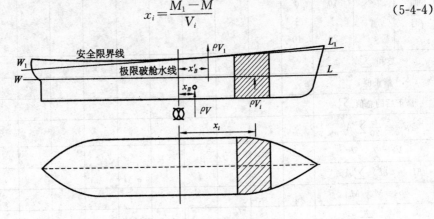

图 5-4-3　进水舱体积及其形心纵向坐标

根据以上讨论,可以认为:每一条极限破舱水线都对应着一个进水舱体积 V_i 和该舱

的形心纵向坐标 x_i。据此,可以求得各极限破舱水线对应的进水舱体积 V_i 及其形心纵向坐标 x_i。将计算结果绘制成如图 5-4-4 所示的进水舱容积曲线,即 V_i-x_i 曲线。

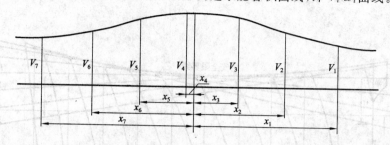

图 5-4-4　进水舱容积曲线

　　V_i,x_i 的计算方法:首先,在邦戎曲线图上分别量出满载水线和各极限破舱水线的各站横剖面面积,然后计算满载水线和各极限破舱水线下的排水体积(即 ∇ 和 ∇_1)及其对于船中剖面的静矩,最后即可根据以上各式求得相应的 V_i 和 x_i。计算时可利用近似计算方法列表计算,计算表格如表 5-4-1 所示。

表 5-4-1　极限破舱水线下 x_i 及 V_i 计算表

$L=\_\_$m, $\delta L=\_\_$m, $(\delta L)^2=\_\_$m^2, $x_B=\_\_$m, $\nabla=\_\_$m^3 $M=\_\_$m^4		力臂乘数 k_i	极限破舱水线号									
			H		1A		2A		3A		1F		…
			A_s/m^2	$A_s k_i$	A_s/m^2	$A_s k_i$	A_s/m^2	$A_s k_i$	A_s/m^2	$A_s k_i$	A_s/m^2	$A_s k_i$	…
横剖面站号	尾	0	-10										
		⋮	⋮										
		10	0										
	首	⋮	⋮										
		20	10										
总和 $\sum{}'$													
修正值 ε													
修正后的总值 $\sum$													
$\nabla_1=\dfrac{L}{20}\sum A_s$													
$V_i=\nabla_1-\nabla$													
$M_1=(\delta L)^2\sum A_s k_i$													
$m=M_1-M$													
$x_i=\dfrac{m}{V_i}$													

3）求各进水舱的可浸长度 l 及其舱长中点到中横剖面的距离 x

常采用图解法求解，基本原理及过程如下。

首先，根据邦戎曲线计算并绘制极限破舱水线下进水舱位置 x_i 附近的横剖面面积曲线及其积分曲线，如图 5-4-5 所示。

然后，在横坐标（x 轴）上定出破舱的形心位置 x_i，并过此位置作横坐标轴之垂线，该垂线与 A_s 的积分曲线交于 O 点。在该垂线上截取 $CD = V_i$，过 C 和 D 两点分别作横轴的平行线交 A_s 的积分曲线于 A 和 B 两点，并使面积 $AOC=$ 面积 BOD，即两块面积对 CD 的静矩相等。根据积分曲线的特性可知，该破舱体积的形心必在 x_i 处。这样，曲线上 A，B 两点间的水平距离即为破舱的极限长度，即可浸长度 l。同时该舱中点（即 l 的中点）至中横剖面的距离 x 也可在图上量出。

实践表明，进水舱的舱长中点通常在其相应的极限破舱水线和安全限界线的切点附近，故极限破舱水线下的横剖面面积曲线与安全限界线下的横剖面面积曲线在进水舱附近几乎相同。因此常用限界线下的横剖面面积曲线及其积分曲线代替各极限破舱水线下的横剖面面积曲线以及其积分曲线进行计算，如图 5-4-6 所示。这样可以减少计算和制图的工作量。而且，在进水舱附近，限界线下的横剖面面积较极限破舱水线下的横剖面面积略大，故计算所得的可浸长度略小于实际长度，偏于安全。

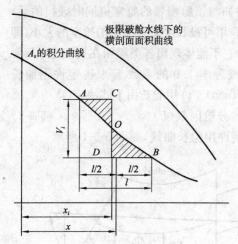

图 5-4-5　可浸长度的求解

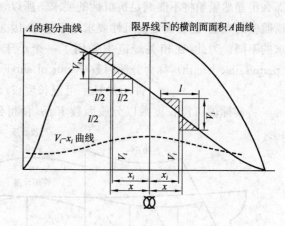

图 5-4-6　限界线下的横剖面面积曲线及其积分曲线

4）绘制可浸长度曲线

根据上面算得的各进水舱的可浸长度 l 及其中点至中横剖面的距离 x，在船体侧视图上标出各进水舱长的中点，并向上作垂线，然后截取相应的可浸长度 l 为纵坐标，并连成光滑的曲线，即为可浸长度曲线，如图 5-4-7 所示。

以上所作可浸长度曲线是假定进水舱的渗透率 $\mu = 1.0$ 的情况，事实上 μ 总是小于

1.0 的,故在图上还需绘出实际的可浸长度曲线,并注明 μ 的具体数值。另外,由图可见,该曲线首尾两端被首尾垂线处 $\theta=\arctan 2$ 的斜线所限制,即在此区域内,舱长之半等于 1/2 可浸长度。这是因为在此区域,进水舱长度之半可能大于该舱的中点到两端的距离,那样将无法分舱。

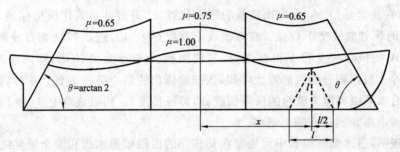

图 5-4-7 可浸长度曲线

▣ 5.5 分舱因数与许用舱长

由上节知,若位于船长某处的一个舱室破损后,只要该舱长度不超过该处的可浸长度,则可认为船舶的抗沉性是符合要求的。但是,假如与该舱相邻的舱室也同时破损的话,那么很显然船舶将不能满足抗沉性的要求。所以,只用可浸长度来检验船舶舱室的大小(即横舱壁的布置)是否满足抗沉性要求过于粗略,因为它不能体现出各类船舶在抗沉性方面要求的不同。为此,在相关规范中采用了一个小于或等于 1.0 的系数 F 来决定许用舱长 (permissible length),称为分舱因数(factor of subdivision)。许用舱长由下式决定:

$$\text{许用舱长} = \text{可浸长度}(l) \times \text{分舱因数}(F) \tag{5-5-1}$$

将实际的可浸长度乘以分舱因数 F 后,便得到许用舱长曲线,如图 5-5-1 所示。

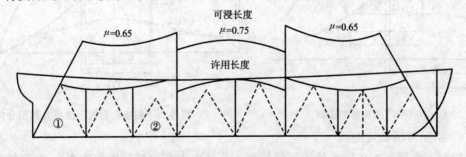

图 5-5-1 许用舱长曲线

(1) 若 $F=1.0$,许用舱长等于可浸长度,船在一舱破损后恰能浮于极限破舱水线而不至沉没;

（2）若 $F=0.5$,许用舱长等于可浸长度的一半,船在相邻两舱破损后恰能浮于极限破舱水线而不至沉没;

（3）若 $F=0.33$,许用舱长为可浸长度的 $1/3$,船在相邻三舱破损后恰能浮于极限破舱水线而不至沉没。

如果船舶在一舱破损后的极限破舱水线不超过限界线,但在两舱破损后其极限破舱水线超过限界线,则表明该船的抗沉性只能满足一舱不沉的要求,称为一舱制船;仅相邻两舱破损后能满足抗沉性要求的船舶称为两舱制船;相邻三舱破损后仍能满足抗沉性要求的船舶称为三舱制船。若用分舱因数 F 来表示,则:

（1）对于一舱制船,$1.0 \geqslant F > 0.5$;

（2）对于二舱制船,$0.5 \geqslant F > 0.33$;

（3）对于三舱制船,$0.33 \geqslant F > 0.25$。

综上所述,分舱因数 F 是决定船舶抗沉性的一个关键因素,其具体数值与船舶长度、用途及业务性质有关,详见相关规范和条例。

有了许用舱长曲线,就可依此来确定船舶水密舱壁的布置,即确定舱长。但这只是对舱长从抗沉性角度所作的一种限制,在这种限制下,还要考虑其他条件的影响(如使用等因素),才能最后确定舱长。如图5-5-1所示的第①舱,其舱长恰等于许用舱长;而第②舱则因考虑使用等因素,其舱长小于许用舱长。

在上述可浸长度和许用舱长计算后,还需依据抗沉性规范对破舱稳性的具体要求进行稳性校核计算。对于一舱制船,应计算任一舱室进水后的稳性;对于二舱制船,应计算任意两个相邻舱室同时进水后的稳性;对于三舱制船,应计算任意三个相邻舱室同时进水后的稳性。由于船舶一般有多个舱室,因此破舱稳性的计算量比完整稳性要大。

思考题

1. 基本概念

抗沉性　渗透率　安全限界线　可浸长度　分舱因数　许用舱长

2. 简述三类进水舱室的特征。

3. 抗沉性计算的方法主要有哪些? 其要点是什么?

4. 简述可浸长度计算的基本原理和主要步骤。

习　题

1. 已知某船数据如下: $L=95$ m,$B=12.4$ m,$d_F=5.8$ m,$d_A=6.3$ m,$C_b=0.7$,$C_{wp}=0.78$,$x_F=1.4$ m,$\overline{GM}=0.42$ m,$\overline{GM}_L=125$ m。因船体损伤,双层底进水,进水舱的体

积为 60 m^3，形心坐标为($x = 20$ m，$y = 2.7$ m，$z = 0.4$ m)。求该船损伤后的横倾角和首尾吃水。

2. 某海船的相关数据为：$\Delta = 7\,800$ t，$L = 125$ m，$B = 14.5$ m，$T = 6.0$ m，$D = 9.0$ m。初稳性高 $\overline{GM} = 1.04$ m，每厘米吃水吨数 $TPC = 15$ t/cm。船内右舷某边舱长 10 m，宽 4.5 m，深与型深相同，该舱渗透率为 0.8。试求：

(1) 舱内灌水占全舱体积的一半时该船的横倾角；

(2) 当与舷外水相通时，该船可能产生的最大横倾角。

第 6 章 　 船舶快速性

■ 6.1 　 概述

6.1.1 　 船舶快速性(ship resistance and performance)的概念

航行速度是直接影响军用舰艇战斗效能和民用船舶营运效率的重要因素,是船舶在设计时需要重点考虑、建造完成后需要重点检验的关键参数。

像现实世界中的任何物体一样,船舶的移动速度主要取决于两个因素:一个是其受到的推力;另一个是其受到的阻力。现代船舶航行时通常由主机提供能量,通过推进器转化为推动船舶前进的推力。因此,船舶最终所获取的有效推力的大小,不仅取决于主机所提供的能量(可用主机功率衡量),而且与推进器将主机功率转化为推力的效率(即推进效率)有关。船舶运动时所处的介质包括水和空气,水和空气对船舶的反作用力就是其受到的阻力。由此可见,船舶所能获得的航行速度的高低主要取决于阻力的大小、主机功率的大小和推进效率的高低三个方面。

船舶快速性所要研究的就是在主机功率一定的条件下,如何有效地提高航速,也就是如何以较小的功率消耗获得较高的航速。或者说,船舶快速性是指在给定主机功率时,表征船舶航行速度快慢的一种性能。因此,对于一定的船舶在给定主机功率时,航速较高者,称之快速性较好,反之则较差;或者,在要求达到一定航速时,所需主机功率小者,称之快速性较好,反之则较差。

几乎所有船舶,在设计之初就会给定明确的快速性指标。船舶建造完成后需检验其是否达到该设计指标,这是交船试航的重要内容之一。船舶航速、船舶受到的阻力、主机功率和推进效率之间有如下关系式:

$$v = \frac{N\eta_{s}\eta_{d}}{R} \tag{6-1-1}$$

式中　 v ——船舶航速;

　　　 N ——主机功率;

η_s——轴系的传递效率；

η_d——推进器的推进效率；

R——船舶受到的阻力。

由上式可见，提高主机功率是获得更高航速的有效手段，然而由于船舶经济性以及其他技术性能的要求，主机功率往往会受到限制。因此，船舶快速性所研究的主要内容是：如何减小船舶的阻力和如何提高推进系统的效率，即船舶阻力和船舶推进。

6.1.2 船舶快速性的主要研究内容

船舶阻力（ship resistance）的主要研究内容包括船舶阻力的分类及成因、船舶阻力与船型和航速等因素之间的关系、船舶阻力计算方法和减小途径等。通过对船舶阻力的研究可以解决船舶设计中的以下问题：

（1）船舶以一定速度航行时所遇到的各种阻力的特性；

（2）阻力随船型、航速及其他外界条件变化的规律；

（3）减小阻力的方法，并寻求低阻力的优良船型；

（4）怎样比较正确地估算阻力，为主机功率的选择和推进器的设计提供依据。

通过船舶阻力的研究，一方面，在给定船型时，能够分析其阻力性能的优劣，并预报阻力；另一方面，在船舶设计时，在规定条件下，能够设计出阻力尽量小的优良船型。

船舶推进（ship propulsion）主要研究推进器在水中运动时产生推力的基本原理、影响螺旋桨性能（效率）的因素、船机桨的配合以及如何设计性能优良的螺旋桨推进器等。通过对船舶推进的研究可以解决船舶设计中的以下问题：

（1）选择推力足够且效率较高的推进器；

（2）选取合适的主机；

（3）推进器与船体和主机之间协调一致。

6.1.3 研究方法

船舶快速性常用的研究方法有：理论研究和试验研究。

1）理论研究方法

理论研究方法是根据对实际现象的观察，通过力学抽象和数学建模，利用流体力学的基本理论和数学工具分析、研究和计算船舶阻力与推进问题。

这种方法近年来有很大进展，但目前尚不能得到普遍的实际应用。原因在于：一方面，船体形状及其运动情况极为复杂；另一方面，为使问题简化而引入的一些近似和假定与实际情况有一定的出入，因此所得结果准确性较差。虽然理论研究方法目前在定量方面存在差距，但常可用来进行定性解释，指出研究方向。

近年来，流体力学、数学，特别是计算技术的发展，有力地推动了理论研究工作的进一步开展,因而理论分析法仍是重要的研究手段之一。

2) 试验研究方法

试验研究方法包括船模试验和实船试验。

船模试验是目前研究船舶快速性的主要方法。它是将实船或螺旋桨按一定比尺缩小,制作成船模或桨模,然后在试验水池或水洞中进行试验,测量与分析船模的阻力或螺旋桨的推力。很多优良船型或桨型几乎都是通过大量模型试验得到的。应用船模和桨模进行试验研究的优点是:不仅简单、经济,而且可以为造船工程提供定量数据。模型试验在船舶设计中得到广泛应用。在进行船舶设计时,特别是一些较为重要的船舶的设计,一般都要做模型试验,以进行方案比较。但是模型试验也有其局限性,比如模型与实船情况不能完全实现水动力相似等。

实船试验的目的是鉴定船舶的各种性能是否达到设计要求,并验证模型试验结果的准确性,也就是研究船(桨)模与实船(桨)之间的相关问题。由于实船试验耗资较大,一般除了新船进行例行试航外,通常很少进行。

近年来,由于计算机技术的迅速发展和数值方法的进步,根据数学模型,采用数值方法(数值模拟)预报船舶航行性能、优化船型及推进器的设计已经在许多方面获得成功。但由于船型复杂多样、围绕船体的流动极为复杂等原因,数值模拟只能解决部分问题,大量的实际问题仍离不开模型试验。因此,数值试验与模型试验相结合的研究方法,将发挥越来越重要的作用。首先,在进行模型试验前,预先用数值模拟方法进行大量比较计算,选择若干优秀方案,然后进行模型试验,可以减少试验费用。其次,在数值计算中采用一些试验结果(以经验公式的方式)更能提高计算预报的精度并扩展数值计算的应用范围。这种把数值模拟与物理模型试验相结合、发挥各自优势的混合方法,已逐渐受到重视。

本章将重点讨论船舶阻力的相关内容,然后简要介绍船舶推进的主要内容。

6.2 船舶阻力的构成及分类

对船舶阻力的构成给予分析并进行恰当的分类,有助于研究工作的开展。

6.2.1 船舶阻力的总体构成

船在水面上航行时,水上部分受到的是空气阻力(air resistance),水下部分受到的是水阻力(water resistance)。

水下的船体表面常有突出的附属结构,如舵、轴支架、舭龙骨、减摇鳍等,航行中也产生阻力,这部分阻力称为附体阻力(appendage resistance)。剩下的主船体水阻力称为裸船体阻力(naked hull resistance),或裸体阻力,又常简称为船体阻力。船舶在水面航行时的总阻力构成如表6-2-1所示。

船舶在波浪中航行时,由于波浪的存在会增加额外的阻力,因此将船舶阻力分为静水阻力(still water resistance)和汹涛阻力(rough-sea resistance)。其中静水阻力又可分为深水中阻力、浅水中阻力和窄航道阻力。由此船舶阻力的构成如表 6-2-2 所示。

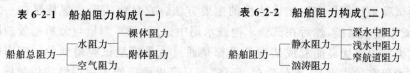

表 6-2-1　船舶阻力构成(一)　　　　　　表 6-2-2　船舶阻力构成(二)

汹涛阻力不仅与船型有关,而且与外部的风浪环境有关,因此较为复杂。另外,对于不同的船舶,其上层建筑和附体的形态、数量以及安装位置也复杂多变。因此在研究时,往往在给出裸体阻力之后,采用估算的方法给出附体阻力、空气阻力和汹涛阻力,并将这些阻力通称为附加阻力,如表 6-2-3 所示。表 6-2-1 到表 6-2-3 的内容又可表示为表 6-2-4。

表 6-2-3　船舶阻力构成(三)

表 6-2-4　船舶阻力构成(四)

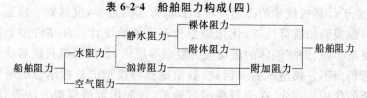

6.2.2　船体阻力的构成及分类

由以上论述可知,船舶阻力的主要组成是裸船体阻力,即船体阻力。因此下面重点讨论船体阻力的构成和分类。

1) 船体周围的绕流现象与阻力分类

船体在静水中运动时所受到的阻力与船体周围的流动现象密切相关。下面结合船体周围的流动情况分别讨论各种阻力。通过观察可知,船体周围的流动现象非常复杂,但主要有以下三种情况。

(1) 当船体运动时,由于水的粘性,在船体周围形成"边界层",如图 6-2-1 所示。从而使船体在运动过程中受到粘性切应力作用,亦即船体表面产生了摩擦力,其在运动方向上的合力便是船体摩擦阻力(frictional resistance),常用 R_f 表示。

(2) 在船体曲度骤变处,特别是较丰满船的尾部常会产生旋涡,如图 6-2-1 所示。旋涡产生的根本原因也是水具有粘性。旋涡处的水压力下降,从而改变了沿船体表面的压力分布情况。这种由粘性引起的船体前后压力不平衡而产生的阻力称为粘压阻力(viscous pressure resistance),用 R_{pv} 表示。从能量观点来看,克服粘压阻力所做的功耗散为旋涡的能量。粘压阻力习惯上也称旋涡阻力。由于实际流体的粘性作用,即使船体绕流不产生分离,边界层在尾部的排挤厚度仍较大,从而使船体前后部分存在压力差,因此同样存在粘压阻力。

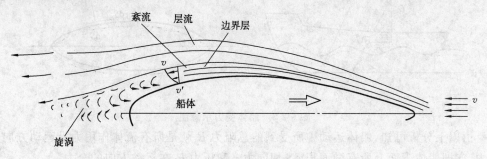

图 6-2-1　船体周围的流体流动

（3）船体在运动过程中会兴起波浪，简称兴波。兴波包括产生稳定的船行波和不稳定的破波。船行波的产生改变了船体表面的压力分布，如图 6-2-2 所示。船首的波峰使首部压力增加，而船尾的波谷使尾部压力降低，于是产生首尾流体动压力差，形成阻力。从能量观点来看，无论是船行波还是破波都具有一定的能量，而这些能量必然由船体提供。这种由于船体运动不断兴波而耗散能量所产生的阻力称为兴波阻力（wave making resistance），一般用 R_w 表示。

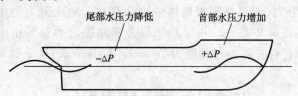

图 6-2-2　船行波与船体表面压力

破波现象常见于肥大船，肥大船陡突的首部掀起波浪后很快破碎，在船首及沿两舷侧附近产生白色的泡沫带，顺流而下汇合于尾流之中，这种破碎的波浪会耗散船舶的能量而形成阻力，称为破波阻力（wave breaking resistance）或碎波阻力，用 R_{wb} 表示。对于肥大船，它是兴波阻力的主要构成部分。

2）阻力产生的物理本质及其分类

船体在实际流体中做等速直线运动时，一方面受到垂直于船体表面的压力作用；另一方面又受到水质点沿着船体表面切向力的作用。

由于船体形状对称于中纵剖面，因此船体湿表面上切向力和压力对于中纵剖面也对称分布，其合力 P 必位于中纵剖面上，如图 6-2-3 所示。在船的重心 G 处加上一对大小等于合力 P，但方向相反的力 P_1 和 P_2。于是船体可以被看作在重心 G 处受到一个作用力 P_1 和由 P，P_2 组成力偶的作用，该力偶将造成船体纵倾。作用力 P_1 的垂向分力 Q 支持船体重量，称为支持力。

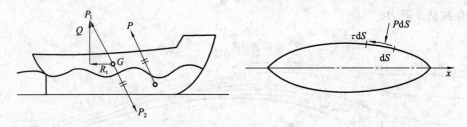

图 6-2-3　船体受力示意图

由以上分析可知,船体运动中所受到的总阻力 R_t 就是所有流体作用力沿运动方向的合力,亦即船体表面上所有微面积 dS 切向力 τ 和压力 P 在运动方向的合力:

$$R_t = -\int_S \tau \cos(\tau,x)dS - \int_S P\cos(P,x)dS \qquad (6\text{-}2\text{-}1)$$

式中　S——整个船体的湿表面积,负号表示该作用力与船体运动方向相反。

式(6-2-1)中,前一项积分表示由作用在船体表面上的切向力所造成的阻力,称为摩擦阻力 R_f;第二项积分表示由作用在船体表面上的压力所造成的阻力,称为压阻力 R_p。因此,总阻力包含摩擦阻力和压阻力两种阻力,即:$R_t = R_f + R_p$。

压阻力中又包含兴波阻力和粘压阻力。所谓兴波阻力,是指由于船舶运动产生波浪消耗能量而产生的阻力,即使在理想流体中也会存在。粘压阻力是由水的粘性而引起的,因此只有在粘性流体中存在。由于粘压阻力和摩擦阻力都是由于水的粘性而产生的,因此习惯上将两者合并称为粘性阻力(viscous resistance)R_v。这样船体阻力构成如表 6-2-5 所示。

表 6-2-5　船舶阻力构成(五)

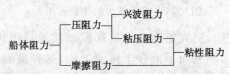

■ 6.3　阻力相似理论与傅汝德假定

目前,实船或设计船的阻力计算主要靠船模试验。显然,要由试验所测得的船模阻力换算出实船阻力,则船模和实船之间必须满足一定的相似条件,这些条件包括几何相似和力学相似,另外在换算时还必须依据一定的相似理论。

6.3.1　几何相似与力学相似

几何相似是指实船 s 与船模 m 之间在对应尺度上成同一比例。例如,若 $L_s/L_m = \alpha$,则 $S_s/S_m = \alpha^2$,而 $\nabla_s/\nabla_m = \alpha^3$。

力学相似是指实船 s 与船模 m 几何相似,且当实船与船模在几何对应点处的流体作用力方向相同时,大小成一固定比例。

6.3.2 阻力相似理论

1) 雷诺定律

粘性阻力是流体质量密度 ρ、船长 L、船速 v 以及流体运动粘性系数 ν 的函数,可以写成:

$$R_v = \varphi(\rho, L, v, \nu) = k\rho^a L^b v^c \nu^d \tag{6-3-1}$$

为确定 a, b, c, d 的值,根据流体力学的量纲分析法,上面等式两端的量纲应相同,因此可以列出如下因次方程:

$$\left[\frac{ML}{T^2}\right] = \left[\frac{M}{L^3}\right]^a [L]^b \left[\frac{L}{T}\right]^c \left[\frac{L^2}{T}\right]^d \tag{6-3-2}$$

式中　L——长度,m;

　　　　M——质量,kg;

　　　　T——时间,s。

对照等式两端相同量纲的指数,可得:

M　　　　　　　　　　　　　　　$1 = a$

L　　　　　　　　　　　　　　$1 = -3a + b + c + 2d$

T　　　　　　　　　　　　　　$-2 = -c - d$

联立以上方程解得:

$$a = 1, \quad b = 2-d, \quad c = 2-d$$

于是:

$$R_v = k\rho L^{2-d} v^{2-d} \nu^d = \rho L^2 v^2 k \left(\frac{vL}{\nu}\right)^{-d} \tag{6-3-3}$$

现虽仍不知道 d 的值,但至少可以写成:

$$\frac{R_v}{\frac{1}{2}\rho v^2 L^2} = f\left(\frac{vL}{\nu}\right) \tag{6-3-4}$$

由于湿表面积是长度的二次方,所以上式中 L^2 可用湿表面积 S 代替,则有:

$$C_v = \frac{R_v}{\frac{1}{2}\rho v^2 S} = f(Re) \tag{6-3-5}$$

这就是雷诺定律。式中,C_v 是单位面积上的粘性阻力与水动压力之比,称为粘性阻力系数;vL/ν 称作雷诺数 Re。雷诺定律说明,当两船(或船模与实船)几何相似且雷诺数相等时,两者的粘性阻力系数必相等。

2）傅汝德定律

兴波阻力是流体质量密度、船长、船速以及重力加速度的函数，可写成：

$$R_w = \varphi(\rho, L, v, g) = k\rho^a L^b v^c g^d \tag{6-3-6}$$

按量纲分析法，同样可以列出因次方程并得到：

$$C_w = \frac{R_w}{\frac{1}{2}\rho v^2 S} = f\left(\frac{v}{\sqrt{gL}}\right) = f(Fr) \tag{6-3-7}$$

这就是傅汝德定律。式中，C_w 称为兴波阻力系数，$v/\sqrt{gL}$ 称为傅汝德数 Fr。傅汝德定律表明，当两船（或实船与船模）几何相似且傅汝德数相等时，两者的兴波阻力系数亦相等。

傅汝德定律还可由另一形式表示：当两船（或实船与船模）几何相似且傅汝德数相等时，两者的单位排水量兴波阻力亦相等，即当 $Fr_m = Fr_s$ 时，有下面关系成立：

$$\frac{R_{wm}}{\Delta_m} = \frac{R_{ws}}{\Delta_s} \tag{6-3-8}$$

这一关系又称傅汝德比较定律。式中，R_{wm} 和 Δ_m 表示船模的兴波阻力和排水量；R_{ws} 和 Δ_s 表示实船的兴波阻力和排水量；而 Fr_m 和 Fr_s 表示船模和实船的傅汝德数。

傅汝德比较定律可证明如下：

由于船模的傅汝德数 $Fr_m = v_m/\sqrt{gL_m}$，实船的傅汝德数 $Fr_s = v_s/\sqrt{gL_s}$（v_m 和 v_s 分别表示船模与实船的航速，L_m 和 L_s 分别表示船模与实船的长度），两者相等时则有：

$$\frac{v_s}{\sqrt{gL_s}} = \frac{v_m}{\sqrt{gL_m}}$$

或

$$v_s = v_m\sqrt{\frac{L_s}{L_m}} = v_m\alpha^{\frac{1}{2}} \tag{6-3-9}$$

式中　α——实船与船模的缩尺比（或称尺度比）。

由于船模与实船几何相似且傅汝德数相等，所以它们的兴波阻力系数必相等，即：

$$C_{wm} = C_{ws}$$

$$\frac{R_{wm}}{\frac{1}{2}\rho_m v_m^2 S_m} = \frac{R_{ws}}{\frac{1}{2}\rho_s v_s^2 S_s}$$

$$R_{ws} = R_{wm}\frac{\rho_s v_s^2 S_s}{\rho_m v_m^2 S_m} \tag{6-3-10}$$

因为几何相似，故湿表面积之比 $S_s/S_m = \alpha^2$，而 $v_s^2/v_m^2 = \alpha$，所以上式可写成：

$$R_{ws} = R_{wm}\frac{\rho_s}{\rho_m}\alpha^3 \tag{6-3-11}$$

由于尺度比的三次方即为排水体积之比,当实验水域与实船航行水域密度相等时有:

$$\frac{R_{ws}}{\Delta_s} = \frac{R_{wm}}{\Delta_m}$$

$$(6\text{-}3\text{-}12)$$

根据傅汝德比较定律,当由试验求得船模的兴波阻力后,就可求得在相应速度(即 $v_s = v_m \alpha^{\frac{1}{2}}$)的实船兴波阻力。

3)全相似定律

由上述讨论可知,粘性阻力是雷诺数的函数,兴波阻力是傅汝德数的函数,而总阻力是粘性阻力与兴波阻力之和,所以它是雷诺数与傅汝德数的函数,即:

$$C_t = \frac{R_t}{\frac{1}{2}\rho v^2 S} = f(Re, Fr)$$

$$(6\text{-}3\text{-}13)$$

这就是全相似定律,它表明当两船(或实船与船模)几何相似且雷诺数与傅汝德数均相等时,两者的总阻力系数必相等。这样,便可十分方便地由船模的阻力换算出实船的阻力,即:

$$R_{ts} = C_{tm}\frac{1}{2}\rho_s v_s^2 S_s$$

$$(6\text{-}3\text{-}14)$$

但是,全相似是不可能实现的,其理由如下。

若雷诺数相等,则有:

$$\frac{v_m L_m}{\nu_m} = \frac{v_s L_s}{\nu_s}$$

或

$$v_m = v_s \frac{L_s}{L_m}\frac{\nu_m}{\nu_s}$$

$$(6\text{-}3\text{-}15)$$

将上式两边平方,则有:

$$v_m^2 = v_s^2 \left(\frac{L_s}{L_m}\right)^2 \left(\frac{\nu_m}{\nu_s}\right)^2$$

$$(6\text{-}3\text{-}16)$$

若傅汝德数相等,则有:

$$\frac{v_s}{\sqrt{gL_s}} = \frac{v_m}{\sqrt{gL_m}}$$

或

$$v_m = v_s\sqrt{\frac{L_m}{L_s}}$$

$$(6\text{-}3\text{-}17)$$

将上式两边平方,则有:

$$v_m^2 = v_s^2 \frac{L_m}{L_s}$$

$$(6\text{-}3\text{-}18)$$

当雷诺数与傅汝德数均相等时,则由雷诺数相等导出的 v_m 应等于由傅汝德数相等

导出的 v_m，即：

$$v_s^2 \left(\frac{L_s}{L_m}\right)^2 \left(\frac{\nu_m}{\nu_s}\right)^2 = v_s^2 \frac{L_m}{L_s} \tag{6-3-19}$$

$$\nu_m^2 = \nu_s^2 \left(\frac{L_m}{L_s}\right)^3 \tag{6-3-20}$$

$$\nu_m = \nu_s \left(\frac{L_m}{L_s}\right)^{\frac{3}{2}} \tag{6-3-21}$$

上式为满足全相似定律的条件。由式可见，若要满足实船和船模的全相似，则船模需要在运动粘性系数比水小得多的流体中进行试验，这在试验技术上是很难办到的，也就是说，实船与船模的全相似是不可能实现的，即不能将船模试验测得的总阻力直接换算成实船的总阻力。

6.3.3 傅汝德假定(Froude hypothesis)

船模与实船不能同时满足雷诺数和傅汝德数相等，所以不可能根据船模试验结果直接求得实船的总阻力。实际上，单一的雷诺数相等也是不能实现的。因此，只能在保持傅汝德数相等的情况下组织试验。为了能由船模试验结果求得实船的阻力，傅汝德作出以下两个假定。

(1) 假定船体总阻力可以分为独立的两部分：一部分为摩擦阻力 R_f，只与雷诺数有关；另一部分为剩余阻力 R_r，包含粘压阻力 R_{pv} 与兴波阻力 R_w，即 $R_r = R_{pv} + R_w$，只与傅汝德数有关，且服从傅汝德比较定律。

(2) 假定船体的摩擦阻力与同速度、同长度、同湿表面积的平板摩擦阻力相等。该假定通常称为相当平板假定，这样的平板称为相当平板。

在满足傅汝德数相等的条件下组织船模试验，同时应用傅汝德假定，便可将试验结果换算成实船在相应速度下的阻力。因为由假定知：

$$R_{ts} = R_{fs} + R_{rs} \tag{6-3-22}$$

在相应速度时，由傅汝德比较定律得：

$$R_{rs} = R_{rm} \frac{\Delta_s}{\Delta_m} \tag{6-3-23}$$

$$R_{ts} = R_{fs} + R_{rm} \frac{\Delta_s}{\Delta_m} \tag{6-3-24}$$

考虑到船模剩余阻力 $R_{rm} = R_{tm} - R_{fm}$，且有：

$$\frac{\Delta_s}{\Delta_m} = \frac{\rho_s}{\rho_m} \alpha^3$$

则有：

$$R_{ts} = R_{fs} + (R_{tm} - R_{fm})\frac{\rho_s}{\rho_m}\alpha^3 \tag{6-3-25}$$

或

$$C_{ts} = C_{fs} + (C_{tm} - C_{fm}) \tag{6-3-26}$$

上式称为傅汝德换算关系。显然,由船模试验得到船模总阻力 R_{tm},并分别计算船模和实船的摩擦阻力后,即可得实船总阻力。

该方法为世界各国船模试验池所接受并使用至今。但严格来讲,傅汝德假定有不完善和不合理之处:运用傅汝德方法把船的阻力机械地分成两个独立部分(一个仅与傅汝德数有关,另一个仅与雷诺数有关),而忽略其相互影响,这在理论上是不正确的;该方法将兴波阻力和粘性阻力这两个不同性质的阻力合为剩余阻力,并认为符合傅汝德比较定律,这在理论上也是不合理的;该方法用"相当平板"代替船体计算船舶的摩擦阻力,也必然给计算结果带来误差。

■ 6.4　粘性阻力

6.4.1　摩擦阻力

6.4.1.1　摩擦阻力的成因及特性

前文曾简要介绍摩擦阻力是由流体在船体表面所产生的粘性切应力而产生的,下面结合平板的边界层流动进一步讨论摩擦阻力的成因及特点。

如图 6-4-1 所示,习惯上将平板当做静止而流体流向平板。来流速度为 v_0,在平板前端(分流点)遇到障碍,速度为零。水流经分流点后,由于粘性作用,便有一薄层的水附着于平板的表面,称为边界层。在边界层内流速是变化的,紧贴平板的流速为零,向外渐次递增,超过一定厚度 δ 后,恢复为来流速度,δ 称为边界层厚度。由牛顿内摩擦定律 $\tau = F/A = \mu \mathrm{d}v/\mathrm{d}y$ 可知,由于边界层内存在速度梯度,因而产生了切向应力,切向应力在流动方向的分力产生摩擦阻力,即:

$$R_f = \int_S \tau \cos(\tau, x)\mathrm{d}S$$

边界层以外不存在速度梯度,也就没有切向应力,所以边界层以外的水可以视为理想流体。

边界层的特点:

(1)边界层内流速是变化的,即有速度梯度存在;

(2)边界层的厚度 δ 是雷诺数的函数,所以沿平板的长度方向边界层的厚度是变化的;

（3）边界层内水的流动状况可以分为层流、紊流与变流三种。

层流指水的质点依一定方向前进，水流层次分明，各不相扰；紊流指水质点运动不再依照一定方向而是相互撞击，极不规则，但相当数目的水质点在较短时间内的平均速度仍循一定方向。层流与紊流的区别在于雷诺数的大小不同，一般来说，当 $Re > 3 \times 10^6$ 时，便为紊流。变流是介于层流与紊流之间的一个过渡区域，在此区域内流动亦极不稳定，如图 6-4-2 所示。

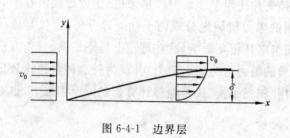

图 6-4-1　边界层　　　　　图 6-4-2　边界层内的流动状态

船舶在水面运动时的状况与平板相似，靠近船体湿表面是边界层，因而摩擦阻力的主要特征为：

（1）层内不同流动状态时的摩擦阻力值不同，所以对不同的流动状态应有不同的计算公式；

（2）摩擦阻力是雷诺数的函数；

（3）摩擦阻力正比于船体的湿表面积。

6.4.1.2　摩擦阻力系数计算公式

由于目前尚不能求解曲面的边界层，因而可在"相当平板"假定的前提下，应用光滑平板摩擦阻力公式来计算船舶的摩擦阻力。

1）光滑平板层流摩擦阻力系数计算公式

$$C_f = \frac{R_f}{\frac{1}{2}\rho S v^2} = 1.328 Re^{-\frac{1}{2}} \tag{6-4-1}$$

该公式称为勃拉齐公式，是根据边界层微分方程当边界层内均为层流时所求得的精确解，其对应的雷诺数范围为 $(3.5 \sim 5.0) \times 10^5$。而船舶的雷诺数通常在 $4 \times 10^6 \sim 3 \times 10^9$ 之间，其边界层内应为紊流，因此该式不适用于船舶工程。

2）光滑平板紊流摩擦阻力系数计算公式

当边界层内均为紊流时，即使对于平板也还没有精确的解，一般的近似计算方法的基础是卡门边界层动量积分方程式。在运用动量积分方程解决边界层问题时，边界层内的速度分布情况是假定的，采用的假定不同，所得的公式也就不同。下面是结合理论计算和试验结果而得到的一些较为常用的计算公式。

(1) 桑海(Schoenheer)公式：

$$\frac{0.242}{\sqrt{C_f}}=\lg(ReC_f) \qquad (6\text{-}4\text{-}2)$$

该式是 1932 年桑海运用对数速度分布规律结合平板拖曳试验结果得到的。1947 年美国船模试验池会议(ATTC)决定以该公式作为计算摩擦阻力的标准公式，故又称 1947ATTC 公式。该公式在美国使用较为普遍。由于该式的实际计算较为困难，当 Re 在 $10^6 \sim 10^9$ 范围内时，可化为具有相同计算结果的简便公式：

$$C_f=\frac{0.463\ 1}{(\lg Re)^{2.6}}$$

(2) 柏兰特-许立汀(Prandtl-Schlichting)公式：

$$C_f=\frac{0.455}{(\lg Re)^{2.58}} \qquad (6\text{-}4\text{-}3)$$

该式采用与桑海公式相同的原则得到，在俄罗斯等欧洲大陆被广泛采用，在我国也得到过广泛应用。

3) 1957ITTC 公式

以上各光滑平板摩擦阻力计算公式有一定差别，在把船模试验结果换算到实船时，应用的公式不同，所得的实船阻力就会有差别。为此，1957 年第 8 届国际船模试验池会议(ITTC)提出以下公式，称为"1957 年国际船模试验池实船-船模换算公式"，简称 1957ITTC 公式：

$$C_f=\frac{0.075}{(\lg Re-2)^2} \qquad (6\text{-}4\text{-}4)$$

该式并不完全是紊流光滑平板摩擦阻力系数计算公式，而是专用于船模和实船的阻力换算。我国目前多采用此公式。

4) 过渡流平板摩擦阻力系数计算公式

前面曾提到，平板边界层内有三种流动情况。若平板的雷诺数较大，则紊流部分很大，基本上是紊流阻力，前端的层流和过渡流对整个平板的阻力影响较小。反之，若雷诺数较小，层流和过渡流占整个平板界层较大部分，会对整个平板的平均阻力产生明显影响。过渡流平板摩擦阻力系数可按柏兰特给出的半经验公式计算：

$$C_f=-\frac{1\ 700}{Re} \qquad (6\text{-}4\text{-}5)$$

图 6-4-3 是各阻力系数计算公式的比较。可以看到，在低雷诺数时，ITTC 公式比其他公式的坡度陡，高雷诺数时与桑海公式相差甚微。柏兰特-许立汀公式与桑海公式在形式上极为相似，数值上前者至多约大后者 2%～2.5%。

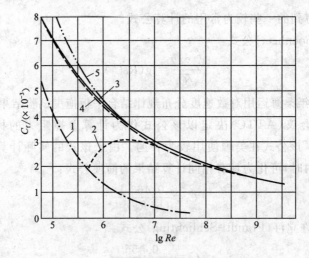

图 6-4-3　光滑平板摩擦阻力系数公式的比较

$1—C_f=1.328Re^{-1/2}$；$2—C_f=0.455(\lg Re)^{-2.58}-1\,700Re^{-1}$；$3—C_f=0.455(\lg Re)^{-2.58}$；

$4—0.242/\sqrt{C_f}=\lg(ReC_f)$；$5—C_f=0.075/(\lg Re-2)^2$

6.4.1.3　船体表面弯曲度和粗糙度对摩擦阻力的影响

船体表面是个三维曲面,目前还没有直接能用于船体摩擦阻力计算的可靠公式,而只是在"相当平板"假定的前提下,应用平板摩擦阻力公式来计算船体的摩擦阻力。"相当平板"假定忽略了实际船体与"光滑平板"间的差别,其中最主要的是船体表面弯曲度和粗糙度的影响。

1) 船体表面弯曲度的影响

一般船体的表面是三维曲面,其周围的流动情况与平板必然不同,因而船体摩擦阻力与平板的摩擦阻力也必然不同。这种由于船体弯曲表面的影响而使其摩擦阻力与相当平板计算所得结果存在差别的现象称为形状效应。对于形状效应问题,许多人进行过研究,对船体弯曲度的修正也提出了一些具体办法,但至今尚无公认的办法。因此,一般对其不作修正,而因为它也是船体形状的函数,故可将其与粘压阻力合并,并通过试验来确定。

2) 船体表面粗糙度的影响

船体表面往往是粗糙的,且实践表明,粗糙度对摩擦阻力的影响很显著且很敏感,因此必须进行充分考虑。

船体表面粗糙度可分成两类:普通粗糙度和局部粗糙度。普通粗糙度又称漆面粗糙度,主要是油漆面的粗糙度和壳板表面的凹凸不平等;局部粗糙度又称结构粗糙度,主要为焊缝、铆钉、开孔以及突出物等的粗糙度。可见,即便是新建船舶也存在粗糙度。对于已使用和长期停泊的船舶,还有污底及油漆剥落等现象,更增加了船体的粗糙度。

为了计算不同粗糙度情况下的船体摩擦阻力,很多人进行了大量研究。根据不同的试验结果,目前在计算船体表面粗糙度对摩擦阻力的影响时,均采用"粗糙度补贴系数"方法。普通粗糙度和局部粗糙度所增加的摩擦阻力系数与雷诺数无关的结论已被实船试航结果所证实。因此,在实际计算中,总摩擦阻力系数可取为光滑平板摩擦阻力系数 C_f 再加上一个与雷诺数无关的粗糙度补贴系数 ΔC_f。这样,包括表面粗糙度影响的船体摩擦阻力为:

$$R_f = (C_f + \Delta C_f) \cdot \frac{1}{2}\rho v^2 S \qquad (6\text{-}4\text{-}6)$$

式中 ΔC_f 的值根据各国的习惯或不同的船舶选取。对于一般船舶,我国取 $\Delta C_f = 4 \times 10^{-4}$。

以上方法已被各国普遍采用。对于船长为 100 m 左右的船,取 $\Delta C_f = 4 \times 10^{-4}$ 所得结果与实船试验基本相符。但不同船舶试航结果表明,ΔC_f 随船长增加而减小,甚至出现负值。表 6-4-1 是荷兰试验池于 1973 年公布的不同船长的 ΔC_f 值。

1975 年第 14 届国际船模试验池会议建议摩擦阻力系数 C_f 采用 1957ITTC 公式计算,相应的粗糙度补贴系数按下式计算:

$$\Delta C_f = \left[105\left(\frac{k_s}{L}\right)^{1/2} - 0.64\right] \times 10^{-3} \qquad (6\text{-}4\text{-}7)$$

式中　k_s——粗糙度表观高度,即 50 mm 范围内抽样测量所得表面平均突起高度,对于质量较好的新建船舶可取 $k_s = 150 \times 10^{-6}$。

此式适用于船长小于 400 m 的船。

表 6-4-1　不同船长的 ΔC_f 值

船长/m	$\Delta C_f/(\times 10^{-3})$
50~150	0.35~0.40
150~210	0.20
210~260	0.10
260~300	0.00
300~350	-0.10
350~450	-0.25

3) 污底(fouling)

在船舶营运过程中,船体水下部分因长期浸泡在水中,除钢板被腐蚀外,海水中的生物(如贝类、海草等)将附着在船体上生长,从而使船体表面凹凸不平,大大增加船体表面的粗糙度,阻力增加很大,这种现象称为污底。

污底会造成船速下降:一方面污底直接增加了阻力;另一方面由于阻力增加导致推进器运转情况改变,致使螺旋桨效率下降。一般认为新船下水 6 个月后,因污底而增加的总阻力可达 10% 以上,船速会有明显下降。因此新船试航应在船壳洁净并在新涂油漆后进行。

由污底增加的阻力主要与船舶出坞后的时间有关。经验表明,这种阻力增加值可以分为两部分:

(1) 一部分称为"真实污底",它与出坞后的时间呈非线性关系,近似于按双曲线规律变化,如图 6-4-4 所示;

(2) 另一部分称为"船体腐蚀",它与出坞时间呈线性关系,且数值上较"真实污底"要小得多,图 6-4-4 中曲线 1 即为该部分阻力增值。

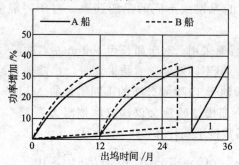

图 6-4-4　污底对功率的影响

因污底而增加的摩擦阻力百分数 F 可用下式来表示:

$$F=\frac{k_1 d}{k_2+d}+\frac{d_0}{k_3} \tag{6-4-8}$$

式中　d——距最后一次出坞的天数;

　　　d_0——距新船首次出坞的天数;

　　　k_1, k_2, k_3——常数,根据在一定航线上航行的一定类型船的试航结果确定。

由污底增加的阻力还与船舶航行的季节和地区有关。这是因为贝类和海草等的生长速度在不同季节和地区是不同的,如热带地区因污底而增加的阻力较一般地区快。

防治污底的方法通常是先在船体表面敷涂两遍防锈漆,然后再涂一二遍防污漆。因为防污漆在层流底层中保持一定的毒素含量,可以导致幼小的贝类、海草等死亡,所以有避污作用。此外,污底的海船在淡水港内停泊数日后再行出海,附着的贝类和海草的大部分因死亡而脱落。我国沿海港口多系淡水港,这是清除污底天然的有利条件,当然对于污底严重的船必须定期进坞除污,重新涂油漆。

6.4.1.4 船体摩擦阻力的计算步骤

根据前面的论述,船体摩擦阻力可由相当平板的摩擦阻力与粗糙度增加的摩擦阻力之和来表示,具体计算步骤如下。

(1) 计算船体湿表面积。较精确的计算方法是按型线图量出每站横剖面型线的半围

长 l，并沿船长方向积分，即：

$$S = \int_0^{L_{wl}} 2l \mathrm{d}L \qquad (6\text{-}4\text{-}9)$$

上式应用近似积分法进行计算，这样计算所得的湿表面积可直接用于摩擦阻力计算，而不必进行纵向斜度的修正。其理由如下：

如图 6-4-5 所示，某点处的局部摩擦阻力系数为 C_τ，在该处长度为 $\mathrm{d}L'$ 的微面积上的摩擦阻力 $\mathrm{d}R_f'$ 为：

$$\mathrm{d}R_f' = C_\tau \cdot \frac{1}{2}\rho v^2 \cdot 2l \mathrm{d}L'$$

那么整个船的摩擦阻力应为：

$$R_f = \int_0^L \mathrm{d}R_f' \cos\alpha = \int_0^L C_\tau \cdot \frac{1}{2}\rho v^2 \cdot 2l \mathrm{d}L' \cos\alpha$$

$$= \frac{1}{2}\rho v^2 \int_0^L C_\tau 2l \mathrm{d}L = \frac{1}{2}\rho v^2 C_f S$$

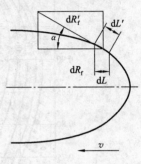

图 6-4-5　湿表面积的计算

式中的湿表面积 S 由式(6-4-9)计算得到。

当无型线图时，可以利用近似公式计算湿表面积。这类公式较多，针对不同的船型有相应的公式可供应用。

① 荷兰瓦根宁船池根据 100 多艘船模的统计资料归纳得到一般民用船的湿表面积计算公式：

$$S = \left(3.0\nabla^{\frac{1}{3}} + 0.5L_{bp}\right)\nabla^{\frac{1}{3}}$$

式中　L_{bp}——船的垂线间长，m；

　　　∇——船的排水体积，m³。

② 我国长江船型的湿表面积按下式计算：

$$S = L_{wl}(1.8T + C_b B)$$

③ 交通部船舶运输科学研究所给出江船系列湿表面积计算公式：

$$S = \frac{59L_{wl}}{64 - B/T}(1.8T + C_b B)$$

式中　L_{wl}——水线长，m；

　　　B, T——船宽和吃水，m；

　　　C_b——方形系数。

计算船体湿表面积还可应用系列资料给出的湿表面积系数曲线进行计算。这些系列资料给出的湿表面积计算公式为：

$$S = C_s \sqrt{\nabla L_{wl}}$$

式中 C_s 称为湿表面积系数，是船型参数的函数，但不同系列资料所给出的具体函数式并不相同。桑地给出的关系式为：$C_s = f(B/T, C_m)$，其曲线图谱如图 6-4-6 所示。当已知

B/T 和船中横剖面系数 C_m 时,由图可查得 C_s 的值。泰洛系列给出了 $C_s = f(C_p, \nabla/L^3, B/T)$ 的图谱。格罗特(Groot)取 $C_s = 2.75$ 进行湿表面积估算。

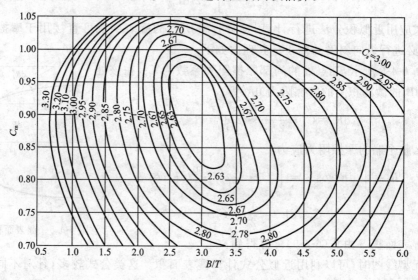

图 6-4-6　估算湿表面积的桑地图谱

（2）计算雷诺数：

$$Re = vL_{wl}/\nu$$

式中　　L_{wl}——水线长,m;

　　　　v——船速,m/s;

　　　　ν——水的运动粘性系数,如无特殊注明,对于实船取标准水温 $t = 15\ ℃$ 时的值。

（3）根据光滑平板摩擦阻力公式算出或从相应的表中查出摩擦阻力系数 C_f。

（4）确定粗糙度补贴系数 ΔC_f 的数值,目前我国一般取 $\Delta C_f = 0.4 \times 10^{-3}$。

（5）根据式(6-4-6)算出船的摩擦阻力 R_f。

6.4.1.5　减小摩擦阻力的方法

根据船舶摩擦阻力的成因及特性,主要从以下几个方面着手减小船舶的摩擦阻力。

1）减小船舶的湿表面积

由于摩擦阻力的大小正比于船体浸湿面积,因此可从船型设计出发,选择合理的船型参数,从而有效地减小摩擦阻力。另外,减少不必要的附体或尽量采用表面积较小的附体,亦可减小摩擦阻力。

2）改善船体表面特性

船体表面粗糙度对摩擦阻力有较大影响,通过改善船体表面涂料,可有效提高其光滑度,减小摩擦阻力。还有人受到鲨鱼、海豚等在水中高速游动的启示,根据仿生学的观点,在船体表面敷贴弹性覆盖层以降低摩擦阻力。试验表明,该方法有时可降低摩擦阻力70％左右。另外,顺来流方向的微小沟槽表面能有效地降低壁面的摩擦阻力。将微槽薄膜粘贴在 Lear jet 型飞机上的试验表明,该方法可减小阻力约60％。

3) 其他方法

(1) 边界层控制法。具体做法是:将边界层内一部分流体进行抽吸,使边界层的层流区得以延长,从而减小摩擦阻力;或者自物体表面沿着流动方向向后吹喷流体,以使紊流边界层变厚,界层速度梯度下降,从而减小摩擦阻力。

(2) 采用聚合物溶液降阻剂,即在船体表面不断喷注稀释的聚合物溶液。试验证明,聚合物溶液的减阻作用无论在管流或边界层中都得到了肯定的结论。应用这种降阻剂可以使平板阻力减小60％左右,可使船模的摩擦阻力减小30％左右,但如果在实船上应用,则每小时需要喷注好几吨降阻剂,不仅成本极大,而且污染海洋环境。

(3) 船底充气减阻,即将空气送到船壳表面,使船体表面被一层空气薄膜所覆盖。从已有的研究结果来看,这种应用气膜减阻的方法在某些低速船,特别是驳船上,已有被采用的先例。采用这种方法必须另外装置供气设备,而且为使船底的气膜易于稳定,在船底需要安置若干纵向和横向挡板。试验证明,摩擦阻力有明显下降。

(4) 将船体抬出水面。由于摩擦阻力不但与湿表面积有关,而且还与流体密度成正比例关系,因此某些特种船舶(如水翼艇或气垫船)在航行过程中都将船体抬出水面,从而使船体表面与水接触改变为与空气接触。由于空气密度约为水密度的1/800,因而可以大大降低摩擦阻力。

6.4.2　粘压阻力

6.4.2.1　粘压阻力的成因

粘压阻力是由水的粘性引起船体尾部边界层分离而形成的,如图 6-4-7 所示。先假设水为理想流体,在远方以 v_0 流向船体,在 A,B 两点速度为零,压力为最大值。当水质点由 A 流至 C 时,速度由零逐渐增大至最大值,而压力则逐渐减小到最小值,所以这个范围是减压区;水质点由 C 流至 B 时,速度由最大值又降低至零,而压力又从最小值上升至最大值,所以这个范围是增压区。由于假设水为理想流体,流动过程中没有能量损耗,所以阻力为零。但水实际上具有粘性,流经船体时形成边界层,水质点在边界层内流动时,就会受到摩擦阻力的粘滞作用。由 A 至 C 形式上虽仍是加速、减压,但到达 C 时的最大速度值已较在理想流体中所具有的最大值为小;由 C 至 B,在摩擦阻力及增压区内正压力差的双重作用下,C 点所获得的动能未曾到达 B 点就已经耗尽,就是说,到达 D 点时速度已为零;D 点以后,在增压区的正压力差的作用下,流体往回流动,迫使边界层往外移,这种边界层受到排挤而离开船体表面的现象称边界层分离。边界层分离以后,便在船的尾部形成许多不稳定的旋涡,与水流一起冲向后方。旋涡的形成要消耗能量,一部分旋涡被冲走以后,又继续不断地产生旋涡,这样船舶就要继续不断地供给能量,这部分能量的损耗就表现为粘压阻力。

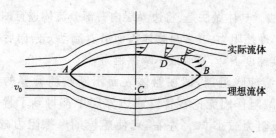

图 6-4-7　粘压阻力的成因

6.4.2.2　粘压阻力的特性

（1）与物体的形状（主要是后体形状）关系密切。如图 6-4-8 所示,假若以圆盘的粘压阻力为 1,则圆球为 0.3,而流线型体为 0.04。物体后端收缩得愈缓和,则压力纵向梯度愈小,因而发生边界层分离的可能性愈小,从而粘压阻力愈小。

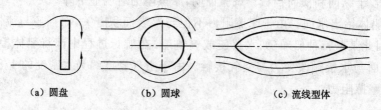

（a）圆盘　　　　（b）圆球　　　　（c）流线型体

图 6-4-8　不同形状物体周围的流场

（2）与雷诺数有关,这说明粘压阻力属于粘性阻力。

（3）当雷诺数超过临界雷诺数时,粘压阻力系数几乎为常数,与速度的平方近似成正比。这意味着在这一区域,船模和实船（几何相似）尽管雷诺数不同,但粘压阻力系数还是相等的。这一特性可说明傅汝德假定将粘压阻力与兴波阻力合并计算在实践中是可行的。

6.5　兴波阻力

船舶在水面航行时会产生波浪,这就是所谓的船舶兴波。船体兴起的波浪主要有:① 在船舶驶过之后留在船体后方并不断向外传播的波浪,称为船行波;② 被船体兴起后很快就破碎并不以波浪的形式留在船后的波浪,称为破波,主要发生在肥大型船舶航行过程中。这些波浪的产生损耗的船舶能量,称为兴波阻力。

6.5.1　船行波的成因及特性

船舶兴波的主要原因是：水流流经弯曲的船体时，沿船体表面的压力分布不一样，导致船体周围的水面升高或下降，在重力和惯性的作用下，在船后形成实际的船波。这一现象可以用伯努利方程解释如下。

船形物体在水下深处做匀速直线运动时，由运动转换原理，可视为：物体在深水中不动而无穷远处的水流以速度 v 流向物体，如图 6-5-1 所示。其中，图（d）为该物体周围的流动图，图（c）和图（b）分别为物体表面速度分布图和压力分布图，驻点 A 和 C 处的流速为零，压力值最高。

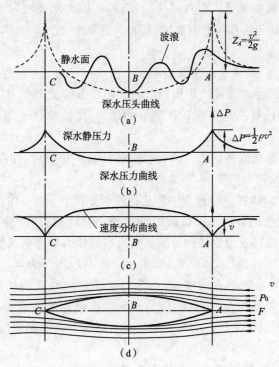

图 6-5-1　船行波的成因

当船在水面航行时，可设远处 F 点的来流速度为 v，水表面的压力为大气压力 p_0，沿船体水线及远前方液面应用伯努利方程，对于驻点 A 和远方点 F，则有：

$$\frac{v_A^2}{2g}+\frac{p_0}{\gamma}+Z_A=\frac{v^2}{2g}+\frac{p_0}{\gamma}$$

驻点 A 处的流速 $v_A=0$，故得 A 点波面的升高值为：

$$Z_A=\frac{v^2}{2g}>0$$

同理可得 B 点和 C 点的波面升高值分别为：

$$Z_B = \frac{v^2 - v_B^2}{2g} < 0$$

$$Z_C = \frac{v^2}{2g} > 0$$

由此可见，A 和 C 点处的水面被抬高，而 B 点的水面下降，整个水面高度的变化情况如图 6-5-1(a) 中的虚线所示。另外，水面高度的变化与速度平方成比例，因此船行波的波高将正比于船速的平方。

实际的船行波与上述船体周围的水面变化会有所差别，主要表现在以下三个方面。

(1) 实际水面抬高小于 $Z_A(Z_A = v^2/(2g) > 0)$。因为水流流向 A,C 点处时，压力已渐增，水面处的水质点已具有向上的速度，并非如深水中 $v_A = v_C = 0$，也即 A 和 C 点不是真正的驻点。

(2) 由于惯性作用，最高水面位置有滞后。水质点经过 A 点以后，动能增加，水面本应下降，但由于水质点运动的惯性作用，在 A 点后将继续上升到某一位置才开始下降。所以实际船行波的首波峰总是在船首柱稍后的地方，尾波峰位于尾柱之后，尾柱前总为一波谷。

(3) 水质点一旦受到流体动压力的扰动而离开其平衡位置，便在重力和惯性力的相互作用下，绕其平衡位置发生震荡，形成波浪。

因此，综上所述，船体在航行过程中形成的波形如图 6-5-1(a) 中的实线所示。

以上讨论仅是定性地解释了船行波的形成，而实际的船行波较为复杂，通常采用凯尔文(Kelvin)的压力点兴波理论描述。凯尔文根据流体力学理论求得一个压力点在水面上做匀速直线运动时的波形图，如图 6-5-2 所示。图中 O 为压力点，它做匀速运动时形成两个波系：一为与运动方向垂直的横波；一为与运动方向斜交的散波，图中实线为波峰线。横波和散波相交处呈尖角状，各尖角与原点的连线称为尖点线，它与运动方向的夹角为 $19°28'$，该角称为凯尔文角。尖角处的切线与运动方向的夹角均为 $54°44'$，这种波形称为凯尔文波。

船舶航行过程中，船体周围的压力均发生变化，相当于很多压力点在水面运动，且均可产生波浪。但船首尾两处为压力峰值，产生的波浪最为显著，而其余各处所产生的波浪均可忽略。所以船行波可以近似地看作由置于船首尾处的两个压力点在水面移动所产生的波浪组，这样船行波必定由与压力点兴波图形相似的首尾两组波系所组成，其中包括下列诸波：

(1) 船首压力兴波，形成船首波系，包括船首横波和船首散波；

(2) 船尾压力兴波，形成船尾波系，包括船尾横波和船尾散波。

实际观察的结果与上述分析基本吻合，在船首和船尾产生的横波和散波如图 6-5-3

所示。

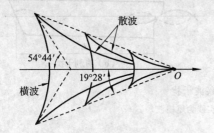
图 6-5-2 凯尔文波系

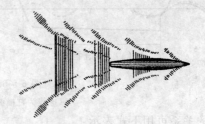
图 6-5-3 船行波

船行波呈现如下主要特征：

（1）整个船行波可分成首尾两大波系，各由横波和散波组成，相应称为船首横波、船首散波和船尾横波、船尾散波；

（2）整个船行波基本上集中在凯尔文角所限定的扇形面范围之内；

（3）船首横波通常在船首柱略后处为波峰，船尾横波在尾柱略前处则为一波谷，如图 6-5-4 所示；

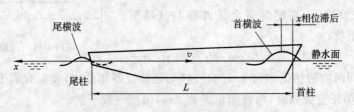
图 6-5-4 船首尾横波示意图

（4）整个波系的各散波之间及散波与横波之间互不干扰；

（5）船首尾两横波在船尾部分混合形成合成横波，通常在船尾及其后方所观察到的就是两横波干扰后的合成横波；

（6）船行波随船一起前进，即船行波的传播速度等于船速。

如上所述，船首横波和船尾横波会在船尾处相遇而形成合成横波，这种现象称为兴波干扰。首尾横波干扰形成的合成横波有可能增大，也有可能减小。若两者的波谷相叠，则合成波的波谷增大。由于尾柱前总为波谷，波谷增大使船的后体流体压力变得更小，水压力向前的分力更小，故兴波阻力增大。这种情况称为不利干扰，如图 6-5-5(a)所示。相反，若首波波峰在船尾与尾波波谷相叠加，则合成横波波幅减小，兴波阻力减小，这种情况称为有利干扰，如图 6-5-5(b)所示。

首尾横波叠加所产生的干扰，是有利干扰还是不利干扰，主要取决于首尾两横波的相对位置。船首横波的第一个波峰和船尾横波第一个波峰之间的距离称为兴波长度，用 mL 表示，如图 6-5-6 所示。显然首尾横波的干扰情况由兴波长度 mL 和波长 λ 决定，两

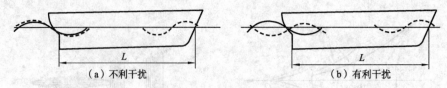

图 6-5-5　兴波干扰

（虚线为首横波，实线为尾横波）

者之间的关系可用下式表示：

$$mL=(n+q)\lambda \tag{6-5-1}$$

式中　n——正整数；

　　　　q——正分数；

　　　　m——系数，主要与傅汝德数和船型有关。

由式（6-5-1）可知，兴波干扰的结果有下列三种情况：

（1）当 $q=0$ 时，表示 mL 距离内有 n 个整波长，两横波的相位差为零，在尾部完全是波峰与波峰重叠，出现不利干扰；

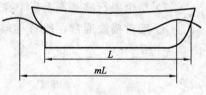

图 6-5-6　兴波长度

（2）当 $q=0.5$ 时，表示在 mL 距离内有（$n+$ 0.5）个波长，即两波的相位差为 π，首波波峰与尾波波谷相叠加，发生有利干扰；

（3）当 q 为任意分数时，两波相位差为 $2\pi q$，出现一般干扰。

显然，兴波长度 mL 和波长 λ 的关系决定兴波干扰的结果。按深水中平面进行波理论，兴波长度与波速（即船速）的平方成正比关系，因此式（6-5-1）又可写成：

$$mL=(n+q)\frac{2\pi v^2}{g} \tag{6-5-2}$$

由于 $Fr=v/\sqrt{gL}$，则在 mL 距离内的横波数为：

$$n+q=\frac{m}{2\pi Fr^2} \tag{6-5-3}$$

由此说明，兴波干扰与船型和傅汝德数有关。

兴波长度 mL 与船型有关，其物理意义表示在兴波长度 mL 范围内有多少个整波长和分波长，或首尾横波的相位差。因此若改变船长，则可改变首尾横波之间的距离，因而将产生不同的干扰结果。

此外，根据压力点的兴波可以推断，若船体型线的曲线在某处（如丰满船的前肩或后肩处）有突变，则该处的压力也会随之突变，以致产生一个明显的波系，称为肩波。肩波系的存在不但使兴波阻力增加，而且有可能产生不利兴波干扰。此处不作深入讨论。

6.5.2　兴波阻力的特性与预测

6.5.2.1　兴波阻力的特性

由以上讨论可知,船体兴波阻力必须考虑以下三方面产生的波阻:

(1) 船首横波中未受干扰部分的波阻;

(2) 船首尾横波干扰后合成波的波阻;

(3) 船首尾波系中散波的波阻。

通过计算各部分兴波的波浪参数,并确定相应的波能,最后得到的船体兴波阻力的近似表达式为:

$$R_w = \left(A + B\cos\frac{2\pi mL}{\lambda}\right)v^6 \tag{6-5-4}$$

兴波阻力系数:

$$C_w = \frac{R_w}{\frac{1}{2}\rho v^2 S} = \left(C + D\cos\frac{2\pi mL}{\lambda}\right)\left(\frac{v}{\sqrt{gL}}\right)^4 \tag{6-5-5}$$

以上两式中的 A,B,C,D 为常数。

由此,船体兴波阻力的特性可归纳如下:

(1) 兴波阻力约与船速的 6 次方成正比,兴波阻力系数约与傅汝德数的 4 次方成正比,因而随着船速的提高,兴波阻力将很快增长。由此也说明,对于低速船,其兴波阻力在总阻力中所占比例很小;对于高速船,其兴波阻力在总阻力中则占较大比例。

(2) 兴波阻力 R_w 由两部分组成,如式(6-5-4)所示,第一项为首尾波系中未受干扰的横波以及两波系的散波所产生的兴波阻力,称为"自然兴波阻力";第二项是首尾横波干扰后的兴波阻力。由于 $\cos(2\pi mL/\lambda)$ 的数值在 +1.0～−1.0 之间变动,因此兴波阻力系数 C_w-Fr 曲线上总是出现凸起和凹陷的"峰"和"谷",如图 6-5-7 所示。当 $\cos(2\pi mL/\lambda) = 1.0$ 时,即当 $mL/\lambda = 1,2,3,\cdots$ 时,兴波阻力系数曲线上出现凸起,称为波阻峰点,表示船首横波与船尾横波发生了不利干扰,以致兴波阻力增大;而当 $\cos(2\pi mL/\lambda) = -1.0$ 时,也即 $mL/\lambda = 0.5,1.5,2.5,\cdots$ 时,船首横波与船尾横波发生有利干扰,兴波阻力有所减小,兴波阻力系数曲线上出现凹陷,称为波阻谷点。

(3) 不同船型的兴波阻力有差异。如图 6-5-7 所示,当 $Fr < 0.15$ 时,无论是一般丰满船还是高速的瘦削船,C_w 值均很小。这说明低速时,兴波阻力成分很小。在整个速度范围内,在相同 Fr 值时,较丰满船的 C_w 比瘦削的高速船的 C_w 均大,当 Fr 增大时,两者的差异更为明显。丰满船对应于较低的 Fr 值,C_w 出现峰谷现象,而瘦削船仅在 $Fr = 0.5$ 附近存在 C_w 峰值区,当 $Fr > 0.5$ 时,C_w 随 Fr 增大而趋减小。

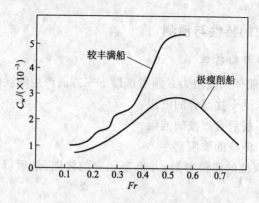

图 6-5-7　兴波阻力系数曲线

6.5.2.2　兴波干扰的预测

由于兴波干扰作用,船舶兴波阻力系数曲线总是出现波阻峰点与波阻谷点。因此在设计船舶时要根据规定的航速合理地选择船型,力求避免波阻峰点,并设法处于波阻谷点。为此,在船舶设计阶段希望能预测设计的船舶是否满足这一要求。常见的预测方法有以下几种。

1）Ⓟ 理论预测法

如前所述,兴波干扰的结果取决于兴波长度与波长 λ 之比,即 mL/λ。兴波长度 mL 与船型、船速有关,波长则仅与船速有关。此外,船体形状,特别是表征船体首尾肥瘦程度的棱形系数 C_p,不但直接影响兴波的大小,而且对首尾横波的干扰作用也有较大影响。两端瘦削者,水压力较小,两横波波峰间的距离较小;反之,两端较钝,水压力较大,首尾波峰距离较大。以上关系可表示如下:

$$mL = f(L, \lambda, C_p) \qquad \lambda = f_1(v) \tag{6-5-6}$$

大量的试验资料分析表明:不同形状的船舶在不同速度下,虽然兴波长度不同,但自船首横波第一个波节点至尾横波第一个波谷之间的距离均可以表示为 C_pL,如图 6-5-8 所示。于是兴波长度可以表示为:

$$mL = C_pL + \frac{3}{4}\lambda \tag{6-5-7}$$

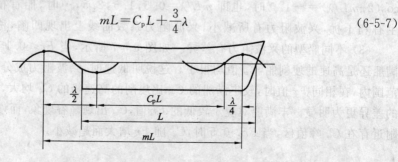

图 6-5-8　船首尾横波与 C_p 的关系

结合式(6-5-1),有:

$$\frac{C_pL}{\lambda}=n+q-\frac{3}{4} \tag{6-5-8}$$

当 $q=0.5$ 时,为有利干扰,此时:

$$\frac{C_pL}{\lambda}=n-1/4 \tag{6-5-9}$$

当 $q=0$ 时,为不利干扰,此时:

$$\frac{C_pL}{\lambda}=n-3/4 \tag{6-5-10}$$

因此,根据 L,C_p 和 λ 组成的函数即可预测波阻的峰点和谷点。定义 Ⓟ 为船速 v 与波长为 C_pL 的波速之比,即:

$$Ⓟ = \frac{v}{\sqrt{gC_pL/(2\pi)}}=\frac{\sqrt{g\lambda/(2\pi)}}{\sqrt{gC_pL/(2\pi)}}=\sqrt{\frac{\lambda}{C_pL}} \tag{6-5-11}$$

分别将式(6-5-10)和式(6-5-9)代入式(6-5-11),可分别得到对应于波阻的峰点和谷点的值。

波阻峰点:

$$Ⓟ = \sqrt{1\left/\left(n-\frac{3}{4}\right)\right.}=\sqrt{4},\sqrt{4/5},\sqrt{4/9},\sqrt{4/13},\cdots$$
$$=2.00,0.894,0.667,0.555,\cdots \tag{6-5-12}$$

波阻谷点:

$$Ⓟ = \sqrt{1\left/\left(n-\frac{1}{4}\right)\right.}=\sqrt{4/3},\sqrt{4/7},\sqrt{4/11},\sqrt{4/15},\cdots$$
$$=1.155,0.756,0.603,0.516,\cdots \tag{6-5-13}$$

一般情况下,根据所设计船舶的参数 v,C_p 和 L 可以计算得到相应的 Ⓟ 值,以此判别该船是处于有利干扰还是不利干扰。Ⓟ 理论在实际应用时预先作成图谱,供船舶设计过程中查阅,这样更为方便。因为由式(6-5-11)知:

$$Ⓟ = \sqrt{\frac{\lambda}{C_pL}}=\frac{v}{\sqrt{gC_pL/(2\pi)}}=2.506\,6\,\frac{Fr}{\sqrt{C_p}} \tag{6-5-14}$$

根据该关系式,分别以 C_p 和 Fr 为参数可作成如图 6-5-9 所示的等值曲线图谱。图中空白部分代表有利干扰区,而阴影部分代表不利干扰区,此图仅适用于 Ⓟ$=1.15$ 以下的情况。由图可见,长度较大而棱形系数较小的船与长度较短而棱形系数较大的船会发生相同的兴波干扰作用。应用 Ⓟ 理论预测一般民用船的波阻峰点和波阻谷点的准确性较高。

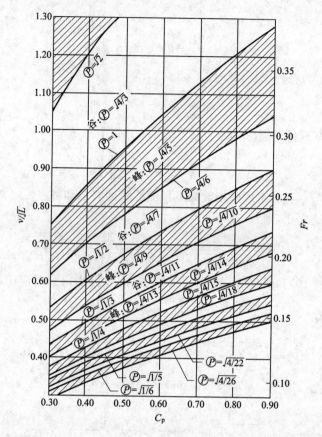

图 6-5-9 ⓟ 等值线图谱

2）傅汝德数预测法

在船舶设计中，棱形系数 C_p 通常根据 Fr 选定，而当船长和船速确定后，相应的 Fr 值（或速长比）即被确定。因此，可根据 Fr 确定船舶的兴波干扰情况。艾亚根据各种民用船的船模试验和实船试验结果，得出了 Fr 或 $v_s/\sqrt{L}$ 与波阻峰点和波阻谷点的对应关系，如表 6-5-1 所示。

表 6-5-1 Fr 或 $v_s/\sqrt{L}$ 与波阻峰点和波阻谷点的对应关系

Fr	0.200	0.214	0.232	0.256	0.283	0.342
$v_s/\sqrt{L}$	0.673	0.720	0.780	0.860	0.950	1.150
峰点或谷点	峰 点	谷 点	峰 点	谷 点	峰 点	谷 点

3）前肩波干扰的预测

前文曾提到，如果船舶的前肩过于隆起，则该处将产生另一波系，称为前肩波系，该

波系可能与船首波系发生不利干扰,使阻力增加。高恩等人的研究结果显示,前肩波系与船首波系发生不利干扰的航速为:

$$v_s = (1.956 \sim 1.992)\sqrt{L_e}$$

式中 L_e——进流段长度,m;

  v_s——航速,kn。

其中,$v_s = 1.974\sqrt{L_e}$ 应极力避免。

6.5.3 破波阻力

对于航速较低的肥大船型,在航行中其船首附近很容易观察到波浪破碎的现象,即破波。破波使阻力有所增加,这部分增加的阻力称为破波阻力。破波阻力本质上是一种兴波阻力。

在利用波形分析法研究兴波阻力时发现:对于线型瘦削的船型,在总阻力中减去$(1+k)$和摩擦阻力的乘积后,基本上等于由波形分析法求得的波型阻力。但对于较丰满的低速船型,即方形系数 C_b 较大的所谓肥大型船,两者并不相等,而是大于测量得到的波型阻力,且随傅汝德数的增大,两者的差别有随之增大的趋势。上述现象可以用下式表示:

$$C_t = C_{wp} + (1+k)C_f + C_{wb}$$

式中 C_t——总阻力系数,由船模拖曳试验测得;

  C_{wp}——波型阻力系数,由波形分析获得;

  $(1+k)C_f$——粘性阻力系数;

  C_{wb}——一项新的阻力成分,其与丰满船型船首出现的破波现象有直接关系,故称破波阻力。

破波阻力总体上具有如下特性:

(1) 对于航速较高的丰满船型,破波阻力是一种不容忽视的阻力成分。

(2) 破波阻力来源于船首非线性兴波的破碎,发生在船首附近,是一个局部现象,船长的作用并不明显,代替船长的应该是船舶吃水。吃水浅的船型,整个船体更靠近水面,对水面的扰动较大,非线性效应明显,故起作用的应该是吃水傅汝德数 $Fr_T = v/\sqrt{gT}$,T 为吃水。

(3) 对于几何相似的丰满船型,破波阻力随 Fr 的增大而增加,且服从傅汝德比较定律。

(4) 对于同一丰满船,在同样航速时,压载情况下的吃水小,吃水傅汝德数大,破波阻力比满载时高。

(5) 系统的试验表明,破波阻力与船型参数(主要是宽度吃水比 B/T、进流段长度、球首伸出长度等)有关。减小 B/T、增加进流段长度、采用前伸的薄形球首,都对减小破波阻力有利。

6.5.4 减小兴波阻力的方法

随着船速的提高,兴波阻力在船舶总阻力中所占的比例增大,因此必须采取措施减小兴波阻力,对于高速船更是如此。

对于常规船型,即单体排水型水面船舶,减小兴波阻力的方法是设法减小其兴波幅值。主要措施有:

1) 选择合理的船型参数

在船舶设计阶段,根据要求的预定航速,选择恰当的主尺度和船型系数可以得到较小的兴波阻力。例如,根据给定的航速,应用ⓟ理论合理选取船长和棱形系数可以避免处于波阻峰点。同时注意选取适当的进流段长度以避免发生肩波不利干扰等。

2) 设计良好的首尾形状

除了主尺度和船型系数外,船体形状,特别是首尾形状的改变对兴波阻力的影响有时极为显著。

3) 增加辅助设备

为了减小兴波阻力,常常采用增加辅助设备的办法产生有利干扰,其中最常见的是球鼻船首和削波水翼,分别如图 6-5-10 和图 6-5-11 所示。所谓球鼻船首,是指将船首柱前端水下部分设计成一个球形首。削波水翼通常在高速排水型快艇上使用。这两者的基本原理都是通过附加设备所产生的兴波与原有兴波叠加并生成有利干扰,减小兴波幅值。另外,球鼻船首还可以减小首柱坡度,对于减小破波阻力也有很好的效果。

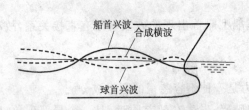

图 6-5-10 球鼻船首减阻原理

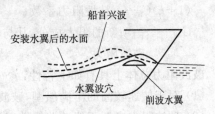

图 6-5-11 削波水翼减阻原理

4) 设计特殊船型

所谓特殊船型,就是不同于常规单体排水型的船舶。常见的有:

(1) 双体船或多体船。双体船的每个片体的长度排水体积系数或长宽比要大得多,可较大幅度地减小兴波阻力。在一定速度范围内,采用双体船方案的船体总阻力往往较单体船情况要小。

(2) 将船体抬出水面。将船体抬至水面滑行或使船体离开水面可有效减小兴波阻力,属于这一类设计概念的有滑行艇、水翼艇和气垫船等。

(3) 船体下潜。由波浪理论知,兴波主要发生在自由表面附近,而随着浸深的增加,波幅将按指数规律衰减。因此船体下潜设计概念是使船体排水体积部分或全部移向水面以下，从而减小兴波阻力。属于这种设计概念的有半潜船和潜水船。

（4）复合设计。即以上两种或多种设计概念的组合，从多方位考虑减小船的阻力，形成所谓复合船型。属于此类概念的船舶有"半潜双体"复合船（如小水线面双体船）、"双体气垫船"以及"双体水翼船"等。

■ 6.6　附加阻力

船舶的附加阻力包括各种附属体所受的阻力、水面以上的船体受到的空气阻力，以及由风浪造成的船舶阻力相对静水时的增加值。

6.6.1　附体阻力

在船体的外面通常要安装舵、舭龙骨、轴包架、轴和支轴架等附属设施，统称为附体。

由于水对附体的作用而增加的那一部分阻力，称为附体阻力。由于船的附体通常安装在水线以下较深的位置处，且相对尺寸较小，因而认为附体阻力的主要成分是摩擦阻力和粘压阻力。支轴架等这类较短的附体，其阻力成分主要是粘压阻力，并可认为其阻力系数与速度无关；而舭龙骨、轴包套等较长的沿流线方向安装的附体，其阻力成分主要是摩擦阻力。

精准地确定附体阻力非常困难，因此工程上一般采用近似方法，主要有以下两种。

1）应用已有资料或经验公式确定附体阻力

附体阻力以附体系数（k_{ap}）表示。附体系数是装置全部附体后较之裸体船所增加的有效功率（或阻力）与裸体船所需有效功率（或阻力）之比，因此附体系数又称附体阻力百分数。在考虑附体后的实船有效功率 P_{el} 可表示为：

$$P_{el} = P_{eb}(1 + k_{ap}) \tag{6-6-1}$$

式中　　P_{eb}——裸体船所需有效功率；

　　　　k_{ap}——附体系数，可根据各类船舶统计值选取，一般单螺旋桨民用船舶为 $2\%\sim$
　　　　　　　　5%，双螺旋桨民用船舶为 $7\%\sim13\%$。

2）应用船模试验确定附体阻力

通过带有附体的模型试验和裸体模型试验所得到的总阻力之差来确定附体阻力。为了减小尺度效应，应尽量采用大的船模进行试验。

若模型试验得到的裸体船模的总阻力为 R_m，加装全部附体后的总阻力为（$R_m + \Delta R_m$），则模型的附体阻力系数为：

$$C_{apm} = \frac{\Delta R_m}{\frac{1}{2}\rho_m S_m v_m^2} \tag{6-6-2}$$

船模的附体系数 $k_{apm} = \Delta R_m / R_m$，在实用中通常直接取实船的附体系数 k_{aps} 等于船模的附体系数。于是，实船的附体阻力 $\Delta R_s = k_{apm} R_s$。

6.6.2 空气阻力

空气阻力是指船体水线以上部分和上层建筑所受到的阻力,包括摩擦阻力和粘压阻力。但由于空气的密度和粘性系数都比水要小,故摩擦阻力只占极小部分,因此一般船舶所受到的空气阻力主要是粘压阻力,它与船舶水上部分的外形以及风的相对速度大小和方向有关。空气阻力通常只占船舶总阻力的很小部分。

空气阻力可由下式计算:

$$R_{aa} = C_a \cdot \frac{1}{2} \rho_a A_t v_a^2 \tag{6-6-3}$$

$$v_a = v_s + u_w \cos \varphi_a$$

式中 R_{aa}——空气阻力,N;

　　ρ_a——空气的质量密度,可取 1.226 kg/m³;

　　A_t——船体水线以上部分在横剖面上的投影面积,m²;

　　v_a——空气对船的相对速度,m/s;

　　u_w——风速;

　　φ_a——风速 u_w 与船速 v_s 之间的夹角。

空气阻力也可通过试验方法来确定:一种是在风洞中做船舶水上部分的模型试验,另一种是将带有上层建筑的船模倒置在水中进行拖曳试验。

实用中所说的空气阻力,是指船舶在静止空气或风速小于 2 级情况下航行时所受到的空气阻力。对于一般船舶,可按下式估算空气阻力系数:

$$C_{aa} = \frac{R_{aa}}{\frac{1}{2}\rho v_s^2 S} \approx 0.001 A_t / S$$

式中 ρ——水的质量密度;

　　S——船体湿表面积,m²;

　　v_s——船速,m/s;

　　A_t——船体水线以上部分在横剖面上的投影面积,m²。

根据风洞试验,不同船舶的空气阻力系数 C_{aa} 的平均值如表 6-6-1 所示。

表 6-6-1　不同船舶的空气阻力系数 C_{aa}

船舶类型	$C_{aa}/(\times 10^{-3})$	船舶类型		$C_{aa}/(\times 10^{-3})$
普通货船	$C_{aa}=0.10$	客　船		$C_{aa}=0.09$
散装货船	$C_{aa}=0.08$	渡　船		$C_{aa}=0.10$
油　船	$C_{aa}=0.08$	集装箱船	甲板上无集装箱	$C_{aa}=0.08$
超级油船	$C_{aa}=0.04$			
渔　船	$C_{aa}=0.13$		甲板上有集装箱	$C_{aa}=0.10$

作为粗略估算,特别是在船舶设计中,常以裸体阻力的百分数来估算空气阻力。不同船舶的空气阻力百分数 k_{aa} 不同,一般船舶,在风速不大于2级时,其空气阻力百分数 $k_{aa}=2\%\sim4\%$。当已确定船的附体阻力和空气阻力时,则实船的有效功率为:

$$P_{et}=P_{eb}(1+k_{ap}+k_{aa})$$

式中 P_{et}——实船有效功率,又称静水有效功率。

6.6.3 波浪中的阻力增值

由于风浪的存在,船舶在航行中所受到的阻力较静水时大,这部分增加的阻力称为波浪中的阻力增值,又称汹涛阻力,记作 R_{aw}。汹涛阻力的大小与风浪大小、方向及船型、航速等因素有关。

由于波浪阻力增值的存在,在相同功率的情况下,船舶航速必然会较静水中有所下降,这种航速的减小称为速度损失,简称失速。如要维持静水中的相同航速,则功率必须较原静水功率有所增加,所增加的功率称为储备功率。

在船舶设计时,通常综合考虑波浪中的阻力增值、强风作用下所增加的空气阻力、污底增加的阻力、主机性能下降以及在风浪中由于操纵性恶化而增加的阻力等。因此,船舶在波浪中航行时的储备功率不仅与阻力的增加有关,而且与航行区域的海况及气候条件等有关。

船舶设计中常用储备功率百分数(或称附加数)来表示储备功率的大小。该百分数是在计入考虑附体阻力和空气阻力以后所需静水航行功率后再增加的功率百分数,记为 k_{aw}。在考虑波浪中阻力增值等因素后的船舶实际有效功率 P_{ew},与静水有效功率 P_{et} 的关系为:

$$P_{ew}=P_{et}(1+k_{aw})$$

或

$$P_{ew}=P_{eb}(1+k_{ap}+k_{aa})(1+k_{aw})$$

并以此来确定主机功率。船舶建成后,在要求装载情况下,且主机额定功率在平静水域中所能达到的速度称为试航速度。但因受风浪和污底等因素的影响,其实际航速总是低于试航速度。因此常将以持久功率(约为额定功率的 $85\%\sim90\%$)在平均海况下船舶所能达到的航速称为服务速度。

储备功率的大小应视船长、船型、航道和船的业务性质而定。通常根据船长和方形系数相近的同型船舶在同样条件下航行的经验加以确定,一般取 $k_{aw}=15\%\sim30\%$,或者由耐波性试验求得,但储备功率不宜过大,否则在良好气候中,其结果很不经济。但在恶劣气候下,为防止发生危险事故,机器功率必须减低,因此也不能发挥储备功率的作用。

考虑汹涛阻力的另一种方法是将服务速度另加 $0.5\sim1.0$ kn 作为试航速度,然后以此试航速度为基础来估算功率。

■ 6.7　船模试验与阻力换算

6.7.1　船模试验

所谓船模试验,是按照一定的缩尺比,制作与实船相似的船模,并利用该船模进行试验。由于理论计算的局限性,船模试验仍是研究船舶性能的主要方法。

船模阻力试验是通过研究船模在水中做等速直线运动时所受到的作用力及其航行状态来确定船舶的阻力性能。通过船模阻力试验,可以研究和测定兴波阻力、粘性阻力、破波阻力和附体阻力等各种阻力成分来确定设计船舶的阻力性能,计算实船的有效功率,预报实船性能;通过系列船模试验,可以得到各类船型的阻力图谱,比较不同船型阻力性能的优劣;通过几何相似船模组试验,可以研究和验证有关阻力理论和计算方法。

6.7.1.1　船模试验设备

船模试验的主要设备是船模试验池,同时还配备用于拖带船模前进的拖曳装置,以及测量试验数据的测量仪器等。

根据船模阻力试验原理,船模试验池必须具备足够的长度以确保船模有足够的时间保持匀速运动,同时为了避免池壁和池底反射的干扰还应具备足够的宽度和深度。有些船模试验池还装有"假底",其池底与水面的距离可以调节。

按照拖曳船模的方式,船模试验池可分为拖车式和重力式两种。

拖车式船模试验池装有拖车,拖车可以沿水池两旁布置的轨道行驶,其长度一般在百米以上,如图 6-7-1 所示。拖车能够拖曳船模保持一定方向和一定速度运动,其上装有各种测量和记录仪器,如测定船模拖曳阻力的阻力仪、记录船模升沉和纵倾的仪器以及记录船模速度的测速仪等。为便于观察试验现象、拍摄照片和录像,在拖车上还设有观察平台。现代船模试验池的拖车上还配置计算机数据采集和实时分析系统,可迅速地给出试验结果。这种试验池可以采用较大尺度的船模,尺度效应较小,试验结果的准确性较高。另外,除了船模阻力试验外,拖车式船池还可以进行船舶推进、耐波性、操纵性以及船舶强度和振动等方面的试验,用途较为广泛。

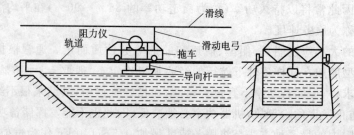

图 6-7-1　拖车式船模试验池

与拖车式船模试验池相比,重力式船模试验池则较为简陋,其结构如图 6-7-2 所示。试验时靠砝码的下落来拖动船模。当船模达到等速前进时,船模的阻力就等于经过传动比和设备摩擦量修正后的砝码的重量。记录船模被等速拖动一定距离所需的时间,可得到相应的船模速度。因此重力式船模阻力试验是在给定阻力情况下,测定相应的船模速度。这种试验池一般较短,不超过 40~50 m,仅能进行小船模的阻力试验,试验的精确性较差,试验范围也不广,通常仅供教学使用。

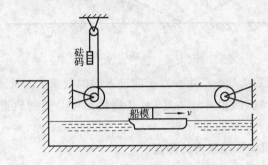

图 6-7-2　重力式船模试验池

6.7.1.2　船模阻力的测定

利用船模并采用不同的试验方法,可以对船模的总阻力、兴波阻力及粘性阻力进行测定。测定的结果作为换算实船阻力的依据。

1) 船模总阻力的测定

船模总阻力的测定较为简单,可直接利用拖车式船模试验池中的阻力仪或重力式船模试验池中的砝码测取。

2) 波形分析法与船模兴波阻力的测定

波形分析法的基本原理:认为船舶航行时,船体周围的波浪由两部分组成。其中,一部分是船体加速过程中形成的波系,当航速一定时,这种波系成为稳定波系,它总是留在船体周围,随船一起前进,并不向外传播,不再需要船对它提供能量,称为局部波系;另一部分是在船前进时不断向船后扩散的波,它需要船不断提供能量以维持其稳定的波系,称为自由波系。显然兴波阻力是与船后自由波系相对应的。因此,如果能够测得船后自由波系并得到其波幅函数,即可计算兴波阻力。这种由波形测量得到的兴波阻力称为波型阻力。

按照波形测量线是平行还是垂直于船行方向,波形分析法分为纵切法和横切法两种。波形测量线可以是一条,亦可以是多条平行线。

纵切法测量波形时,浪高仪探针在空间固定,如图 6-7-3 所示。这种方法的优点是装置简单,记录方便。但由于水池宽度有限,船模兴波遇到水池侧壁后会发生反射。为避开反射波的干扰,所记录的波形长度必须作进一步处理。

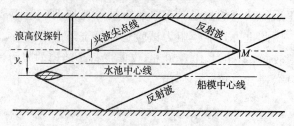

图 6-7-3　纵切法示意图

横切法通常是在船后 $L/2\sim L$ 处垂直于前进方向的截面上测量波形。该方法的优点是所测波形不受池壁干扰,但相对较为复杂,其测量精度会受到轨道高低不平及船后伴流等多种因素的影响。

3）尾流测量法与船模粘性阻力的测定

尾流测量法的基本原理:如图 6-7-4 所示,水流自远前方以船速 v_s 流向船体。设远前方及远后方控制面分别为 S_0 和 S_∞,由于两控制面距物体足够远,可设其压力均为 p_0;远前方的速度为 v_s,水流流经船体后,因粘性作用,远后方控制面上的速度为 u_∞。此外,设船模近后方测量平面为 S_1,在该平面上的流速为 u_1,压力为 p_1。

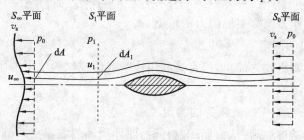

图 6-7-4　尾流测量法基本原理示意图

假定:

（1）船后尾流平面内的动量损失完全由粘性所致;

（2）船模的近后方测量平面 S_1 与船后足够远处平面 S_∞ 之间无能量损失。

在 S_∞ 平面处,可认为无波浪存在,那么由假定(1),dA 微面积上的粘性力 dR_v 应等于该面积上单位时间内的动量损失,即:

$$dR_v = \rho dA u_\infty (v_s - u_\infty)$$

那么,船模所受的粘性阻力可沿整个 S_∞ 平面积分得到,即:

$$R_v = \rho \iint\limits_{S_\infty} u_\infty (v_s - u_\infty)\,\mathrm{d}A \qquad (6\text{-}7\text{-}1)$$

由于船后足够远处尾流很小,且会受到来自池壁的反射波干扰,因而不可能在该平面内进行实际测量并依此计算粘性阻力。所以,实用中根据假定(2)对式(6-7-1)进行转换,并用船后测量平面 S_1 上的相应参数来表达:

$$R_v = G_0 \iint\limits_{S_1} 2\sqrt{\frac{G_1 - P_1}{G_0}}\left(1 - \sqrt{\frac{G_1}{G_0}}\right)\mathrm{d}y\mathrm{d}z \qquad (6\text{-}7\text{-}2)$$

式中　G_0——来流动压力,$G_0 = \dfrac{1}{2}\rho v_s^2$;

　　　G_1——S_1 截面处的相对总压力;

　　　P_1——S_1 截面处的相对静压力,$P_1 = p_1 - p_0$;

　　　y——测量平面处的横向轴;

　　　z——测量平面处的垂向轴。

具体测量时,在船的近后方测量平面 S_1 上的某一深度处横向布置一组毕托管,在随船模一起前进的过程中,测得各点的相对总压力 G_1 和相对静压力 P_1。对应于某一给定速度,改变毕托管的深度,反复多次拖曳,即可测得在该速度下不同深度和宽度范围内各点的压力值,然后利用式(6-7-2)即可求得该速度时的船模粘性阻力。图 6-7-5 为某船在某航速下进行尾流测压所得的不同深度的水头损失沿船宽方向的变化情况(取船模中心线为 $y=0$)。

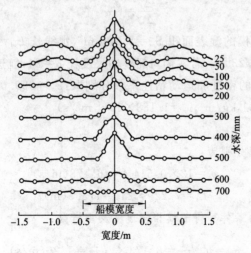

图 6-7-5　某船某航速的尾流压力测量结果

6.7.2 阻力换算

阻力换算是将船模试验所测得的阻力换算成实船的阻力。其基本依据是流体力学的相似理论,即两物体几何相似和两流场运动相似条件下的力学相似。根据对粘压阻力的处理方法的不同,目前常用的阻力换算方法分为傅汝德法(二因次法)和三因次法。

1) 傅汝德换算方法

傅汝德换算法的基本思想前文已有描述,下面将其具体步骤总结如下:

(1) 船模试验测得船模的总阻力 R_{tm};

(2) 用"相当平板"方法计算出船模的摩擦阻力 R_{fm};

(3) 计算船模的剩余阻力 $R_{rm} = R_{tm} - R_{fm}$;

(4) 应用傅汝德比较定律,由船模的剩余阻力 R_{rm} 换算出实船的剩余阻力 $R_{rs} = R_{rm} \cdot \Delta_s / \Delta_m$;

(5) 用"相当平板"方法求得实船的摩擦阻力 R_{fs};

(6) 计算实船的总阻力 $R_{ts} = R_{rs} + R_{fs}$。

在具体计算时必须注意:在求实船的摩擦阻力时,应考虑表面粗糙度的影响;而求船模的摩擦阻力时,因其较小且又较光滑,故可不考虑表面粗糙度的影响。对于船模与实船的速度,应符合傅汝德数相等条件下的速度关系 $v_s = v_m \sqrt{\alpha}$。在应用比较定律时,实船与船模排水量之比可表示为:

$$\frac{\Delta_s}{\Delta_m} = \frac{\rho_s}{\rho_m} \alpha^3$$

例 6-7-1 已知船模的湿表面积 $S_m = 9.936 \text{ m}^2$,水线长 $L_m = 7.229 \text{ m}$,由船模试验测得的总阻力 $R_{tm} = 29.23 \text{ N}$。若实船对船模的尺度比 $\alpha = 24$,航速 $v_s = 12 \text{ kn}$,求实船的总阻力。(淡水和海水的密度和运动粘性系数分别取:$\rho_m = 999.04 \text{ kg/m}^3$, $\nu_m = 1.139 \times 10^{-6} \text{ m}^2/\text{s}$;$\rho_s = 1\ 025.91 \text{ kg/m}^3$, $\nu_s = 1.188 \times 10^{-6} \text{ m}^2/\text{s}$)

解:

实船的速度和长度分别为:

$$v_s = 12 \times 0.514\ 4 = 6.173 \text{(m/s)}$$

$$L_s = 7.229 \times 24 = 173.5 \text{(m)}$$

由傅汝德数相等的条件可得船模相应速度及雷诺数:

$$v_m = v_s \sqrt{\frac{1}{\alpha}} = 6.173 \times \sqrt{\frac{1}{24}} = 1.26 \text{(m/s)}$$

$$Re_m = v_m \frac{L_m}{\nu_m} = \frac{1.26 \times 7.229}{1.139 \times 10^{-6}} = 7.997 \times 10^6$$

$$Re_s = v_s \frac{L_s}{\nu_s} = \frac{6.173 \times 173.5}{1.188 \times 10^{-6}} = 901.5 \times 10^6$$

以 1957ITTC 公式计算摩擦阻力系数：

$$C_{fm} = \frac{0.075}{[\lg(7.997 \times 10^6) - 2]^2} = 3.120 \times 10^{-3}$$

$$C_{fs} = \frac{0.075}{[\lg(901.5 \times 10^6) - 2]^2} = 1.550 \times 10^{-3}$$

船模总体阻力系数和剩余阻力系数：

$$C_{tm} = \frac{R_{tm}}{\frac{1}{2}\rho_m S_m v_m} = \frac{29.23}{\frac{1}{2} \times 999.04 \times 9.936 \times 1.26^2} = 3.710 \times 10^{-3}$$

$$C_{rm} = C_{tm} - C_{fm} = (3.710 - 3.120) \times 10^{-3} = 0.590 \times 10^{-3}$$

于是有：

$$C_{ts} = C_{fs} + \Delta C_{fs} + C_{rm} = (1.550 + 0.4 + 0.590) \times 10^{-3} = 2.54 \times 10^{-3}$$

实船湿表面积：

$$S_s = S_m \alpha^2 = 9.936 \times 24^2 = 5\,723.136 (\text{m}^2)$$

因此实船的总阻力为：

$$R_{ts} = C_{ts} \cdot \frac{1}{2}\rho_s S_s v_s^2 = 2.54 \times 10^{-3} \times \frac{1}{2} \times 1\,025.91 \times 5\,723.136 \times 6.173^2$$

$$= 284.145 (\text{kN})$$

2）三因次换算法

三因次换算法由休斯于 20 世纪 50 年代提出，并于 1978 年第 15 届 ITTC 会议中被推荐为标准的换算算法。其基本思想是：将摩擦阻力与粘压阻力合并为粘性阻力加以计算，并根据船模试验结果，认为粘压阻力系数与摩擦阻力系数的比值是一个常数 k，即：$k = C_{pv}/C_f$ 或者 $(1+k) = C_v/C_f$。其中，C_v 为粘性阻力系数；k 称为形状系数；$(1+k)$ 称为形状因子，仅与船体形状有关。因此该法称为三因次法，又称 $(1+k)$ 法。

三因次法的阻力换算关系如下。

船模总阻力系数：

$$C_{tm} = (1+k)C_{fm} + C_{wm}$$

式中　C_{wm}——船模兴波阻力系数。

在相应速度时的实船总阻力系数为：

$$C_{ts} = (1+k)C_{fs} + C_{wm}$$

又可写作：

$$C_{ts} = C_{tm} - (1+k)(C_{fm} - C_{fs})$$

15 届 ITTC 推荐的 $(1+k)$ 法计算式如下。

无舭龙骨时：

$$C_{ts}=C_{tm}-(1+k)(C_{fm}-C_{fs})+\Delta C_f+C_{aa}$$

有舭龙骨时：

$$C_{ts}=\frac{S+S_{bk}}{S}[(1+k)C_{fs}+\Delta C_f]+C_{wm}+C_{aa}$$

式中　$\Delta C_f,C_{aa}$——粗糙度补贴系数和空气阻力系数；

S,S_{bk}——实船的湿表面积和舭龙骨面积。

具体计算时可采用以下步骤：

(1) 由 1957ITTC 公式计算 C_{fm} 和 C_{fs}。

(2) 根据傅汝德数 $Fr=0.1\sim0.2$ 范围内的试验结果，可用两种方法确定 $(1+k)$ 值。

① 普鲁哈斯卡法：

$$\frac{C_{tm}}{C_{fm}}=1+k+y\frac{Fr^4}{C_{fm}}$$

式中的 C_{tm}，C_{fm} 及 Fr 都可根据船模阻力试验数据求得。

以 C_{tm}/C_{fm} 为纵坐标，以 Fr/C_{fm} 为横坐标，作线性关系图，则该直线的截距就是形状因子 $(1+k)$ 的值。

② 15 届 ITTC 推荐方法：

$$\frac{C_{tm}}{C_{fm}}=1+k+y\frac{Fr^n}{C_{fm}}$$

式中 Fr 的指数 n 视船型而异，其数值在 $2\sim6$ 范围内变化；$(1+k)$，y 和 n 三个未知数可根据船模试验结果用最小二乘法确定。

(3) 按 15 届 ITTC 推荐的公式计算 ΔC_f 及 C_{aa}。

$$\Delta C_f=\left[105\left(\frac{k_s}{L_{wl}}\right)^{1/3}-0.64\right]\times10^{-3}$$

式中　k_s——船体表面粗糙度，取 $k_s=150\times10^{-6}$，m；

L_{wl}——水线长，m。

$$C_{aa}=0.001A_t/S$$

式中　A_t——水线以上船体及上层建筑在中横剖面上的投影面积；

S——湿表面积。

▣ 6.8　船舶阻力的近似估算方法

所谓近似估算方法，是指把船舶阻力（或功率）表达为船型系数、速度或其他关键参数的函数,然后利用该函数关系近似估算船舶阻力的方法。在无法、不需要或不准备进行船模试验的情况下,近似估算方法有很高的实用价值。例如:在船舶设计的初期阶段,由于船舶线型尚未确定,因而还不能应用船模试验或其他方法来确定阻力;当主尺度和船型系数初步确定以后,必须知道主机功率以保证船舶能达到设计航速;如果主机功率已知,则需要估计阻力,以确定船舶航速。另外,对某些不准备做船模试验的小型船舶,设计时可采用近似方法来确定其阻力值。

　　近似估算阻力的方法较多,这些方法基本上都是根据船模系列试验结果或是在总结、分析大量的船模试验或实船试验的基础上得出的。因此应用这些方法所得结果的准确程度就与设计船与母型船或设计船与各图谱所依据的船模系列之间的相似程度有关。为了提高近似估算的准确性,在使用时应该对估算方法的原始资料情况有所了解,并有针对性地选择估算方法。

　　根据资料来源不同,船舶阻力的近似估算方法可分为船模系列资料估算法、经验公式估算法和母型船数据估算法三类近似方法。

　　船模系列资料估算法是根据船模系列试验资料,直接给出阻力图表或回归公式等供实际估算使用。在过去的几十年中,各国船模试验池进行了大量的系列船模试验,当时为适应造船工作者手工计算的需要,一些著名的标准系列船模或经验统计得出的资料,常用图谱的形式表示,使用时可直接从图谱中查取。这些标准系列有泰洛(Taylor)系列、陶德(Todd)系列(又称系列 60)、英国的 BSRA 系列和瑞典的 SSPA 系列、日本的肥大船系列、中国的长江客货船模系列和浅吃水肥大型船系列等。随着电子计算机的发展,人们普遍采用计算机进行阻力的分析计算及船型参数的优选,其中回归分析方法有很多优越性,根据不同的系列试验有相应的回归公式,可以利用这些公式估算船舶阻力。

　　经验公式估算法是在分析大量非系列船模试验和实船试航结果的基础上,总结归纳出曲线图表或给出阻力回归公式,并依此计算阻力或有效功率。在该类方法中,艾亚(Ayre)法,又称爱尔法,较为常用。

　　母型船数据估算法是当设计船与母型船相似且母型船的数据可靠时,根据母型船与设计船的某些线型的主要特征计算出修正系数,并进一步确定设计船的阻力或有效功率。应用这类方法所得结果的准确性与母型船和设计船之间的相似程度有关,因此所得结果的精确性不一定很高。但由于这类方法简单易行,因而被用于比较多种设计方案的阻力性能估算,以及某些仅要求对阻力性能作粗略估算的情况。在该类方法中较为常用的是海军系数法。

　　下面首先介绍海军系数法,然后介绍 Ayre 法。

6.8.1　海军系数法(admiralty coefficient method)

海军系数法的基本思想是,认为:

(1) 对于形状近似的船,湿表面积大致与排水量的 2/3 次方成比例,即 $S \propto \Delta^{2/3}$。

(2) 对两形状相近且尺度、速度相差不大的船,可认为两者的雷诺数 Re 相近、$C_f(Re)$ 近似相等。这样,两船的摩擦阻力满足以下关系:

$$R_f \propto \Delta^{2/3} v^2$$

(3) 在低速或傅汝德数相近时,近似有 $C_r(Fr)$ 等于常数,则两船的剩余阻力有以下关系:

$$R_r \propto \Delta^{2/3} v^2$$

于是,船舶总阻力和有效功率分别有:

$$R_t = R_f + R_r \propto \Delta^{2/3} v^2$$
$$P_e \propto \Delta^{2/3} v^3$$

以上各式中,Δ 为排水量(t),v 为航速(kn)。

若令

$$C_e = \frac{\Delta^{2/3} v^3}{P_e} \tag{6-8-1}$$

则对于船型近似,尺度和航速相近的船,其 C_e 大致相同,C_e 称为海军系数。

因此,在估算设计船的有效功率时,若能找到母型船,即与所设计船的船型相近、尺度和航速差不多的船舶,则设计船的有效功率可按如下步骤估算:

(1) 先由母型船资料按式(6-8-1)求得其海军系数 C_e;

(2) 因设计船与母型船之海军系数相同,则设计船的有效功率为:

$$P_e = \frac{\Delta^{2/3} v^3}{C_e}$$

上式中的排水量 Δ 和航速 v 均为设计船的数据。

6.8.2　Ayre 法

6.8.2.1　基本思想

Ayre 法的基本思想是:首先针对标准船型直接估算有效功率,然后根据设计船与标准船型之间的差异逐一进行修正,最后得到设计船的有效功率值。

Ayre 法标准船型的相应参数如下:

(1) 标准方形系数:对于单桨船,由式 $C_{bc} = 1.08 - 1.68Fr$ 计算;双桨船按上式计算所得的值再加 0.01;

（2）标准宽度吃水比：$B/T = 2.0$；

（3）标准浮心纵向位置 x_c，由表 6-8-1 列出；

（4）标准水线长：$L_{wl} = 1.025 L_{bp}$。

上述标准船型的有效功率 P_e(kW)按下式计算：

$$P_e = \frac{\Delta^{0.64} v_s^3}{C_0} \times 0.735 \tag{6-8-2}$$

式中　　Δ——排水量，t；

v_s——静水中试航速度，kn；

C_0——系数，可根据长度排水量系数 $L/\sqrt[3]{\Delta}$ 和速长比 $v/\sqrt{L}$（或 Fr）由图 6-8-1 查得，这里的 L 均为垂线间长。

6.8.2.2　估算阻力（或有效功率）的步骤

对于需要估算阻力的设计船舶，由于其船型往往与标准船型不同，即设计船的上述船型参数与标准船不同，故不能直接运用式(6-8-2)求取阻力（或有效功率）。具体估算时，应首先根据设计船与标准船型在相应参数之间的差异，逐项进行修正，并得到系数 C_0 的修正值，然后用此修正值利用公式(6-8-2)估算设计船的阻力（或有效功率）。

具体步骤如下：

（1）由要估算阻力的设计船舶的 $v/\sqrt{L}$ 或 Fr 及 $L/\sqrt[3]{\Delta}$ 的值，在图 6-8-1 上查得对应于标准船型的值。

（2）根据 $v/\sqrt{L}$ 或 Fr，由表 6-8-1 查得对应于标准船型的方形系数和浮心纵向位置。

（3）比较设计船与标准船型的各对应参数，并进行修正。修正方法如下：

① 方形系数 C_b 的修正。

当设计船的 C_b 小于或大于标准船型的 C_{bc} 值时，应对标准船型的 C_0 值增加或减小一个修正量 Δ_1：

当 $C_b > C_{bc}$ 时，　　　　$\Delta_1 = -3C_0 \dfrac{C_b(C_b - C_{bc})}{C_{bc}}$

当 $C_b < C_{bc}$ 时，　　　　　　$\Delta_1 = C_0 K_{bc}$

式中　　K_{bc}——C_0 增加的百分数，由表 6-8-2 查得。

经方形系数修正后的系数 C_1 的值为：

$$C_1 = C_0 + \Delta_1$$

表 6-8-1 标准方形系数及标准浮心纵向位置

$v_s/\sqrt{gL}$	$v/\sqrt{L}$	标准 C_{bc} （单桨船）	标准 x_c 位置（距船中％L）	
			单桨船	双桨船
0.148	0.50	0.83	2.00	1.00
0.154	0.52	0.82	1.96	0.96
0.160	0.54	0.81	1.93	0.93
0.166	0.56	0.80	1.90	0.90
0.172	0.58	0.79	1.85	0.85
0.178	0.60	0.78	1.80	0.80
0.184	0.62	0.77	1.73	0.73 前
0.190	0.64	0.76	1.65 前	0.65
0.196	0.66	0.75	1.55	0.55
0.202	0.68	0.74	1.44	0.44
0.208	0.70	0.73	1.31	0.31
0.214	0.72	0.72	1.16	0.16
0.220	0.74	0.71	0.99	—
0.226	0.76	0.70	0.80	0.20
0.232	0.78	0.69	0.55	0.45
0.238	0.80	0.68	0.20	0.80
0.244	0.82	0.67	0.12	1.11
0.250	0.84	0.66	0.45	1.37
0.256	0.86	0.65	0.75	1.57
0.261	0.88	0.64	1.00	1.72
0.267	0.90	0.63	1.20	1.85
0.273	0.92	0.62	1.40	1.96
0.279	0.94	0.61	1.58	2.05
0.285	0.96	0.60	1.74	2.12
0.291	0.98	0.59	1.88	2.19
0.297	1.00	0.58	1.99	2.24
0.303	1.02	0.573	2.09	2.29
0.309	1.04	0.568	2.18	2.33 后
0.315	1.06	0.564	2.25 后	2.37
0.321	1.08	0.560	2.32	2.40
0.327	1.10	0.557	2.37	2.43
0.333	1.12	0.554	2.41	2.45
0.339	1.14	0.552	2.44	2.47
0.345	1.16	0.549	2.47	2.48
0.351	1.18	0.547	2.49	2.49
0.357	1.20	0.545	2.50	2.50
0.363	1.22	0.543	2.51	2.51
0.369	1.24	0.541	2.52	2.52
0.375	1.26	0.539	2.53	2.53
0.380	1.28	0.537	2.54	2.54
0.386	1.30	0.536	2.55	2.55

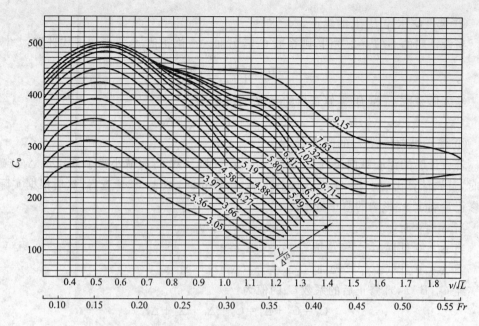

图 6-8-1　标准船型的 C_0 系数

表 6-8-2　实际 C_b 较小时对 C_0 所增加的百分数 K_{bc}

$100\dfrac{C_{bc}-C_b}{C_{bc}}$	$K_{bc}/\%$	$100\dfrac{C_{bc}-C_b}{C_{bc}}$	$K_{bc}/\%$	$100\dfrac{C_{bc}-C_b}{C_{bc}}$	$K_{bc}/\%$	$100\dfrac{C_{bc}-C_b}{C_{bc}}$	$K_{bc}/\%$
—	—	4.0	2.00	8.0	5.05	12.0	8.70
0.2	0.08	4.2	2.12	8.2	5.23	12.2	8.88
0.4	0.16	4.4	2.24	8.4	5.41	12.4	9.06
0.6	0.24	4.6	2.36	8.6	5.59	12.6	9.23
0.8	0.32	4.8	2.48	8.8	5.77	12.8	9.39
1.0	0.40	5.0	2.60	9.0	5.95	13.0	9.55
1.2	0.50	5.2	2.74	9.2	6.13	13.2	9.71
1.4	0.60	5.4	2.88	9.4	6.31	13.4	9.87
1.6	0.70	5.6	3.04	9.6	6.49	13.6	10.02
1.8	0.80	5.8	3.20	9.8	6.67	13.8	10.16
2.0	0.90	6.0	3.36	10.0	6.85	14.0	10.30
2.2	1.00	6.2	3.52	10.2	7.03	15.0	11.00
2.4	1.10	6.4	3.68	10.4	7.21	16.0	11.60
2.6	1.20	6.6	3.84	10.6	7.40	17.0	12.05
2.8	1.30	6.8	4.00	10.8	7.60	18.0	12.35
3.0	1.40	7.0	4.16	11.0	7.80	19.0	12.60
3.2	1.52	7.2	4.33	11.2	8.00	20.0	12.80
3.4	1.64	7.4	4.51	11.4	8.20	21.0	12.90
3.6	1.76	7.6	4.69	11.6	8.38	22.0	13.00
3.8	1.88	7.8	4.87	11.8	8.54	—	—

② 宽度吃水比 B/T 的修正。

当设计船的 $B/T \neq 2.0$ 时,则系数 C_1 需另加一个修正值 Δ_2。Δ_2 按下式计算:

$$\Delta_2 = -10C_b \left(\frac{B}{T} - 2 \right) \% \times C_1$$

经方形系数 C_b 和 B/T 修正后的系数 C_2 的值为:

$$C_2 = C_1 + \Delta_2 = C_0 + \Delta_1 + \Delta_2$$

③ 浮心纵向位置 x_F 的修正。

若设计船的浮心纵向位置 x_F 不在标准位置时,系数 C_2 应减小一个修正量 Δ_3。确定 Δ_3 时,首先计算出 $(\Delta_3)_0 = C_2 K_{x_c}$,其中的 K_{x_c} 由表 6-8-3 或表 6-8-4 查得,然后根据实际 C_b 的修正量确定 x_F 影响的修正量 Δ_3:

当 $\Delta_1 > 0$ 时, $\Delta_3 = -(\Delta_3)_0$

当 $\Delta_1 < 0$ 且 $|(\Delta_3)_0| \leqslant \Delta_1$ 时, $\Delta_3 = 0$

当 $\Delta_1 < 0$ 且 $|(\Delta_3)_0| > \Delta_1$ 时, $\Delta_3 = -|(\Delta_3)_0| - \Delta_1$

经 $C_b, B/T, x_F$ 修正后的系数 C_3 的值为:

$$C_3 = C_2 + \Delta_3 = C_0 + \Delta_1 + \Delta_2 + \Delta_3$$

④ 水线长度 L_{wl} 的修正。

如果设计船的水线长大于或小于标准水线长度,则应将系数 C_3 增加或减少一个修正量 Δ_4:

$$\Delta_4 = \frac{L_{wl} - 1.025L_{bp}}{1.025L_{bp}} C_3$$

经过以上四项修正后的系数 C_4 的值为:

$$C_4 = C_3 + \Delta_4 = C_0 + \Delta_1 + \Delta_2 + \Delta_3 + \Delta_4$$

(4) 设计船的有效功率的计算。

设计船的有效功率的估算按下式进行:

$$P_e = \frac{\Delta^{0.64} v_s^3}{C_4} \times 0.735$$

这里的 $P_e(kW)$ 是包含 8% 的附体阻力的有效功率,其相应的裸船体有效功率为:

$$P_{eb} = \frac{P_e}{1.08}$$

Ayre 法的计算可列表进行,表 6-8-5 是具体的估算实例(该船为单桨船)。

Ayre 法是在统计归纳了大量船模试验和实船试验资料的基础上得到的,其适用范围较广,一般对中低速商船比较适用,也可用于正常尺度的海洋拖船。所估算的有效功率包含了单桨船通常具有的舭龙骨、舵等附体阻力以及一般货船的空气阻力,合计约占裸船体阻力的 8%。因此对于双桨船或多螺旋桨船的阻力和极大上层建筑的空气阻力,应另加修正。

表 6-8-3 实际 x_F 位置在标准 x_c 位置前时应减小的百分数 K_{x_c}

$v/\sqrt{L}$	实际 x_F 位置在标准 x_c 位置前的距离(以船长 L 的百分数计)									
	0.2	0.4	0.6	0.8	1.0	1.2	1.4	1.6	1.8	2.0
0.40	0.4	0.8	1.2	1.6	2.0	2.6	3.2	3.8	4.4	5.0
0.42	0.3	0.7	1.0	1.4	1.8	2.4	3.0	3.6	4.2	4.8
0.44	0.2	0.6	0.9	1.2	1.6	2.2	2.8	3.4	4.0	4.6
0.46	0.2	0.5	0.8	1.0	1.4	2.0	2.6	3.2	3.8	4.4
0.48	0.2	0.4	0.7	0.9	1.2	1.8	2.4	3.0	3.6	4.2
0.50	0.2	0.4	0.6	0.8	1.0	1.6	2.2	2.8	3.4	4.0
0.52	0.2	0.4	0.6	0.8	1.0	1.6	2.2	2.8	3.4	4.0
0.54	0.2	0.4	0.6	0.8	1.0	1.6	2.2	2.8	3.4	4.0
0.56	0.2	0.4	0.6	0.8	1.0	1.6	2.2	2.8	3.4	4.0
0.58	0.2	0.4	0.6	0.8	1.0	1.6	2.2	2.8	3.4	4.0
0.60	0.2	0.4	0.6	0.8	1.0	1.6	2.2	2.8	3.4	4.0
0.62	0.2	0.5	0.8	1.1	1.4	2.0	2.6	3.2	3.8	4.4
0.64	0.3	0.7	1.0	1.4	1.8	2.4	3.0	3.6	4.2	4.8
0.66	0.4	0.8	1.3	1.7	2.2	2.8	3.4	4.0	4.6	5.2
0.68	0.5	1.0	1.5	2.0	2.6	3.2	3.8	4.4	5.0	5.6
0.70	0.6	1.2	1.8	2.4	3.0	3.6	4.2	4.8	5.4	6.0
0.72	0.6	1.3	2.0	2.7	3.4	4.1	4.7	5.4	6.1	6.8
0.74	0.7	1.5	2.2	3.0	3.8	4.5	5.3	6.0	6.8	7.6
0.76	0.8	1.6	2.5	3.3	4.2	5.0	5.8	6.7	7.5	8.4
0.78	0.8	1.8	2.7	3.6	4.6	5.5	6.4	7.3	8.2	9.2
0.80	1.0	2.0	3.0	4.0	5.0	6.0	7.0	8.0	9.0	10.0
0.82	1.0	2.1	3.2	4.3	5.4	6.5	7.6	8.6	9.7	10.8
0.84	1.1	2.3	3.4	4.6	5.8	7.0	8.1	9.2	10.4	11.6
0.86	1.2	2.4	3.7	4.9	6.2	7.5	8.7	9.9	11.1	12.4
0.88	1.2	2.6	3.9	5.2	6.6	8.0	9.2	10.5	11.8	13.2
0.90	1.4	2.8	4.2	5.6	7.0	8.4	9.8	11.2	12.6	14.0
0.92	1.4	2.9	4.4	5.9	7.4	8.9	10.4	11.8	13.3	14.8
0.94	1.5	3.1	4.6	6.2	7.8	9.3	10.9	12.4	14.0	15.6
0.96	1.6	3.2	4.9	6.5	8.2	9.8	11.5	13.1	14.7	16.4
0.98	1.6	3.4	5.1	6.8	8.6	10.3	12.0	13.7	15.4	17.2
1.00	1.8	3.6	5.4	7.2	9.0	10.8	12.6	14.4	16.2	18.0
1.02	1.8	3.7	5.6	7.5	9.4	11.3	13.2	15.0	16.9	18.8
1.04	1.9	3.9	5.8	7.8	9.8	11.8	13.7	15.6	17.6	19.6
1.06	2.0	4.0	6.1	8.1	10.2	12.3	14.3	16.3	18.3	20.4
1.08	2.1	4.2	6.3	8.4	10.6	12.7	14.8	16.9	19.1	21.2
1.10	2.2	4.4	6.6	8.8	11.0	13.2	15.4	17.6	19.8	22.0
1.15	2.4	4.8	7.2	9.6	12.0	14.4	16.8	19.2	21.6	24.0
1.20	2.6	5.2	7.8	10.4	13.0	15.6	18.2	20.8	23.4	26.0

表 6-8-4　实际 x_F 位置在标准 x_c 位置后时应减小的百分数 K_{x_c}

$v/\sqrt{L}$	实际 x_F 位置在标准 x_c 位置后的距离(以船长 L 的百分数计)									
	0.2	0.4	0.6	0.8	1.0	1.2	1.4	1.6	1.8	2.0
0.40	1.0	2.0	3.0	4.0	5.0	6.4	7.8	9.2	10.6	12.0
0.42	1.9	1.9	2.8	3.8	4.8	6.1	7.5	8.9	10.2	11.6
0.44	0.8	1.8	2.7	3.6	4.6	5.8	7.2	8.6	9.8	11.2
0.46	0.8	1.7	2.6	3.5	4.4	5.6	6.9	8.3	9.5	10.8
0.48	0.8	1.7	2.5	3.4	4.2	5.4	6.6	8.0	9.2	10.4
0.50	0.8	1.6	2.4	3.2	4.0	5.2	6.4	7.6	8.8	10.0
0.52	0.7	1.5	2.3	3.1	3.8	4.9	6.1	7.2	8.4	9.6
0.54	0.6	1.4	2.2	2.9	3.6	4.6	5.8	6.9	8.0	9.2
0.56	0.6	1.3	2.0	2.8	3.4	4.4	5.6	6.6	7.6	8.8
0.58	0.6	1.2	1.9	2.6	3.2	4.2	5.2	6.3	7.3	8.4
0.60	0.6	1.2	1.8	2.4	3.0	4.0	5.0	6.0	7.0	8.0
0.62	0.6	1.1	1.7	2.3	2.8	3.7	4.7	5.6	6.6	7.6
0.64	0.5	1.1	1.6	2.1	2.6	3.4	4.4	5.3	6.2	7.2
0.66	0.5	1.0	1.4	1.9	2.4	3.2	4.1	5.0	5.8	6.8
0.68	0.5	0.9	1.3	1.7	2.2	3.0	3.8	4.7	5.5	6.4
0.70	0.4	0.8	1.2	1.6	2.0	2.8	3.6	4.4	5.2	6.0
0.72	0.4	0.7	1.0	1.4	1.8	2.5	3.2	4.0	4.8	5.6
0.74	0.3	0.6	0.9	1.2	1.6	2.3	2.9	3.6	4.4	5.2
0.76	0.3	0.5	0.8	1.0	1.4	2.0	2.6	3.3	4.0	4.8
0.78	0.2	0.4	0.7	0.9	1.2	1.8	2.4	3.0	3.6	4.4
0.80	0.2	0.4	0.6	0.8	1.0	1.6	2.2	2.8	3.4	4.0
0.82	—	0.2	0.4	0.6	0.8	1.3	1.8	2.4	3.0	3.6
0.84	—	—	0.2	0.4	0.6	1.1	1.6	2.1	2.6	3.2
0.86	—	—	—	0.2	0.4	0.8	1.3	1.8	2.3	2.8
0.88	—	—	—	—	0.2	0.6	1.0	1.4	1.9	2.4
0.90	—	—	—	—	—	0.4	0.8	1.2	1.6	2.0
0.92	—	—	—	—	—	0.3	0.6	1.0	1.4	1.6
0.94	—	—	—	—	—	0.3	0.5	0.7	1.0	1.2
0.96	—	—	—	—	—	0.2	0.4	0.7	1.0	1.2
0.98	—	—	—	—	—	0.3	0.6	0.9	1.2	1.6
1.00	—	—	—	—	—	0.4	0.8	1.2	1.6	2.0
1.02	—	—	—	—	0.2	0.6	1.0	1.5	1.9	2.4
1.04	—	—	—	0.2	0.4	0.8	1.3	1.8	2.3	2.8
1.06	—	—	0.2	0.4	0.6	1.1	1.6	2.1	2.6	3.2
1.08	—	0.2	0.4	0.6	0.8	1.3	1.9	2.4	3.0	3.6
1.10	0.2	0.4	0.6	0.8	1.0	1.6	2.2	2.8	3.4	4.0
1.15	0.3	0.6	0.9	1.2	1.5	2.2	2.9	3.6	4.3	5.0
1.20	0.4	0.8	1.2	1.6	2.0	2.8	3.6	4.4	5.2	6.0

表 6-8-5　Ayre 法有效功率估算表

已知量		水线长 $L_{wl}=125.5$ m 垂线间长 $L_{bp}=122.0$ m 船宽 $B=16.8$ m 吃水 $d=7.94$ m 排水量（海水）$\Delta=11\,970$ t		宽度吃水比 $B/T=2.12$ 方形系数 $C_b=0.721$ 浮心纵向位置 $x_c=0.5\%L$（船中前） $L/\Delta^{1/3}=5.33$ $\Delta^{0.64}=407$	
计算顺序	1	速度 v/kn		14	15
	2	傅汝德数 $v_s/\sqrt{gL}$		0.208	0.223
	3	标准 C_0，查图 6-8-1		449	424
	4	标准 C_{bc}，查表 6-8-1		0.730	0.705
	5	实际 C_b 修正（肥或瘦）/%		1.23 瘦	2.27 肥
	6	C_b 修正 /%	若肥：$-C_b$ 肥(%)$\times3\times$实际 C_b		-4.91
			若瘦：查表 6-8-2	$+0.51$	
	7	C_b 修正量 Δ_1		$+2$	-21
	8	C_b 修正后的系数 C_1		451	403
	9	B/T 修正 $=-10C_b(B/T-2)\%$		-0.865	-0.865
	10	B/T 修正量 Δ_2		-4	-3
	11	B/T 修正后的系数 C_2		447	400
	12	标准 $x_c/\%L$，船中前或后，查表 6-8-1		1.31，船中前	0.90，船中前
	13	实际 $x_c/\%L$，船中前或后（已知量）		0.50，船中前	0.50，船中前
	14	相关 %L，在标准者前或后		0.81，后	0.40，后
	15	x_c 修正 /%，查表 6-8-4		-1.62	-0.55
	16	x_c 修正量 Δ_3		-7	-2（免）
	17	x_c 修正后的系数 C_3		440	400
	18	L_{wl} 修正 $=\dfrac{L_{wl}-1.025L_{bp}}{1.025L_{bp}}\times100\%$		$+0.3$	$+0.3$
	19	L_{wl} 修正量 Δ_4		$+1$	$+1$
	20	L_{wl} 修正后的系数 C_4		441	401
	21	v_s^3		2\,744	3\,375
	22	$P_e=\dfrac{\Delta^{0.64}v_s^3}{C_4}\times0.735$（kW）		1\,861	2\,518

Ayre 法适用范围较广，特别是对于中低速船，其估算结果与船模试验结果吻合较好。但由于该法依据的资料较陈旧，对于新船型，估算结果的误差往往较大；此外 Ayre 法未考虑满载水线的形状及进水角等因素，同时此法估算的依据纯属统计资料，因此很难从理论上予以判断。这是 Ayre 法的不足之处。

▣ 6.9　船型对阻力的影响

　　船体的外部形状及其几何特征,尤其是水下部分,对船舶阻力有较大影响。船体表面形状多为复杂的空间曲面,不同船型只能采用各自的型线图表达。为了表征不同船型的差别并便于量化,通常采用船型参数来表达船型特征。常用的船型参数包括:主尺度、主尺度比值和船型系数等。另外,船体形状还可通过横剖面面积曲线的形状、满载水线面的形状和首尾形状等来表征。下面将主要介绍船长、方形系数、棱形系数、宽度吃水比和首尾横剖面形状对船舶阻力的影响。

　　在讨论船型对阻力的影响时,必须注意到船型对阻力性能的影响是与船速密切联系的。在不同速度范围内,船型参数对阻力的影响不仅程度上不同,甚至还有本质上的差别,因此所谓阻力性能优良的船型是对某一速度范围而言的。换句话说,优良的船型将随速度而异,低速时阻力性能良好的船型,在高速时可能反而不佳。由此可以推断,对于不同速度范围内的船舶来说,影响船体阻力的主要船型参数应该是不同的。为此,在船舶设计过程中考虑参数选择的出发点不应完全相同。

　　目前研究一般水面排水型船的阻力问题时,较为普遍的做法是按照傅汝德数将各类船舶分为低速船($Fr<0.18$)、中速船($0.18<Fr<0.30$)和高速船($Fr>0.30$)。一般民用船大多属于中低速船的范围,而军舰属于高速船之列。各类船舶的速度范围不同,因而其主要阻力成分亦不相同,所以在船型设计所考虑的侧重点也必然各不相同。

　　低速船航速较低,兴波阻力相对较小,其总阻力中摩擦阻力与粘压阻力占主要成分,因此在设计这类船舶时,重点在于减小摩擦阻力和粘压阻力。摩擦阻力主要取决于船体的湿表面积,因而这类船的形状比较肥短,其目的是获得较小的船体湿表面积以减小摩擦阻力。但是由于这类船易产生旋涡,因此必须注意去流段的设计,以防止粘压阻力的增大。

　　中速船的航速较低速船有所增大,兴波阻力成分随之增大,故在设计过程中既要注意减小兴波阻力,又要防止其他阻力成分的增长。为此,一方面要恰当地选择船型参数以造成首尾波系的有利干扰;另一方面应使船型适当地趋于瘦削,这样可以避免产生大量旋涡,有利于减小粘压阻力。

　　高速船的兴波阻力是总阻力中的主要成分,有时可达60%以上,故设计中应力求减少兴波阻力。一般来说,高速船兴起的波浪长度都比较长,首尾波系在船尾产生有利干扰的可能性很小,所以在设计时应致力于减小船首波系的波高,因而这类船都比较瘦长,特别是前体更甚,其目的就在于尽可能减小兴波阻力。

　　1) 船长的影响

　　对摩擦阻力来说,船长增加,湿表面积增加,因而它随船长的增加而增加;对于兴波阻力来说,速度一定时,随船长的增加而降低。船模试验已经证明,在最低阻力点前后相当大的长度范围内,兴波阻力并无太大差异,所以应当选择一个阻力不高的最短长度。以下经验公式可供选择长度时参考:

$$\frac{L}{\nabla^{1/3}}=C(\frac{v_r}{v_r+2})^2$$

式中　L——垂线间长,m;

　　　　∇——满载排水体积,m³;

　　　　v_r——满载试航速度,kn;

　　　　C——常数,航速在 11~16.5 kn 之间的单桨商船取 6.7~7.3,航速在 15.5~18.5 kn

　　　　　　之间的双桨商船取 6.8~7.5。

2) 棱形系数的影响

棱形系数表示排水量沿船长分布的情况,对于一定排水量和长度的船舶,其值小表示排水量集中于船的中央部分,两端较瘦削;反之表示排水量沿船长均匀分布,两端较丰满。由此可见,棱形系数对摩擦阻力的影响并不显著,而对兴波阻力影响较大。船模试验证实,对于一定的速长比 $v/\sqrt{L}$ 均有一个最佳棱形系数值,此时剩余阻力最低。一般来说,$v/\sqrt{L}=1.5$ 时,C_p 的最佳值约为 0.65;$v/\sqrt{L}\leqslant1.0$ 时,C_p 的最佳值在 0.50~0.55 之间。

3) 方形系数的影响

方形系数表征了船体水下部分的肥瘦程度,它对摩擦阻力的影响较小,但对剩余阻力的影响较大,尤其是对航速较高的船影响更为显著。方形系数对兴波阻力影响敏感。

方形系数可按下式确定:

$$C_b=1.08-1.68Fr$$

双桨船应加 0.01。

如果 C_b 值超过上式的规定,则阻力迅速上升,所以由上式确定的值为临界方形系数;对于一定的方形系数,如果傅汝德数超过上式的规定,阻力迅速上升,说明这样的速度过快,故上式规定的 Fr 值为临界傅汝德数。

4) 宽度吃水比的影响

宽度吃水比的几何意义是表征船体的扁平程度。试验资料表明,宽度吃水比对摩擦阻力影响很小,对剩余阻力的影响要视 B 和 T 分别对剩余阻力影响的大小而定。一般认为,船宽 B 增大时,船体的散波波高增大;吃水 T 增大时,横波的波高增大。因此,B/T 值大的船舶,其阻力曲线上的凸起点与凹入点并不明显。

综上所述,B/T 对总阻力将有所影响,但是这种影响作用往往不大,根据试验统计资料可近似估计。对于中低速船,在常用的 B/T 范围内,当 B/T 值增加 0.1 时,将使总阻力增加 0.50%～0.75%，而高速船相应增加要大些。

在船舶设计中，B/T 的选择往往不是依据阻力性能，而是根据船的稳性、布置、航道水深限制等方面的要求加以确定的。特别是现代货船和油船的设计趋势是适当地增大 B，以减小 L/B 值、增大 B/T 值，同时相应地使方形系数值 C_b 降低。这样不但能使阻力有所减小，而且有利于船体结构重量的减轻和造价的降低。同时，船宽的增大，将提高稳性，而吃水的减小又缩小了航道和港口的水深限制。这种在排水量一定的前提下，选用较大的 B/T 值和较小的方形系数的措施，在不少设计中已取得成功。

5）横剖面形状的影响

横剖面形状的变化对摩擦阻力的影响较小，对剩余阻力影响较大，对于不同速度的船舶应兼顾阻力、推进和耐波性等方面的要求选择艏艉横剖面形状。横剖面形状通常有 U 形和 V 形两种。

（1）艏部横剖面形状。

低速船取 V 形较佳，因为它的湿表面积较 U 形略小，可减小摩擦阻力。同时它的水下部分较瘦，且易于使水流沿纵剖线方向流动，以减少艉部产生的旋涡，所以对阻力性能有利；一般对中高速船以采用 U 形为佳，虽然 U 形的湿表面积相对于 V 形略大，但 U 形可使较多的排水体积分布于满载水线以下，满载水线处较尖瘦，可以减小兴波阻力。但对中高速船应注意避免采用极端 U 形，否则由于艏部曲率半径过小，易于产生旋涡，于阻力性能反而不利。另外，对于更高速的快艇均采用 V 形剖面，这主要考虑提高水动力特性和改善耐波性的要求。

（2）艉部横剖面形状。

从阻力观点来看，采用 V 形剖面的优点除湿表面积略小外，主要是 V 形剖面与较宽的满载水线相配合，使水下部分较瘦削，艉部纵剖线较平顺不易产生分离，不但对阻力性能有利，且螺旋桨效率不受影响。另外较宽的水线更适于布置双桨，因此双桨船的尾部一段均采用 V 形剖面。但从推进角度来看，后部采用 U 形剖面可使伴流比较均匀，因此船体振动较小，特别对提高单螺旋桨效率有利。所以在实际应用中，有的将艉部 V 形横剖面在接近推进器处逐渐改为 U 形，以获得两种剖面线型所具有的优点。

艏艉部横剖面形状的配合问题，目前尚无定论。一般认为，艏部剖面形状主要从阻力和波浪中的失速来考虑；艉部剖面形状应结合推进效率考虑，同时要注意艏艉部线型的平顺过渡。

6.10 限制航道对船舶阻力的影响

前面所讨论的都是船舶在无限宽广深水中运动时的阻力问题，这种边界不受限制的航道称为深水航道。而实际中的航道往往会受到边界的限制,这种航道称为限制航道。限制航道可分为仅水深受限制的浅水情况和深度及宽度都受限制的狭窄水道两种情况。然而,限制航道的概念并不是绝对的,实际上任何航道都有边界,这里主要视其对船舶阻力是否产生影响而定。

航道对阻力的影响主要取决于航道的深度、宽度和船的尺度、航速之间的相对情况。不同船舶在同一航道中航行时,航道对它们的阻力影响可能是不同的;同一船舶在同一航道中航行时,在不同航速下,对阻力影响也将是不同的。在航速较低时,航道对阻力不产生影响,因而可作深水航道情况处理;而在航速较高时,航道对船的阻力的影响可能相当显著,因而必须考虑限制航道问题。

1) 浅水对阻力的影响

船舶在浅水中航行时,其所受到的粘性阻力和兴波阻力都不同于在深水中的情况。由于水深受到限制,船底和河床之间的流速增大,并使一部分水流被挤向两边舷侧方向,从而使得船两侧的流速也增大。这种流速增大会导致粘性阻力增加,并使得船舶吃水增加,船体下沉,同时出现尾倾现象。另外,船舶在浅水中航行时兴起的波浪参数如波高、波速、波长以及兴起的波浪的形状与深水中都不相同。这些现象统称为浅水效应。船舶在浅水和深水情况下的阻力曲线如图6-10-1所示。

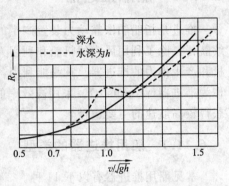

图 6-10-1 浅水和深水中阻力曲线的比较

浅水和深水中阻力曲线的特征如下:

(1) 当水深傅汝德数 $Fr_h = v/\sqrt{gh} < 0.5$,即 $v < 0.5\sqrt{gh}$ 时,船在浅水中的阻力值较深水中的阻力值没有明显增加,两者极为相近。这是因为航速较低时,浅水对流场和兴波情况的影响极小,所以在这个速度范围内,一般可以不考虑浅水影响问题。

(2) 当 $0.5 < Fr_h < 1.0$,即 $0.5\sqrt{gh} < v < \sqrt{gh}$ 时,由于航速增大,浅水的影响,特别是浅水对兴波的影响渐趋明显,直至在船首尾出现"孤立波",浅水情况的阻力较深水时有显著的增加。

(3) 当 $Fr_h = 1.0$,即 $v = \sqrt{gh}$ 时,船速达到临界速度,此时兴波阻力出现极大值,阻力曲线出现峰值,较深水中的阻力值有很大增加。

(4) 当 $Fr_h \geq 1.0$,即 $v > \sqrt{gh}$ 时,船速已超过波浪传播的极限速度,横波消失,散波的覆盖面减小,由于高速时的兴波阻力下降较多,所以此时船的总阻力甚至较深水阻力还要低。

2）狭窄水道的影响

船舶在运河或内河等狭窄水道中航行时，与在浅水中航行时的特点基本相同，但由于其宽度受到限制，因此特点更为明显。主要表现在：① 船底和两舷侧的流速增加更为明显；② 侧壁的存在所导致的散波反射与船体波系叠加，使兴波阻力发生变化。其表现在阻力曲线上的特点是：① 在 $Fr_h=1.0$ 附近存在一个临界区，在这个区域内阻力值有极为明显的增加；② 临界区的范围与狭窄水道的宽度、船型有关，在相同情况下，狭窄水道宽度增加，临界区域变窄，当水道宽度趋于无限时，阻力仅在临界速度时最高，也即一般浅水问题，所以浅水可以看作是狭窄水道的特例。

▶ 6.11　船舶推进器

推进是指船舶依靠动力装置产生的推力克服运动中的阻力，使船能以一定的速度连续航行。除了利用风力的帆船和利用人力的划艇外，一切自航船舶都装有提供动力的主机和产生推力的推进器。凡是能利用各种动力源并能把它转换成推力推动船前进的，都称为推进器（propulsor）。采用高效率的推进器能提供较大的推力，它是主机功率一定而获得较高航速的主要途径。

6.11.1　船用推进器的类型

常见船用推进器有以下 11 种。

1）普通螺旋桨（screw propeller）

螺旋桨于 1837 年第一次用于船上，可以说是船舶推进器的一次飞跃。时至今日，虽出现了多种形式的船推进器，但螺旋桨以其重量轻、结构简单、效率高和易于保护等优点，仍为绝大多数水面、水下船舶所使用，真可谓"独领风骚百余年"。

螺旋桨是由 2～6 片表面为螺旋面的桨叶固定在桨毂上构成。当它由推进轴带动旋转时，使一部分水流产生向后的运动，从而传递给船体一个向前的反作用力，这就是船舶的推力。其形状和构成如图 6-11-1 所示。

图 6-11-1　螺旋桨

螺旋桨工作时向后推出的水流同时做旋转运动，这要消耗主机的部分功率，因此螺旋桨也存在一个效率问题。螺旋桨的效率与其直径、螺距、盘面比、叶片的切面形状以及某些附属装置有关。

螺旋桨一般装在船的尾部，也有一些特种船舶（如渡船）首尾部都装有螺旋桨。螺旋桨的数目决定于主机功率、吃水、航速和设备生命力等因素。一般民用船多为单桨，大型客船、滚装船多采用双桨，军用舰艇常装有两个以上螺旋桨。

2）导管螺旋桨（ducted propeller）

它是在普通螺旋桨的外围加装一个圆形套筒。套筒壁的纵向剖面为机翼形或类似机翼剖面的折角线形。导管螺旋桨可以提高重负荷螺旋桨的推进效率。其效率的提高是由于导管内部和外部的压力差产生一个附加推力。导管的存在减轻了桨后水流的收缩，同时还减小了桨叶叶尖部分的效率损失。当普通螺旋桨负荷过重时，这些现象都容易出现。

导管通常都和船体固定在一起。除了固定式导管螺旋桨外，还有一种转动式导管螺旋桨，其导管可绕垂直轴转动一定角度，兼起舵的作用，增加使船回转的力矩。导管螺旋桨主要用于拖船、推船和拖网渔船。

3）360°回转式螺旋桨（all-direction propeller）

这种推进器通常都带有导管，螺旋桨和导管一起可绕垂直轴作 360°旋转，如图 6-11-2(a) 所示，除具备导管螺旋桨的优点外，因其能在水平面任何方向发出推力，在水中运动十分灵活。尤为突出的是船舶后退和前进时的推力几乎相等。这种推进器很适用于拖船和港口工作船，它将船舶的推进和操纵功能合二为一。其缺点是机构复杂，因主机轴与推进器轴不在同一直线上，必须经过两个 90°转向，呈"Z"形联结，故又称 Z 形推进器。

4）直翼推进器（cycloidal propulsor）

直翼推进器又称竖轴推进器或平旋轮推进器。它由 4～8 片垂直的叶片组成。叶片在圆盘上等距布置，圆盘与船体底部平齐，如图 6-11-2(b) 所示。在主机动力驱动下，圆盘绕垂直轴在水平方向旋转，各直翼以适当的角度与水流相遇而产生推力。通过偏心装置可以调节叶片与水流的相遇角度，从而可以发出向前、后、左、右等任意方向的推力。装有直翼推进器的船具有极佳的操纵性能，船在倒航时也不需主机反转。直翼推进器的推进效率和普通螺旋桨不相上下。这种推进器多数安装在对操纵性能要求很高的港口工作船上。由于结构复杂，造价昂贵，叶片保护性差，其使用受到限制。

5）喷水推进器（waterjet propulsor）

喷水推进器又称泵喷推进器，它是依靠向后喷水（不是推水）产生的反作用力而推船前进的。它由布置在船内的水泵、吸水口和喷射管组成，如图 6-11-2(c) 所示。喷嘴有水上、水下和半水下几种形式。喷水推进器结构简单、工作可靠，船尾振动小。它还可使机器保持固定转速，而通过水泵或喷管出口面积的变化进行速度控制。通过喷水方向的改变进行回转和倒航，操纵性极佳。由于推进设备都装在船体内部，能得到较好的保护。由于减小了船体振动和螺旋桨扰动时产生的噪音传播，有的潜艇设计在探索以喷水推进代替普通的螺旋桨。目前喷水推进主要用在水翼船和侧壁式气垫船上。

喷水推进的缺点是喷管中水力损耗大，推进效率一般只有 0.45～0.55。新型喷泵外壳采用铝合金以减轻重量，泵体内部零件和叶轮用不锈钢制造以更好地满足强度和寿命的要求。喷水推进有可能为更多的船舶所采用。

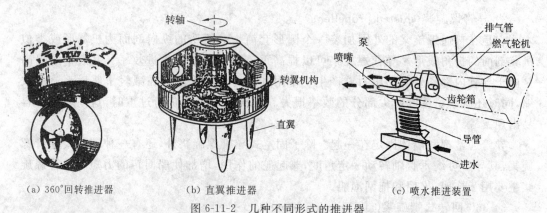

（a）360°回转推进器　　　　（b）直翼推进器　　　　　（c）喷水推进装置

图 6-11-2　几种不同形式的推进器

6）可调螺距螺旋桨（controllable-pitch propeller）

　　普通螺旋桨的桨叶固定在桨毂上成为一体，螺距角是不变的，可称为定螺距螺旋桨。定螺距螺旋桨只有在设计状态下工作时，也就是在某一特定航速和主机功率时，才能发挥最佳的效率。有些船舶，如扫雷艇、港口工作船、渔船等，经常处于不同的航行、工作状态。扫雷艇在正常航行和拖带扫雷具时就是两种不同的工况，航速不同，主机输出功率也不一样。改变螺旋桨的螺距，就能做到在各种工况下都充分发挥主机功率并获得较高的推进效率。此外，还可以通过改变螺距角方向的方法发出向前的推力实现倒车，或在零螺距角时螺旋桨转动而不产生推力，从而保持主机转向不变。图 6-11-3 是一种液力操纵式可调桨装置。

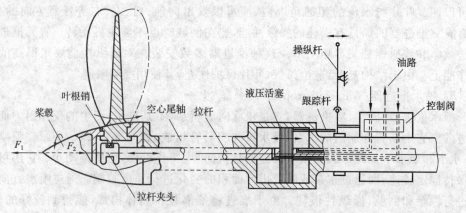

图 6-11-3　液力操纵式可调桨装置

7）对转螺旋桨（contrarotating propeller）

　　对转螺旋桨是装在同一个轴上的两个等速或不等速旋转的普通螺旋桨。它是通过反向旋转以减少层流旋转造成的能量损失，以此提高推进效率。

8）串联螺旋桨（tandem propeller）

串联螺旋桨是由装在同一轴上以同速同向旋转的两个螺旋桨组成的推进器，它主要用在主机功率较大、螺旋桨直径因吃水等原因受到限制的船上。

9）吊舱推进器（podded propulsor）

吊舱式推进器是 20 世纪 80 年代末问世的一种新型推进器。它是在传统的电力推进系统的基础上发展起来的一种新型推进器，由吊舱和螺旋桨组成。流线型水下吊舱悬挂在船下，由法兰盘与船体相接，吊舱内安装的电动机直接驱动螺旋桨。柴油发电机组安装在船舱内，电力经电缆和滑环装置传送至吊舱内的电动机。吊舱可作 360° 回转，能起到舵的作用，可显著改善船的操纵性能和紧急机动性能。根据螺旋桨的数目及位置，吊舱式推进器可分为前桨（牵引式）、后桨（推式）或串列式等，也可使用对转桨、导管桨等多种形式的推进器。

由于推进系统本身完全包含在吊舱内，船身主体省去了轴支架、尾柱等附体，原动机（柴油机等）及发电机组在船内可以比较灵活自由地布置，尾轴、减速齿轮以及传动轴系等都可省去，因而提高了舱容。此外，在船上不再需要舵及侧推器等操纵装置。与传统的螺旋桨推进方式相比，吊舱式推进器在船舶设计、制造及维修等方面有很多优点，因而发展相当迅速，使用日益广泛。图 6-11-4 为某单桨吊舱推进器的结构。

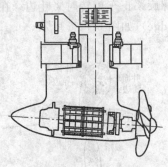

图 6-11-4　单桨吊舱推进器

10）空气螺旋桨（air propeller）

全浮式气垫船都采用空气螺旋桨推进。由于空气密度比水小得多，空气螺旋桨的直径较大，转速较快。为获得足够推力，高速气垫船上常装有多个空气螺旋桨。

11）现代风帆

这种辅助推进装置装于风帆助航节能船上，它能自动调节风帆迎风角度，以获得最大推力，据说可节省 10%～20% 的主机功率。

6.11.2　螺旋桨的几何特征

螺旋桨是目前应用最为广泛的一种推进器，它通常装于船的尾部，有些特殊船舶在首部也装有螺旋桨，以满足船舶操纵的特殊要求。在中线处装一桨的船称为单桨船，在船左右各装一桨的船舶称为双桨船。一般来说，远洋商船多为单桨船，而内河船舶因受航道水深限制常采用双桨布置，军用战斗舰艇从生命力的角度考虑有时采用三桨、四桨甚至五桨。

1) 螺旋桨的构成

螺旋桨通常由桨叶(blade)和桨毂(hub)构成(见图 6-11-5)。
螺旋桨与尾轴连接部分称为桨毂。桨毂是一个截头的锥形体,
内部开有圆锥台形孔,以便让尾轴的后部穿入。一般桨叶和桨
毂制成整体,较大的桨则分制后装成整体。为了减小水阻力,在
桨毂后端加一整流罩,与桨毂形成一光顺流线形体,称为毂帽。
普通螺旋桨常为 3 叶或 4 叶,2 叶螺旋桨仅用于机帆船或小艇
上,有些船舶为避免振动采用 5 叶或 5 叶以上的螺旋桨。

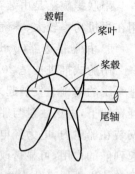

图 6-11-5 螺旋桨的构成

由船尾后面向前看时所见到的螺旋桨桨叶的一面称为叶面
(face of blade),另一面称为叶背(back of blade)。桨叶与桨毂
连接处称为叶根(blade root),桨叶的外端称为叶梢(blade tip)。
螺旋桨正车旋转时桨叶边缘在前面者称为导边(leading edge),另一边称为随边(trailing
edge),如图 6-11-6 所示。

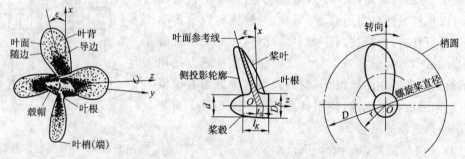

图 6-11-6 螺旋桨各部分名称

螺旋桨旋转时(设无前后运动)叶梢的圆形轨迹称为梢圆。梢圆的直径称为螺旋桨
直径,以 D 表示。叶梢至桨毂中心线的距离称为螺旋桨的半径,以 R 表示。梢圆的面积
称为螺旋桨的盘面积(propeller disc area),以 A_0 表示,$A_0 = \pi D^2 / 4$。

当螺旋桨正车旋转时,由船后向前看去所见到的旋转方向为顺时针者称为右旋桨;
反之,则为左旋桨。装于船尾两侧之螺旋桨,在正车旋转时其上部向船的中线方向转动
者称为内旋桨;反之,则为外旋桨。

2) 螺旋桨的螺距(pitch)

螺旋桨桨叶的叶面通常是螺旋面的一部分。为了清楚地了解螺旋桨的几何特征,下
面首先讨论螺旋面的形成及其特点。

设线段 ab 与轴线 OO_1 成固定角度,并使 ab 以等角速度绕轴 OO_1 旋转的同时以等线
速度沿 OO_1 向上移动,则 ab 线在空间所描绘的曲面即为等螺距螺旋面,如图 6-11-7(a)所
示。线段 ab 称为母线,母线绕行一周在轴向前进的距离称为螺距,以 P 表示。

根据母线的形状及与轴线间夹角的变化可以得到不同形式的螺旋面。若母线为一直线且垂直于轴线,则所形成的螺旋面为正螺旋面,如图 6-11-7(b)所示。若母线为一直线但不垂直于轴线,则形成斜螺旋面,如图 6-11-7(c)所示。若母线为曲线,则形成扭曲的螺旋面,如图 6-11-7(d)及图 6-11-7(e)所示。

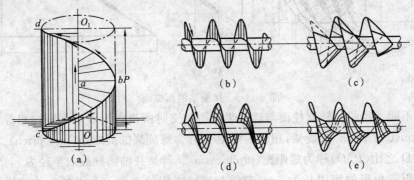

图 6-11-7　螺旋面

母线上任一固定点在运动过程中所形成的轨迹为一螺旋线。任一共轴之圆柱面与螺旋面相交的交线也为螺旋线。图 6-11-8(a)表示半径为 R 的圆柱面与螺旋面相交所得的螺旋线 BB_1B_2,如果将此圆柱面展成平面,则此圆柱面即成一底长为 $2\pi R$ 高为 P 的矩形,而螺旋线变为斜线(矩形的对角线),此斜线称为节线。三角形 $B'B''B_2''$ 称为螺距三角形,节线与底线间的夹角 θ 称为螺距角(pitch angle),如图 6-11-8(b)所示。由图可知,螺距角可由下式来确定:

$$\tan \theta = P/2\pi R \tag{6-11-1}$$

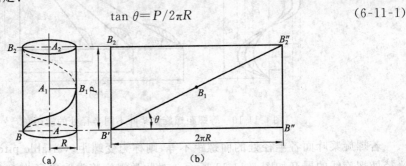

图 6-11-8　螺旋线与螺距三角形

螺旋桨桨叶的叶面是螺旋面的一部分,如图 6-11-9(a)所示,故任何与螺旋桨共轴的圆柱面与叶面的交线为螺旋线的一段,如图 6-11-9(b)中的 B_0C_0 段所示。若将螺旋线段 B_0C_0 引长且环绕轴线一周,则其两端之轴向距离等于此螺旋线的螺距。将圆柱面展成平面后即得螺距三角形,如图 6-11-9(c)所示。

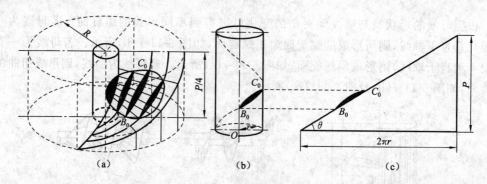

图 6-11-9　螺旋桨的面螺距

若以不同半径的共轴圆柱面与螺旋桨叶面相交时所得螺旋线的螺距均相等,则称为等螺距(constant pitch)螺旋桨,相应的螺距 P 称为螺旋桨的面螺距(face pitch)。面螺距 P 与直径 D 之比(P/D)称为螺距比(pitch ratio)。若某共轴圆柱面的半径为 r,则相应展开后的螺距三角形的底边长为 $2\pi r$,节线与底线之间的夹角 θ 为半径 r 处的螺距角,且 $\tan\theta = P/2\pi r$。该半径 r 处螺距角 θ 的大小表示桨叶面在该处的倾斜程度。不同半径处的螺距角是不等的,r 越小则螺距角 θ 越大。图 6-11-10(a)表示三个不同半径的共轴圆柱面与等螺距螺旋桨桨叶相交的情形,其展开后的螺距三角形如图 6-11-10(b)所示。图中,$r_1 < r_2 < r_3$,而 $\theta_1 > \theta_2 > \theta_3$。

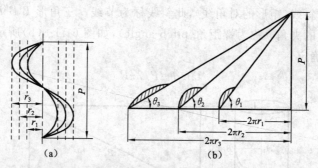

图 6-11-10　等螺距螺旋桨桨叶不同半径处的螺距角

若螺旋桨叶面各半径处的面螺距不等,则称为变螺距(variable pitch)螺旋桨,其不同半径处螺旋线的展开如图 6-11-11 所示。对此类螺旋桨常取半径为 $0.7R$ 或 $0.75R$(R 为螺旋桨梢半径)处的面螺距代表螺旋桨的螺距,简写时可写作 $P_{0.7R}$ 或 $P_{0.75R}$。

3) 桨叶切面(blade section)

与螺旋桨共轴的圆柱面和桨叶相截所得的截面称为桨叶的切面,简称叶切面或叶剖面,如图 6-11-9(b)所示。将圆柱面展为平面后则得如图 6-11-9(c)所示的叶切面形状。桨叶切面的形状通常为圆背式切面(弓形切面)或机翼形切面,特殊的也有梭形切面和月牙形切面,如图 6-11-12 所示。

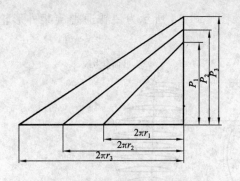

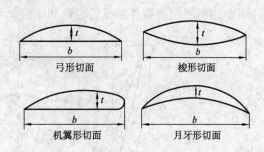

图 6-11-11　变螺距螺旋桨桨叶不
同半径处的螺距及螺距角

图 6-11-12　桨叶切面的形状

切面的弦长一般有内弦和外弦之分。连接切面导边与随边的直线 AB 称内弦
(见图 6-11-13),图中所示线段 BC 称为外弦。对于系列图谱螺旋桨来说,通常称外弦为
弦线,而对于理论设计的螺旋桨来说,则常以内弦(鼻尾线)为弦线,弦长及螺距也根据所
取弦线来定义。图中所示的弦长 b 为系列图谱螺旋桨的表示方法。

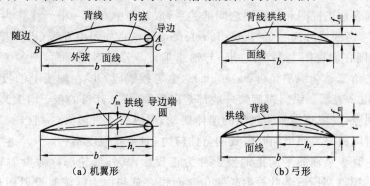

（a）机翼形　　　　　　　　　　（b）弓形

图 6-11-13　切面的几何特征

切面厚度以垂直于所取弦线方向与切面上、下面交点间的距离来表示。其最大厚度
t 称为叶厚,t 与切面弦长 b 之比称为切面的相对厚度或叶厚比(δ=t/b)。切面的中线或
平均线称为拱线或中线,拱线到内弦线的最大垂直距离称为切面的拱度,以 f_m 表示。f_m
与弦长 b 之比称切面的拱度比($f=f_m/b$)。

一般来说,机翼形切面的叶型效率较高,但空泡性能较差,弓形切面则相反。普通弓
形切面展开后叶面为一直线,叶背为一曲线,中部最厚两端较尖。机翼形切面在展开后
无一定形状,叶面大致为一直线或曲线,叶背为曲线,导边钝而随边较尖,其最大厚度则
近于导边,约在离导边 25%～40% 弦长处。

4) 桨叶的外形轮廓和叶面积

桨叶的外形轮廓可以用螺旋桨的正视图和侧视图来表示。从船后向船首所看到的

为螺旋桨的正视图,从船侧所看到的为侧视图。图 6-11-14 所示为一普通螺旋桨外形轮廓,图中注明了螺旋桨各部分的名称和术语。

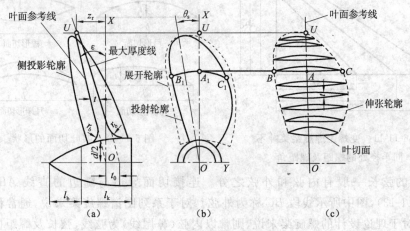

图 6-11-14　桨叶的外形轮廓

为了正确表达正视图和侧视图之间的关系,取叶面中间的一根母线作为作图的参考线,称为桨叶参考线或叶面参考线(blade reference line),如图中直线 OU。若螺旋桨叶面是正螺旋面,则在侧视图上参考线 OU 与轴线垂直。若为斜螺旋面,则参考线与轴线的垂线成某一夹角 ε,称为纵斜角(rack angle)。参考线线段 OU 在轴线上的投影长度称为纵斜(rack),用 z_r 表示。纵斜螺旋桨一般都是向后倾斜的,其目的在于增大桨叶与尾框架或船体间的间隙,以减小螺旋桨诱导的船体振动,但纵斜不宜过大(一般 $\varepsilon < 15°$),否则螺旋桨在操作时因离心力而增加叶根处的弯曲应力,对桨叶强度不利。

桨叶在垂直于桨轴的平面上的投影称为正投影,其外形轮廓称为投射轮廓(projected outline)。螺旋桨所有桨叶投射轮廓包含面积之总和称为螺旋桨投射面积(projected area),以 A_p 表示。投射面积 A_p 与盘面积 A_0 之比称为投射面比(projected area ratio)。

投射轮廓对称于参考线的称为对称叶形。其外形与参考线不对称的,则为不对称叶形。不对称桨叶的叶梢与参考线间的距离 X_s 称为侧斜(skew back),相应的角度 θ_s 称为侧斜角(skew angle)。桨叶的侧斜方向一般与螺旋桨的转向相反,合理选择桨叶的侧斜可明显减缓螺旋桨诱导的船体振动。

桨叶在平行于包含轴线和辐射参考线的平面上的投影称为侧投影(side projection)。图上除绘出桨叶外形轮廓及参考线 OU 的位置外,还绘出了最大厚度线。最大厚度线与参考线 OU 之间的轴向距离 t 表示该半径处叶切面的最大厚度。它仅表示不同半径处切面最大厚度沿径向的分布情况,并不表示最大厚度沿切面弦向的位置。与桨毂相连处的切面最大厚度称为叶根厚度(除去两边填角料)。辐射参考线与最大厚度线的延长线在轴线上交点的距离 t_0 与直径 D 之比值(t_0/D)称为叶厚分数。工艺上往往将叶梢处的桨叶厚度做薄呈圆弧状,为了求得叶梢厚度,须将桨叶最大厚度线延长至梢径,如图 6-11-14(a)所示。

螺旋桨桨毂的形状一般为圆锥体,在侧投影上可以看到其各处的直径并不相等。通常所说的桨毂直径(简称毂径)是指辐射参考线与桨毂表面相交处(略去叶根处的填角料)至轴线距离的两倍,并以 d 来表示,毂径 d 与螺旋桨直径 D 的比值(d/D)称为毂径比(hub diameter ratio)。

将各半径处共轴圆柱面与桨叶相截的各切面展成平面后,以其弦长置于相应半径的水平线上,并光顺连接端点所得之轮廓称为伸张轮廓(expended outline),如图 6-11-14(c)所示。螺旋桨各叶伸张轮廓所包含的面积之总和称为伸张面积(expended area),以 A_e 表示。伸张面积 A_e 与盘面积 A_o 之比称为伸张面比(expended area ratio)。

将桨叶叶面近似展放在平面上所得的轮廓称为展开轮廓(developed outline),如图 6-11-14(b)虚线所示。各桨叶展开轮廓所包含面积之总和称为展开面积(developed area),以 A_d 表示。展开面积 A_d 与盘面积 A_o 之比称为展开面比(developed area ratio)。

螺旋桨桨叶的展开面积和伸张面积极为接近,故均可称为叶面积,而伸张面比和展开面比均可称为盘面比或叶面比。盘面比的大小实质上表示桨叶的宽窄程度,在相同的叶数下,盘面比越大,桨叶越宽。此外,还可用桨叶的平均宽度 b_m 来表示桨叶的宽窄程度,其值按下式求取:

$$b_m = \frac{A_e}{Z\left(R - \dfrac{d}{2}\right)} \tag{6-11-2}$$

式中　A_e——螺旋桨伸张面积;

　　　d——毂径;

　　　Z——叶数。

或用平均宽度比 $\bar{b}_m$ 来表示,即:

$$\bar{b}_m = \frac{b_m}{D} = \frac{\pi A_e/A_o}{2Z\left(1 - \dfrac{d}{D}\right)} \tag{6-11-3}$$

▣ 6.12　船体与螺旋桨的互相影响及推进系统的效率

实际螺旋桨是在船后工作的,螺旋桨和船体成为一个系统,因此两者之间必然存在相互作用。这种相互作用表现为船体所形成的速度场和螺旋桨所形成的速度场之间的相互影响。在船后工作的螺旋桨因受到船体的影响,故进入桨盘处的水流速度及其分布情况与其在敞水中(或称在均匀流场中)不同,而船体周围的水流速度分布及压力分布受螺旋桨的影响也与孤立的船体不同。船后螺旋桨与水流的相对速度不等于船速,螺旋桨发出的推力也不等于孤立船体所遭受的阻力。所以应当将船和桨作为一个统一体来考察周围水流的情况,但这样会相当复杂。因此目前还是分别研究桨对船的影响以及船对桨的影响,然后再将两者联系起来。

6.12.1 船体对螺旋桨的影响

船在水中以某一速度 v 向前航行时,附近的水受到船体的影响而产生运动,其表现为船体周围伴随着一股水流,这股水流称为伴流(wake)。由于伴流的存在,螺旋桨与其附近水流的相对速度和船速不同。在研究船舶推进时,通常所指的伴流为船尾装螺旋桨处(即桨盘处)的伴流。

船后伴流的速度场是很复杂的,它在螺旋桨盘面各点处的大小和方向是不同的。一般来说,伴流速度场可以用相对于螺旋桨的轴向速度、周向(或切向)速度和径向速度三个分量来表示。测量结果表明,与轴向伴流速度相比较,周向和径向两种分量为二阶小量,常可不予考虑。因此,如无特别说明,此后所说的伴流均指轴向伴流。伴流的速度与船速同方向者称为正伴流,反之则为负伴流。通常,将伴流按形成的原因分为以下三种。

1) 摩擦伴流

因水具有粘性,故当船在运动时沿船体表面形成边界层,边界层内水质点具有向前的速度,形成正伴流,通常称为摩擦伴流。摩擦伴流在紧靠船身处最大,由船身向外急剧减小,离船体不远处即迅速消失,但在船后相当距离处摩擦伴流依然存在。图 6-12-1 表示船身附近的边界层(或称摩擦伴流带),边界层(实际上是尾流)在尾部后具有相当的厚度,与螺旋桨直径相差不多,故摩擦伴流常为总伴流中的主要部分。摩擦伴流的大小与船型、表面粗糙度、雷诺数及螺旋桨的位置等有关。

2) 形势伴流

船在水中以速度 v 向前航行时,船体周围水流的流线分布情况大致如图 6-12-2 所示。首尾处的水流具有向前的速度,即产生正伴流,而舷侧处水流具有向后的速度,故为负伴流。由此而形成的伴流称为形势伴流或势伴流。因流线离船身不远处即迅速分散,故在离船体略远处其作用即不甚显著,也就是说离船体越远,形势伴流的数值就越小。

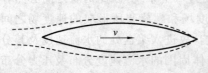

图 6-12-1　摩擦伴流

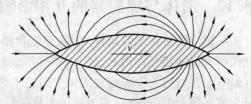

图 6-12-2　船体周围的流线分布

3) 波浪伴流

船航行时在水面形成波浪,若螺旋桨附近恰为波峰,则水质点具有向前的速度;如恰为波谷,则具有向后的速度。由于船舶本身兴波作用而形成的伴流称为波浪伴流,其数值常较前两者为小。但对于高速双桨船(如驱逐舰)因其尾部常为波谷,且螺旋桨的位置处于船后两侧,摩擦伴流和势伴流较小,故其总伴流可能为负值。

由伴流的成因可知,伴流是一股很复杂的水流,在螺旋桨盘面各处伴流速度的大小和方向各不相同。常用盘面处伴流的平均轴向速度近似地估计桨盘处的速度场。若船速为 v,桨盘处伴流的平均轴向速度为 u,则螺旋桨与该处水流的相对速度(即进速)为:

$$v_a = v - u$$

伴流的大小通常用伴流速度 u 对船速 v 的比值 ω 来表示,ω 称为伴流分数(wake fraction),即 $\omega = u/v$。伴流的大小一般用试验方法求得。因测量的方法不同,伴流可分为标称伴流(nominal wake)和实效伴流(effective wake)两种。在未装螺旋桨的船模(或实船)后面,用各种流速仪测定螺旋桨盘面处水流速度,可得标称伴流;根据船后螺旋桨试验或自航试验结果与螺旋桨敞水试验结果的比较分析可得实效伴流。

经验证明,上述两种测量结果是不同的。其差别在于是否考虑了螺旋桨工作的影响。因为当船尾有螺旋桨工作时,螺旋桨产生抽吸作用,从而改变了船尾的流线、边界层厚度、波形等。由于螺旋桨在船后工作,以实效伴流分数来计算螺旋桨进速比较合理,故通常所说的伴流分数均指实效伴流分数。

6.12.2　螺旋桨对船体的影响

螺旋桨在船后工作时,由于它的抽吸作用,桨盘前方的水流速度增大。而根据伯努利定理,水流速度的增大必然导致压力下降,故在螺旋桨吸水作用所及的整个区域内压力都要降低,其结果改变了船尾部分的压力分布状况。如图 6-12-3 所示,曲线 A 表示孤立船体周围的压力分布曲线,曲线 B 为螺旋桨在敞水中工作时桨盘前后的压力分布曲线。螺旋桨在船后工作时船体周围的压力分布状况可近似地认为是上述两种压力的叠加,故图中曲线 C 即表示螺旋桨在船后工作时压力沿船体周围的分布情况,阴影部分即为压力减小的数值,导致船体压阻力增加。此外,船尾部水流速度的增大,使摩擦阻力也有所增加,但其数值远较压阻力的增加为小。

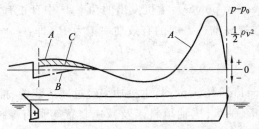

图 6-12-3　船体周围的压力分布

螺旋桨在船后工作时引起的船体附加阻力称为阻力增额。若螺旋桨发出的推力为 T，则其中一部分用于克服船的阻力 R（不带螺旋桨时的阻力），而另一部分则为克服阻力增额 ΔR，即 $T = R + \Delta R$。可见，螺旋桨发出的推力中只有 $(T - \Delta R)$ 这一部分是用于克服阻力 R 并推船前进的，故称为有效推力 T_e。习惯上，通常将 ΔR 称为推力减额（thrust deduction），并以 ΔT 表示。因此，螺旋桨的总推力 $T = R + \Delta T$。

在实用上，常以推力减额分数来表征推力减额的大小，推力减额 ΔT 与推力 T 的比值称为推力减额分数（thrust deduction factor），即 $t = \Delta T / T = (T - R) / T$。由此也可得到船体阻力 R 和螺旋桨推力 T 之间的关系：$R = T(1 - t)$。推力减额分数的大小与船型、螺旋桨尺度、螺旋桨负荷以及螺旋桨与船体间的相对位置等因素有关，通常都是根据船模自航试验或经验公式来决定。当不可能进行模型试验时，推力减额分数可由经验公式近似计算和选取。

6.12.3　推进系统的功率和效率

船舶推进系统由主机、轴系、推进器（主要是螺旋桨）组成。主机负责提供能量，是船舶能量的提供者；轴系负责把主机的能量传递给螺旋桨，是能量的传递者；推进器负责吸收能量并把能量转换为推力，是能量的吸收者和转换者。在能量的提供、传递、吸收并转换的过程中，推进系统的功率及效率参数如下。

1) 功率

主机功率（shaft power）：推进船舶所需要的功率，由主机供给，以 P_s 表示。

螺旋桨的收到功率（delivered power）：螺旋桨在船后必须克服转矩 Q_b 才能以转速 n 转动。船后螺旋桨的收到功率记为 P_{db}，即

$$P_{db} = 2\pi n Q_b \tag{6-12-1}$$

螺旋桨敞水转矩为 Q_0，螺旋桨敞水收到功率 $P_{d0} = 2\pi n Q_0$。

螺旋桨的推功率（thrust power）：船后螺旋桨在收到功率 P_{db} 后发出推力 T，其进速为 v_a。螺旋桨的推功率记为 P_t，即：

$$P_t = T v_a \tag{6-12-2}$$

船的有效功率（effective power）：主机发出的功率 P_s 中真正有用的部分，用以克服船舶阻力 R 而使船舶以航速 v 前进。船的有效功率记为 P_e，即：

$$P_e = R v \tag{6-12-3}$$

2) 效率

传送效率（transmission efficiency）：主机功率经过减速装置、推力轴承及主轴等传送至螺旋桨，由于推力轴承、轴承、尾轴填料函及减速装置等具有摩擦损耗，故螺旋桨收到功率总是小于主机功率，两者的比值称为传送效率或轴系效率，以 η_s 表示，它表示轴系性能的好坏。若主机直接带动螺旋桨，螺旋桨的转速亦为主机转速，则中机型船 $\eta_s = 0.97$，

尾机型船 $\eta_s = 0.98$。

$$\eta_s = \frac{P_{db}}{P_s} \tag{6-12-4}$$

船后螺旋桨效率(propeller efficiency behind ship)：螺旋桨推功率 P_t 与船后螺旋桨的收到功率 P_{db} 的比值，记为 η_b。

$$\eta_b = \frac{P_t}{P_{db}} = \frac{Tv_a}{2\pi n Q_b} = \frac{Tv_a}{2\pi n Q_0}\frac{Q_0}{Q_b} \tag{6-12-5}$$

螺旋桨敞水效率(propeller efficiency in open water)：螺旋桨推功率 P_t 与螺旋桨的收到功率 P_{d0} 的比值，记为 η_0。

$$\eta_0 = \frac{P_t}{P_{d0}} = \frac{Tv_a}{2\pi n Q_0}$$

相对旋转效率(relative rotative efficiency)：螺旋桨敞水转矩 Q_0 与船后螺旋桨转矩 Q_b 的比值，记为 η_r。

$$\eta_r = \frac{Q_0}{Q_b} \tag{6-12-6}$$

也可写作螺旋桨敞水收到功率 P_{d0} 与船后收到功率 P_{db} 之比，即：

$$\eta_r = \frac{P_{d0}}{P_{db}} \tag{6-12-7}$$

可见，$\eta_b = \eta_0 \eta_r$。

船身效率(hull efficiency)：船的有效功率 P_e 与螺旋桨推功率 P_t 的比值，记为 η_h。

$$\eta_h = \frac{P_e}{P_t} = \frac{Rv}{Tv_a} = \frac{1-t}{1-\omega} \tag{6-12-8}$$

可见，船身效率表示伴流与推力减额的合并作用。

推进效率(propulsive efficiency)：船的有效功率 P_e 与船后螺旋桨的收到功率 P_{db} 的比值 η_d，或称为准推进系数 QPC。

$$\eta_d = \frac{P_e}{P_{db}} = \frac{P_e}{P_t}\frac{P_t}{P_{db}} = \eta_h \eta_b = \eta_h \eta_0 \eta_r \tag{6-12-9}$$

推进系数(propulsive coefficient)：船的有效功率 P_e 与主机功率 P_s 之比值，记为 $P.C$。

$$P.C = \frac{P_e}{P_s} = \frac{P_e}{P_t}\frac{P_t}{P_{d0}}\frac{P_{d0}}{P_{db}}\frac{P_{db}}{P_s} = \eta_d \eta_s = \eta_h \eta_0 \eta_r \eta_s \tag{6-12-10}$$

推进系数 $P.C$ 表示由主机、船体及螺旋桨三者组成的整个推进系统的综合性能，推进系数越高，船舶的推进性能越好。

思考题

1. 基本概念

摩擦阻力　兴波阻力　粘压阻力　泅涛阻力　附体阻力　附加阻力

2. 船舶的主要阻力成分有哪些？各有什么特点？

3. 简述各船模阻力试验方法及其基本原理。

4. 简述常用的阻力换算方法及其基本原理和基本过程。

5. 简述常用的船舶阻力近似估算方法及其基本原理和基本过程。

6. 船型对船舶阻力的影响主要体现在哪些方面？

7. 限制航道对船舶阻力的影响主要体现在哪些方面？

8. 常见的船用推进器有哪些？各有什么特点？

9. 船用螺旋桨的主要几何特征参数有哪些？分别代表什么含义？

10. 船体和螺旋桨之间有怎样的相互影响关系？

11. 船舶推进系统中常用的功率和效率参数有哪些？分别表示什么含义？

习　题

1. 已知某海船的主要要素：$L_{wl}=90$ m，$B=13.4$ m，$d=5.5$ m，$C_b=0.68$，航速 14 kn。若水温为 15 ℃，取粗糙度补贴 $\Delta C_f=0.4\times10^{-3}$，湿表面积采用公式 $S=1.7T+C_bB$ 计算。试应用 ITTC 公式计算该船的摩擦阻力。

2. 某海船模型长 5 m，湿表面积 10 m²，缩尺比 $\alpha=25$，水温 15 ℃。在速度 1.5 m/s 时，测得模型总阻力为 39.24 N。试求实船在水温为 15 ℃ 时的阻力。

3. 某船安装有轴功率为 1 618 kW 的主机，航速为 28 km/h。试按海军系数法估算：

(1) 排水量不变而航速达到 30 km/h 时，主机功率的增加值；

(2) 航速不变，排水量增加 20%，主机功率的增加值。

4. 双桨海船的两垂线间长为 122 m，水线长 125 m，宽 16.9 m，吃水 6.7 m，排水量 8 145 t，浮心纵向位置在船中后 1.5%L。试用 Ayre 法估算此船在 16 kn 时的有效功率。

第7章　船舶操纵性

▊7.1　概述

作为水上运载工具,船舶需要经常处于运动和作业状态,其主要活动可能包括:靠离码头、系带浮筒、在狭窄水道内航行、在风浪中操纵、紧急避碰、拖带船舶及海上救助等。要保证这些活动正常完成,船舶在操纵中必须具备保持和改变其运动状态的能力。

所谓船舶操纵性(maneuverability),是指船舶能够按照驾驶者的意图保持或改变其运动状态的性能,即船舶能保持或改变航速、航向和位置的性能。操纵性是船舶的重要性能之一,它不仅关系到船舶的航行安全,而且与其运营的经济性有很大关系。

船舶操纵性通常包括以下内容:

(1)航向稳定性(course keeping quality),指船舶在水平面内的运动受扰动而偏离平衡状态,当扰动完全消除后保持原有航向运动的性能。

(2)回转性(turning quality),指船舶响应操纵装置作圆弧运动的性能。

(3)转首性(course changing quality)及跟从性,指船舶响应操纵装置转首及迅速进入新的稳定运动状态的性能。前者称为转首性,后者称为跟从性。

(4)停船性能(stopping ability),指船舶对惯性停船和倒车停船的响应性能。

以上内容的核心是航向稳定性和回转性。

▊7.2　舵

为了保证船舶的操纵性能,仅靠船体本身是不够的,必须配备适当的操纵设备。常见的操纵设备有舵(rudder)、转动导管、平旋推进器、主动转向装置等。其中,舵的结构简单,工作可靠,造价低廉,因此被广泛应用。

7.2.1　舵的几何特征

舵可以看作小展弦比的机翼,其几何形状可用表征机翼的参数表示,如图 7-2-1 所示。

（1）舵面积（area of rudder）：未转动的舵叶轮廓在中纵剖面上的投影面积，用 A_r 表示。

（2）舵高（rudder height）：沿舵杆轴线方向，舵叶上缘至下缘的垂直距离，用 h 表示。

（3）舵宽（rudder breadth）：舵叶前后缘之间的水平距离，用 b 表示。对于矩形舵，舵宽即各剖面弦长；对于非矩形舵，舵宽可用平均舵宽 b_m（$b_m = A_r/h$）表示。

（4）展弦比（rudder aspect ratio）：舵高与舵宽的比值，用 λ 表示。对于矩形舵叶，$\lambda = h/b$；对于非矩形舵叶，$\lambda = h/b_m = h^2/A_r$。

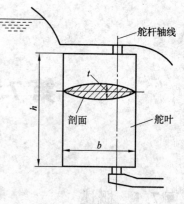

图 7-2-1 舵及其几何特征

（5）平衡比（rudder coefficient of balance）：又称平衡系数，指舵杆轴线前的舵面积与整个舵面积的比值，用 e 表示。对于不平衡舵，舵杆轴线在舵的导边，因此 $e=0$。

（6）厚度比（rudder thickness ratio）：舵剖面的最大厚度与舵宽的比值，用 $\bar{t}$ 表示。

（7）面积比（rudder area ratio）：舵面积与船体垂线间长 L_{bp} 和设计吃水 d 的乘积的比值，用 μ 表示，即 $\mu = A_r/(L_{bp}d)$。

（8）舵剖面（rudder section）：与舵杆轴线垂直的舵叶剖面。对于沿高度方向厚度不变的矩形舵，其在整个高度方向上的剖面是一样的。

7.2.2 舵的作用原理

如图 7-2-2 所示，当舵叶以速度 v_0 运动，或者说水流以速度 v_0 流经舵叶时，舵就相当于一个有限展长的机翼在流场中运动。当舵叶处于正中，即无舵角时，由于舵叶两面的流线对称（见图 7-2-2a），不产生舵压力。若舵叶相对于正中位置偏转了某一舵角 α，相当于机翼以攻角 α、速度 v_0 运动，此时舵叶两侧流线的对称性被破坏（见图 7-2-2b），叶背的流线长、流速高、压力低，而叶面流线短、流速低、压力高，因此在舵叶的两侧形成了压力差，压力分布如图 7-2-3 中虚线所示。由于流体具有粘性，对舵还将产生切线方向上的力，二者的合力即为舵的总水压力，简称舵压力，以 P 表示。P 的方向近乎垂直于舵面，力 P 的作用线与舵叶对称平面的交点为舵的压力中心，以 O 表示，其位置通常按其离舵叶导边的距离 x_P 来度量。将力 P 按照流体运动的方向和垂直于流体运动的方向分解，得到舵叶的阻力 P_x 和舵叶的升力 P_y。如果按照平行于舵叶的中心线方向和垂直于舵叶中心线的方向分解，则可得到舵叶的切向力 P_τ 和舵叶的法向力 P_n。

舵固定在船上，因此当船舶航行时，所产生的升力 P_y 可用一转船力矩 $P_y l$ 和作用于船舶重心 G 处的横向力 P_y 所代替，如图 7-2-4 所示。因此，一方面使船首向舵偏向一方转动,同时也使船产生"反向横移"。阻力 P_x 将使船舶前进时的总阻力增加,从而使航速降低。

（a）　　　　　　　　　　　　　　（b）

图 7-2-2　流场中的舵

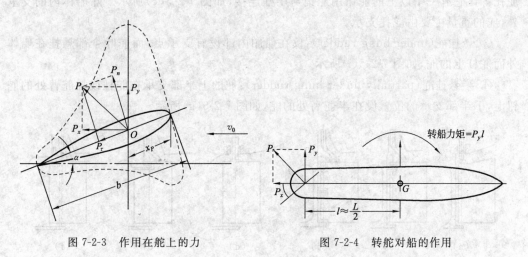

图 7-2-3　作用在舵上的力　　　　　　图 7-2-4　转舵对船的作用

7.2.3　舵的分类

舵的类型较多,常见舵一般按下述几种方法来分类。

（1）按舵面积对转轴的分布,可分为不平衡舵、平衡舵和半平衡舵。

① 不平衡舵(unbalanced rudder):又称普通舵,舵叶面积全部在舵杆轴线的后方,如图 7-2-5(a)～(c)所示。这种舵有许多舵钮,即有许多支点,舵杆的强度易于保证。但因舵的水压力中心离转动轴较远,转舵时需要较大的转舵力矩,一般适用于小船。

② 平衡舵(balanced rudder):舵叶部分面积在舵杆轴线的前方,用舵时起到平衡作用,如图 7-2-5(d)～(f)所示。这部分面积与舵叶的全部面积之比称为平衡比,平衡比一般在 0.2～0.3 之间。这种舵的特点是:舵叶的压力中心靠近舵轴,使舵绕舵轴的回转力矩较小,易于操舵,减小了舵机所需的马力,因此在海船上得以广泛使用。

③ 半平衡舵(semi-balanced rudder):把舵轴前面的舵叶面积做得小些,或把舵叶的上半部分做成不平衡舵,下半部分做成平衡舵,减少其平衡量,使平衡程度介于平衡舵和

不平衡舵之间，平衡比小于 0.2。它适用于尾柱形状比较复杂的船舶，如图 7-2-5(g)和 (h)所示。

（2）按舵叶的支承情况，可分为双支承舵、多支承舵、悬挂舵和半悬挂舵。

① 双支承舵(double bearing rudder)：有两个支承点的舵。上支承点一般是在船体上；对于双支承的平衡舵，下支承点是在舵叶下端的舵托处(见图 7-2-5e,f)，而对于双支承的半悬挂舵，下支承点是在舵叶的半高处(见图 7-2-5h)。

② 多支承舵(multi-pintle rudder)：支承点多于两个的舵，支承点可为舵承、舵钮和舵托等。它有三个以上的舵钮用舵销与尾柱连接，如图 7-2-5(c)所示。除船体内的支承外，舵的重量主要由舵托支承。

③ 悬挂舵(under hung rudder)：仅在船舶内部设有支承点，而舵叶全部悬挂在船体外面舵杆上的舵，如图 7-2-5(i)所示。

④ 半悬挂舵(partially under hung rudder)：舵的上半部支承在舵柱或挂舵臂处的舵钮上，下半部支承的位置设在半舵高处的舵，如图 7-2-5(g)所示。

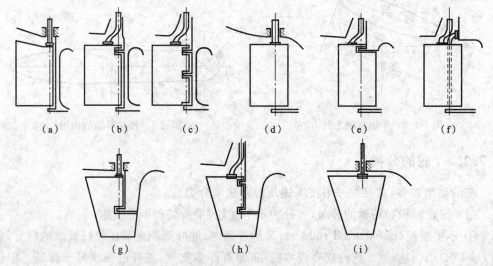

图 7-2-5　舵的主要类型

(a)～(c)不平衡舵；(d)～(f)平衡舵；(g),(h)半平衡舵；(i)悬挂舵

（3）按舵叶的剖面形状，可分为平板舵和流线型舵。

① 平板舵(single plate rudder)：又称单板舵，其舵叶是由一块钢板或在钢板上两面交替安装的横向加强筋(舵臂)等构成，如图 7-2-6 所示。这种舵随着舵角的增大效率变坏，失速现象发生得早，而且阻力也大。

② 流线型舵(streamline rudder)：又称复合舵，它是在骨架的外围用复板覆盖而成，其剖面呈流线型。这种舵的水动力性能好，舵的升力系数高，阻力系数低，相比之下舵效

高。此舵因做成空心水密而获得一定浮力,可减少舵承上的压力。其强度也高,虽构造比较复杂,但被广泛采用,如图 7-2-7 所示。

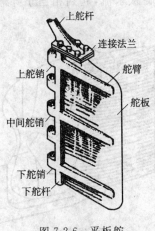

图 7-2-6　平板舵

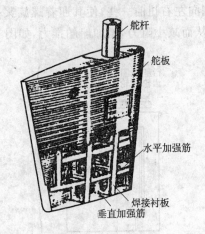

图 7-2-7　流线型舵

(4) 特种舵,型式较多,常见的有以下八种。

① 整流帽舵(bulb-type rudder):即在普通流线型舵正对螺旋桨的轴线延长部位加一个流线型圆锥体,俗称整流帽。它有利于改善螺旋桨后面的水流状态,从而提高螺旋桨的推力,并改善船尾的振动情况,如图 7-2-8 所示。

② 主动舵(active rudder):在舵的内部,大体与推进器轴一般高处装设一个水平马达,由此马达驱动附在舵后的小螺旋桨。这个小螺旋桨固定在舵的中心轴方向上,并外加导管保护和整流,转舵时随舵叶一起转动,由于其推进方向的变换而给船以回转力矩。因此,舵叶本身所产生的舵力再加上小螺旋桨推力所产生的力矩,就可使转头力矩有较大的增加。另外,即使是在低速甚至停车时,操作小螺旋桨仍可得到回转力矩,从而提高船舶的操纵性,如图 7-2-9 所示。

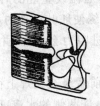

图 7-2-8　整流帽舵

图 7-2-9　主动舵

③ 襟翼舵(flap type rudder):又称可变翼形舵,它是仿效飞机的襟翼,在普通主舵叶后缘装一个称为襟翼的副叶组成,如图 7-2-10 所示。当主舵叶转动一个 δ 角时,副舵叶绕主舵叶的后缘转出一个更大的 β 角(称襟角),产生更大的流体动力,因此具有较大的

转船力矩,而转舵力矩较小,舵机功率也较小。

④ 反应舵(reaction rudder):又称迎流舵,它以螺旋桨的轴线为界,舵叶的上下线型分别向左右扭曲一些,使其迎着螺旋桨排出的两股螺旋状水流,起到相当于导流叶的作用,从而减小阻力,增加船舶推力,如图 7-2-11 所示。

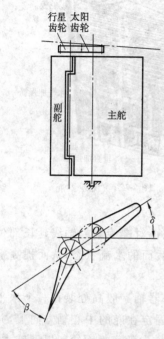

图 7-2-10　齿轮式襟翼舵

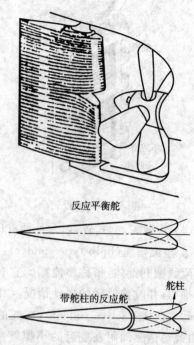

图 7-2-11　反应舵

⑤ 组合舵(swash plate rudder):在流线型舵叶的上下两端各安装一块制流板,可减少舵叶两端的绕流损失,从而进一步改善舵的流体动力性能,如图 7-2-12 所示。

⑥ 西林舵(Schilling rudder):又称鱼尾舵,是在普通流线型舵的后缘加装一组楔形板和尾封板而成,如图 7-2-13 所示。转舵后,鱼尾舵后缘使舵叶后部的水压力加大,可明显地提高舵效,同时使压力中心后移。但鱼尾舵的前进阻力会增加,并且使舵的倒航性能变差。

⑦ 麦鲁舵(Mellor rudder):在普通流线型舵叶的前后缘交叉焊上很多圆管,管的进口位于舵叶两侧,不封口,如图 7-2-14 所示。在航行中,舵两侧的水流可以通过圆管相互流动,它的主要优点是可在满足操纵性要求的前提下提高航速。

⑧ 转柱舵(rotating cylinder rudder):在普通舵的前缘安装一圆柱,用电机带动,需要时可以高速旋转,如图 7-2-15 所示。据研究,在水中高速旋转的圆柱体可以在垂直于水流及旋转轴的方向产生很大的升力。转柱产生升力的同时,还能影响舵叶的边界层,

使吸力面水流加速,水流分离大大推迟。

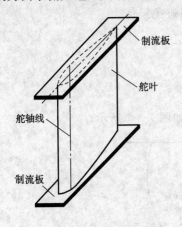

图 7-2-12　带上下制流板的组合舵

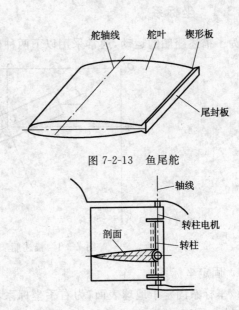

图 7-2-13　鱼尾舵

图 7-2-14　麦鲁舵

图 7-2-15　转柱舵

7.2.4　舵的数目及安装位置

舵的数目取决于船型和航行情况,与螺旋桨数目有很大关系。普通单桨船大多采用单舵,并置于桨尾流区域内。当船的吃水及舵高受到限制而又需要较大的舵面积以保证足够的操纵性能时,可采用单桨双舵,甚至单桨三舵。双桨船上,采用置于双桨后方的双舵可提高舵效,当需要舵面积较大而舵高又受限制时,可用双桨三舵。

舵型式的选择与船尾形式、航行条件及设备条件有关。对于有尾框架及舵柱的船尾,若采用多支承的不平衡舵,则转舵时,舵杆扭矩较大,需要较大功率的舵机,不平衡舵在风浪中容易出现应舵不灵的现象。因此对于有尾框架的船尾,通常采用双支承平衡舵,借以减小舵杆扭矩和舵机功率。

对于变吃水船,舵叶上端离水面距离较远,可提高轻载时的舵效;对于无尾框架的敞式船尾,采用半悬挂式半平衡舵,可望得到很好的配合;对于双桨船,常采用悬挂式双平衡舵。

舵的位置应与桨和船尾线型配合良好,以保证:桨有通畅的来流,供水充足;舵能充分吸收桨尾流的动能,将其转化为推力和舵法向力;舵上缘与船底间隙足够小,可利用边界效应提高舵效;使桨、舵受到船体有效地遮蔽保护,以避免损伤。

7.3 船舶操纵运动方程

7.3.1 坐标系

为了描述船舶的运动,通常采用以下两种坐标系,如图 7-3-1 所示。

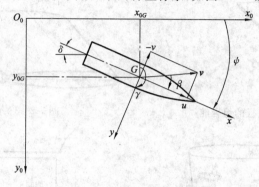

图 7-3-1 描述船舶运动的坐标系

1) 固定坐标系

该坐标系固定于地球表面,为右手坐标系,其原点 O_0 可以任意选择,通常为 $t=0$ 时船舶重心 G 的位置。$x_0 y_0$ 平面位于静水面内,z_0 轴垂直向下为正。对于水面船舶的操纵运动,如忽略它的垂向运动,则船舶在任意时刻 t 的运动状态可以用它的重心位置(x_{0G},y_{0G})和船舶中纵剖面与 x_0 轴的交角 ψ 及它们对时间的导数来表示,ψ 称为首向角,由 x_0 轴转到中纵剖面顺时针为正,如图 7-3-1 所示。

2) 运动坐标系 $Gxyz$

该坐标系以船舶重心位置 G 为原点并固定于船体上,同样为右手直角坐标系。x,y 和 z 轴分别是经过重心 G 的水线面、横剖面和中纵剖面的交线,x 轴向首为正,y 轴向右为正,z 轴向下为正。船舶重心处的速度矢量 v 与 x 轴正方向的交角称为漂角 β,约定由速度矢量 v 转到 x 轴顺时针方向为正,如图 7-3-1 所示。

7.3.2 操纵运动方程

在固定坐标系下,根据刚体质心运动的动量和动量矩定理,船舶的总体运动可由方程组(7-3-1)描述。

$$\begin{cases} m\ddot{x}_{0G} = X_0 \\ m\ddot{y}_{0G} = Y_0 \\ I_{zz}\ddot{\psi} = N \end{cases} \tag{7-3-1}$$

式中　m——船舶质量；

I_{zz}——船体绕通过重心的铅直轴的质量惯性矩；

X_0——作用于船舶的外力合力在 x_0 轴上的分量；

Y_0——作用于船舶的外力合力在 y_0 轴上的分量；

N——作用于船舶的外力绕通过重心的铅直轴的回转力矩。

在运动坐标系中，若假定外力合力在 x,y 轴上的分量分别为 X 和 Y，根据坐标变换，有：

$$X = X_0\cos\psi + Y_0\sin\psi$$
$$Y = Y_0\cos\psi - X_0\sin\psi \tag{7-3-2}$$

如果把船舶重心处瞬时速度 v 在 x 轴和 y 轴上的分量记为 u 和 v，则：

$$\dot{x}_{0G} = u\cos\psi - v\sin\psi$$
$$\dot{y}_{0G} = u\sin\psi + v\cos\psi$$

将以上两式两边分别对时间求导，得：

$$\ddot{x}_{0G} = \dot{u}\cos\psi - \dot{v}\sin\psi - (u\sin\psi + v\cos\psi)\dot{\psi}$$
$$\ddot{y}_{0G} = \dot{u}\sin\psi + \dot{v}\cos\psi + (u\cos\psi - v\sin\psi)\dot{\psi} \tag{7-3-3}$$

将式(7-3-1)中的前两式和式(7-3-3)代入式(7-3-2)，整理可得：

$$m(\dot{u} - v\dot{\psi}) = X$$
$$m(\dot{v} + u\dot{\psi}) = Y$$

在运动坐标系中，绕 G 点的力矩方程与固定坐标系中的一样，仍为：

$$I_{zz}\ddot{\psi} = N$$

由此，运动坐标系中船舶的运动方程为：

$$\begin{cases} m(\dot{u} - v\dot{\psi}) = X \\ m(\dot{v} + u\dot{\psi}) = Y \\ I_{zz}\ddot{\psi} = N \end{cases} \tag{7-3-4}$$

若角速度用 r 表示，则 $\dot{\psi} = r, \ddot{\psi} = \dot{r}$。因此，式(7-3-4)还可以写成如下形式：

$$\begin{cases} m(\dot{u} - vr) = X \\ m(\dot{v} + ur) = Y \\ I_{zz}\dot{r} = N \end{cases} \tag{7-3-5}$$

式(7-3-4)中的外力 X 和 Y 与船舶固定坐标的方向无关，表达上较为方便，因此在分析船舶运动时,较多采用运动坐标系的方程。在讨论船舶在空间的轨迹时,多使用固定坐标系的方程。

▣ 7.4 航向稳定性

7.4.1 船舶运动稳定性及其分类

虽然船舶预定沿一定方向直线航行,但由于海洋中水流、波浪和风的作用,船舶总是不断地偏离原定的航线。

所谓船舶运动稳定性,是指船舶在航行时会因外界干扰(如风、浪和流等)而偏离原来的运动状态,如果这些外界干扰因素消失后船舶能够恢复到原来的运动状态,则运动是稳定的,否则是不稳定的。但运动是否稳定,与所针对的参数有关。船舶运动稳定性根据所针对的参数不同常分为以下几种(见图7-4-1)。

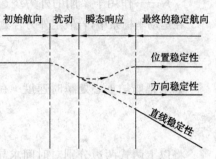

图 7-4-1 船舶运动稳定性

(1) 直线稳定性(straight line stability):船舶受瞬时扰动后,最终能恢复直线航行状态,但航向发生变化。

(2) 方向稳定性(directional stability):船舶受扰后,所恢复形成的新航线是与原航线平行的另一直线。

(3) 位置稳定性(positional stability):船舶受扰后,恢复后仍按原航线的延长线航行。

在以上几种稳定性中,具有位置稳定性则必同时具有方向和直线稳定性,具有方向稳定性必同时具有直线稳定性;反之,若不具有直线稳定性,则就不可能具有方向和位置稳定性。

另外,运动稳定性根据是否操舵还可分为自动稳定性和控制稳定性。不操舵情况下的稳定性称为自动稳定性,操舵或使用其他操纵装置条件下的稳定性称为控制稳定性。自动稳定性取决于船体和舵的几何形状,是船舶的固有属性。以下如无特别说明,均指自动稳定性。

7.4.2 船舶航向稳定性

直线稳定性习惯上也称为航向稳定性,直线稳定性程度较大的船舶,除去外界干扰后,最终的航向偏离较小。对运动不稳定的船舶,其扰动量越来越大,航向偏离越来越大,最终在非线性流体动力作用下将进入某个定常回转状态,如图7-4-2所示。

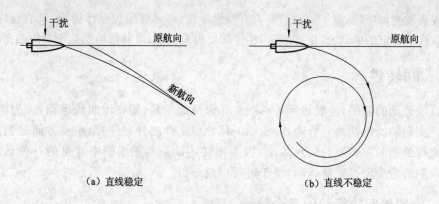

（a）直线稳定　　　　　　　（b）直线不稳定

图 7-4-2　航向稳定性

　　船舶在偏离原来航向后，船后桨的推力方向和船速方向都会发生变化。对于仅具有直线稳定性的船，虽能恢复原来的直线运动状态，但无法改变桨的推力方向而恢复原来的航向，更无法自动回到原来的航线上。所以任何水面船舶如不操舵都不具有方向稳定性和位置稳定性。

　　船舶要保持既定的航向就必须不断地操舵以控制船舶的运动。所以，即使计划沿一定方向作直线航行，而实际上行驶的路线还是一条曲线。曲线越靠近直线，表明船的航向稳定性越好。因为曲线偏离直线越远，无异于增加了航行的路程。而且，船舶转舵后会增加航行阻力，使航速下降。由校正航向偏差而增加的功率消耗约占主机功率的 2%～3%，航向稳定性较差的船甚至高达 20%。可见操纵性对船舶经济性有较大影响。通过操舵使船舶保持在既定航向航行的能力，称为航向保持性或使用稳定性。

　　通常，以操舵频率（为保持定向航行，单位时间内所需的操舵次数）和平均转舵角度来衡量船舶航向稳定性的优劣。根据航行中的实践经验，船舶的使用稳定性指标为：① 为保持航向的平均操舵频率不大于 4～6 次/min；② 平均转舵角不超过 3°～5°。

　　使船体水线以下侧投影面积（中纵剖面面积）向首尾两端分布，对稳定性有利。但首部面积增大，使侧面积中心向前移动，对稳定性不利。只有增大尾部面积，如采用增加尾倾、增大呆木或尾鳍面积，可改善稳定性。反之，若为了改善其他性能，必须损失一些稳定性时，可采用削小呆木、呆木开孔或增加首踵等措施，如图 7-4-3 所示。

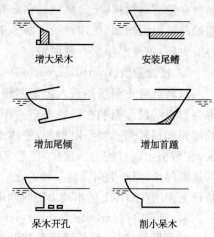

增大呆木　　　　安装尾鳍

增加尾倾　　　　增加首踵

呆木开孔　　　　削小呆木

图 7-4-3　改变船舶稳定性的措施

要提高航向保持性,除了要使船具有直线稳定性外,还要使舵设计得当,具有良好的舵效。对直线不稳定的船,若要保持航向,往往需要提前操舵,以补偿船舶运动响应的滞后。

7.5 回转性

做直线运动的船舶,将舵转至某一舵角并保持此舵角,船将做曲线运动,称为船舶回转运动。在船舶操纵性的分析中,除船舶的运动稳定性之外,另一个重要方面是机动性,其中研究得最多的是船舶的回转运动,因为回转运动是船舶操纵中常见的一种运动,且回转运动的最后阶段是定常运动,便于进行理论分析。

7.5.1 船舶回转运动的三个阶段

船舶回转运动的过程可分为以下三个阶段:转舵阶段、过渡阶段和定常阶段,如图7-5-1所示。

1) 转舵阶段(maneuverable period)

船舶从开始执行转舵命令到实现命令舵角的阶段(大约 $8 \sim 15$ s),称为转舵阶段。舵角从零逐渐增大至命令舵角,同时产生舵力和回转力矩。由于船的惯性很大而舵力较小,转舵阶段中漂角和回转角速度都很小,只有舵力起主要作用,船几乎是按原方向航行。若向右转一舵角,舵上受到一个指向左舷的水动力作用。这个力在 y 轴上的分量使船向左舷方向横移(反向横移),在 x 轴上的分量使船舶前进阻力增加,航速开始下降。舵力对船舶重心的力矩,迫使船舶向右舷回转。

2) 过渡阶段(transition period)

从转舵终止到船舶进入定常回转的中间阶段,称为过渡阶段。船舶在回转力矩的作用下,重心处的漂角和回转角速度不断增加,船体水动力迅速增

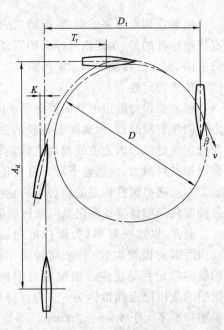

图 7-5-1 船舶回转运动示意图

大,在数值上超过舵力。这样,使船反向横移的加速度逐渐减小至零并改变方向,反向横移逐渐停止,而产生向回转一侧的正向横移。船首一直保持向右舷回转。过渡阶段的主要特征是作用在船体上的水动力随时间而变化,所以船舶的运动参数也是随时间而变化的。

3) 定常阶段(steady turning period)

过渡阶段之后,船舶运动参数开始稳定,并达到新的平衡阶段,称为定常阶段。在定常阶段中,作用于船体上的各种力矩达到平衡,船以一定的角速度匀速回转,重心的运动轨迹呈圆形。

7.5.2 回转圈的几何要素

在船舶回转运动中,船舶重心的运动轨迹称为回转圈(见图7-5-1)。其主要几何要素如下。

1) 定常回转直径(steady turning diameter)D

船舶进入定常阶段后,回转圈的直径称为定常回转直径。满舵条件下的定常回转直径称为最小回转直径。定常回转直径与船长的比值称为相对回转直径。

在船舶设计中,对各类船舶的定常回转直径都有一定要求。回转性好的船,最小相对回转直径为3 m左右,回转性差的船约为10 m左右,大多数船在5~7 m的范围内。各类船舶的最小相对回转直径的大致范围如表7-5-1所示。

表 7-5-1 各类船舶最小相对回转直径大致范围

船 型	最小相对回转直径 /m	船 型	最小相对回转直径 /m
驱逐舰	5.0~7.0	大型客货船	5.0~7.0
大型货船	5.0~6.5	中型客货船	4.0~5.0
中型货船	4.0~5.0	油船	3.5~7.5
一般小型船	2.0~3.0		

对于一般船型的海船,最小回转直径可由以下经验公式确定。

巴士裘宁公式:

$$D=\frac{L^2 d}{10A_r} \qquad (7\text{-}5\text{-}1)$$

式中 L——水线长,m;

d——吃水,m;

A_r——舵的浸水侧面积,m²。

季美公式:

$$D=0.25L^{5/3} \qquad (7\text{-}5\text{-}2)$$

定常回转直径的大小与回转初速有关。对于低速的民用船舶,回转初速对回转直径影响并不显著;对高速舰艇的影响则较大。

一般情况下,定常回转直径与回转初速的1/4次方成比例。回转初速越大,定常回转直径越大;但是回转周期,即船舶从初始直线航向回转360°时所经过的时间,却不一定增大。

2) 战术直径(tactical diameter)D_t

船舶首向改变180°时,其重心距初始直线航线的横向距离称为战术直径。它是军舰回转性的重要指标,一般 $D_t=(0.9\sim1.2)D$。

3) 纵距(advance)A_d

从转舵开始时的船舶重心沿初始直线航向至首向改变90°时的船舶重心间的纵向距

离称为纵距。纵距的大小可用来表征船舶的回转性和跟从性。纵距小,表示船的定常回转半径小(即回转性好),以及船舶在操舵后进入新的稳定运动状态快(即跟从性好);反之,纵距大,则船舶回转性和跟从性差或其中一个特性很差。不同类型船舶的纵距大致为 $A_d = (0.9 \sim 1.2)D$。

4) 正横距(transfer)T_r

船舶转首 90°时,其重心至初始直线航线的横向距离称为正横距。

5) 反横距(kick)K

船舶离开初始直线航线向回转中心的反侧横移的最大距离称为反横距。通常 $K = (0 \sim 0.1)D$。反横距是一个很重要的特征参数。例如,在两船相遇时,由于两船的距离很近,若两船同时操舵避让,则两船可能突然靠拢而发生碰撞,这正是两船同时产生反横距的结果。船舶在狭窄航道中回转时,反横距同样较为重要。

船舶做回转运动时,在某一瞬时,船舶中纵剖面上各点的速度大小和方向是不同的。中纵剖面上漂角为零的点,称为回转枢心。回转枢心处速度的方向与中纵剖面相一致,横向速度为零,图 7-5-2 中的 P 点即为回转枢心。通常漂角是比较小的,因此可以得出:

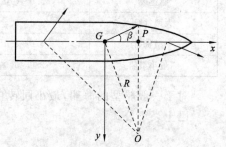

图 7-5-2　船舶回转枢心

$$\overline{GP} = R\sin \beta \approx R\beta \qquad (7\text{-}5\text{-}3)$$

在定常回转阶段,由于 R 和 β 保持不变,因此枢心的位置也保持不变,通常位于船首与离船首 $L/4$ 处之间。因为较小的回转半径 R 伴随较大的漂角 β,而大的 R 伴随较小的 β,因此不同的船或者同样的船在不同回转半径条件下,枢心位置的变化不大。

7.5.3　船舶回转过程中的其他运动

1) 回转速降(speed drop on turning)

船舶在小舵角回转时,漂角很小,航速变化不大。满舵回转时,由于漂角增大,船舶的前进阻力增大。另外,桨的工作条件改变,转速略有下降,效率降低,造成船舶前进速度显著减小,其减小量最高可达回转初速的 40% 左右,称为回转速降。只要相对回转半径大于1,即可以用费尔索夫经验公式来估计定常回转时的船舶速度。该式由模型试验整理得出:

$$\frac{v_c}{v_0} = \frac{R^2}{R^2 + 1.9L^2} \qquad (7\text{-}5\text{-}4)$$

式中　v_0——回转初速。

回转直径越小,回转时漂角就越大,则回转速降也越大。不同相对回转直径下的航速变化,如图 7-5-3 所示。

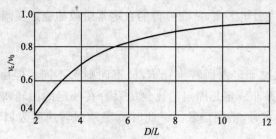

图 7-5-3 相对回转直径与航速变化的关系

2)回转横倾(heel on turning)

船舶在回转运动中还会出现绕 x 轴的横倾,严重时甚至可能引起翻船。

转舵阶段:回转轨迹的曲率中心在回转圈外侧,作用于船体的主要是舵力和横向惯性力以及它们对重心的力矩,使船发生向回转圈一侧的内倾。由于舵力较小,因此船的内倾角一般不大。

过渡阶段:漂角和角速度不断增加,作用于船体上的水动力亦不断增大,逐渐由次要作用变为主要作用,船舶由内倾变为外倾,到定常阶段形成稳定的横倾角。实际上,水动力的增加是很快的,在使船由内倾转为外倾的倾斜力矩的迅速作用下,船舶所能达到的最大横倾角 ϕ_{max} 要大于定常阶段的稳定横倾角 ϕ_r,并在 1～2 次摇摆之后最终稳定。ϕ_{max} 的大小与转舵时间有关,转舵时间越短,ϕ_{max} 越大,通常:$\phi_{max} = (1.3\sim2.2)\phi_r$。船舶回转运动中横倾角的典型变化形式如图 7-5-4 所示。

稳定横倾角可由以下过程推得:船舶回转时的受力如图 7-5-5 所示。图中近似认为水动力作用在 1/2 吃水处;而对于以回转半径 R 作定常回转的船舶,作用于重心 G 的离心力数值为 mv_c^2/R;另外,由于舵力数值较小,可忽略它对横倾的影响,由此产生偏于安全的误差。于是,使船产生外倾的力矩由离心力与水动力组成的力偶形成,其大小为:

$$m\frac{v_c^2}{R}\left(z_G - \frac{d}{2}\right)$$

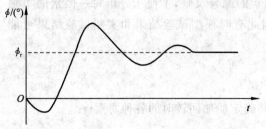

图 7-5-4 船舶回转运动中横倾角的变化

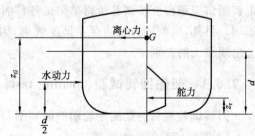

图 7-5-5 船舶回转时的受力

船舶横倾之后,由初稳性公式,其复原力矩为:$mgh\phi_r$。其中,h 为初稳性高。定常回转时,复原力矩和横倾力矩平衡,从而可得船在定常阶段的稳定横倾角 ϕ_r(rad):

$$\phi_r = \frac{v_c^2}{ghR}\left(z_G - \frac{d}{2}\right) \tag{7-5-5}$$

横倾角的大小取决于定常回转半径 R,R 不同则 ϕ_r 不同。但由于速度 v_c 也与 R 有关,所以 ϕ_r 与 R 之间并非一定是固定的比例关系。在一定的回转初速 v_c 下,对一般船型而言,当 $R=2.6L$ 左右时,横倾角最大。此时取定常回转速度为回转初速的 70%,则根据式(7-5-5)有:

$$\phi_r = 1.1\frac{v_0^2}{hL}\left(z_G - \frac{d}{2}\right) \tag{7-5-6}$$

由式(7-5-6)可直接得到稳定横倾角。上式表明,横倾角与回转初速的平方成正比,与初稳性高成反比,因此船舶高速回转时的横倾角比低速时大。特别是在顺风顺浪中航行的船舶满舵掉头时,横倾角叠加上风和浪的作用,有可能使船处于危险状态。

◪ 7.6 操纵性试验

操纵性试验(maneuverability test)的目的是通过试验的方法研究船舶的操纵性能。操纵性试验可分为模型试验和实船试验两种。模型试验是用船舶模型代替实船评价其操纵性能的,主要用于新船型的研究和船舶设计阶段;实船试验则是在新船造好后直接评定其操纵性能的优劣。

模型试验可分为自由自航模操纵性试验和约束模操纵性试验两种。所谓自航模,是指船模本身装有螺旋桨、舵及相应的动力系统和控制系统,可以模仿实船在水池中自由航行。自由自航模试验通常在露天水池、天然湖泊或室内操纵性水池中进行。约束模试验是在水池中用平面运动机构等设备强制船模做规定的运动,以测定作用于其上的水动力和力矩,然后通过计算确定所需的各水动力系数,用于深入分析船舶的操纵性运动。

通过实船试验和自航模试验可以直接测得各种运动参数,能较为直观地分析和比较船舶的操纵性能。下面主要介绍一些实船试验,其内容对相应的自航模试验同样适用。但实船试验和自航模试验所得结果是各种因素的综合反映,不便于分析每一因素的单独影响。另外,模型试验必然存在尺度效应,因此有时模型试验结果和实船试验结果可能会出现较大的差别。

7.6.1 船舶回转试验(turning test)

回转试验的目的是测定船舶的回转圈,并确定船舶回转时的各种要素。

1)回转试验的大致步骤

(1)调整好预定的航速和航向,并作记录;

（2）发出转舵口令，以尽可能大的转舵速度将舵操至预定舵角；

（3）连续记录回转过程中的时间、航速、首向角、回转角速度、横倾角和船舶的位置等参数，所测参数的内容与试验方法有关；

（4）当首向角变化达到540°以后，回复直线航行，准备下一次试验。

2）船舶回转试验的方法

由于回转试验的主要目的是测定船舶的回转圈，即船舶的运动轨迹，所以当能够直接确定船舶的位置时，试验方法就显得较为简单。当无法直接确定船舶位置时，则需要通过测量其他参数间接求得。

（1）直接确定船舶位置。

常见方法有：① 利用固定或锚定物标连续测定船位，如利用三个岸标用六分仪测定船位、利用雷达测出离某固定物标的方位和距离以测定船位等；② 利用双曲线定位仪连续确定船舶位置；③ 利用全球定位系统（GPS）测定船舶的位置。

通过不同时刻的船舶位置，即可绘制出船舶回转圈。

（2）间接确定船舶位置。

下面介绍利用首向角和船速确定船舶位置和回转圈的方法。通常用罗经测量首向角，用计程仪（毕托管式或多普勒仪）测量船速。其具体方法如下：

① 根据记录的船速计算船舶枢心 P 的轨迹。实船上安装的计程仪一般只能测量沿 x 方向的速度，该速度正好是枢心处速度，它在固定坐标系中的分量为：

$$\dot{x}_{0P} = v\cos\psi$$

$$\dot{y}_{0P} = v\sin\psi \tag{7-6-1}$$

由此可得 P 点坐标为：

$$x_{0P} = \int_0^t \dot{x}_{0P}\,\mathrm{d}t = \int_0^t v\cos\psi\,\mathrm{d}t$$

$$y_{0P} = \int_0^t \dot{y}_{0P}\,\mathrm{d}t = \int_0^t v\sin\psi\,\mathrm{d}t \tag{7-6-2}$$

根据计算结果绘制枢心轨迹，如图 7-6-1 所示。

② 根据枢心轨迹绘制船舶重心轨迹。由于枢心 P 位于重心 G 前的距离为 $\overline{GP}$，因此在枢心的每个轨迹点处，根据首向角可绘出船体的首尾线，如图 7-6-2 所示。在每条首尾线上求出重心 G 的位置，即可绘出重心轨迹（即回转圈）。

有了回转圈之后，即可根据回转圈测定各回转要素。

（3）只测定定常回转直径的方法。

如果只需测量定常回转直径，可以采用更简单的方法。如图 7-6-3 所示，试验时船舶按给定航速沿直线航行，然后按规定的舵角进行回转。当罗经指示船舶航向角与原航向一致时，即从船的一舷抛出一浮标 A（或待船回转 90°稳定后抛出）；当船舶再回转半圈

（即航向变化 $180°$）时，从船的另一舷抛出另一浮标 A'。然后调转船头，保持低速，对着两浮标的连线，从浮标 A' 向浮标 A 的方向行进。一位观察者立于船首，一位观察者立于船尾，并用对话机或旗号彼此联系。当船尾到达浮标 A' 时，即从船首抛出一木块 B_1，当船尾到达木块 B_1 时，又从船首抛出第二块木块 B_2……当抛出的最后一块木块距浮标 A 不足一个船长（或两观测者间距）时，观察最后一块木块经过船尾时浮标 A 所在的肋骨位置。这样即可得出船舶的回转直径 D 的大约数值，为了获得较为准确的结果，反复进行两次或三次，求取平均值，其误差在 10% 左右。

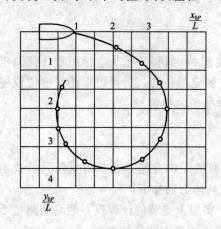

图 7-6-1　绘制的枢心轨迹

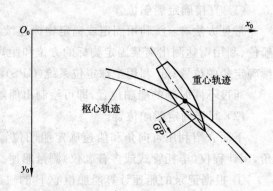

图 7-6-2　绘制重心轨迹

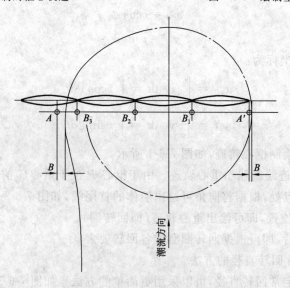

图 7-6-3　抛木块测定回转直径

7.6.2　其他操纵性试验

1) 螺线试验(spiral test)

螺线试验的目的是评价船舶的直线稳定性,是一种间接的试验方法。根据直线稳定性的定义,应当在直航中给船舶以扰动,通过观察去掉扰动后船舶能否恢复直航来测定其直线稳定性。但在实际海况下总是不断出现各种扰动,因此无法直接进行判断直线稳定性的试验。

其具体方法是:对于直线稳定航行的船舶,操舵到右 25°,并保持该舵角直至定常回转;然后将舵角减少 5°,并仍保持该舵角直至定常回转;重复以上过程,直到舵角从一舷之 25°转至另一舷 25°,并再回复操舵到原先的一舷。在零舵角或压舵角左右 5°范围内,舵角间隔应减小,一般取 1°左右。

根据试验结果绘制 $r\delta$ 曲线,如图 7-6-4 所示。

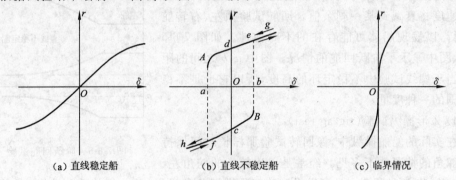

(a) 直线稳定船　　　　(b) 直线不稳定船　　　　(c) 临界情况

图 7-6-4　螺线试验的 $r\delta$ 曲线

对于直线稳定船,r 和 δ 有单值关系,操右舵角($\delta>0$)时,船向右转($r>0$),反之亦然。$r\delta$ 曲线在原点处切线的斜率为单位舵角产生的定常运动角速度。该斜率越小,表示越不易产生 δ 扰动,间接表明船舶具有较大程度的稳定性。

对于直线不稳定船,存在一个舵角范围,如图(b)中的 a,b 之间,在此范围之外,操右舵角,船向右转;操左舵角,船向左转;随着舵角的增加,r 增加,回转直径减小。在此范围之内时,r 与 δ 不是单值关系,船的回转角速度 r 取决于运动的历史。当舵角由右舷向左舷变化时,回转角速度沿曲线 $g{\rightarrow}e{\rightarrow}d{\rightarrow}A{\rightarrow}a{\rightarrow}f{\rightarrow}h$ 变化。舵角在 a 前后即使有很小的变化,回转角速度也会从对应于右转的 A 点突然变化到对应于左转的 f 点。同样,当 r 沿曲线 $h{\rightarrow}f{\rightarrow}c{\rightarrow}B{\rightarrow}b{\rightarrow}e{\rightarrow}g$ 变化时,会发生从 B 点到 e 点的跳跃。在两舷舵角 a,b 之间,零舵角对应的角速度在 c,d 之间的范围内,$r\delta$ 曲线出现了一个回环,称为滞后环或不稳定环。a,b 间的距离称为不稳定环宽,c,d 间的距离称为不稳定环高。显然,环高和环宽愈大,船舶的直线稳定性愈差,因此环高和环宽可以作为衡量不稳定程度的参数。

对于临界情况,大舵角时 r 较大,定常回转直径较小;小舵角时 r 也相当大,定常回转直径相当小。这说明舵效好,回转阻尼小。可是在维持直线航行时,由于外界干扰的存在,总要不断操舵,操舵后又过于灵活,因而是不利于航向保持的。

2) 逆螺线试验(reverse spiral test)

螺线试验需要极为平静的海面、很大的海洋面积和大量的时间,而且不易获得直线不稳定船在不稳定回环内的运动情况。逆螺线试验可弥补这些缺点。它通过操舵使船保持某一预先规定的角速度值,然后测量产生该回转角速度的平均舵角。

3) 回舵试验(pull-out test)

回舵试验是一种快速鉴别船舶直线稳定性的简单试验方法。其具体方法是:先操 20°左右的舵角,使船达到定常回转,然后操舵回中。如果船是直线稳定的,则回转角速度应衰减到零;如果船是直线不稳定的,则回转角速度将衰减到某一剩余值。回舵试验须左、右转舵都进行,以发现船体可能存在的不对称性。如图 7-6-5 所示,图中显示了阶跃回舵的情况。图中 a,b 之间的距离相当于螺线试验中不稳定环的高度,所以它也是不稳定范围的一种度量。

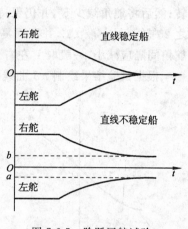

图 7-6-5　阶跃回舵试验

4) Z 形操纵试验(zigzag test)

在实际的船舶操纵中,像回转试验那样长时间保持一定舵角的情况并不多见。经常是以比较小的舵角左、左,右、右,不断地操舵。Z 形操纵试验正是模拟此种操纵,并分析其试验结果,可以得到更符合实际操纵的资料。

小角度 Z 形操纵试验与螺线试验或逆螺线试验结合起来,可以提供完整的船舶保持航向的操纵资料。Z 形操纵试验与 15°舵角的回转试验结合起来,可以提供完整的变化航向资料。

Z 形操纵试验的具体方法是:船舶按预定航速直线航行,达到稳定之后,以尽可能快的速度将舵转到右舷规定的舵角,例如 $\delta=10°$,作为第一次操舵,δ 称为执行舵角;当船首偏离原首向 φ(如 $\varphi=10°$)时,立即转舵到左舷相同的舵角 δ,作为第二次操舵,φ 称为换舵首向角;操上述反舵之后,船仍朝原方向继续回转,但回转角速度逐渐减小,直到回转运动消失,然后船向左舷回转;当首向偏离原直航向达左 φ 时,再操右舵角 δ,作为第三次操舵;上述过程一直继续到完成五次操舵为止。

试验过程中,舵角和首向角的变化如图 7-6-6 所示。同时还可记录螺旋桨转速和航速的变化。

Z 形操纵试验中执行舵角和换舵首向角的标准值为 10°,记作 10°/10°Z 形试验(分子

为执行舵角,分母为换舵首向角)。根据
需要,也可以采用 5°/5°,15°/15°和
20°/20°Z 形试验。例如,在通常情况下,保
持航向的舵角 δ=5°左右,因此用 δ=5°
和 ψ=5°的 Z 形操纵试验可以更确切地
评价船舶稳定性的好坏。在海上改变航
向时,除了紧急情况外,最常用的舵角是
15°左右。因此采用 δ=10°和 ψ=10°作

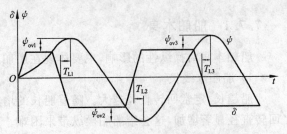

图 7-6-6　舵角和首向角随时间的变化

为 Z 形操纵试验的标准值是一个理想的中间状态。对于一些直线稳定性差的船,也可以
进行 10°/5°,20°/5°,20°/10°等执行舵角和换舵首向角不相等的变形 Z 形试验。

　　Z 形操纵试验通常在最大操纵速度(接近船舶服务航速)下进行,若有需要也可考虑
中速和低速试验。

　　操纵性的试验结果与船舶的回转方向有关。国际海上航行规则规定,应急回转应向
右转,这使得用右舵来回转或纠正首向偏离的能力显得更为重要,所以标准的 Z 形操纵
试验是从右舵开始的。

　　在分析 Z 形操纵试验结果时,最简单的分析是直接在记录曲线上比较有关的操纵特
征量,通常选用超越角和转首滞后。

　　超越角用 ψ_{ov} 表示,是操反舵的瞬时首向角和最大首向角间的差值,可以作为衡量船
舶是否易于转向的一个总量度。超越角,尤其是第一超越角 ψ_{ov1},在船舶实际避碰机动中
有重要的意义。这个角度越小,船舶越易于转向,因此跟从性好而回转性差,但跟从性差
而回转性好的船,也有可能达到相同的超越角。

　　转首滞后用 T_L 表示,是指从回复到正舵时刻(也有定义为从操反舵瞬时)到最大转
首角瞬时的时间间隔。它意味着在零舵角之后出现零角速度的时间滞后,通常取
$T_L=(T_{L2}+T_{L3})/2$。T_L 的无因次量($T_L'=T_L v_0/L$)可以作为跟从性的一个量度,其中 v_0
为回转初速。T_L' 小,则跟从性好;T_L' 大,则跟从性差。

　　利用 Z 形操纵试验结果还可以确定 K,T 指数。K 称为回转性指数,K 值大,表示回
转性好,定常回转直径小;T 称为应舵指数,T 值小,表示船舶的稳定性和跟从性好,操舵
之后船能很快地改变首向而进入定常回转。具体方法参见相关文献,此处不再详述。

▣ 7.7　操纵性的影响因素及改进措施

　　影响船舶操纵性的因素包括船舶本身和操纵设备两个方面,因此改善船舶操纵性也
应从这两个方面着手。

7.7.1 船舶本身

船舶本身对操纵性的影响,主要体现在船舶尺度和船体形状等方面。

1) 船舶水线长

船越长,定常回转直径越大。随着船长的增加,虽然相对回转直径可能变化不大,但回转直径显著增加,这会给船舶操纵带来困难。

2) 主尺度比值

长宽比 L/B 增加,船的直线稳定性提高,而定常回转直径增加,回转性变差。

宽度吃水比 B/T 增加,船舶扁而宽,回转性提高。但由于船的横向阻力和回转阻尼减小,因此在风浪中不易操纵。同时如果吃水过小,舵的沉没深度受到限制,使得舵的展弦比过小,舵效较低。

3) 方形系数

方形系数 C_b 增大,船舶修长度增大,直线稳定性变差,回转性提高。

4) 中纵剖面面积

中纵剖面面积和形状是操纵性最为重要的影响因素。增加中纵剖面尾部面积,使回转阻尼力矩增加,位置阻尼力矩减小,两者都有利于直线稳定性的提高;增加中纵剖面首部面积,回转阻尼力矩和位置阻尼力矩同时增加,但两者的作用是相反的,因而对操纵性的影响并不明显。实践表明,中纵剖面尾部面积和船尾形状的微小变动对船舶操纵性都有明显的影响。

为了提高船舶的直线稳定性,可以采取措施使中纵剖面尾部面积增加或中纵剖面面积形心后移,最好使形心处于重心之后。例如,增加呆木,增加尾倾,切去前踵、前倾首柱等。而为了提高船舶的回转性,则需采取削弱航向稳定性的措施。例如,减小呆木或在呆木上开孔,对于设有中舵的船甚至可以不用呆木。

5) 首尾形状

目前很多船装有球首,这相当于增加了中纵剖面首部面积,使直线稳定性变差,回转性提高。球首的安装,特别是突出量比较大的球首,可以大大改善船舶倒航的直线稳定性。首部形状对操纵性的影响并不显著,只有像破冰船那样,前踵切去很多时对回转性才会产生明显的影响——使定常回转直径加大,倒航稳定性变坏。

如果中纵剖面面积不变,后体丰满度增加,即采用 U 形剖面,则可以提高船舶的回转性。

另外,船上重量的分布也影响船舶的操纵性,当重量相对比较集中于船中部时,船的转动惯量小,回转就比较容易。庞大的上层建筑和甲板上堆放集装箱形成的迎风面积,也会影响船舶的操纵性。

就船本身而言,航向稳定性和回转性的要求是相互矛盾的。航向稳定性增加时,船对外力反应迟钝,较难改变其运动方向。回转性改善时,船对外力反应敏捷,其航向稳定性相对变差。在确定船舶的主尺度、型线和总布置时,以上因素都要根据不同船舶予以全面考虑。

7.7.2　操纵设备

广义上,船舶的操纵设备应包括所有能迫使船舶按照驾驶人员的意图稳定航向、进行回转或改变位置的一切设备和装置。例如,兼有推进和操纵功能的直翼推进器、360°回转导管螺旋桨、可转动喷水推进装置及多个螺旋桨等都可视为操纵设备。目前在大型船舶和部分工程工作船上应用较多的是侧向推力器(简称侧推器)。这种侧向推力器装在船的首部或首尾部,利用喷水的反作用力,使船体得到一个垂直于中线面的侧向推力,与舵配合能极大地提高船舶的操纵性。图 7-7-1 为装在首部的侧推器装置示意图。当水由左舷吸入、右舷喷出时,船体能很快做出转向反应。

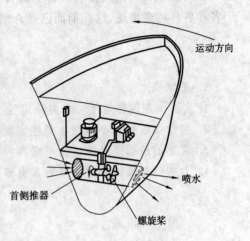

图 7-7-1　首部侧推器装置

当船首部和尾部都装有侧推器时,改变两侧推器推力的方向,可以十分灵活地控制船舶的运动,如图 7-7-2 所示。当首尾侧推器向同一方向发出相同推力时,船舶就向一侧平移,这在靠离码头时是十分方便的。当两侧推器向相反方向发出推力时,船在原地回转。仅在首部装侧推器的船,其操纵性的改善也极为明显。

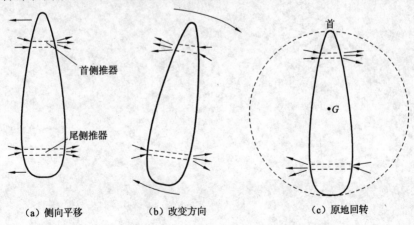

（a）侧向平移　　　　（b）改变方向　　　　（c）原地回转

图 7-7-2　带首尾侧推器船的运动

尽管有多种装置具有操纵船舶的功能,但舵仍是各类船舶应用最为广泛的操纵设备。舵设备具有结构简单、安全可靠、造价低廉、操作方便等诸多优点。它能兼顾船舶的航向稳定性和操纵性。当舵置于零舵角(即位于中线面)时,相当于在尾部增加了尾鳍部分,加大了尾部水下的侧投影面积,有利于提高航向稳定性。舵的形状和结构形式对舵上产生的水压力有很大影响。为了改善船舶操纵性,尤其是小舵角时的舵效,陆续出现了各种各样的新型舵,这在前面已经介绍,此处不再赘述。

思考题

1. 基本概念

操纵性　直线稳定性　方向稳定性　位置稳定性　回转性　定常回转直径

2. 船舶操纵性主要体现在哪些方面? 其衡量指标有哪些?

3. 常见的船舶操纵性试验有哪些? 其基本原理和方法是什么?

4. 影响船舶操纵性的主要因素有哪些? 如何提高船舶操纵性?

第8章　船舶耐波性

■ 8.1　概述

8.1.1　耐波性(seakeeping)的概念

船舶,尤其是海船,大多需要在风浪中航行。由于风浪的作用,船舶的运动和受力情况变得更为复杂,并且伴随各种不利情况发生,主要表现在以下方面。

1)船舶摇荡

作为三维空间结构物,船舶有可能产生六种运动形式及其叠加,统称为船舶摇荡。摇荡使乘员居住条件变坏,不仅影响船员工作,还会引起旅客不适;过大的摇荡使波浪负荷加大,可能损坏船体结构,甚至断裂;摇荡和风浪还会给船舶操纵带来困难,使船舶难以维持或改变航向;摇荡还有可能造成舱室进水、货物移动,并降低船舶的抗风能力,严重时甚至发生海难。

2)砰击

由于摇荡运动,船体与风浪之间会产生猛烈的局部冲击现象,称为砰击。砰击多发生在首部。砰击发生时,首柱底端或船底露出水面,然后在极短的时间内以较大的速度落入水中而发生猛烈的撞击。严重的砰击将导致首部结构损坏,船体颤振。

3)上浪

船舶在风浪中剧烈摇荡时风浪涌上甲板的现象称为上浪。上浪时船首常埋入风浪中,海水淹没首部甲板边缘,甲板上水。上浪会使甲板机械损坏,给船员造成恶劣的工作条件。

4)失速

失速包括风浪失速和主动减速。风浪失速是指推进动力装置功率调定后,由于剧烈的摇荡,船舶在风浪中航行时航速较静水中的降低值。主动减速是指船舶在风浪中航行,为减小风浪对船舶的不利影响,主动调低主机功率,使航速比静水中速度下降的数值。失速使船舶的主机功率得不到充分利用。

5）螺旋桨飞车

船舶在风浪中航行时,部分螺旋桨叶露出水面,转速剧增并伴有强烈振动的现象称为螺旋桨飞车。飞车使主轴受到极大的扭转振动,主机突然加速和减速会损坏主机部件,降低推进效率。

大量实例证明,在静水中具有优良性能的船舶,在风浪中却不一定优良。因此,在设计或评价一条船时,不仅需要考察其在静水中的性能,而且要考察其在风浪中的性能。

所谓耐波性,是指船舶在风浪中由于外力干扰产生各种摇荡运动、砰击、上浪、失速、飞车和波浪弯矩时仍能维持其正常功能的能力。它是船舶在波浪中运动特性的统称。耐波性是衡量船舶性能好坏的重要指标之一,特别是经常航行于一类航区的船舶和海洋工作船更是如此,而对于浮动式钻井平台和海洋钻井船,耐波性也是其最重要的性能之一。

8.1.2 波浪的基本要素

波浪是使船舶产生运动的主要原因,因此作为基础下面简要介绍波浪的基本要素。

实际海面上的风浪是极其不规则的,称为不规则波(irregular wave)。然而,根据波浪理论,不规则波可以认为是由许许多多不同波长,不同波幅和随机相位的单元规则波叠加而成。所谓规则波(regular wave),是指波面可以用简单函数表达的波浪。比如余弦波,它是指波形轮廓是余弦曲线的规则波,如图 8-1-1 所示。规则波是研究不规则波的基础,因此下面以规则波为例简要说明波浪的基本要素。

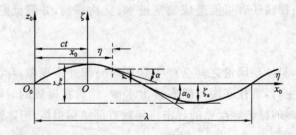

图 8-1-1　余弦波

图 8-1-1 所示曲线是沿 $O_0 x_0$ 方向传播的余弦波,其波面方程为:

$$\zeta = \zeta_a \cos(k x_0 - \omega t) \tag{8-1-1}$$

式中　ζ——波面升高;

ζ_a——波幅,是波峰或波谷到静水面间的垂向距离,它和波高 ζ_w 的关系为 $\zeta_w = 2\zeta_a$;

k——波数,其值等于单位距离上出现的波浪个数的 2π 倍,是一种表示波形的参数;

ω——波浪圆频率,简称频率。

与波峰线正交的垂向剖面上的波浪表面倾斜度称为波倾角(slope of wave surface) α,其大小由下式决定:

$$\alpha = \frac{\partial \zeta}{\partial x_0} = -k\zeta_a \sin(kx_0 - \omega t) = -\alpha_0 \sin(kx_0 - \omega t) \tag{8-1-2}$$

式中　α_0——最大波倾角,习惯上称波倾,其数值为:

$$\alpha_0 = k\zeta_a = \frac{2\pi}{\lambda}\zeta_a \tag{8-1-3}$$

式中　λ——波长,两相邻波峰或波谷之间的水平距离。

对于固定点,通过坐标原点的转换,波倾角随时间的变化可以写成:

$$\alpha = \alpha_0 \sin(\omega t)$$

波形传递一个波长所需的时间称为波浪周期 T,可表示为:

$$T = \frac{2\pi}{\omega}$$

在深水条件下,波长 λ、周期 T 和波速 c 之间有如下关系:

$$T = \sqrt{\frac{2\pi}{g}\lambda} \approx 0.8\sqrt{\lambda}$$

$$\lambda = 1.56T^2$$

$$c = \frac{\lambda}{T} = \sqrt{\frac{g}{2\pi}\lambda} = 1.25\sqrt{\lambda}$$

波浪运动是各水质点沿圆形轨道匀速运动构成的,水质点的这种运动称为轨圆运动,如图 8-1-2 所示。轨圆运动的周期即为波浪周期,轨圆运动的角速度即为波浪圆频率。轨圆半径 ζ_B 与水深 h_B 的关系为:

$$\zeta_B = \zeta_a e^{-\frac{2\pi h_B}{\lambda}} \tag{8-1-4}$$

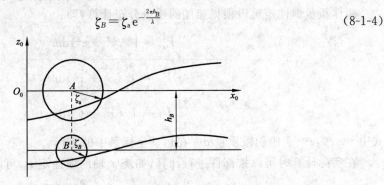

图 8-1-2　水质点的轨圆运动

式中　h_B——质点运动的轨圆中心在静水表面下的深度。

由式(8-1-4)可见,轨圆半径是随水深以指数规律衰减的。

波内压力场的流体动压力的分布可由下式表示：

$$p = p_0 + \gamma h_B - \gamma \zeta_B \cos(kx_0 - \omega t) \tag{8-1-5}$$

式中　p——某点 B 的流体动压力；

　　　p_0——自由表面的大气压力；

　　　γ——水的重度。

由式(8-1-5)可见，在深水中，由波浪引起的压力变化与轨圆半径的变化具有相同的规律，即随着水深的增加，压力变化以指数规律衰减，这种现象通常称为史密斯(Smith)效应。显然，波浪表面为等压面。对于流场内部的等压面可写成如下方程：

$$h_B = \frac{p - p_0}{\gamma} + \zeta_B \cos(kx_0 - \omega t) \tag{8-1-6}$$

由上式可以看出，等压面也是余弦曲线，此曲线的轴线位于静水面下的深度为$(p - p_0)/\gamma$，幅值等于相应水深下的水质点轨圆半径。因此，等压面也称次波面。

8.1.3　附加质量(added mass)和附加惯性矩(added moment of inertia)

在船舶阻力与船舶推进中，主要研究船舶匀速直线运动的航行性能，因此属于定常运动范畴；而在船舶耐波性中，船体具有非匀速的直线运动和旋转运动，亦即具有变化的角加速度和线加速度运动，因此属于非定常运动范畴。在研究非定常运动时，必须考虑惯性的影响。

船舶六个自由度的运动包括直线运动和转动两种形式，与此相应有线加速度和角加速度。对于沿 x,y 和 z 轴的直线运动，惯性作用表现为力的形式，船体的惯性用船体质量 m 来衡量。对于绕 x,y 和 z 轴的转动，惯性作用表现为力矩的形式，船体的惯性用船体质量惯性矩 I_{xx}，I_{yy} 和 I_{zz} 来衡量。

船体质量惯性矩可以根据船舶的质量分布计算，即：

$$\begin{cases} I_{xx} = \displaystyle\int_m (y^2 + z^2)\,\mathrm{d}m \\[2mm] I_{yy} = \displaystyle\int_m (z^2 + x^2)\,\mathrm{d}m \\[2mm] I_{zz} = \displaystyle\int_m (x^2 + y^2)\,\mathrm{d}m \end{cases} \tag{8-1-7}$$

式中　x,y,z——船舶微质量 $\mathrm{d}m$ 在运动坐标系中的坐标。

在实际计算时可以按部件进行计算，如绕 x 轴的惯性矩 I_{xx} 可以写成：

$$I_{xx} = \frac{1}{g}\Big[\sum p_i(y_i^2 + z_i^2)\Big] + \sum I_{xi} \tag{8-1-8}$$

式中　p_i——某一项载荷的重量；

　　　y_i,z_i——重量 p_i 的重心在 $Gxyz$ 坐标系中的坐标；

I_{xi}——重量 p_i 对过其重心纵轴的自身惯性矩。

根据实际载荷分布情况来计算惯性矩是很繁杂的。一般船型都采用经验公式估算惯性矩;钻井船、海上钻井平台等布置较为特殊的船型则必须按部件的实际情况进行计算。

做非定常运动的船舶,除了船体本身受到与加速度成比例的惯性力外,同时船体作用于其周围的水,使之得到加速度,根据作用与反作用原理,水对船体存在反作用力,这个反作用力称为附加惯性力。附加惯性力与船的加速度成比例,其比例系数称为附加质量。例如,力 F 使质量为 m 的物体作加速运动,如果物体是在真空中而不计阻尼,则加速度为 $a=F/m$。然而,由于水的作用,在同样的力 F 的作用下,该物体在水中所得到的加速度 a' 要比 a 小,即 $a'=F/(m+m_a)$。m_a 称为附加质量,与物体本身的形状及运动方向有关。附加惯性分别用附加质量 m_x,m_y 和 m_z 衡量,对应于沿 x,y 和 z 轴的直线运动;附加惯性矩分别用 J_{xx},J_{yy} 和 J_{zz} 表示,对应于绕 x,y 和 z 轴的转动。

附加质量和附加惯性矩是流体对物体的反作用力,因此它们是水下船体形状的函数。只有少数几何体像球体、回转体等有解析解,一般都由模型试验或经验公式确定,也可以采用切片法或有限元法等进行数值计算。普通船舶的附加质量和附加惯性矩的大致变化范围如图 8-1-3 所示。

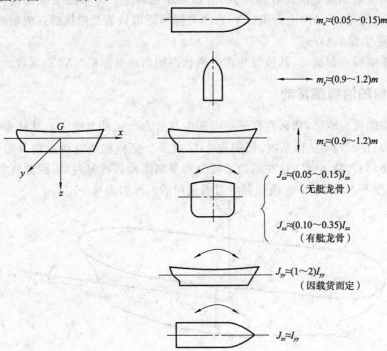

图 8-1-3　一般船舶附加质量和附加惯性矩的大致范围

8.2 船舶摇荡运动及其运动方程

8.2.1 常用坐标系

船舶在风浪中性能的下降,主要是由于船舶摇荡造成的。为了研究船舶摇荡,需要首先建立坐标系。常用的坐标系有以下三种,均为右手、直角坐标系,如图 8-2-1 所示。

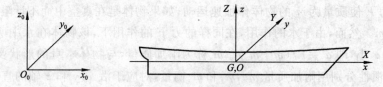

图 8-2-1　船舶运动坐标系

1) 固定坐标系 $O_0 x_0 y_0 z_0$

该坐标系是固定在地球上的直角坐标系,$x_0 y_0$ 平面与静水面重合,z_0 轴向上为正。

2) 运动坐标系 $GXYZ$

该坐标系以船舶重心位置 G 为原点,且固定于船体上。X 轴在中线面内,平行于基平面,指向船首为正;Z 轴向上为正。X,Y 和 Z 轴可近似认为是船体的三根惯性主轴。

3) 半固定坐标系 $Oxyz$

该坐标系随船一起运动,其位置与在平衡状态的运动坐标系 $GXYZ$ 重合。

8.2.2 船舶的摇荡运动

如果将船舶视为刚体,那么它在三维空间中具有六个运动自由度。其任意时刻的运动可以分解为:在 $Oxyz$ 坐标系内,船舶重心 G 沿三个坐标轴的直线运动及船体绕三个坐标轴的转动,共六种运动。这些运动又可分为单向运动和往复运动,因此将共有 12 种运动形式,如图 8-2-2 所示。在造船界中习惯采用的名称如表 8-2-1 所示。

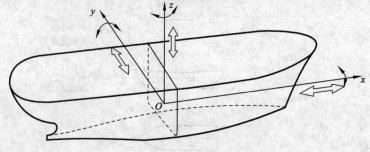

图 8-2-2　船舶的摇荡运动

表 8-2-1　船舶的运动形式

运动形式 坐标轴	直线运动		转　动	
	单向运动	往复运动	单向运动	往复运动
x	前进/后退	纵荡	横倾	横摇
y	横漂	横荡	纵倾	纵摇
z	上浮/下沉	垂荡	回转	首摇

在船舶耐波性中,主要研究往复运动,即横荡(swaying)、纵荡(surging)、垂荡(heaving)、横摇(rolling)、纵摇(pitching)和首摇(yawing)等对船舶性能的影响。在以上运动形式中,以横摇、纵摇和垂荡对船舶航行影响最大,是船舶摇荡运动的主要研究内容。

船舶摇荡是船舶在风浪作用下产生的,其产生的摇荡运动形式取决于船首向与风浪传播方向之间的夹角,称为遭遇浪向(wave encounter angle)。所谓首向,是船舶首尾线指向船首的方向,即在 $GXYZ$ 坐标系中 X 轴的方向。当首向与风浪传播方向相一致时,遭遇浪向为 0°,如图 8-2-3 所示。当遭遇浪向在左右舷 0°～15°之间时称为顺浪(following sea)。遭遇浪向在左右舷 165°～180°之间时称为顶浪(head sea)。顺浪和顶浪统称纵向对浪,纵向对浪主要产生纵向运动,包括纵摇、纵荡和垂荡,其中主要是纵摇和垂荡。遭遇浪向在左右舷 75°～105°时称为横浪(beam sea)。横浪主要产生横向运动,它包括横摇、首摇和横荡,其中主要是横摇。遭遇浪向在左右舷 15°～75°时称为尾斜浪(quartering sea)。遭遇浪向在左右舷 105°～165°时称为首斜浪(bow sea)。尾斜浪和首斜浪既产生纵向运动,又产生横向运动。

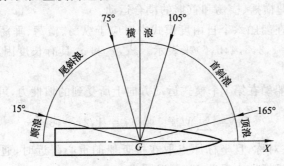

图 8-2-3　船舶的遭遇浪向

8.2.3　船舶在波浪中的一般运动方程

用流体力学理论研究船舶在波浪中的摇荡运动时,常采用以下基本假定:

(1) 假定船舶是一个刚体,忽略它的弹性变形。

(2) 不考虑水的粘性和可压缩性。对于船舶的横摇运动而言,粘性是不可忽视的,横摇阻尼中粘性成分占据支配地位,然而如果横摇阻尼单独计算,则在确定其他流体动力时可以忽略流体的粘性,采用势流理论方法计算。

(3)假定作用在船体上的是微幅规则波。一般情况下,大洋上表面波的波高与波长之比不大于 1/20,在这样的波倾范围内,线性理论(微幅波理论)是成立的。

(4)假定船舶摇荡的幅值是微小的,除了大角度的横摇之外,船舶在波浪中的受力和运动都可以作为线性问题处理,因而可以应用叠加原理。

船舶在波浪中摇荡运动时受到以下六种力的作用:

(1)重力,在船舶运动过程中,其大小、方向和作用点是不变的;

(2)船体本身的惯性力;

(3)浮力,在船舶运动过程中是变化的;

(4)由船舶摇荡运动(船动水不动)而产生的辐射(radiation)流体动力;

(5)波浪扰动力,包括不受船体扰动的入射波的变动水压力形成的流体动力,一般称为傅汝德-克雷洛夫(Froude-Krylov)力,以及由于船体表面不可穿透,波浪遇到船体产生绕射(diffraction),相当于水动船不动形成的绕射流体动力;

(6)流体粘性力,除了横摇运动,一般不予考虑。

由于一般船体是左右形状对称的细长体,船体前后形状也大致保持对称,因此船体六个自由度运动并不都互相耦合,即可以把船舶摇荡运动分成三个基本耦合方程组,它们是:

(1)纵荡运动;

(2)纵向运动,即在船体纵轴铅垂面内的纵摇和垂荡的耦合运动;

(3)横向运动,即横摇、横荡和首摇的耦合运动。

下面分别定义,在船舶六个自由度模式中对应于纵荡、横荡、垂荡、横摇、纵摇和首摇的位移分别用 $x_j(j=1,2,3,4,5,6)$ 来表示。x_1,x_2 和 x_3 具有长度因次,x_4,x_5 和 x_6 具有角度因次。

在运动过程中,船舶在第 i 个模式运动方向上所受到的惯性力,可以表示为:

$$F_{Ii} = \sum_{j=1}^{6} M_{ij}\ddot{x}_j \qquad (i=1,2,\cdots,6) \tag{8-2-1}$$

当船体形状左右对称,且坐标原点取在接近船舶重心附近时,通常可以忽略惯性积项,这样船舶本身质量惯性力系数 M_{ij} 可以写成:

$$\{M_{ij}\} = \begin{cases} m_0 & 0 & 0 & 0 & m_0 z_G & 0 \\ 0 & m_0 & 0 & -m_0 z_G & 0 & 0 \\ 0 & 0 & m_0 & 0 & 0 & 0 \\ 0 & -m_0 z_G & 0 & I_{11} & 0 & 0 \\ m_0 z_G & 0 & 0 & 0 & I_{22} & 0 \\ 0 & 0 & 0 & 0 & 0 & I_{33} \end{cases}$$

式中　m_0——船体质量；

　　　z_G——船舶重心垂向坐标；

　　　I_{ii}——船舶质量惯性矩($i=1,2,3$)。

通常把船舶运动时遭受的辐射力 $F_R(t)$ 分解为与船舶运动加速度和速度成比例的两部分。与加速度成比例的部分称为广义附加质量。所谓广义，是指相对于转动而言，应把力的因次换成力矩的因次。与速度成比例的部分称为广义兴波阻尼。辐射流体动力可以表示为：

$$F_{Ri}=-\sum_{j=1}^{6}\{m_{ij}\ddot{x}_j+N_{ij}\dot{x}_j\}\qquad(i=1,2,\cdots,6)\qquad(8\text{-}2\text{-}2)$$

式中　m_{ij}——广义附加质量系数，实数；

　　　N_{ij}——广义兴波阻尼系数，实数。

下脚标依次表示作用力和运动的方向。例如，$m_{53}\ddot{x}_3$ 表示船舶垂荡($j=3$)在纵摇方向($i=5$)引起的附加惯性力(具有力矩的因次)，即表示耦合力的相应分量。

由于船体形状特点，耦合的辐射力中有一些项可以忽略。这时耦合力的分量只有垂荡和纵摇的耦合部分，以及横摇和首摇的耦合部分。因此，广义附加质量系数和广义兴波阻尼系数可分别表示为：

$$\{m_{ij}\}=\begin{Bmatrix} m_{11} & 0 & 0 & 0 & 0 & 0 \\ 0 & m_{22} & 0 & m_{24} & 0 & m_{26} \\ 0 & 0 & m_{33} & 0 & m_{35} & 0 \\ 0 & m_{42} & 0 & m_{44} & 0 & m_{46} \\ 0 & 0 & m_{53} & 0 & m_{55} & 0 \\ 0 & m_{62} & 0 & m_{64} & 0 & m_{66} \end{Bmatrix}$$

$$\{N_{ij}\}=\begin{Bmatrix} N_{11} & 0 & 0 & 0 & 0 & 0 \\ 0 & N_{22} & 0 & N_{24} & 0 & N_{26} \\ 0 & 0 & N_{33} & 0 & N_{35} & 0 \\ 0 & N_{42} & 0 & N_{44} & 0 & N_{46} \\ 0 & 0 & N_{53} & 0 & N_{55} & 0 \\ 0 & N_{62} & 0 & N_{64} & 0 & N_{66} \end{Bmatrix}$$

只有在船舶横摇运动中才需要考虑流体粘性力 $F_{V4}(t)$。一般情况下，粘性力是非线性的，但可以用等效线性化的形式表示：

$$F_{Vi}(t)=-\sum_{j=1}^{6}N_{eij}\dot{x}_j\delta_{4j}\qquad(i=1,2,\cdots,6)\qquad(8\text{-}2\text{-}3)$$

式中　N_{eij}——等效线性化形式的粘性阻尼系数；

　　　δ_{4j}——函数，定义为：

$$\delta_{4j} = \begin{cases} 1 & (j=4) \\ 0 & (j\neq4) \end{cases}$$

在线性化范围内,复原力可写成如下一般形式:

$$F_{Si}(t) = -\sum_{j=1}^{6} C_{ij}x_j \qquad (i=1,2,\cdots,6) \tag{8-2-4}$$

其中,复原力系数为:

$$\{C_{ij}\} = \begin{Bmatrix} 0 & 0 & 0 & 0 & 0 & 0 \\ 0 & 0 & 0 & 0 & 0 & 0 \\ 0 & 0 & C_{33} & 0 & C_{35} & 0 \\ 0 & 0 & 0 & C_{44} & 0 & 0 \\ 0 & 0 & C_{53} & 0 & C_{55} & 0 \\ 0 & 0 & 0 & 0 & 0 & 0 \end{Bmatrix}$$

波浪扰动力与入射波的幅值 ζ_a 有关,可写作:

$$F_{Ei}(t) = \mathrm{Re}(\zeta_a E_i \mathrm{e}^{i\omega t}) \qquad (i=1,2,\cdots,6) \tag{8-2-5}$$

式中　E_i——单位入射波对船舶产生的扰动力或力矩的复数表示,它是波长、波向、船体形状和航行速度的函数;

　　　ω——与规则波的遭遇频率;

　　　i——虚数单位。

根据牛顿定律,建立船舶受力平衡方程式,即船舶在规则波中的运动方程式为:

$$F_{Ii}(t) = F_{Ri}(t) + F_{Vi}(t) + F_{Si}(t) + F_{Ei}(t)$$

代入各种力的具体表达式,整理后可得下列运动方程式:

$$\sum_{j=1}^{6} \{(M_{ij}+m_{ij})\ddot{x}_j + (N_{ij}+N_{eij}\delta_{4j})\dot{x}_j + C_{ij}x_j\} = \mathrm{Re}[\zeta_a E_i \mathrm{e}^{i\omega t}] \qquad (i=1,2,\cdots,6)$$

$$\tag{8-2-6}$$

考虑到耦合关系,可以把六自由度运动方程式分成以下三组。

(1)纵荡运动方程式:

$$(m_0+m_{11})\ddot{x}_1 + N_{11}\dot{x}_1 = \mathrm{Re}[\zeta_a E_1 \mathrm{e}^{i\omega t}] \tag{8-2-7}$$

(2)纵向运动方程组,即纵摇和垂荡耦合运动方程组:

$$\begin{bmatrix} m_0+m_{33} & m_{35} \\ m_{53} & I_{22}+m_{55} \end{bmatrix} \begin{bmatrix} \ddot{x}_3 \\ \ddot{x}_5 \end{bmatrix} + \begin{bmatrix} N_{33} & N_{35} \\ N_{53} & N_{55} \end{bmatrix} \begin{bmatrix} \dot{x}_3 \\ \dot{x}_5 \end{bmatrix} +$$

$$\begin{bmatrix} C_{23} & C_{35} \\ C_{53} & C_{55} \end{bmatrix} \begin{bmatrix} x_3 \\ x_5 \end{bmatrix} = \begin{bmatrix} \mathrm{Re}[\zeta_a E_3 \mathrm{e}^{i\omega t}] \\ \mathrm{Re}[\zeta_a E_5 \mathrm{e}^{i\omega t}] \end{bmatrix} \tag{8-2-8}$$

(3)横向运动方程组,即横荡、横摇和首摇耦合运动方程组:

$$\begin{bmatrix} m_0+m_{22} & m_{24}-m_0z_G & m_{26} \\ m_{42}-m_0z_G & I_{11}+m_{44} & m_{46} \\ m_{62} & m_{64} & I_{33}+m_{66} \end{bmatrix}\begin{bmatrix} \ddot{x}_2 \\ \ddot{x}_4 \\ \ddot{x}_6 \end{bmatrix}+\begin{bmatrix} N_{22} & N_{24} & N_{26} \\ N_{42} & N_{44}+N_{e44} & N_{46} \\ N_{62} & N_{64} & N_{66} \end{bmatrix}\begin{bmatrix} \dot{x}_2 \\ \dot{x}_4 \\ \dot{x}_6 \end{bmatrix}+$$

$$\begin{bmatrix} 0 & 0 & 0 \\ 0 & C_{44} & 0 \\ 0 & 0 & 0 \end{bmatrix}\begin{bmatrix} x_2 \\ x_4 \\ x_6 \end{bmatrix}=\begin{bmatrix} \mathrm{Re}[\zeta_a E_2 e^{i\omega t}] \\ \mathrm{Re}[\zeta_a E_4 e^{i\omega t}] \\ \mathrm{Re}[\zeta_a E_6 e^{i\omega t}] \end{bmatrix}$$

每组方程式独立求解,可以得到船舶在规则波中六个自由度运动的位移 $x_i(i=1,2,\cdots,6)$,进而可以求得速度、加速度和其他有关的衍生运动。

对于非粘性无旋的势流,原则上作用在船上的辐射流体动力和波浪扰动力均能通过理论计算方法得到,但是由于船体的三维几何特性和船舶具有前进速度,从理论上严格求解是不容易的。对于细长的船体,在高频摇荡时,其三维船体的流体动力,可以用船体各剖面处二维的流体动力沿船长叠加来求得,这种处理方法称为"切片法"(strip method)。尽管切片方法在理论上还有许多不完善之处,但实际给出的结果除横摇运动外是令人满意的。在实际应用中,切片法已经超过了理论上的限制范围:就船体形状而言,不仅适用于细长体,也适用于一般船体;就频率而言,适用于从低频到高频的实用范围内;就航速而言,除了超过 $Fr=1.0$ 的高速区域外,一般的航速范围都是适用的。为了保证切片方法计算的精度,一般要求切片数不少于 20 段,频率范围应覆盖整个响应范围,大约在 $0.20\sim2.40$ rad/s 之间取 $20\sim30$ 个频率进行计算。1955 年柯尔文-克洛夫斯基(Karvin-Kroukovsky)首先提出了用切片的思想来计算船舶在波浪中的运动,虽然在理论上不够严密,但确立了切片法作为一种船舶运动实用计算方法的地位,后来称为普通切片法(ordinary strip method)。之后,很多学者对切片法进行了改进,相继提出了一些新的船舶运动的切片计算方法,如所谓的新切片法、STF 切片法等,基本上大同小异。

▣ 8.3　船舶横摇

前文曾提到,横摇、纵摇和垂荡对船舶的影响最大。本节首先讨论横摇,在下一节讨论纵摇和垂荡。

由于船体形状多具有纵向长而横向窄的特点,因此更易产生横摇,且幅值最大。目前,对横摇的研究大致从以下两个方面着手。

1) 线性理论

假定船舶为线性时不变系统,横摇运动可以用常系数线性微分方程表示,适用叠加原理。该理论适用于横摇角不大的情况。

2) 非线性理论

当横摇角较大时,横摇运动不能再用常系数微分方程表达,船舶也不能再看成线性时不变系统,叠加原理不再适用,必须采用另外的处理方法。

本节主要介绍线性理论。下面将首先通过对船体的受力分析,建立船舶横摇的微分方程,然后以该方程为基础分析船舶在各种情况下的横摇运动。

8.3.1 几个基本概念

首先介绍几个基本概念。

1) 表观重力(apparent gravity)

考察波浪表面某水质点的受力情况,如图 8-3-1 所示。若水质点的质量为 m,则它受到两种力的作用:一种为垂直向下的重力 mg;另一种为沿着轨圆半径方向的离心力 $m\zeta_a\omega^2$。两者的合力与垂线间的夹角 γ 满足以下关系式:

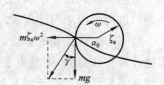

图 8-3-1　波面水质点的受力

$$\tan\gamma = \frac{m\zeta_a\omega^2}{mg} = \frac{\zeta_a 2\pi g/\lambda}{g} = \frac{2\pi\zeta_a}{\lambda} = \alpha_0 \qquad (8-3-1)$$

由此可见,质点 m 所受合力的方向垂直于波面,即合力与波面的法线方向重合,此合力称为表观重力。可以证明,上面的结论对波面上任何位置的质点都是正确的,即表观重力沿着波面的法线方向。

2) 有效波倾(effective wave slope)

由表观重力的概念可以知道:漂浮在波面上的物体时刻都垂直于波面。同样可以推断:在波浪中船的表观重力也应垂直于波面。但是,船舶具有一定的宽度和吃水,在船宽方向上波倾角是变化的,在吃水的范围内波浪的轨圆半径随水深急剧地减小。因此船的表观重力并不是垂直于波表面,而是垂直于水下某一深度的次波面。该次波面称为有效波面,对应的波倾角为有效波倾角。有效波倾角 α_m 和表面波倾角 α 存在如下关系:

$$\alpha_m = K_\phi\alpha = K_\phi\alpha_0\sin(\omega t) = \alpha_{m0}\sin(\omega t) \qquad (8-3-2)$$

α_{m0} 是有效波倾角的幅值,称为有效波倾,它代表对船舶整个水下体积起作用的波倾;K_ϕ 称为有效波倾系数。根据上述定义,K_ϕ 应小于 1,它是船体形状、船宽与波长比、吃水和重心位置(与横摇瞬时轴位置有关)等因素的函数,同时也是波浪频率的函数。由于理论计算相当复杂,因此工程上通常采用近似公式估算。对于一般船型且重心位置适中的船舶,在谐摇附近的规则波中,有效波倾系数可近似表示为:

$$K_\phi = 0.13 + 0.60\frac{z_g}{d} \qquad (8-3-3)$$

式中　z_g——由基线算起的重心高度;

　　　d——吃水。

该公式简单且具有一定的准确性,我国海船稳性规范中对一般民用船舶,在计算有效波倾时采用了这个公式。为了使 K_ϕ 不过分小又不大于 1,规范中对 z_g/d 加了附加条件,即当 z_g/d 的比值超过 1.45 时取 1.45,小于0.917 时取 0.917。

3) 横摇角(roll angle)

在船舶横摇过程中,船舶的中线面与垂直线间形成的角度称为绝对横摇角,简称横摇角,以 ϕ 表示。中线面与波面法线所成的角度称为相对横摇角,以 ϕ_r 表示。如果波面的波倾角为 α,则三者之间的关系如图 8-3-2 所示,即:

$$\phi = \phi_r + \alpha$$

8.3.2　船舶受力分析

横摇是指船舶绕其纵轴(x 轴)的转动。若将船舶视为刚体,则可以用绕 x 轴摆动的角度 ϕ、角速度 $\dot{\phi}$ 和角加速度 $\ddot{\phi}$ 来表征横摇运动。规定从船尾向船首看时,顺时针方向为正,逆时针方向为负,如图 8-3-3 所示。

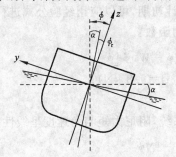

图 8-3-2　绝对横摇角、相对横摇角和波倾角　　图 8-3-3　$\phi,\dot\phi$ 和 $\ddot\phi$ 正负的规定

为简化分析并得到单纯横摇的微分方程,在分析船体受力时作以下假定:

(1) 遭遇浪向 $\beta = 90°$,即波峰线平行于船体中线面;

(2) 船宽远小于波长;

(3) 在横摇角比较小的情况下,可以认为是等体积倾斜,初稳性公式仍适用;

(4) 波内的压力场不因船体的存在而受影响,忽略这种影响所得结果与实际情况相差不大。

由以上假定,船舶在波浪上横摇时受以下四种力矩的作用。

1) 复原力矩

当船舶横摇某一角度 ϕ 时,浮力作用线和重力作用线不再位于同一垂直线上,于是形成所谓的复原力矩 $M(\phi)$。当横摇角不太大时,由初稳性公式:

$$M(\phi) = -Dh\phi \tag{8-3-4}$$

式中　D——船舶排水量;

　　　h——初稳性高。

负号表示复原力矩方向与横摇角方向始终相反。

2) 阻尼力矩

船在水中横摇时,由于船体和水之间存在相对速度,船体必然受到阻力,转动时表现为力矩。阻尼力矩主要表现为以下三种。

(1) 摩擦阻尼:由水的粘性引起,其数值一般认为和角速度平方成比例。在横摇中,摩擦阻尼所占的比重很小,往往可以忽略。

(2) 兴波阻尼:由于船舶运动,在水表面形成波浪,消耗了船舶本身的能量。一般认为兴波阻尼与摇摆角速度的一次方成比例。

(3) 旋涡阻尼:船舶摇摆时,在船体弯曲或突出物附近会形成旋涡,损失部分能量。一般认为旋涡阻尼与角速度的平方成比例。

船舶横摇阻尼力矩与船体形状、装载情况、舭龙骨、横摇频率和幅值等多种因素有关,精确地确定阻尼力矩较为困难。因此,用理论方法确定的阻尼力矩尚不能用于实际,最可靠的方法是进行实船或模型试验。在设计初期,可以应用经验公式进行估计。

由以上分析,横摇阻尼可表示为角速度的函数:

$$M(\dot{\phi}) = -2N\dot{\phi} - W|\dot{\phi}|\dot{\phi} \tag{8-3-5}$$

式中　　N——横摇阻尼力矩系数,tf・m・s(1 tf=9.8 kN);

　　　　W——横摇阻尼力矩系数,tf・m・s^2。

小角度横摇时,认为船舶是线性时不变系统,阻尼力矩与角速度呈线性关系:

$$M(\dot{\phi}) = -2N\dot{\phi} \tag{8-3-6}$$

大角度横摇时,阻尼力矩与角速度呈平方关系,更接近于实际情况,即:

$$M(\dot{\phi}) = -W|\dot{\phi}|\dot{\phi} \tag{8-3-7}$$

3) 惯性力矩

横摇的惯性力矩由两部分组成,即船体本身的惯性力矩和附加惯性力矩。一般来说,它们都与角加速度呈线性关系:

$$M(\dot{\phi}) = -(I_{xx} + J_{xx})\ddot{\phi} = -I'_{xx}\ddot{\phi} \tag{8-3-8}$$

式中　I'_{xx}——船体本身的惯性矩和附加惯性矩之和,称为总惯性矩。

式中的负号表示惯性力矩的方向与角加速度方向相反。

4) 波浪扰动力矩

波浪对正浮状态船体的扰动力矩由以下三部分组成。

(1) 波浪改变了船体水下体积的形状,将产生复原扰动力矩,即:

$$M(\alpha_m) = Dh\alpha_m$$

(2) 船体的存在阻止了波浪的运动,反之波浪也给船体一个作用力矩,即阻尼扰动力矩:

$$M(\dot{\alpha}_m) = 2N\dot{\alpha}_m$$

(3) 附加质量部分原来做波浪轨圆运动,而船体的存在要求其与船体运动一致,使其

速度发生变化,因此产生惯性扰动力矩:

$$M(\ddot{\alpha}_{\mathrm{m}}) = J_{xx}\ddot{\alpha}_{\mathrm{m}}$$

上述三种扰动力矩均由波浪运动产生,与船体运动产生的力矩方向刚好相反,因此波浪对船体总的扰动力矩可以写成:

$$M(\alpha_{\mathrm{m}}, \dot{\alpha}_{\mathrm{m}}, \ddot{\alpha}_{\mathrm{m}}) = Dh\alpha_{\mathrm{m}} + 2N\dot{\alpha}_{\mathrm{m}} + J_{xx}\ddot{\alpha}_{\mathrm{m}} \tag{8-3-9}$$

一般情况下,后两项与第一项相比为小量,因此常将其忽略,于是有:

$$M(\alpha_{\mathrm{m}}) = Dh\alpha_{\mathrm{m}} \tag{8-3-10}$$

8.3.3　船舶横摇微分方程

由物体动平衡原理,船舶的平衡条件为 $\sum M = 0$,综合式(8-3-4)、(8-3-6)、(8-3-8)和式(8-3-10),可得:

$$-I'_{xx}\ddot{\phi} - 2N\dot{\phi} - Dh\phi + Dh\alpha_{\mathrm{m}} = 0 \tag{8-3-11}$$

由于

$$\alpha_{\mathrm{m}} = \alpha_{\mathrm{m}0}\sin(\omega t)$$

则平衡方程又可写为:

$$I'_{xx}\ddot{\phi} + 2N\dot{\phi} + Dh\phi = Dh\alpha_{\mathrm{m}0}\sin(\omega t) \tag{8-3-12}$$

把上式各项均除以 I'_{xx},并采用以下符号:

$$v = \frac{N}{I'_{xx}}$$

$$\omega_\phi^2 = \frac{Dh}{I'_{xx}} \tag{8-3-13}$$

则横摇运动方程最后可写成:

$$\ddot{\phi} + 2v\dot{\phi} + \omega_\phi^2\phi = \alpha_{\mathrm{m}0}\omega_\phi^2\sin(\omega t) \tag{8-3-14}$$

该方程是一个二阶常系数非齐次微分方程式,代表了作为线性系统的船舶横摇方程。根据微分方程理论,方程(8-3-14)的解是齐次方程的通解加上非齐次方程的特解,其一般形式为:

$$\phi = \mathrm{e}^{-vt}[C_1\cos(\omega'_\phi t) + C_2\sin(\omega'_\phi t)] + \bar{\phi} \tag{8-3-15}$$

其中,$\omega'_\phi = \sqrt{\omega_\phi^2 - v^2}$。上式中的第一项是齐次方程:

$$\ddot{\phi} + 2v\dot{\phi} + \omega_\phi^2\phi = 0 \tag{8-3-16}$$

的通解,相当于船舶在静水中的自由横摇,当时间足够长时,幅值趋于零。

船舶在规则波中的横摇仅由式(8-3-15)的特解所决定,即仅由波浪的强迫横摇所决定,具有如下形式:

$$\phi = \bar{\phi} = \phi_{\mathrm{a}}\sin(\omega t - \delta) \tag{8-3-17}$$

式中　ϕ_a ——横摇幅值;

　　δ ——横摇运动与波浪扰动力矩之间的相位角。

在以上计算中所引入的相关参数及其物理意义如下:

$v = N/I'_{xx}$,单位为 s^{-1},称为衰减系数,表征阻尼和惯性对横摇衰减的影响程度。

$\omega_\phi = \sqrt{Dh/I'_{xx}}$,单位为 s^{-1},称为横摇固有频率,相当于假设船舶不受阻尼作用时在静水中的横摇频率,它是表征横摇的一个重要参数。对于状态已经确定的船来说,它是一个固定的数值。

$\omega'_\phi = \sqrt{\omega_\phi^2 - v^2}$,单位为 s^{-1},是船舶在水中考虑水阻尼后的横摇频率,由于 v 值很小,所以它接近横摇固有频率。

再定义一个参数:

$$T_\phi = \frac{2\pi}{\omega_\phi} = 2\pi \sqrt{\frac{I'_{xx}}{Dh}} \tag{8-3-18}$$

其单位为 s,称为船的固有周期,它与固有频率一样,是表征横摇的一个重要参数。

如果把船体看作一个能量转换器,输入是波浪的有效波倾角 $\alpha_m = \alpha_{m0}\sin(\omega t)$,输出为横摇角 ϕ,则通过计算可以得到如下结果:

$$\frac{\phi_a}{\alpha_{m0}} = \frac{1}{\sqrt{(1 - \Lambda_\phi^2)^2 + 4\mu^2\Lambda_\phi^2}} \tag{8-3-19}$$

其中,$\Lambda_\phi = \omega/\omega_\phi = T_\phi/T$ 称为横摇调谐因数,它等于波浪的频率与横摇固有频率之比;$\mu = v/\omega_\phi$ 称为无因次衰减系数,它表征阻尼、惯性和复原力矩对横摇的影响,是表征横摇性能的又一重要参数。

ϕ_a/α_{m0} 称为放大因数,为横摇幅值与有效波倾之比,表征船舶在规则波中横摇大小的程度。

确定的船舶在不同频率的规则波上,其横摇幅值是不同的。以调谐因数为横坐标,以放大因数为纵坐标,根据式(8-3-19)可绘制出如图 8-3-4 所示的曲线。

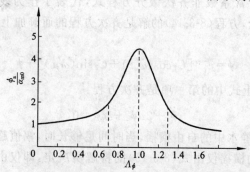

图 8-3-4　放大因数与调谐因数的关系曲线

结合曲线分析几种特殊情况：

（1）当 $\Lambda_\phi \to 0$ 时，相当于 $T_\phi \ll T$，此时 $\phi_a / \alpha_{m0} \to 1$，这种情况相当于横摇周期很小的船处在很大的波浪中，形成所谓"随波逐流"的现象，如图 8-3-5 所示；

（2）当 $\Lambda_\phi \to \infty$ 时，相当于 $T_\phi \gg T$，此时 $\phi_a / \alpha_{m0} \to 0$，相当于大船在小波上的情形，此时船的横摇幅值是很小的，形成所谓"岿然不动"的现象，如图 8-3-6 所示；

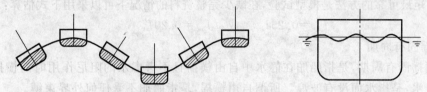

图 8-3-5　船在长周期波浪中的横摇　　　　图 8-3-6　船在短周期波浪上的横摇

（3）当 $\Lambda_\phi = 1$ 时，即 $T_\phi = T$，此时 $\phi_a / \alpha_{m0} = 1/(2\mu)$，由于无因次衰减系数 μ 通常小于 0.1，因此这时船的横摇幅值是很大的。

船舶的固有周期等于波浪周期（$T_\phi = T$）时称为谐摇，谐摇现象是航行中最危险的情况，必须引起特别注意。

从图 8-3-4 中可以看出，不仅在 $\Lambda_\phi = 1$ 时放大因数很大，而且在 $\Lambda_\phi = 1$ 附近的一定范围内放大因数也相当大，通常称 $0.7 < \Lambda_\phi < 1.3$ 的范围为谐摇区。

8.3.4　横摇水动力系数

横摇水动力系数主要包括：横摇惯性矩、横摇固有周期和横摇阻尼系数。这些系数决定了船舶的横摇性能，是船舶横摇研究的重要内容。

1）横摇惯性矩

横摇惯性矩由船体本身惯性矩 I_{xx} 和附加惯性矩 J_{xx} 两部分构成，其中船体惯性矩取决于船体的质量分布，附加惯性矩取决于船体水下部分的形状及重心位置等因素。由船体的质量分布计算 I_{xx} 或应用流体力学方法计算 J_{xx} 都是相当复杂的，工程上通常用经验公式进行估算。

计算 I_{xx} 常用的方法和公式有：惯性半径法、加藤公式和杜埃尔公式。我国海船稳性规范在计算横摇固有周期时采用的是杜埃尔公式，如下式所示：

$$I_{xx} = \frac{D}{12g}(B^2 + 4z_g^2) \tag{8-3-20}$$

式中　z_g——从基线算起的重心高度。

该公式假定船体质量均匀分布在具有与船体同样长度 L、宽度 B 和高度 $2z_g$ 的直角平行六面体内，然后由理论推导得到。它没有考虑附加惯性矩。如果考虑附加惯性矩应把系数改为 10 或 11。但是和若干实测数据比较，由上式计算的结果接近于总惯性矩，因此可以把上式当成总惯性矩 I'_{xx}（tf·m·s²）的计算式，即：

$$I'_{xx} = \frac{D}{12g}(B^2 + 4z_g^2) \tag{8-3-21}$$

横摇时的附加惯性矩大约占船体惯性矩的 $10\% \sim 30\%$ 左右，无舭龙骨的船在 $5\% \sim 15\%$ 之间，有舭龙骨的船在 $10\% \sim 35\%$ 之间。船型和舭龙骨对附加惯性矩的影响很大。确定附加惯性矩最可靠的方法是模型试验，在缺少完整资料的情况下可以采用下式估算：

$$J_{xx} = 0.25 I_{xx} \quad \text{或} \quad J_{xx} = 0.20 I'_{xx}$$

2) 横摇固有周期

所谓横摇固有周期，是指船舶在静水中自由横摇且不考虑水的阻尼作用时的横摇周期。所谓静水，是指水面没有波浪。所谓自由横摇，是指船舶不受任何外界束缚。

船舶在静水中自由横摇时的横摇微分方程为：

$$\ddot{\phi} + 2v\dot{\phi} + \omega_\phi^2\phi = 0$$

该方程的解可写作：

$$\phi = e^{-vt}[C_1\cos(\omega'_\phi t) + C_2\sin(\omega'_\phi t)] \tag{8-3-22}$$

若假定 $t = 0$ 时的初始条件为：

$$\phi = \phi_{a0} \qquad \dot{\phi} = 0$$

即船舶具有初始横摇角 ϕ_{a0} 且静止不动。由此可求得：

$$C_1 = \phi_{a0} \qquad C_2 = \frac{\phi_a v}{\omega_\phi}$$

于是，可得：

$$\phi = \phi_{a0} e^{-vt}\left[\cos(\omega'_\phi t) + \frac{v}{\omega_\phi}\sin(\omega'_\phi t)\right] \tag{8-3-23}$$

若令：

$$\phi_{a0} = \phi_m\cos\beta \qquad \frac{v\phi_{a0}}{\omega_\phi} = \phi_m\sin\beta$$

则自由横摇的横摇角可最终表示为：

$$\phi = \phi_m e^{-vt}[\cos\beta\cos(\omega'_\phi t) + \sin\beta\sin(\omega'_\phi t)] = \phi_m e^{-vt}\cos(\omega'_\phi t - \beta) \tag{8-3-24}$$

其中，

$$\phi_m = \phi_{a0}\sqrt{1 + \left(\frac{v}{\omega'_\phi}\right)^2}$$

$$\tan\beta = \frac{v}{\omega'_\phi} \tag{8-3-25}$$

由上式可见，船舶的横摇幅角随时间呈指数规律衰减。其横摇周期为：

$$T'_\phi = \frac{2\pi}{\omega'_\phi} = \frac{2\pi}{\omega_\phi}\frac{1}{\sqrt{1-\mu^2}} = T_\phi\frac{1}{\sqrt{1-\mu^2}} \tag{8-3-26}$$

式中的 $1/\sqrt{1-\mu^2}$ 表示水阻尼的影响,当 $\mu=0$ 时,即不考虑水阻尼,此时的横摇周期即为横摇固有周期。

但是实际上阻尼对周期的影响很小,如对于阻尼相当大的船取 $\mu=0.1$,则根据上式有:

$$T'_\phi=1.005T_\phi$$

由此可见,阻尼对运动周期的影响很小。因此,可以认为船舶在静水中的自由横摇周期就代表船的横摇固有周期。

计算横摇固有周期时可利用式(8-3-18),并结合杜埃尔公式(8-3-21)可得:

$$T_\phi=0.58\sqrt{\frac{B^2+4z_g^2}{h}} \tag{8-3-27}$$

上式为我国海船稳性规范计算横摇固有周期时所采用的公式,其中初稳性高 h 取船舶未考虑自由液面修正时的初稳性高值。

应当指出,横摇固有周期的概念是建立在线性假定的基础上的,随着横摇幅值的增加,当横摇角超出了初稳性公式的应用范围,横摇的等时性就消失了。

由式(8-3-18)计算的横摇固有周期只有在 $h>0.15$ m 的情况下才能应用,因为当 $h\to 0$ 时,$T_\phi\to\infty$,显然不符合实际。当 $h<0.05$ m 时,建议采用下式计算:

$$T_\phi=\frac{10.3}{\phi_a}\sqrt{\frac{I'_{xx}}{Dr}} \tag{8-3-28}$$

式中　ϕ_a——横摇角幅值,rad;

　　　r——横稳心半径,m。

当 0.05 m$<h<0.15$ m 时,可取式(8-3-27)和式(8-3-28)的平均值。

横摇固有周期是表征横摇的重要参数,从图 8-3-4 可以看出,船舶的放大因数主要取决于横摇固有周期 T_ϕ 与波浪周期 T 之比。对于同一个波长的规则波,不同 T_ϕ 的船,其横摇幅值的差别是很大的。

理论和实测均表明,船舶在中等风浪中的平均横摇周期接近于船的固有周期。因此,增加固有周期可以减小因横摇产生的加速度,增加乘员的舒适性。当船舶受到扰动以后,横摇固有周期越大,衰减得越快;固有周期过小,则船体受到扰动以后,摇摆将经久不息。

鉴于横摇固有周期的重要性,往往在设计任务书中对某种航行状态的船的固有周期提出要求。由于船的类型及大小的不同,横摇固有周期一般在以下范围内变化:货船(万吨级)8~13 s;客船(千吨至万吨级)9~15 s;渔船 4~8 s。

3) 阻尼系数

船舶在水中摇摆时,必然会受到水的阻尼作用,因此准确地计算阻尼力矩系数是估算横摇的重要内容。但是由于横摇时船体附近流场的复杂性及水粘性的影响,阻尼的理论计算是相当困难的。目前最可靠的方法是模型试验,工程上常采用经验公式计算。

假设船舶在静水中以初始倾角 ϕ_{a0} 进行自由横摇,由于水阻尼的作用,横摇幅值将逐渐减小,如图 8-3-7 所示,该曲线称为横摇衰减曲线。

如图 8-3-7 所示,假定第 n 次横摇的幅值为 ϕ_{an},相隔半周期的下一个幅值为 $\phi_{a(n+1)}$,则相邻二次幅值之差为 $\Delta\phi_a = \phi_{an} - \phi_{a(n+1)}$,相邻二次的平均幅值为 $\phi_{am} = (\phi_{an} + \phi_{a(n+1)})/2$。现以 ϕ_{am} 为横坐标,以 $\Delta\phi_a$ 为纵坐标,绘制如图 8-3-8 所示曲线,称为横摇消灭曲线,它表示不同横摇幅值时的衰减情况。一般情况下,消灭曲线不是直线,而是曲线。

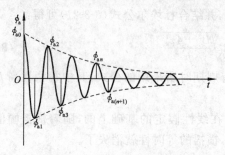

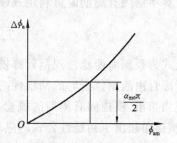

图 8-3-7　横摇衰减曲线　　　　　　图 8-3-8　横摇消灭曲线

可以证明,$\Delta\phi_a$ 对 ϕ_{am} 的函数关系与阻尼力矩 $M(\dot{\phi})$ 对角速度 $\dot{\phi}$ 的函数关系具有相同的形式,即若 $\Delta\phi_a$ 与 ϕ_{am} 成一次方关系,则 $M(\dot{\phi})$ 与 $\dot{\phi}$ 也是一次方关系;若 $\Delta\phi_a$ 出现 ϕ_{am} 的平方项,则 $M(\dot{\phi})$ 也出现 $\dot{\phi}$ 的平方项。其对应关系如下:

$$\Delta\phi_a = a\phi_{am} + b\phi_{am}^2 \qquad\qquad M(\dot{\phi}) = -2N\dot{\phi} - W|\dot{\phi}|\dot{\phi}$$

$$\Delta\phi_a = B\phi_{am}^2 \qquad\qquad\qquad M(\dot{\phi}) = -W|\dot{\phi}|\dot{\phi}$$

$$\Delta\phi_a = a\phi_{am} \qquad\qquad\qquad M(\dot{\phi}) = -2N\dot{\phi}$$

式中　a,b,B——衰减系数;

　　　N,W——阻尼力矩系数。

可以证明,系数 a,b,B 和系数 N,W 之间存在如下关系:

$$a = \frac{T_\phi}{2I'_{xx}}N$$

$$B = b = \frac{4}{3}\frac{W}{I'_{xx}} \tag{8-3-29}$$

利用上式即可把由消灭曲线得到的衰减系数换算成阻尼力矩系数,进而得到阻尼力矩。

一般来说,随着横摇幅值的增大,B 值是下降的。当 ϕ_a 大到一定程度之后,B 值渐渐趋于稳定。小角度时 B 值变化较快;大角度时 B 值变化较慢;甲板边缘入水之后,由于旋涡阻尼成分的增加，B 值显著增大。任一 ϕ_a 对应的 B_ϕ 与 $20°$ 时的 B_{20} 的关系可以写成：

$$B_\phi = B_{20}\left(\frac{20}{\phi_a}\right)^{0.32}$$

在初步估算时，一般船舶可取 $B_{20} = 0.02$。

线性阻尼假定之下的自由横摇运动的衰减规律如式(8-3-24)所示。在时间从 t_1 到 t_2 $(t_2 = t_1 + T'_\phi/2)$ 半个周期时间间隔内，横摇幅值的绝对值的变化为：

$$\left|\frac{\phi_{a2}}{\phi_{a1}}\right| = \left|\frac{\phi_m e^{-[\nu t_1 + (\nu T'_\phi)/2]}\cos\left[\omega'_\phi\left(t_1 + \frac{T'_\phi}{2}\right) - \beta\right]}{\phi_m e^{-\nu t_1}\cos(\omega'_\phi t_1 - \beta)}\right| = e^{-\nu T'_\phi/2}$$

考虑到 $T_\phi \approx T'_\phi$ 则：

$$\left|\frac{\phi_{a2}}{\phi_{a1}}\right| = e^{-\nu T_\phi/2} = e^{-\mu\pi} \tag{8-3-30}$$

由此可见，在线性阻尼的假定下，每半个周期的自由横摇幅值按公差 $e^{-\mu\pi}$ 的几何级数衰减，即无因次衰减系数 μ 越大，横摇衰减越快，反之亦然，如图 8-3-9 所示。模型试验资料表明，在线性范围内，无舭龙骨的船，$\mu = 0.035 \sim 0.05$；有舭龙骨的船，$\mu = 0.055 \sim 0.07$。

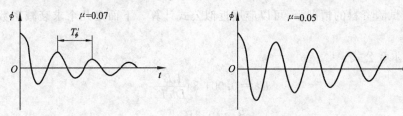

图 8-3-9　μ 值及自由横摇幅值的衰减

求衰减系数的可靠方法是模型试验，用模型试验确定阻尼系数通常在静水中进行。虽然静水中试验没有考虑波浪水质点轨圆运动的影响，但在实用上已经足够精确。下面简要介绍静水模型试验确定阻尼系数的方法。

把按相似条件调整好的船模置于静水中，给予初始倾斜后任其自由横摇，记录船模的衰减曲线。根据衰减曲线上的时标，取相邻幅值间的时间间距，即为横摇的固有周期。如果预先测出了船模吊在空气中的自由横摇周期，那么它与船模在水中自由横摇周期之差，即可认为是由水的附加质量惯性矩引起的，从而可以推算出横摇附加惯性的大小。

把船模的自由横摇衰减曲线整理成消灭曲线，就可以确定出阻尼系数。为便于分析，通常采用 $\Delta\phi_a/\phi_a$-ϕ_a 关系曲线，图 8-3-10 是几种常见的形式。

图 8-3-10(a)对应于阻尼的线性关系，即 $\Delta\phi_a = a\phi_a$，结合式(8-3-29)有：

$$N = \frac{2aI'_{xx}}{T_\phi} = \frac{a}{\pi}I'_{xx}\omega_\phi \quad \text{或} \quad \frac{N}{I'_{xx}\omega_\phi} = \frac{\nu}{\omega_\phi} = \frac{a}{\pi}$$

即 $\mu = a/\pi$。

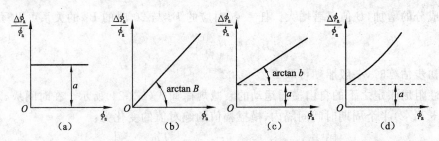

图 8-3-10 $\Delta\phi_a/\phi_a$ 与 ϕ_a 的关系曲线

如果船的横摇幅值很小,确认阻尼和角速度呈线性关系,那么就可以直接应用线性横摇的理论结果,由式(8-3-30)直接得到:

$$\mu=\frac{1}{\pi}\ln\left|\frac{\phi_{a1}}{\phi_{a2}}\right|$$

式中 ϕ_{a1} 和 ϕ_{a2}——相邻半周期的自由横摇幅值, $\phi_{a1}>\phi_{a2}$。

图 8-3-10(b)对应于阻尼的平方关系, $\Delta\phi_a=B\phi_a^2$,可以应用相应线性化的结果分析。

图 8-3-10(c)和(d)对应于更一般的情况。

在没有试验资料的情况下,可以应用近似公式计算。下面是几个求衰减系数的近似公式。

(1)贝尔登公式:

$$B_{10}=0.001\ 84\frac{LB^4}{DhT_\phi^2}$$

$$B_{20}=0.8B_{10}$$

该式是贝尔登在 1873 年根据许多民船和军舰的静水衰减曲线得到的。

(2)尼古拉也夫公式:

$$2\mu=k_1\frac{LB^4}{D(B^2+H^2)}\phi_a$$

式中 L,B,H,D——船长、型宽、型深、排水量;

   k_1——系数,取 $0.055\sim0.060$;

   ϕ_a——横摇幅值,平均取 $0.5\sim0.6$ rad。

如果有舭龙骨,则上式的计算结果应乘以 1.5。

(3)渡边公式:

$$B_{20}=\frac{Ld}{DhT_\phi^2}\left[\left(0.02+1.1C_b\frac{d}{L}\right)+\sigma_0\frac{A_b}{L^2}\right]\left\{l^3\left[1+\frac{1}{4}\left(\frac{d}{l}\right)^2\right]+\frac{f(C_w)B^4}{64d}\right\}$$

式中 L,d,D,C_b——船长、吃水、排水量和方形系数;

   h,T_ϕ——初稳性高和横摇固有周期;

   l——重心到吃水之半的距离,即 $l=z_g-d/2$;

A_b——单边舭龙骨的面积;

σ_0——方形系数 C_b 和舭龙骨长宽比 β 的函数,可由图 8-3-11 查得;

$f(C_w)$——水线面系数 C_w 的函数,可由图 8-3-12 查得。

该式是根据船模资料并考虑船型和舭龙骨的影响而得到的。

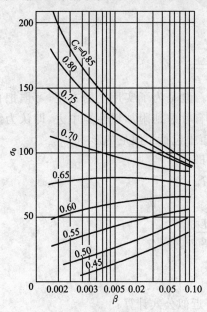

图 8-3-11　σ_0,C_b 和 β 的关系曲线

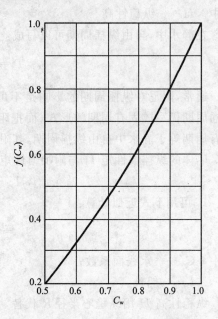

图 8-3-12　$f(C_w)$ 与 C_w 的关系曲线

■8.4　船舶纵摇和垂荡

船舶纵摇和垂荡运动的理论解,可以依据船舶在波浪上的一般运动方程,并利用切片法思想求得,此处不再论述,而仅从工程应用角度讨论各运动参数。

8.4.1　纵摇

一般来讲,船体形状纵向长而横向窄,因此纵摇的阻尼力矩很大,纵倾时的复原力矩也很大,使得纵摇固有周期很小,因此在静水中自由纵摇衰减极快。图 8-4-1 是某船的纵摇幅角衰减曲线。正因为纵摇衰减快,故无法像横摇那样绘出衰减曲线,求出相应的衰减系数。少数试验资料表明,纵摇无因次衰减系数 μ_θ 在 $0.3\sim0.5$ 之间,而横摇只是在 $0.05\sim0.07$ 之间。垂荡与纵摇类似,垂荡的无因次衰减系数 μ_z 在 $0.3\sim0.4$ 之间。

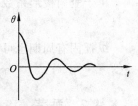

图 8-4-1　某船的纵摇
幅角衰减曲线

船舶在静水中的自由纵摇周期与自由垂荡周期,虽然在耦合运动的情况下有些变化,但仍然是运动的一个重要衡准。与横摇情况类似,纵摇固有周期可以写成:

$$T_\theta = \frac{2\pi}{\omega_\theta} = 2\pi\sqrt{\frac{I_{yy}+J_{yy}}{DH}} \tag{8-4-1}$$

式中 H——纵稳性高。

在静水中,自由纵摇周期可以写成:

$$T'_\theta = T_\theta \frac{1}{\sqrt{1-\mu_\theta^2}}$$

通常,阻尼对纵摇周期的影响是不可忽略的。但是为了实用上的方便,习惯把自由纵摇周期仍写成固有周期的形式,而把阻尼的影响考虑到附加惯性矩中去,即认为纵摇固有周期等于静水中自由纵摇周期,其附加惯性矩中包括了阻尼的影响。

船体的纵摇惯性矩 I_{yy} 与附加惯性矩相接近,即:

$$I_{yy}+J_{yy}=2I_{yy}$$

I_{yy} 可用下式近似计算:

$$I_{yy}=0.07C_w\frac{D}{g}L^2$$

式中 C_w——水线面系数;

      L——船长。

纵稳性高 H 用纵稳心半径 R 代替,并用如下近似公式计算:

$$H\approx R=\frac{C_w^2}{14C_b}\frac{L^2}{d}$$

式中 C_b——方形系数;

      d——吃水。

将上述诸式代入式(8-4-1),可得:

$$T_\theta=2\pi\sqrt{\frac{1.96dC_b}{gC_w}} \tag{8-4-2}$$

由于垂向棱形系数 $C_{vp}=C_b/C_w$,则上式又可写作:

$$T_\theta=2.8\sqrt{C_{vp}d} \tag{8-4-3}$$

纵摇固有周期也可以采用其他公式近似计算,如田宫公式:

$$T_\theta=2.01\sqrt{(0.77C_b+0.26)(0.92d+0.44B)}$$

8.4.2 垂荡

船舶垂荡与纵摇情况完全类似。垂荡的质量为 D/g,附加质量为 m_z,在水线面附近船体为直壁式的假定下,垂荡的复原力为 $\gamma A_w z$,其中 A_w 是水线面面积,z 是垂荡位移。

仿照式(8-4-1),垂荡的固有周期为:

$$T_z = \frac{2\pi}{\omega_z} = 2\pi \sqrt{\frac{D/g + m_z}{\gamma A_w}} \tag{8-4-4}$$

垂荡时的附加质量接近船体的质量,即:

$$m_z = D/g$$

排水量可写作:

$$D = \gamma C_b LBd$$

水线面面积:

$$A_w = C_w LB$$

垂向棱形系数:

$$C_{vp} = C_b/C_w$$

因此:

$$T_z = 2.8 \sqrt{C_{vp} d} \tag{8-4-5}$$

与式(8-4-3)比较,可见垂荡与纵摇的固有周期一致。需要注意的是,此处所指的固有周期实际上是在静水中的自由摇荡周期,对于一般船型大约在 $2 \sim 5$ s 之间,约为横摇固有周期的 1/2。

垂荡固有周期还可以用另外一些公式计算,例如:

$$T_z = \sqrt{\frac{d + 0.24B}{C_w}}$$

■ 8.5　耐波性的影响因素与改善措施

8.5.1　船舶主尺度对耐波性的影响

1) 船长

从耐波性角度来看,船长主要影响纵摇和垂荡。在规则波中,当 $L/\lambda \approx 1$ 时,波浪的扰动力最大,纵摇和垂荡最剧烈。当 $L/\lambda > 1.3$ 时,无论是否发生谐摇,纵摇和垂荡都不会很大。如果船舶在它航行的海区内经常遇到涌或混合浪,那么船长应避开经常遇到的涌长,最好使船长大于 1.3 倍涌长。在不规则波中,船越长,谱密度曲线的主成分波区间越狭窄,摇荡越难达到临界区域,因此增加船长对纵摇和垂荡都是有利的。船长较小的船难免发生较大的纵摇和垂荡。

2) 船宽

从性能上讲,船宽主要影响稳性和横摇,对纵摇和垂荡的影响不大。一般来说,船宽减小,使初稳性下降,对横摇有利,船体的砰击也有改善。船宽对横摇固有周期的影响不及重心高度敏感,而且在一定排水量之下,船宽减小必将使方形系数增加,船舶前进阻力可能增加。因此在设计中,很少用改变船宽的方法来改进船舶的横摇性能。但是也有相反的情况,为了减小横摇的扰动力矩,大大加宽船宽,使船舶在任何情况下的横摇都很小,某些海洋钻井船和平台就是采用这种方式。我国第一艘海洋钻井船"勘探一号"为了加大船宽,采用双体的形式,实践表明其横摇性能相当优良。

3) 吃水

随着吃水的增加,波浪对横摇的扰动力矩略为下降,横摇趋于缓和。对于中小型船,由于船长受到限制,不可避免地要发生较大的纵摇和垂荡。如果平均吃水减小,纵摇和垂荡的固有周期下降,即使发生谐摇,也是在较小的波浪中,纵摇和垂荡也不会太大。

从船舶砰击的角度来讲,要求吃水大些,因为船舶砰击常发生在空载和压载航行状态,尤其对具有尾倾而吃水较小的船更是如此。吃水深,能够减小砰击的频率和砰击的强度。

由以上分析可见,即使仅从耐波性角度考虑,对吃水的要求也是矛盾的,因此需要全面均衡来决定吃水的大小。

4) 初稳性高

初稳性高是船舶安全的重要衡准,同时也是横摇的重要参数。初稳性高影响横摇固有周期。减小初稳性高 h 时,横摇固有周期 T_{ϕ} 增加,横摇变缓,幅值减小。但是这必须是在保证船舶安全并满足稳性要求的前提下。如果 h 过小,不仅降低了船的抗风能力,而且在顺浪中,当波峰位于船中时,有可能丧失稳性而倾覆。

5) 船型系数

方形系数 C_b 增加,通常横摇阻尼也随之增加,而这对纵摇和垂荡不利,失速和砰击增加。横摇阻尼随船中站面系数 C_m 增加而增加。为了改善横摇性能,通常保持 C_b 不变,采用较大的 C_m,适当减小棱形系数 C_p,这样对快速性略有好处。

水线面系数 C_w 增加,能减小波浪对横摇的扰动力矩,使横摇有所改进,同时纵摇和垂荡也略有改进。

减小棱形系数 C_p,能减小砰击压力和失速。某些试验表明,当 $C_p > 0.75$ 时,船在风浪中失速严重。船长与排水量比 $(L/\nabla^{1/3})$ 增加,对摇荡影响不大,但失速可以改善。

L/B 增加,纵向运动得到改善。

6) 干舷和舷弧

富裕的干舷和舷弧能显著地改善上浪和溅浪。快速船舶在汹涛海面上航行时,迫使驾驶者减速的原因往往是砰击和上浪。为了充分利用主机功率,总是希望上浪限制航速大于砰击限制航速,为此需要适当地加高首部干舷。航速越高,船兴波中首波的第一个波峰越高,其位置越往后移。因此要求首部干舷更高些,并在较大范围内维持高干舷。对于经常在斜浪中航行的船舶,加长舷墙是改善上浪的重要方法。

增加舷弧可以增加首尾部的储备浮力,对改善纵摇、垂荡和上浪是有利的。小型船舶舷弧可以大些,高干舷的大船可以小些,以利于操纵。

增加干舷和舷弧,使上层建筑增高,从而导致重心的提高,使初稳性下降,同时大倾角稳性得到改善,但增加了船舶受风面积。

8.5.2　船舶形状对耐波性的影响

1) 船舶型线

船舶型线不仅与耐波性有关,而且与快速性、稳性、操纵性、布置、容积及施工工艺都有密切关系,因此在设计中须权衡轻重,分清主次。

船舶中站面的形状主要影响横摇性能。舭部越尖,横摇阻尼越大,横摇幅值可望减小。但是尖舭的船舶在横摇时可能有突然截止的感觉。

首部形状对纵向运动有较大的影响。为了改善耐波性,通常采用前倾首柱、切去前踵、首部水线平直、水线以上适度外飘等措施。但对于外飘容易引起波浪局部冲击,溅浪现象严重。

尾部形状以巡洋舰尾为宜,可以减少尾波。尾部的水线侧影宜向后倾,以避免倒车时上浪。

水线面形状瘦削有助于减小纵摇和垂荡。漂心位于重心之前,可以改善顶浪中的性能,船头不容易钻入浪中。

2) 静稳性曲线的形状

具有适当初稳性高 h 的 S 形静稳性曲线对横摇有利。在横摇幅值比较小时,由于它具有较小的初稳性高而使横摇缓和。为了使船具有 S 形静稳性曲线,通常把船舶设计成剩余干舷船。

3) 其他因素

经验表明,在同一初稳性高的情况下,重心离浮心越近,横摇幅值越小。在设计中最好压低重心,升高浮心,缩小两者间的距离。对于客船和渔船,可在舱底加固定压载并减轻上层建筑的重量以压低重心;对于方形系数较小的船,可以采用 V 形剖面以提高浮心。

增加纵向惯性矩对纵摇和船体受力都是不利的,为此应尽量把重量集中到中部,甲板重物放在船中部 $L/2$ 之内,在船中安排些油水柜,首先使用两端的油水。重量集中对减缓船舶砰击也有好处。

在考虑船舶主尺度和形状对耐波性的影响时,以下几点必须予以注意:

(1) 就船舶设计而论,都是在一定条件下改变有关尺度和要素的。一个尺度的变化必然引起其他尺度的变化以满足给定的条件,所以各种主尺度的变化都不是独立的。例如,当排水量保持不变时,方形系数的变化必然引起主尺度的变化,对耐波性可能产生各种不同的影响。

(2) 耐波性要求往往和其他性能要求相矛盾,因而必须分清主次,应先满足主要性能的要求,然后考虑次要性能的要求。例如:在横摇和稳性发生矛盾时,应在满足稳性要求的前提下考虑横摇;海洋钻井船应把摇荡作为主要的要求来考虑。

（3）各种要素对耐波性诸性能的影响往往是矛盾的。例如,增加方形系数可使横摇有所改善,但失速和砰击增加,因此要全面权衡利弊,作出选择。

8.5.3 船舶减摇装置

除了通过选择合适的船舶主尺度和船体形状使得船舶具有较好的耐波性之外,还可以通过添加减摇装置来改善船舶的耐波性。减摇装置按其本身是否具有动力可以分为主动式和被动式两大类。主动式减摇装置是依靠本身的动力和控制系统使船产生稳定力矩,以减小横摇。被动式减摇装置本身不具有动力,仅根据使船横摇的风浪扰动力矩的大小而起作用。常见的减摇装置有以下几种。

1) 舭龙骨(bilge keel)

舭龙骨是在船体舭部沿着流线安装的长板条。依船的大小,舭龙骨宽度在 0.3~1.2 m之间,或取船宽的 3%~5%,其长度约为船长的 25%~75%。舭龙骨可以增大摇摆阻尼,达到减小摆幅的目的。在共振摇摆时其效果最显著。由于结构简单,舭龙骨在民用船舶上广泛采用。舭龙骨有整体型的,也有间断型的,如图 8-5-1 所示。

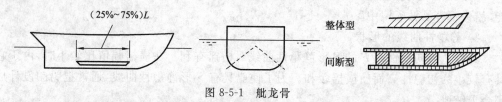

图 8-5-1　舭龙骨

2) 减摇水舱(anti-rolling tank)

它由船舶内部设在左右两舷的水舱所组成,分为主动式和被动式两种。水舱底部由管道连通两舷,两边水舱中的水保持同一水平。减摇水舱的减摇原理是:当船在波浪上发生共振时,使水舱内的水柱振荡滞后于波浪振荡 180° 相位角,因此水舱内水柱所造成的减摇力矩与波浪的倾侧力矩方向相反,如图 8-5-2 所示。减摇水舱对接近共振的横摇情况效果良好。

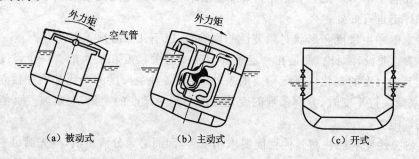

(a) 被动式　　　　　(b) 主动式　　　　　(c) 开式

图 8-5-2　减摇水舱

3）防摇鳍(anti-rolling fin)

防摇鳍亦称侧舵，或减摇鳍，如图 8-5-3 所示。它是装在舷部可操纵的翅翼。有的装一对，也有的装两对。它可以绕转动轴转动。调节防摇鳍的角度，使水流在鳍上产生升力获得稳定力矩，从而起减摇作用。防摇鳍分为可把鳍收放在船体内的收放式和固定在舷外的非收放式两种：前者由于有鳍箱，需要占用一定的船内空间；后者不占用空间，但鳍易损坏。这种设备的减摇效果较好，可使摆幅减为原来的 1/3 左右，但机构复杂、造价昂贵。

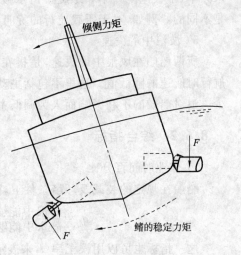

图 8-5-3　防摇鳍

■ 8.6　耐波性指标与实船试验

耐波性指标受很多因素的影响，不仅与海洋环境条件有关，也因船舶任务不同而不同，目前尚没有统一标准。船舶耐波性指标可以分成两大类：一类是单项指标，即针对耐波性中某一性能的指标；另一类是综合指标，即对感兴趣的若干耐波性指标的综合评价。

8.6.1　单项指标

1）船体的绝对运动幅值

它一般包括横摇角、纵摇角、垂荡、甲板上某点的垂直位移和船底某点的垂直位移。横摇角、纵摇角和垂荡与船员的舒适性、各种仪器设备能否正常运行有关，横摇角过大直接影响船舶的安全。甲板上某点垂直位移的大小对于具有舰载机能力的船舶是一个重要指标，关系到飞机的起降安全。船底某点垂直位移的大小对于在浅水中航行的大型船舶也是一个重要指标，它预示船舶是否产生危险的"碰底"运动。

2）横摇运动周期

为了避免船舶与常遭遇的波浪发生横摇谐摇，有时对横摇固有周期提出限制要求。例如，我国东海一带常遇到的海浪波长为 50～60 m，相应的波浪周期在 6 s 左右，因此，经常在这一带航行的船舶的横摇固有周期最好避开这一数值。

3）绝对加速度

绝对加速度主要包括垂向加速度和晕船率。垂向加速度的大小与垂向惯性力成正比，过大的惯性力有可能损伤设备，降低系统的效能，影响飞机起降。晕船率主要取决于运动加速度和运动周期。随着垂向加速度的增加，晕船率显著增加。

4）相对波面运动

由船体相对波面运动产生的耐波性指标包括船首底部砰击频率、军用舰船声呐罩出水频率、甲板淹湿频率和螺旋桨出水概率。对不同类型的船舶而言,这些指标的重要性是不同的。例如,对于压载航行的货船,往往需要考虑首部砰击频率和螺旋桨出水概率。

5）波浪中的失速

所谓船舶在风浪中的失速,是指在推进动力装置功率调定后,在风浪中较在静水中航行时航速的降低值。这里不包括主动减速成分,即不包括船舶在风浪中航行时为了减少风浪对船舶的不利影响而人为调低主机功率,使航速较静水中下降的数值。

8.6.2 综合指标

1）作业时间百分比

船舶在规定的装载及环境条件下,能够完成作业的时间百分比:

$$q_1 = \frac{海浪中能够完成作业的时间}{静水中能够完成作业的时间} \times 100\% \tag{8-6-1}$$

这一指标也可以用误工率 d_1 来表示,即船舶在海浪中不能作业的时间百分比,与 q_1 存在如下关系:

$$d_1 = 1 - q_1 \tag{8-6-2}$$

2）期望航速百分比

期望航速百分比 q_2 等于船舶在波浪中的平均航速与船舶在静水中的设计航速的比值,即:

$$q_2 = \frac{波浪中的平均航速}{静水中的设计航速} \times 100\% \tag{8-6-3}$$

计算作业时间百分比和期望航速百分比,首先需要明确对应船舶各项任务的诸耐波性指标并进行相应的计算,然后根据选定的耐波性指标的衡准值和风浪的长期统计分布资料来完成耐波性综合指标的计算。因此,耐波性综合指标计算结果的可靠性不仅取决于耐波性计算的正确性,而且取决于耐波性衡准的选择和长期风浪预报的正确性。

8.6.3 实船耐波性试验

如前所述,虽然可以通过理论计算或模型试验的方法对耐波性进行估算,但是这些估算和试验都是在一定的假设条件下进行的。海上的实际波浪是复杂而多变的,很难用一个固定的模型来精确描述,因此船模试验结果和理论计算结果必然与海上实际情况存在差异。实船耐波性试验的目的在于准确地确定船舶在波浪中的各种性能,验证理论计算的正确性,找出模型试验结果与实船实际结果之间的关系。同时,实船耐波性试验结果可以最终检验船舶耐波性指标是否达到设计之初的预想目标,准确评价该船耐波性的优劣。

实船耐波性试验包括船舶在波浪中产生的运动以及由这些运动引起的砰击、飞溅、上浪和螺旋桨出水等性能,有时也包括波浪中的操纵性能、稳性、船体结构应力、阻力性能和推进性能。船上各种机器设备(包括主机、辅机和舵机、导航设备和通信设备以及舰船的武器装备等)在恶劣环境条件下正常工作的可能性,船上所有人员(包括船员和旅客)居住的舒适性,船员进行各项操作的可能性等,这些也都属于实船耐波性试验的范围。对于装有各种减摇装置的船舶,实船耐波性试验的目的还包括最终评价减摇装置的实际减摇效果,提供修改减摇装置的方法。

实船耐波性试验根据不同的任务可分为交船试验和专门试验两种:

(1) 交船试验通常是在批量生产的首制船上进行,其基本目的是校核实船的耐波性与设计任务书中所规定的要求是否相符合。这种试验通常在交船期间或船舶首航期间进行。

(2) 专门试验是为完成某些指定项目的耐波性指标测试而进行的,通常在选定船舶的考察航行或营运航行中完成。

实船耐波性试验是一种在恶劣海况条件下的综合性作业,有许多单位和专业人员参加,因此在试验之前,首先应选择适当的测试海域和时间,然后要根据试验目的编写试验大纲,同时还要对需要用到的测试仪表进行安装、调试和准备。

测试海区的面积和水深应该与船舶的主尺度和航速相适应,最好选择在船舶经常航行的海域,以便使试验时遇到的环境条件接近于试验船今后航行中可能遇到的海浪。试验日期应选择在试验要求海浪出现概率最大的季节。从我国海浪的统计资料来看,在我国沿海海域进行耐波性试验最合适的季节是冬季,在这一季节发生 4 级以上海浪的概率最大。夏秋季节是我国沿海海域台风多发季节,在台风引起的海浪中做试验是不合适的,也是危险的。

一般一次耐波性试验要选择几个遭遇浪向进行,具体的试验方法有以下三种。

(1) 定航速变航向试验。

定航速变航向试验时,船舶的航速是预先选定的,可选最大航速、额定航速或经济航速等,由试验大纲的要求确定。由于在波浪中难以做到航速恒定,一般试验时总是固定主机转速,而航向可根据试验大纲规定的操舵角进行变换,如图 8-6-1 所示。

(2) 定航向加速试验。

定航向加速试验是船舶保持顶浪航行,航速从最低航速逐次加速到该浪级下允许的最高航速。每个航速稳定后做试验记录。

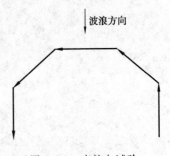

波浪方向

图 8-6-1 变航向试验

(3) 零速横浪试验。

船舶在零速横浪情况下稳定后测试并记录各参数。

对某些特殊船舶,耐波性试验还可能有特殊的要求。

船舶耐波性试验结束后,要提供包括试验概况、航迹图、船舶试验状态、波浪参数及试验大纲所要求的各种分析结果。

思 考 题

1. 基本概念

耐波性 附加质量 附加惯性矩 横荡 纵荡 垂荡 横摇 纵摇 首摇 遭遇浪向 表观重力 有效波倾 横摇固有周期 横摇阻尼系数

2. 表征船舶横摇的主要参数有哪些? 分别代表什么含义?

3. 影响船舶耐波性的主要因素有哪些? 如何改善耐波性?

4. 常见的减摇装置有哪些? 简述其基本原理。

5. 衡量船舶耐波性的主要指标有哪些? 分别代表什么含义?

6. 简述主要的耐波性试验及其基本方法。

习 题

1. 已知某船宽 $B=19.4$ m,今测得其横摇周期为 15 s。试用经验公式估算该船此时的初稳性高度。

2. 某船宽 20.4 m,重心距基线高 0.58 m,初稳性高度 0.7 m。试估算其横摇周期。

3. 某船排水量 19 500 t,宽 20.4 m,初稳性高 0.79 m,重心高度 3.0 m。若该船内某 200 t 的重物,其重心从距基线 18 m 处垂直下移至距基线 3 m 处。试估算重物移动前后该船横摇周期的变化。

第9章　　船体结构

"船体结构"(hull structure),又称"船舶结构",是由板材和型材组成的船体的总称,包括主船体和上层建筑结构两部分。船体结构的作用是使船具有一定的外形、漂浮能力和强度,并构成可分隔成各种舱室的水密的内部空间。

船舶在从建造、下水到航行、停泊以及修理的整个过程中,均要受到许多不同外力的作用。研究船体结构的目的就是要使船体在这些外力的作用下:

（1）保证船体不被破坏,即具有足够的强度;

（2）保证其不发生过度变形而影响使用,即具有足够的刚性;

（3）在保证可靠性的同时,设计出充分合理使用材料、重量尺寸小、建造成本低、经济性好的船体。

由于船舶经历了较为漫长的发展历程,造船材料也多种多样,因此其相应的结构形式差异也较大。本章主要以目前较为常见的钢质运输船舶为讨论对象,介绍船体的结构形式及其相关内容。

■9.1　船体强度的基本概念

9.1.1　船体的受力及其变形

1）船体在纵向上的受力与变形

当船舶处于静水中时,作用在船体上的力有重力和水的压力。

船体重力是船体本身的重量、机器的重量以及装在船上的货物、人员、各种设备等的重量的总和,它是垂直向下的。重力沿船长方向的分布是不均匀的,可以用重力曲线来表示,如图 9-1-1(a)所示。

水压力作用在船体浸水表面的每一个部分,其垂直向上的水压力的合力称为浮力。浮力的大小取决于船体入水体积的大小。它在船长方向上的分布是不均匀的。由于船体是一光顺的曲面,所以浮力的变化比较平缓,可以用浮力曲线来表示,如图 9-1-1(b)所示。

对于静浮在水面的船舶来说，总的重力等于总的浮力，但在沿船长方向船体各局部的重力和浮力却不相等。这是因为重力曲线和浮力曲线的纵坐标值在每一点上是不相等的。其差额即为船体在该处所受到的负荷，将其连成曲线，即为负荷曲线，如图 9-1-1(c) 所示，它表示船长方向上负荷分布的情况。

由于船舶总的重力与浮力是相等的，所以重力曲线和浮力曲线所包围的面积也应相等。同理，负荷曲线在横坐标轴上面与下面所围成的面积也相等，根据材料力学的理论将负荷曲线的面积积分绘成它的积分曲线即得剪力曲线，再积分剪力曲线的面积，便得弯矩曲线，如图 9-1-2 所示。从图中可以看出，船体两端的剪力与弯矩为零，这是因为船体两端是没有约束的，相当于完全自由端；弯矩最大值靠近船中部，而剪力的极值约在距船首、尾的 1/4 船长处。

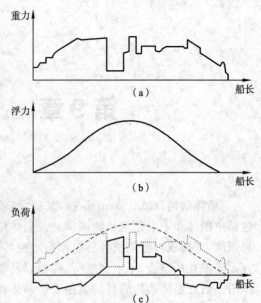

图 9-1-1　重力、浮力和负荷曲线

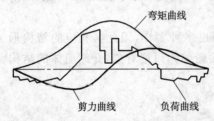

图 9-1-2　负荷、剪力、弯矩曲线

弯矩将使船体在纵向上产生弯曲变形，也称总纵弯曲(longitudinal bending)。当船体中部浮力大于重力而两端重力大于浮力时，弯矩将使船体甲板受到拉伸，而船底受到压缩，形成中部拱起、两端下垂的现象，称为中拱(hogging)。例如，机舱位于中部的中机型船满载时，由于中部重量较轻，两端较重，在静水中就会发生中拱现象；对于尾机型船，当它空载时，中部重量较轻，两端较重，也会发生中拱。反之，当船舶中部重力大于浮力，两端浮力大于重力时，弯矩将使船体甲板受到压缩，而船底受到拉伸，形成中部下垂、两端抬起的现象，称为中垂(sagging)。例如，中机型船空载时及尾机型船满载时都是中垂的。

当船舶在波浪中航行，航向又与波浪行进的方向平行时，如果船体中部恰位于波峰上而首尾位于波谷，则中部浮力增加而两端浮力减小，其结果相当于使船中拱；反之，如果船体中部位于波谷而首尾位于波峰，则中部浮力减小而两端浮力增加，其结果又相当于使船中垂，如图9-1-3 所示。

剪力将使船舶产生剪切变形，假设船舶是由许多微小段节组成，且各段节之间可以作铅垂方向的滑动，那么由于各小段所受的重力和浮力不相等，某些段节由于浮力大于重力而上浮，另一些段节由于重力大于浮力而下沉，直至各段的重力和浮力获得平衡为止。图 9-1-4 表示剪力变形的同时产生弯曲变形的情况。但实际上船体是一个整体，不允许各段节上下自由滑动，只要强度足够，所受的弯矩和剪力都由船体弹性材料的内应力所抵抗而不发生变形。

另外，在静水中，当货物不是对称于中纵剖面均匀分布时，重心位置和浮心位置分布的不同将使船舶产生扭转，如图 9-1-5（a）所示。例如，装货时由于船前右部装了重货而使船舶发生向右横倾，若错误地用向船后左部装重货的办法来校正横倾，结果就会使船产生扭转变形。

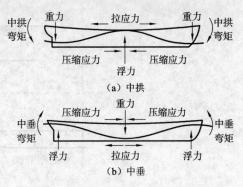

图 9-1-3　船在波浪上的中拱与中垂

当船舶作斜浪航行时，由于首尾波面的倾斜方向相反，首尾的浮心位置位于中纵剖面的异侧，浮力就使船首尾向相反的方向扭转，如图 9-1-5（b）所示。另外，横倾

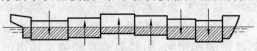

图 9-1-4　船体各段节的上浮与下沉

时复原力矩与横倾力矩沿船长各区段不相等及横摇时的惯性力等也会使船产生扭转变形。

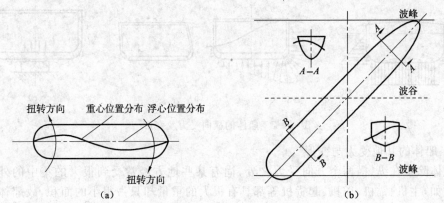

图 9-1-5　船舶的扭转变形

通常可以将船体看作变断面的空心梁（简称船梁），总纵弯曲时船体梁上弯曲正应力分布如图 9-1-6 所示。由图可见，通常在上甲板和底部受拉压应力最大。船体总纵弯曲时的受力特点是：在同一横剖面内离中和轴越远，其受力越大，即上甲板和船底比下甲板受力大，舷侧外板中靠近上甲板和船底的列板要比其他舷侧外板受力大；船长方向，船中部受力大，并向首尾逐渐减小到零。因此船体总纵弯曲时受拉压应力最大处是船中部的上甲板和底部。

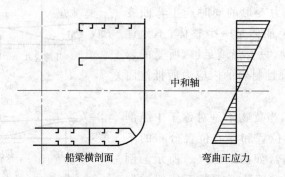

中和轴

船梁横剖面　　　　　弯曲正应力

图 9-1-6　船梁及其应力分布

2）船体在横向上的受力与变形

船体在静水中，水下部分各处都受到水的压力，其大小与水深成正比。当甲板上浪时，甲板还可能受到不均匀的负荷，如图 9-1-7（a）所示。在这种情况下，船底、船侧与甲板便因上述压力的作用而变形。另外，当船受到波浪的作用时，引起船底及船侧水压力的重新分布，使左右两舷受力不对称，加之横摇时惯性力的作用，将使横向框架发生歪斜，如图 9-1-7（b）所示。再如，船舶在龙骨处搁浅或进坞坐墩时会受到很大的外力作用，重力的反作用力（支承力）将使船底中部上弯而舷部下垂，如图 9-1-7（c）所示。

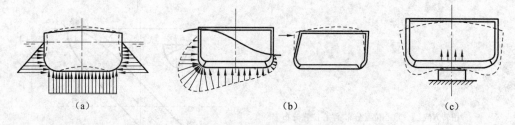

（a）　　　　　　　　　　　　（b）　　　　　　　　　　　　（c）

图 9-1-7　船体的横向受力及变形

3）船体的其他受力与变形

船体除了在纵、横两个方向受力之外，尚有某些地方经常受到很大的集中的外力作用。例如，主机、锚机、舵机、起货机等都具有很大的重量却只占很小的面积，故船体局部受力很大；同时机器工作时的振动更增加了它的负荷。又如，船尾部因有尾轴、推进器及舵的作用而使尾骨架受力较大。船首因经常受波浪的冲击、冰块的撞击等而受到较大的局部力。

9.1.2　船体强度（hull strength）

船体承受外力而不被外力所破坏的能力，称为船体的强度。通常，船舶应该具备以下三个方面的强度：

（1）总纵强度（longitudinal strength），是指船体结构能够抵抗纵向的受力而不使整体结构遭受破坏或发生不允许的变形的能力；

（2）横向强度（transverse strength），是指船体结构抵抗横向载荷的能力；

（3）局部强度（local strength），是指船体结构抵抗局部载荷的能力。

船体要具备以上强度必须有相应的结构来支撑和保障。

■ 9.2　船体骨架及其主要形式

9.2.1　板架与骨架

船体是由板材和型材建成的，对于钢质船舶而言即为钢板和型钢。常见的造船钢材如图 9-2-1 所示。建造时，钢材之间通过焊接的方式连接在一起。

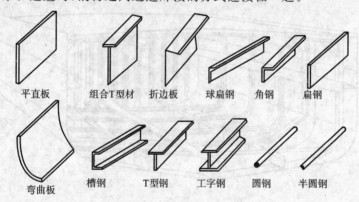

图 9-2-1　常见的造船钢材

船体是由板和骨架组成的长箱式结构，整体上由若干板架结构构成，包括船底板架、舷侧板架、甲板板架和舱壁板架等。各个板架相互连接，相互支持，使整个主船体构成坚固的空心水密结构。

板架由板和焊在板上的纵横交叉的骨架组成，如图 9-2-2 所示。骨架（framing）是由型钢纵横交叉组成的构件。其中，较小的型材称骨材，通常数目多而间距小；较大的型材称桁材，通常数目少而间距大。

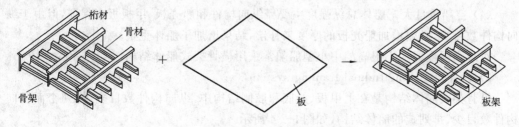

图 9-2-2　骨架、板与板架结构

9.2.2　船体骨架的主要形式

船体骨架由纵横交错的型材（或称构件）组成。这些构件通常沿着船长方向和船宽方向布置，其中沿船长方向延伸的称为纵向构件，沿船宽方向延伸的称为横向构件。根据船体骨架中型材排列的方式，将船体骨架形式分为横骨架式、纵骨架式和纵横混合骨架式三种。

1）横骨架式（transverse framing system）

横骨架式船体结构是在上甲板、船底和舷侧结构中，横向构件数目多、排列密而纵向构件数目少、排列疏的船体结构，如图 9-2-3 所示。

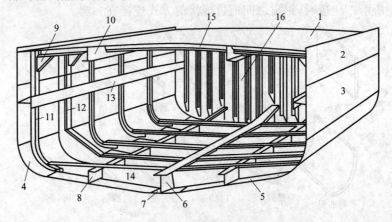

图 9-2-3　横骨架式船体结构

1—甲板板；2—舷顶列板；3—舷侧板；4—舭列板；5—船底板；6—中内龙骨；7—平板龙骨；8—旁内龙骨；
9—梁肘板；10—甲板纵桁；11—肋骨；12—强肋骨；13—舷侧纵桁；14—肋板；15—横梁；16—横舱壁板

这种结构从木船结构演变而来，是造船中应用最早的一种结构形式。其特点是：

（1）横向强度和局部强度好。

（2）结构简单，容易建造。

（3）舱容利用率高。横向构件数目多，不需要很大尺寸，因而占据舱内空间较小。

（4）空船重量大。船体总纵强度主要靠纵向构件和船壳板、甲板板来保证，但由于纵向构件数目少，必须增加船壳板的厚度来补偿，结果增加了船体重量。

对总纵强度要求不很高的中小型船舶常采用横骨架式船体结构。

2）纵骨架式（longitudinal framing system）

纵骨架式船体结构是在上甲板、船底和舷侧结构中，纵向构件数目多、排列密而横向构件数目少、排列疏的船体结构，如图 9-2-4 所示。

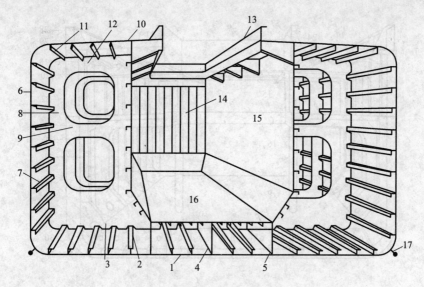

图 9-2-4 纵骨架式船体结构

1—船底板;2—船底纵骨;3—肋板;4—中桁材;5—旁桁材;6—舷顶列板;7—舷侧纵骨;8—强肋骨;9—撑杆;
10—甲板;11—甲板纵骨;12—强横梁;13—舱口围板;14—横舱壁;15—纵舱壁;16—内底板;17—舭龙骨

这种结构的特点是:

(1) 总纵强度大。

(2) 结构复杂。小尺寸的纵向构件数目多,焊接工作量大。

(3) 舱容利用率低。船体结构的横向强度主要靠少数横向构件来保证,因而横向构件的尺寸很大,占据舱容较多。

(4) 空船重量小。因为船壳板和甲板板可以做得薄些,所以结构重量减轻。

这种形式的船体结构通常在大型油船和矿砂船上采用。

3) 混合骨架式(combined framing system)

混合骨架式船体结构,在上甲板和船底采用纵骨架式结构,而在舷侧采用横骨架式结构,如图 9-2-5 所示。

该结构具有以下特点:

(1) 既满足总纵强度的要求,又有较好的横向强度。

(2) 结构较为简单,建造也较容易。

(3) 舱容利用率较高。因为舱内突出的大型构件较少,所以不妨碍舱容及货物的装卸。

(4) 舷侧与甲板、船底的交接处,结构连接性不太好。舷侧的横向构件多,而甲板、船底的横向构件少,因此,舷侧上有部分横向构件不能与甲板和船底的横向构件组成横向框架。

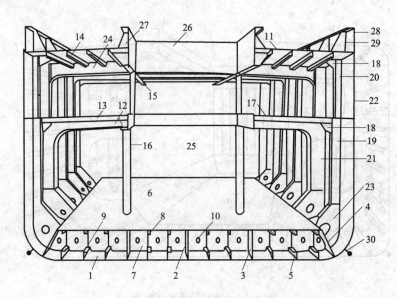

图 9-2-5　混合骨架式船体结构

1—船底板；2—中纵桁；3—旁纵桁；4—内底边板；5—船底纵骨；6—内底板；7—实肋骨；8—内底纵骨；9—加强筋；
10—人孔；11—上甲板；12—舱口端梁；13—横梁；14—甲板纵骨；15—甲板纵桁；16—支柱；17—二层甲板；
18—梁肘板；19—船舱肋骨；20—甲板间肋骨；21—强肋骨；22—舷侧列板；23—舭肘板；24—舱口端梁；
25—横舱壁；26—舱口围板；27—舱口围板肘板；28—舷墙板；29—舷墙扶强材；30—舭龙骨

混合骨架式船体结构在大型干散货船中广泛采用。

■ 9.3　主船体结构

9.3.1　外板与甲板板

1) 外板(shell plate)

外板又称船壳板，包括舷侧板(side plate)和船底板(bottom plate)，其基本组成单位是列板(strake)。

外板由一块块钢板对接而成，钢板的长边沿船长方向布置。长边与长边相接称边接，其焊缝称边接缝(seam)；短边与短边相接称端接，其焊缝称端接缝(butt)，如图 9-3-1 所示。许多块钢板依次端接后就成为一长条板，称为列板，若干列板组成外板。这样既能减少船长方向焊缝的数目，又可以根据船体上下位置的受力情况来调整列板的厚度。

根据外板中的各个列板所处的位置，分别称为平板龙骨、船底列板、舭列板、舷侧列板和舷顶列板，如图 9-3-2 所示。在船首尾部，由于船体瘦削，某两列板会合并为一列板，这列板称为并板，如图 9-3-1 所示。

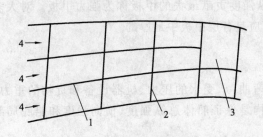

图 9-3-1 接缝与列板

1—边接缝;2—端接缝;3—并板;4—列板

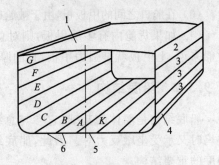

图 9-3-2　列板的名称

1—上甲板;2—舷顶列板;3—舷侧列板;
4—舭列板;5—平板龙骨;6—船底列板

外板的厚度分布具有以下特征:

(1) 沿船长方向,总纵弯矩在船中附近为最大值,向两端逐渐减至零,因此外板在船中 $0.4L$(L 为船长)范围内厚度最大,向首尾两端逐渐减薄。

(2) 横剖面方向,平板龙骨位于船底中心线处,参与总纵弯曲、承受坞墩反力等,要求厚度比相邻船底列板大;舷顶列板距总纵弯曲中性轴远,承受总纵弯矩作用较大,因而厚度也大;其余从船底列板向上的各个列板,随着水压力减小而逐渐减薄。

2) 甲板板(deck plate)

甲板板的布置一般具有如下特征:

(1) 从舱口边至舷边的甲板板,钢板的长边沿船长方向布置;

(2) 这些板通常是首尾连续的,对船体总纵强度有贡献;

(3) 在舱口之间及首尾端的甲板板,由于不参与总纵弯曲且面积狭窄,可以将钢板横向布置。

甲板板的厚度分布如图 9-3-3 所示,图中的数字即为板厚(单位,mm)。

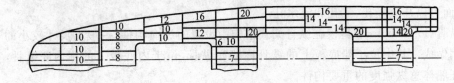

图 9-3-3　甲板板厚度分布

甲板板的厚度分布具有以下特征:

(1) 沿船长方向,船中 $0.4L$ 范围内受总纵弯矩作用最大,因此该区域甲板板的厚度最大,向船首尾两端逐渐减薄,但在船首尾端,由于局部受力大,故厚度又有所增加。

(2) 沿船宽方向,上甲板沿着舷边的一列板称为甲板边板,它首尾连续,既参与总纵弯曲,又承受船体横向变形力的作用,并且容易被甲板积水腐蚀,因而厚度最大。

（3）在舱口之间的甲板板，由于被舱口切断，不参与总纵弯曲，其厚度较其他甲板板薄。

（4）如果货舱内有多层甲板，则对总纵强度贡献最大的甲板称为强力甲板。对大多数船来说，上甲板就是强力甲板，它的厚度应是各层甲板中最厚的。

9.3.2　船底结构

船底结构是船体的基础，它参与总纵弯曲，承受水的压力、机器设备和货物的重力，进坞时又承受坐墩反力等。因此，船底结构是保证船体总纵强度、横向强度和船底局部强度的重要结构。

船底结构有双层底结构和单层底结构两种类型。按骨架排列方式又可分为横骨架式和纵骨架式两种形式。

1）双层底结构（double bottom）

双层底结构是指由船底板、内底板及其骨架围成的水密空间结构，设置在防撞舱壁和船尾尖舱舱壁之间。它的作用是：增加船体的总纵强度和船底的局部强度；可作为燃油舱、滑油舱和淡水舱；可提高船舶的抗沉性，一旦船底外板破损，内底板仍能阻止海水进入舱内；对液货船，还可提高船体抗泄漏能力；作为压载水舱，能调节船舶的吃水和纵倾、横倾，改善船舶的航行性能。双层底结构中的主要构件如图9-3-4所示。

（1）纵向构件：主要有中桁材、箱形中桁材、旁桁材和纵骨。

中桁材（center girder）是位于船底中心线、连接平板龙骨和内底板的纵向连续构件。它承受总纵弯矩、坞墩反力及其他外力，是双层底结构中的重要构件，在船中 $0.75L$ 范围内不许开孔。

箱形中桁材（duct center girder）是指位于船底中心线两侧对称布置的纵桁，与内、外底板组成水密空心结构，如图9-3-5所示。它一般从机舱前壁设置到防撞舱壁，用于集中布置舱底各种管路，故又称管隧。

旁桁材（side girder）是位于中桁材两侧对称布置的纵向构件，与船底板和内底板相连，上面可以开减轻孔、气孔和流水孔。

纵骨（longitudinal）是仅在纵骨架式结构中设置的纵向构件，一般由尺寸较小的不等边角钢做成。其中位于船底板上的纵骨称船底纵骨，位于内底板上的称内底纵骨，它们是保证船体总纵强度的重要构件。

（2）横向构件：常见的有水密肋板、实肋板、组合肋板、轻型肋板和舭肘板。

水密肋板（watertight floor）是双层底结构中能保持水密的横向构件。它将双层底舱沿船长方向分隔成若干互不相通的舱室，一般在水密横舱壁下均设有水密肋板。

实肋板（solid floor），又称主肋板，是非水密横向构件，上面可以开减轻孔、气孔和流水孔。在需要对船底加强的部位，如机舱、锅炉座下、推力轴承座下等，每一个肋位均应设实肋板。实肋板结构如图9-3-6所示。

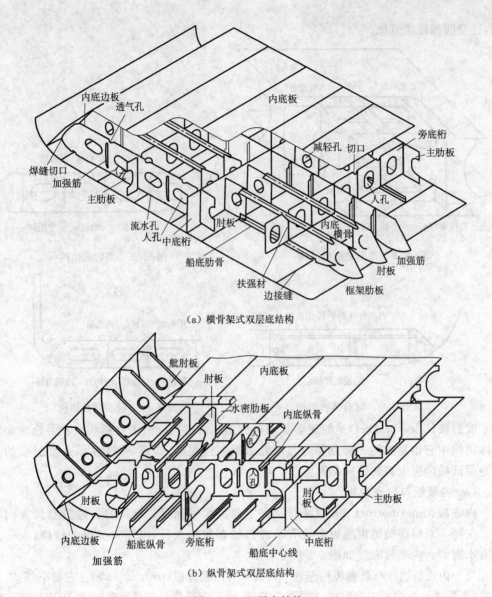

（a）横骨架式双层底结构

（b）纵骨架式双层底结构

图 9-3-4　双层底结构

组合肋板（bracket floor）是在两道实肋板之间的若干个肋位上设置的横向构件，由一些水平的和竖向的简易构件组成，又称框架肋板。它多见于横骨架式双层底结构中，如图 9-3-7 所示。

横骨架式双层底在不设置实肋板的肋位上，可设置轻型肋板代替组合肋板。轻型肋板的结构如图 9-3-8 所示，其厚度与实肋板相同，但允许有较大的减轻孔。与组合肋板相比,轻型肋板施工方便。

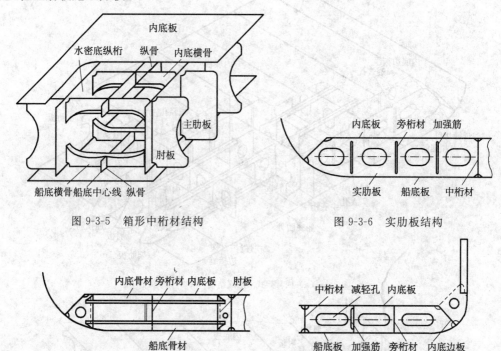

图 9-3-5　箱形中桁材结构　　　　　　图 9-3-6　实肋板结构

图 9-3-7　组合肋板结构　　　　　　图 9-3-8　轻型肋板结构

舭肘板(bilge bracket)是船底肋板与舷侧横向构件(肋骨)的连接板。在混合骨架式船体结构中它也是舷侧一部分肋骨与内底边板的连接板,如图 9-3-4 所示。舭肘板的作用是保证横向强度和舭部局部强度。

(3) 内底板与内底边板。

内底板(inner bottom plate)是双层底上面的水密铺板。钢板的长边沿船长方向布置。在每一双层底舱的内底板上设有呈对角线布置的人孔,以便人员进去检修,人孔上设有水密盖。内底板布置如图 9-3-9 所示。

位于内底板边缘与舭列板相连的一列板称为内底边板(margin plate)。它有下倾式、上倾式、水平式和折曲式四种形式,如图 9-3-10 所示。普通货船多采用下倾式,内底边板与舭列板组成污水沟。接近船首尾端或在客船上,一般采用水平式,舱内平坦,强度较好。散货船采用上倾式,以便装卸作业。折曲式强度好,用于经常航行于有浅滩水域的船舶。

2) 单底结构(single bottom)

横骨架式单底结构的特点是结构简单、建造方便,但抗沉性差,目前主要用于小型船舶上。其主要构件有中内龙骨(center keelson)、旁内龙骨(side keelson)和肋板,如图 9-2-3 所示。

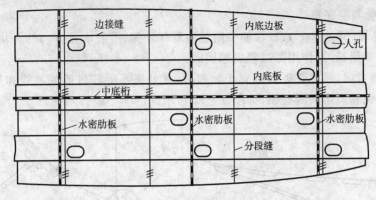

图 9-3-9 内底板的布置

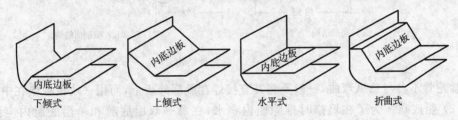

图 9-3-10 内底边板的类型

纵骨架式单底结构多见于老式油船上,其结构较为简单,但防泄漏能力差。主要构件有中内龙骨、旁内龙骨、船底纵骨和肋板,如图 9-3-11 所示。

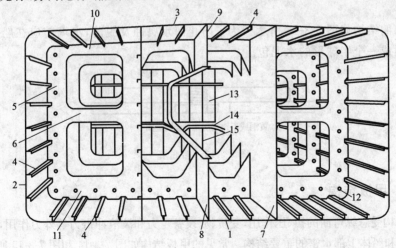

图 9-3-11 纵骨架式单底结构

1—船底板;2—舷侧外板;3—甲板;4—纵骨;5—强肋骨;6—撑杆;7—纵舱壁;8—中内龙骨;
9—甲板纵桁;10—强横梁;11—肋板;12—流水孔;13—横舱壁;14—水平桁;15—垂直扶强材

3）舭龙骨与船底塞

（1）舭龙骨（bilge keel）：设在船中附近的舭部外侧、沿着水流方向的一块长条板，长度约 1/4～1/3 船长，其作用是减轻船舶横摇。

在横剖面方向，舭龙骨近似垂直于舭列板，其外缘不能超过船底基线和舷侧线所围成的区域，以免靠离码头时碰损，如图 9-3-12 所示。

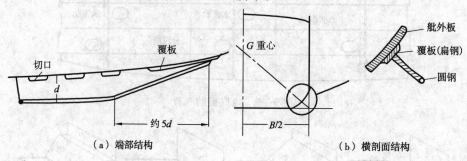

（a）端部结构　　　　　　　　　　　　　　　　（b）横剖面结构

图 9-3-12　舭龙骨结构

舭龙骨不参与总纵弯曲，一般不将其直接焊在舭部外板上，而用一块覆板垫在中间。

（2）船底塞。为了在坞修时排除船内积水，在每一双层底舱和单层底舱内应设置一个船底塞。通常它设置在中桁材或中内龙骨两侧（但不得开在平板龙骨上）距每一分舱后部的水密肋板的一档肋距处。如果过于靠近舱壁，则进坞时易被坞墩堵塞。船首尾尖舱的船底塞设在填塞水泥层的上方。由于船底塞开孔不大，故一般在外板上不予加强。

船底塞的结构如图 9-3-13 所示。为了防止海水腐蚀及脱落，出坞前应在船底塞外面用水泥涂封成一个半球形的水泥包。

图 9-3-13　船底塞

9.3.3　甲板结构

甲板结构受总纵弯曲的拉、压作用，受货物、设备重力和波浪冲击力等外力作用，是保证船体总纵强度和船体上部水密的重要结构。常见的甲板结构如图 7-3-14 和图 7-3-15 所示。

1）纵向构件

（1）甲板纵桁（deck girder）：甲板结构中沿舱口两边和甲板中心线布置的纵向构件，由尺寸较大的 T 型组合材做成。其作用是承受总纵弯矩作用，增加舱口处的强度。

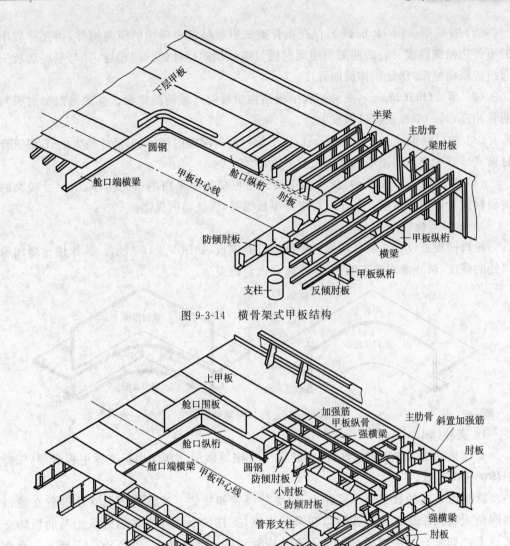

图 9-3-14　横骨架式甲板结构

图 9-3-15　纵骨架式甲板结构

(2) 甲板纵骨(deck longitudinal)：仅在纵骨架式甲板结构中采用的纵向构件，由尺寸较小的不等边角钢做成。其主要作用是保证船舶总纵强度和甲板的稳定性。

2) 横向构件

甲板结构中的横向构件统称为横梁(beam)，按其位置和尺寸大小分为以下四种。

271

（1）普通横梁（deck beam）：仅在横骨架式甲板结构中采用的横向构件，由尺寸较小的不等边角钢做成。它的两舷端用梁肘板与舷侧横向构件（肋骨）相连，并与船底肋板一起组成横向框架，保证船体横向强度。

（2）半梁（half beam）：横骨架式甲板结构中被舱口截断的横梁。其舷端以梁肘板与肋骨相连，另一端焊在舱口围板上。

（3）舱口端梁（hatch end beam）：位于舱口前后两端的横梁，由尺寸较大的 T 型组合材做成。其主要作用是增加舱口处的强度。

（4）强横梁（web beam）：仅在纵骨架式甲板结构中采用的横向构件，由尺寸较大的 T 型材或折边钢板做成。其作用是支持甲板纵骨，保证横向强度。

3）舱口围板（hatch coaming）

舱口围板是设置在舱口四周与甲板垂直的围板，如图 9-3-16 所示。其作用是增加舱口处的强度，防止海水灌入舱内，保障作业人员的安全。

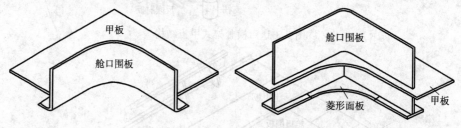

图 9-3-16　舱口角隅处围板

4）支柱（pillar）

支柱是船舱内的竖向构件，由钢管或工字钢等做成。其作用是支撑甲板骨架，保持船体的竖向形状。

货舱内支柱的数目应尽可能少，以免妨碍装卸货物。通常将四根支柱设置在舱口的四角或将两根支柱设置在舱口端梁的中点，支柱的下端应支在船底纵桁与肋板的交叉点上。如果有下层甲板，则上、下支柱应处于同一条垂线上，如图 9-3-17 所示。有的货舱为了装运大件货，采用悬臂梁（hatch side cantilever）结构代替支柱，如图 9-3-18 所示。

9.3.4　舷侧结构

舷侧结构主要承受水的压力、波浪冲击力及甲板货物、设备的重力等，是保证船舶横向强度和侧壁水密的重要结构。

1）横向构件

舷侧结构中的横向构件统称为肋骨。

（1）主肋骨（main frame）：位于防撞舱壁与船尾尖舱舱壁之间、在最下层甲板以下船舱内的肋骨，由不等边角钢做成，如图9-3-19所示。

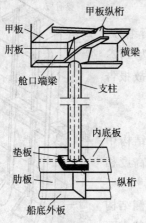
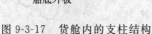

图 9-3-17 货舱内的支柱结构

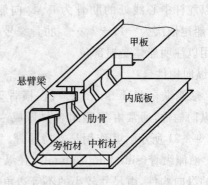

图 9-3-18 悬臂梁结构

（2）甲板间肋骨（tweendeck frame）：位于两层甲板之间的肋骨，又称间舱肋骨，由不等边角钢做成。由于跨距和受力较小，因此尺寸也比主肋骨小。

（3）中间肋骨（intermediate frame）：在冰区航行的船舶上在水线附近两肋骨中间设置的短肋骨，如图9-3-20所示。

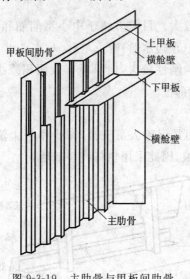

图 9-3-19 主肋骨与甲板间肋骨

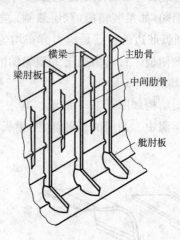

图 9-3-20 冰区加强的中间肋骨

（4）强肋骨（web frame）：又称宽板肋骨，由尺寸较大的 T 型组合材或折边钢板做成。在横骨架式舷侧结构中，每隔几个肋位设一强肋骨。其作用是局部加强，如机炉舱、

舱口端梁处等。在纵骨架式舷侧结构中,强肋骨是唯一的横向构件,其作用是支持舷侧纵骨,保证横向强度,如图9-3-21所示。

在修造船中,为了指示肋骨的位置,常对肋骨进行编号。习惯上以舵杆中心线处的肋骨为0号,向船首依次为1,2,3,…,向船尾依次为−1,−2,…。肋骨编号在海损事故报告中还可用以注明船体受损部位。

2）纵向构件

（1）舷侧纵桁（side stringer）:在横骨架式舷侧结构中设置的纵向构件,通常由T型组合材做成,与强肋骨高度相同,如图9-3-21所示。其作用是支持肋骨。

（2）舷侧纵骨（side longitudinal）:在纵骨架式舷侧结构中采用的纵向构件,由尺寸较小的不等边角钢做成。其主要作用是保证总纵强度。

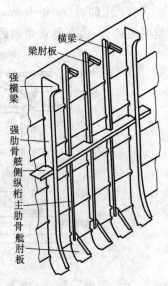

图9-3-21 强肋骨与舷侧纵桁

3）舷边

舷边是指甲板边板与舷顶列板的连接部位。因为它位于拐角处,所以内应力很大。常用的舷边形式有两种:一种是直角连接,另一种是圆弧连接,如图9-3-22所示。

（1）直角舷边的特点是建造方便,但应力较大。目前多用于中小型船舶和一些有加强措施的船舶,如集装箱船（双层舷侧）、散货船（顶边水舱）等。

（2）圆弧舷边的特点是应力分布均匀,结构刚性较大,但甲板有效面积减小,甲板排水易弄脏舷侧板。目前多见于大型船舶的船中部位。

4）舷墙（bulwark）

舷墙的结构如图9-3-23所示。其主要作用是保障人员安全,减少甲板上浪,防止甲板物品滚落海中。油船的干舷低,上甲板易上浪,因此采用栏杆代替舷墙。

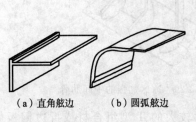

（a）直角舷边　（b）圆弧舷边

图9-3-22 舷边形式

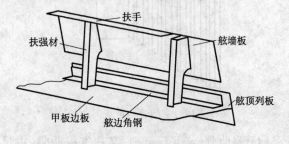

图9-3-23 舷墙结构

9.3.5　舱壁结构

1) 舱壁的作用

主船体内由横向舱壁分隔成许多舱室。油船及某些大型货船多设有纵向舱壁。舱壁的作用包括：

(1) 提高船舶抗沉能力；

(2) 可以控制火灾蔓延；

(3) 有利于不同货种的分隔积载；

(4) 增加船体强度；

(5) 液货船的纵向舱壁可以减少自由液面对稳性的影响，并参与总纵弯曲。

2) 舱壁的种类

舱壁按其作用可分为以下四种。

(1) 水密舱壁(watertight bulkhead)：在规定的水压力下能保持不透水的舱壁。最常见的是水密横舱壁。

(2) 油密舱壁(oiltight bulkhead)：在规定的压力下能保持不渗透油的舱壁。油船及装燃油的舱室应采用油密舱壁分隔。

(3) 防火舱壁(fireproof bulkhead)：分隔防火主竖区、在一定的温度下和一定的时间内能限制火灾蔓延的舱壁。机舱和客船起居处所的舱壁应采用防火舱壁。

(4) 制荡舱壁(swash bulkhead)：设在液舱内用于减少自由液面影响的纵向舱壁，上面开有流水孔。

3) 水密横舱壁结构

(1) 平面舱壁(plane bulkhead)：由舱壁板和加强它的骨架组成的一种舱壁，如图9-3-24 所示。

(2) 槽形舱壁(corrugated bulkhead)：将舱壁板压成梯形、弧形等形状来代替扶强材的一种舱壁。槽形的方向一般是竖向布置的，如图 9-3-25 所示。与平面舱壁相比，槽形舱壁具有以下特点：① 在同等强度下，结构重量轻；② 建造工艺简单；③ 占据舱容较大，不利于装载件装货物；④ 抵抗水平方向挤压力的能力较弱。

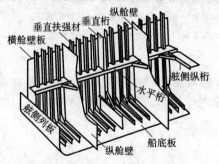

图 9-3-24　平面舱壁结构

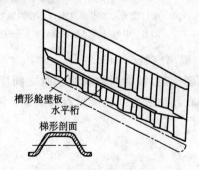

图 9-3-25　槽形舱壁结构

4）深舱（deep tank）

双层底以外，下至船底或内底、上至甲板或平台的液舱称为深舱。深舱常用作压载水舱、淡水舱、货油舱和燃油舱等，舱中一般仅设人孔供人员出入，并设有空气管、测量管、输入输出管等。

5）边舱（wing tank）

边舱是位于船舷侧的舱，常见的类型有：散货船上的顶边舱和底边舱，集装箱船、双壳油船的边翼舱等。散货船上的顶边舱和底边舱主要用作压载水舱，并有利于货物装卸，其结构如图 9-3-26 所示。底边舱顶板比较陡，卸货时能使剩余散货自动流向舱口下面。顶边舱的斜底板稍平，但通常可保证满载时货舱内部能自动填满。斜顶板和斜底板还参与总纵弯曲。集装箱船的边翼舱如图 9-3-27 所示。

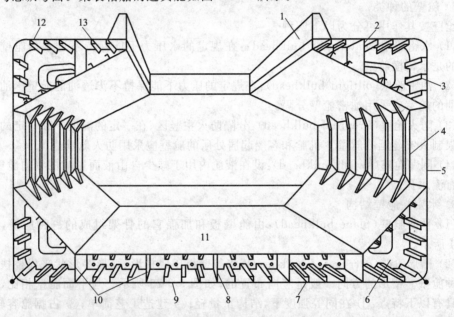

图 9-3-26　散货船货舱结构

1—舱口围板；2—甲板纵桁；3—舷侧纵骨；4—肋骨；5—舷侧板；6—实肋板；7—船底纵骨；
8—中桁材；9—船底板；10—旁桁材；11—内底板；12—甲板板；13—甲板纵骨

6）隔离空舱（cofferdam）

在燃油舱、植物油舱及淡水舱之间应设有隔离舱，又称隔离空舱。在散装食物冷藏舱与非食用油舱之间也应设有隔离舱。隔离舱的作用是防火、防爆和防渗漏。

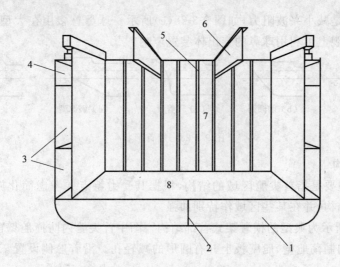

图 9-3-27 集装箱船货舱结构

1—双层底；2—中底桁；3—边翼舱；4—人行通道；5—扶强材；6—甲板纵桁；7—横舱壁；8—内底板

9.3.6 船首结构(stem structure)

船首部是指距船首垂线 $0.2\sim0.25L$ 处向着船首的部分。船首位于整个船舶的最前端，形状复杂，受总纵弯曲作用小，受局部作用力较大，如碰撞力、波浪的拍击力等。因此船首结构主要是保证局部强度，其总体特点是：构件较多，骨材较密，有些部位骨材尺寸较大、板材较厚，设有起加强作用的强脚横梁等。

1）船首形状

船首形状与船舶的用途和性能有关。船舶首端所采用的形状不同，其内部结构就不完全相同。船舶首部形状主要有如图 9-3-28 所示的五种形式。

（1）直立型首(vertical bow)：船首部轮廓线呈与基线相垂直或接近垂直的直线，首部甲板面积不大，如图 9-3-28(a)所示。这种首部现在主要用于驳船和特种船舶。

（2）前倾型首(raked bow)：首柱呈直线前倾或微带曲线前倾，如图 9-3-28(b)所示。首部不易上浪，甲板面积大，在发生碰撞时船体水线以下的部分不易受损，外观简洁，有快速感。军用船多采用直线前倾型，民用船多用微带曲线前倾型。

（3）飞剪型首(clipper bow)：首柱在设计水线以上呈凹形曲线，如图 9-3-28(c)所示。首部不易上浪，且较大的甲板悬伸部可以扩大甲板面积，有利于布置锚机和系船设备。常用在远洋航行的大型客船和一些货船上。

（4）破冰型首(icebreaker bow)：设计水线以下的首柱呈倾斜状，与基线约成 30°夹角，以便冲上冰层，如图 9-3-28(d)所示。该首型用于破冰船上。

（5）球鼻型首(bulb bow)：设计水线以下的首部前端有球鼻型的突出体，突出体有多种形状,其作用是减小兴波阻力,如图 9-3-28(e)所示。球鼻首多用在大型远洋运输船和一些军舰上,军舰上可利用球鼻的突出体装置声呐。

（a）直立型　　　（b）前倾型　　　（c）飞剪型　　　（d）破冰型　　　（e）球鼻型

图 9-3-28　船首形状

2）船首结构

船首结构主要是指首尖舱区域的结构,根据其受力特点并考虑简化施工,多数船舶采用横骨架式结构,并在某些区域作特别加强。

图 9-3-29 所示为典型的横骨架式首部结构。图中首尖舱内防撞舱壁前设置锚链舱。中线面上有纵向制荡舱壁、舱壁板上开有圆形的减轻孔。沿着舷侧设置三道舷侧纵桁和强胸横梁。

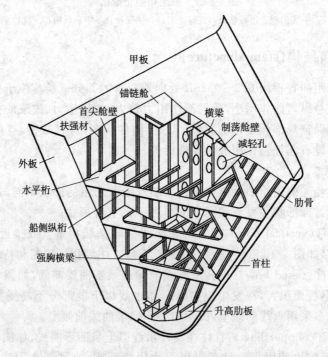

图 9-3-29　横骨架式首部结构

加强措施主要有以下几个方面。

（1）船首柱（stem）:位于船体最前端,用以汇拢首部外板、保持船首形状的强力构件,如图 9-3-29 所示。按其制作方式分为三种。

① 钢板船首柱(steel plate stem),由厚钢板弯曲焊接而成,其内侧设有水平的和竖向的扶强材,以增加刚性。其特点是制造方便,重量轻,成本低,碰撞时仅局部变形,容易修理。

② 铸钢船首柱(cast stem),为钢水浇铸而成,其刚性大,但韧性差些,可制成较复杂的断面形状。

③ 混合船首柱(combination cast and rolled stem),现代大中型船舶常采用铸钢与钢板混合式首柱,即在夏季载重线之上 0.5 m 处以下区域采用铸钢式,该处以上区域采用钢板焊接式,如图 9-3-30 所示。

(2)船首尖舱的加强:船首尖舱底部每一肋位上均设实肋板,其高度向船首逐渐升高,故又称升高肋板。中内龙骨延伸至船首柱并与之牢固相连,其高度与升高肋板相同。当船首部舷侧为横骨架式时,在每一个肋位处应设置上下间距不大于 2 m 的强胸横梁,沿每列强胸横梁必须设置舷侧纵桁。当用开孔平台代替强胸横梁和舷侧纵桁时,其上下间距应不大于 2.5 m。当舱深超过 10 m 时,在舱深中点处必须设置开孔平台。

(3)船首尖舱外舷侧的加强:当舷侧为横骨架式时,离船首垂线 0.15L 区域内的舷侧骨架应予以加强,加强的主要措施是设置间断的舷侧纵桁。

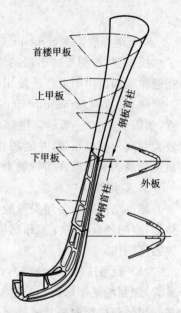

图 9-3-30　混合式首柱结构

(4)船首底部的加强:对横骨架式双层底结构,应在每一肋位上设置实肋板,并且肋距不超过船中处的肋距。此外,还应设置间距不大于三个纵骨间距的旁桁材,并尽量向船首延伸。对纵骨架式双层底结构,应在每隔一个肋位处设置实肋板,纵骨尺寸要相应增加。

9.3.7　船尾结构(stern structure)

船尾结构是指从船尾尖舱舱壁至船尾端区域内的结构。船尾除受静水压力外,还承受舵和螺旋桨的重量以及螺旋桨运转时的水动压力。螺旋桨工作时会产生周期性脉冲振动,机舱在船尾时,主机功率大的船常产生激振,严重时会造成局部结构的破坏。因此尾端结构应有较好的防振加强措施。

1)船尾形状
船尾形状通常为以下几种,如图 9-3-31 所示。

(1)椭圆型尾(elliptical stern):船的尾部有短的尾伸部,折角线以上呈椭圆体向上扩展,端部露出水面较大,桨和舵易受破坏,如图 9-3-31(a)所示。目前仅在某些驳船上可以见到。

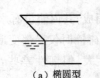 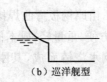 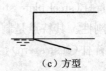

（a）椭圆型 　　　　　（b）巡洋舰型 　　　　　（c）方型

图 9-3-31　船尾形状

（2）巡洋舰型尾（cruiser stern）：具有光顺曲面的尾伸部，尾部大部分浸入水中，增加了水线长度，有利于减小船的阻力，有利于舵和螺旋桨的保护，如图 9-3-31（b）所示。曾在巡洋舰和民用船上广泛使用。

（3）方型尾（transom stem）：尾部有垂直或斜的尾封板，其他仍保留巡洋舰型尾的特点，如图 9-3-31（c）所示。尾部水流能较平坦地离开船体，使航行阻力减小，尾部甲板面积较大有利于舵机布置，并能防止高速航行时尾部浸水过多，施工简单。方型尾大多用于航速较高的舰艇及许多货船上。

　　2）船尾结构

　　船尾结构指的是尾尖舱舱壁到船尾端的结构，一般包括船尾柱、船尾尖舱、船尾突出体等，有的还设有舵支架和尾轴架。民船的船尾结构多采用横骨架式。图 9-3-32 为典型的船尾结构。

　　（1）船尾柱（stern post）：设置在船尾端下部的大型构件。其作用是连接两侧外板和龙骨，加强船尾部结构，并支持与保护螺旋桨和舵。对船尾柱的要求是，船尾柱下部应从螺旋桨轴毂前端向船首延伸至少三个肋距，并与平板龙骨牢固连接。船尾柱的上部应与尾肋板或舱壁牢固连接。船尾柱的结构较为复杂，可以用铸造方法制作，也可以用焊接方法制作。图 9-3-33 是常见的船尾柱结构形式。

　　（2）船尾尖舱的加强：每一肋位处设置升高肋板；当舷侧为横骨架式时，肋板以上应设置间距不大于 2.5 m 的强胸横梁和舷侧纵桁，或以开孔平台代替；当舷侧为纵骨架式时，舱顶应设置适当数量的强横梁；船尾尖舱上部和尾突出体内应设置制荡舱壁。

　　（3）船尾尖舱以上舷侧的加强：设强肋骨，对舷侧为横骨架式且船尾尖舱上设有深甲板间舱时，还应设置抗拍击舷侧纵桁或增加外板厚度。

　　（4）船尾突出体：船尾尖舱以上向后突出的部分。其作用是扩大甲板面积，保护螺旋桨和舵，并改善航行性能。船尾突出体内设有舵机舱，作为加强措施，每隔一定间距设置强肋骨。在船尾突出体后端，肋骨和横梁呈放射状布置，称为斜肋骨和斜横梁。

　　3）轴隧、船尾轴管和轴包架

　　（1）轴隧（shaft tunnel）：设置于机舱和船尾之间的水密通道。其作用是保护尾轴，便于工作人员对轴系进行检修，如图 9-3-34 所示。轴隧有拱顶和平顶两种形式，前者强度较好，后者便于装货。单桨船的轴隧偏向左舷，左舷的空间可供人员通行，如图 9-3-35 所示。双桨船对称于船体中线而设左右两个轴隧，两轴隧间还设通道。轴隧的前后两端各有一扩大部分,称为轴隧端室。为了在检修时能取出主轴,轴隧的顶部或侧壁上均设有可拆装的水密开口。在船尾端室处还设有应急出口,直通露天甲板,俗称逃生孔。逃生孔亦可兼作自然通风口。

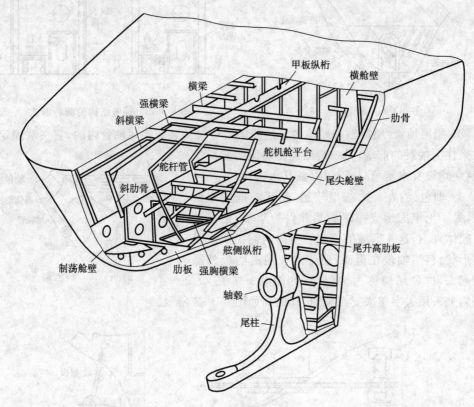

图 9-3-32 船尾结构

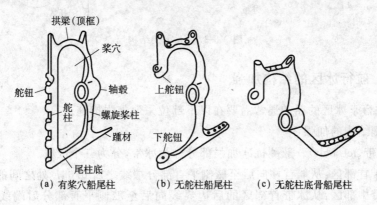

(a) 有桨穴船尾柱 　(b) 无舵柱船尾柱 　(c) 无舵柱底骨船尾柱

图 9-3-33 船尾柱结构

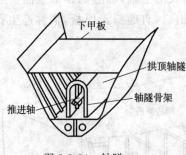

图 9-3-34　轴隧

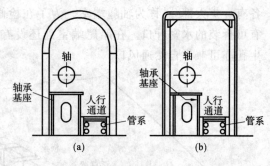

图 9-3-35　轴隧结构的两种形式

（2）船尾轴管：船尾轴在船体内穿过船尾尖舱时是装在船尾轴管内的，它一端固定焊接在桨柱上轴毂的前端，另一端固定在船尾尖舱舱壁上，两端均设有水密填料函，以保证其水密性。

（3）轴包架：在一些线型较肥、船速较低的双桨船上，为了更牢固地支撑螺旋桨并保护桨轴，把桨轴伸出船体外面，这一区域的船底肋板向两侧扩展成眼镜框形状，将桨轴包在里面，船体外板则沿肋板外缘包围起来，这种结构称为轴包架，如图 9-3-36 所示。一些船上采用人字架来支撑桨轴，其结构如图 9-3-37 所示。

图 9-3-36　轴包架

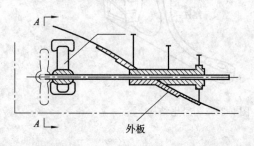

图 9-3-37　人字架结构

9.3.8　航行冰区的结构加强

对于航行于冰区的船舶通常需要在以下部位采取加强措施。

1）舷侧结构的加强

（1）冰带（ice belt）。舷侧抗冰加强部分称为冰带，分为三个区域。

① 冰带首部区：从船首柱向后至舷侧平直部分端线之后 $0.04L$ 处之间的区域。

② 冰带中部区：从冰带首部区的后边界线向后至舷侧平直部分后端线之后 $0.04L$ 处之间的区域。

③ 冰带尾部区:从冰带中部区的后边界线至船尾柱间的区域。

对 $B1^*$ 和 $B1$ 冰级,上述的 $0.04L$ 不必大于 $6\ m$;对于 $B2$ 和 $B3$ 冰级,可不必大于 $5\ m$。冰带的上述三个区域应在外板展开图上标明。当一构件跨越两个区域时,应按要求高的区域加强。

(2) 对舷侧骨架加强的一般要求:

① 在加强区域(即冰带)内,骨材应用肘板与支撑结构作有效的连接;

② 纵骨应连接至两侧的横向结构;

③ 对 $B1^*$ 和 $B1$ 冰级船舶的首部和中部、$B2$ 和 $B3$ 冰级船舶的首部,在加强区域内,为防止倾侧,与外板不成直角的骨材应用肘板或类似防倾构件加以支持,防倾构件之间的距离应不大于 $1.3\ m$;

④ 骨材与外板的连接应为双面连续焊;

⑤ 除在与外板端接缝交叉处外,骨材上不许开孔;

⑥ 骨材的腹板厚度至少应为外板厚度的一半,且不小于 $9\ mm$。

2) 外板与甲板的加强

(1) 外板。外板的加强主要包括以下三个方面。

① 船首底部:对 $B1^*$ 冰级,在冰带以下从船首柱至船首轮廓线与龙骨线的交点向后五个主肋骨间距处的外板,其厚度应不小于冰带中部区所要求的厚度。

② 冰带首部区以上部分:对 $B1^*$ 和 $B1$ 冰级,在敞开水域营运航速等于或超过 $18\ kn$ 的船舶,冰带上缘以上 $2\ m$ 及船首柱至船首垂线以后至少 $0.2L$ 范围内的外板,其厚度应不小于冰带中部区要求的厚度。

③ 舷窗不应置于冰带区内。若船舶任何部位的露天甲板位于冰带上缘之下,则该处的舷墙至少应具有同冰带外板相同的强度。

(2) 甲板。甲板结构的加强,主要是对舷侧加强构件应有足够的支持力以及要考虑到在长舱口的开口处冰压可能引起船侧变形。

除了舷侧、外板和甲板的加强外,对船首柱和船尾也应作相应加强。

▣ 9.4　上层建筑结构

9.4.1　受力情况

船舶营运中作用在上层建筑上的外力有以下几种:各种机械设备、装载的货物、承载人员的重量,航行中遭受的风暴和海浪的打击力以及船舶摇摆时产生的惯性力等。由于上层建筑和船体在结构上是连成一体的,当主船体产生总纵弯曲时,上层建筑也随主船体一起弯曲,因而它还承受纵弯曲时的拉力和压力的作用。但上层建筑弯曲的程度和受力的大小,视其所在位置、长度和结构形式的不同而有很大差异。例如,长桥楼几乎与主船体同样地弯曲,受到的应力就很大,而短桥楼,尤其是首楼、尾楼和短的甲板室,受总纵弯曲的作用就很小。

若上层建筑与主船体同时弯曲,则要求结构很强,称为强力上层建筑。若上层建筑很少,甚至完全不参加抵抗总纵弯曲,则结构强度可以较弱,称为轻型上层建筑。轻型上层建筑由于钢板厚度、型材尺寸较小,可降低船舶的重心,对提高船舶稳性有利。

9.4.2 型式与结构

1) 型式

上层建筑中的桥楼有多层甲板,尤其在客船和客货船上,上层建筑更为庞大。这类船舶的上层建筑对船舶的航行性能、使用性能、外观造型和结构维修的影响,比其他类型船舶要大得多。大型客船都采用宝塔式上层建筑并形成流畅美观的包络曲线,以增加造型的美感。尤其是豪华旅游船,更加重视外观造型。现代大型货船为简化制造工艺,上层建筑多采用平板结构,巧妙设计也能取得很好的效果。

2) 结构

上层建筑的船楼和甲板室用较薄的钢板制成围壁和内部隔壁。当上层建筑较长时,内部设横向贯通全宽的通道,将上层建筑分隔成相对独立的几个区段,以使其尽可能少地参加主船体的总纵弯曲。尽管如此,位于船中部的长上层建筑承受总纵弯曲的拉力和压力仍然是比较大的,因此结构必须具备相应的强度。

某些内河客货船常以压筋板代替平直钢板制作围壁,其优点是以筋槽代替扶强材,可减轻结构重量,减少焊接工作量和焊接变形的火工矫正工作,而且压筋板具有较好的纵向伸缩性,减小纵向弯曲对上层建筑的影响。

上层建筑的前后围壁都设在甲板下方的舱壁、围壁、支柱或强力构件上,使其得到可靠的支承,保持结构的连续。

为避免结构突然变化而造成应力集中,上层建筑端部的舷侧外板自端部开始逐渐减小高度,向前后延伸至上甲板舷顶列板处消失。同时适当增加端壁前后处甲板边板和舷顶列板的厚度,使结构的强度作连续性而非突然性变化。

9.5 船体结构主要图纸

船体结构主要图纸包括船舶总布置图、基本结构图、船中剖面图、外板展开图、肋骨型线图、分段结构图和基座结构图等。

9.5.1 船舶总布置图

总布置图是全船舱室划分和机械设备的布置图,反映全船总体布置情况。它由侧视图、各层平台与甲板的俯视图、舱底平面图及船体主要尺度和技术性能数据等几部分组成。图9-5-1为某船的总布置图。

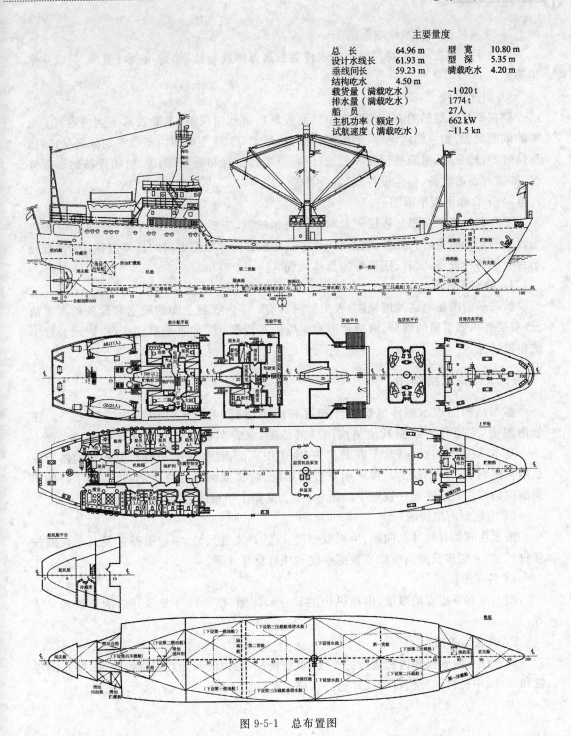

主要量度

总　长	64.96 m	型　宽	10.80 m
设计水线长	61.93 m	型　深	5.35 m
垂线间长	59.23 m	满载吃水	4.20 m
结构吃水	4.50 m		
载货量（满载吃水）	~1 020 t		
排水量（满载吃水）	1774 t		
船　员	27人		
主机功率（额定）	662 kW		
试航速度（满载吃水）	~11.5 kn		

图 9-5-1　总布置图

1）主要尺度和技术性能数据

以文字形式表示，主要尺度和技术性能数据有两柱间长、船宽、吃水、型深、满载排水量等。

2）侧视图

侧视图是将船舶的右舷侧面向中线面投影所得到的视图，主要表示下列内容：① 全船的侧面概貌，如主船体轮廓、上层建筑位置、形式等；② 主船体内部舱室划分概况，如机舱位置、货舱分布、横舱壁位置和数量、甲板及平台位置和数量等；③ 船舶设备的布置概况，如锚与系泊设备、救生设备、起货设备等。

3）平台和甲板平面图

平台和甲板平面图是各层平台和甲板的俯视图，主要表示下列内容：① 某层甲板或平台上的每个舱室、门、舷窗、通道、扶梯等在船长方向和船宽方向的具体位置；② 甲板或平台上的各种设备、家具、用具等的具体位置。

4）舱底平面图

舱底平面图是船底的俯视图，表示的内容有：① 内底板上面的舱室和设备的布置情况，双层底内部空间的划分、液舱和隔离空舱的布置等；② 如果是单底船，则表示船底上的布置情况。

9.5.2　基本结构图

基本结构图表示船体纵横构件布置和结构情况，是全船性的结构图样之一。在修造船中，它可作为绘制其他结构图样的依据，又是具体施工时的一张指导性图纸。

基本结构图的内容与总布置图相仿，由船中纵剖面图、各层平台和甲板结构图及舱底结构图组成。所不同的是常采用重叠投影法、阶梯剖面法及两次剖切法，把平行的不同剖面的结构表示在同一视图中。图 9-5-2 为某船上甲板的结构图。

1）中纵剖面结构图

图上注有肋骨尺寸和间距、甲板纵桁尺寸、各种支柱尺寸、纵舱壁厚度及其上面的扶强材尺寸、上层建筑的高度以及板的厚度和扶强材尺寸等。

2）各层甲板图

图上注有甲板板的厚度、甲板纵桁的尺寸和间距、横梁尺寸及各开口的位置和尺寸等。

3）内底结构图

图上注有内底板和内底边板的厚度、舭肘板尺寸、内底和船底纵骨的尺寸、肋板的厚度和尺寸、中桁材和旁桁材的尺寸等。该图也称双层底图。

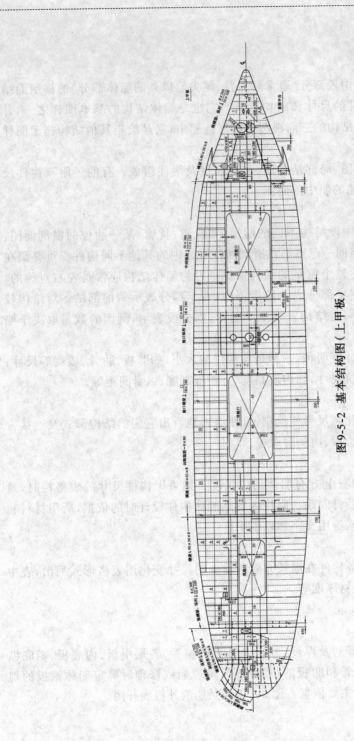

图9-5-2 基本结构图（上甲板）

9.5.3 船中剖面图

船中剖面图是取自船体中段部分(通常是船首、尾尖舱以外的船体部分)的横剖面结构图,表示船体主要纵横构件的尺寸和结构形式。它也是船体结构的基本图样之一,并与基本结构图一起组成船体结构的三向视图。在修造船中,它是绘制其他结构施工图样的依据。

船中剖面图由中横剖面图、局部结构图、主要尺度及附注组成。有的还附有构件尺寸和表格栏。图 9-5-3 为某船的船中剖面图。

1) 中横剖面图

中横剖面图是选取船体中段结构不同的舱室(如机舱、货舱)某一肋位的横剖面图,采用重叠投影的表示方法,将同一舱室不在所剖肋位平面内的其他不同构件都重叠画在一个剖面图内,以清晰地表达整个舱室的结构情况。因为船体结构通常是左右对称的,所以剖面图一般只绘一半,左半部分表示偏后部的,右半部分表示偏前部的。对结构较单一的船舶,通常以船中为界;对结构较多变的船舶,则分段表示,剖面的数量取决于船体中段结构不同的舱室数量。

在中横剖面上标注的尺寸有两种:一种是各构件的大小,如肋板、肋骨、横梁等尺寸;另一种是确定构件位置的定位尺寸,如内底高度、下甲板高度、纵骨间距等。

2) 局部结构图

对某些重要部位用较大比例尺另外绘制,以便清晰地看出它们的结构形式及连接方法,如中桁材两侧肘板、内底边板、内侧肘板等。

3) 主尺度及附注

与总布置图一样,在图的右上方有船体的主尺度。如果无构件尺寸的表格栏时,通常还标出船长不同位置处的肋骨间距。附注内容是船体构件设计时的依据,所用材料和设计时所考虑的一些特殊因素等用文字加以说明。

4) 构件尺寸表格栏

有些中横剖面图把全船各构件在船长方向所发生的尺寸变化用表格形式列出,表中包括构件尺寸、肋骨间距和板材厚度等。

9.5.4 外板展开图

外板展开图上有外板的排列及厚度、外板上开口的位置、各层甲板、内底板、船底纵桁材、舷侧桁材、各道舱壁、肋骨和肋板的位置线等,是造船或修理时确定船体钢板的规格和数量、申请备料和订货的主要依据。图 9-5-4 为某船的外板展开图。

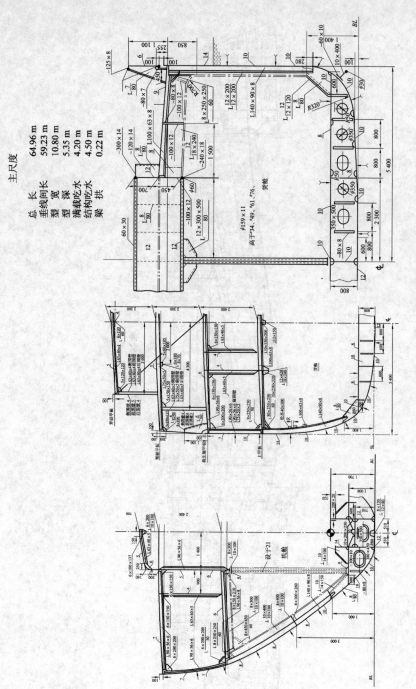

图9-5-3 船中剖面图

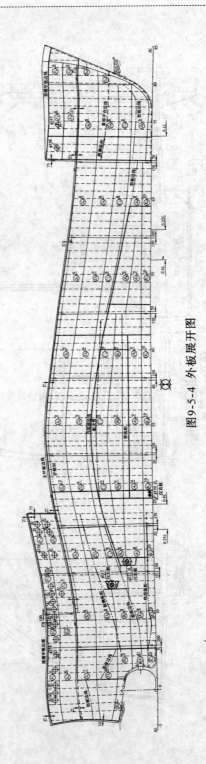

图 9-5-4 外板展开图

9.5.5　肋骨型线图

　　肋骨型线图用于表示全船肋骨剖面形状、外板纵横接缝位置以及甲板、平台和与外板相接的各纵向构件布置的图样。其主要作用包括：① 在船体放样时作为肋骨型线、外板接缝线和船体结构线放样的依据；② 绘制外板展开图时作为伸长肋骨型线、求取肋骨型线实长和确定构件位置的依据；③ 绘制其他船体图样时作为选取或剖切求得所需船体横剖面形状的依据。为满足布置外板及船体放样等需要，需绘制肋骨型线图。肋骨型线图和外板展开图共同表示船体外板结构和主要构件的位置。图 9-5-5 为某船的肋骨型线图。

主尺度

总 长	49.90 m
垂线间长	45.00 m
型 宽	8.50 m
型 深	4.00 m
设计吃水	2.80 m
最大吃水	3.10 m
肋 距	0.55 m
梁 拱	0.17 m

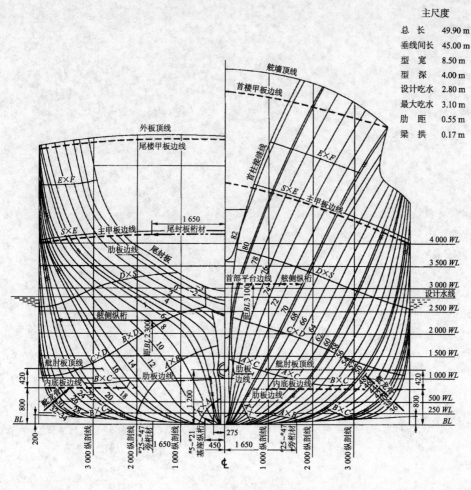

图 9-5-5　肋骨型线图

思考题

1. 船体在强度方面的要求主要包括哪些？

2. 主要的船体骨架形式有哪些？各自的特点是什么？

3. 船底、舷侧和甲板结构中的纵向和横向构件有哪些？主要作用是什么？

4. 船体结构方面的主要图纸有哪些？分别包含什么内容？

第10章 船舶设计

船舶设计是指根据预定的船舶使用要求,通过分析、研究、计算、绘图等工作,从选择船的主要尺度、船体型线、动力装置,估算各项性能,选定有关材料及设备,直至作出为建造船舶所需的全部图纸与技术文件的过程。有时也将船舶设计目标的确定和新船投入营运后的实际效果的评价视为船舶设计的内容。本章将从船舶设计的特点、方法、基本过程和主要内容等方面对船舶设计进行总体性介绍。

■ 10.1 船舶设计的特点

1) 船舶类型多,系统复杂

船舶的种类很多,仅在民用船舶中,就有运输类船舶、工程类船舶、渔业类船舶、海洋石油开发船舶以及其他特种用途类船舶之分。其中,运输类船舶又有客船和货船之分,货船分干货船和液货船,干货船又有杂货船、散货船、木材船、集装箱船、滚装船、驳船等,液货船分油船、化学品船、液化气船等;工程船中有挖泥船、起重船、打桩船等;海洋石油开发船舶中有各种海洋平台……由于用途和型式的差异,每种船舶在设计时必须采用有针对性的设计方法。

现代船舶,尤其是现代大型船舶,通常是由许多部分组成的一个大系统。如本书第1章中所述,自航式运输船舶一般至少要包括船体结构、动力系统、操纵系统、停船系统、观通导航系统、起货系统、救生系统、消防系统及生活设施等。如此庞杂的系统构成,使得在船舶设计中必须贯彻和采用系统工程的思想和方法。

2) 分专业设计,多专业合作

如上所述,正是由于船舶设计涉及多个系统和多门专业,因此船舶设计是分专业进行的,通过多专业合作共同完成整个船舶设计的内容。

船舶设计通常划分为船体、轮机和电气三大专业(不包括各种通用设备产品的设计)。船体专业主要负责船舶的性能及其结构的设计与计算;轮机专业主要负责动力系统的设计及计算;电气专业主要负责船舶电气及通信系统的设计和计算。

船体设计部分又分为总体、结构和舾装设计三大部分。总体设计的工作主要包括：船舶主要要素的确定、总布置设计、型线设计、各项性能的计算等；结构设计主要负责船体及上层建筑的结构设计与计算；舾装设计主要负责船舶设备及各系统的安装和组装设计。

3）反复迭代和逐步逼近的过程

船舶设计可以说是一个多参数、多目标、多约束的求解和优化问题。比如，在满足船舶性能等技术性指标要求的同时，还要满足其经济性指标；而在船舶性能指标中，有很多彼此之间是矛盾的，比如在提高稳性指标的同时，会使耐波性能下降。因此，最初粗估的船舶主尺度基本上不可能完全符合各项要求，而只有通过反复迭代、逐步近似的设计过程来逼近并最终得到一个最优的结果。

4）安全和可靠性要求高

船舶作为一个水上结构物和建筑物，其所处环境复杂而多变，其安全性和可靠性非常重要，因此相关国际机构、各船籍国政府和船级社颁布了众多法律、法规、规则和规范，其中有些是必须强制执行的。这就要求设计人员必须熟悉和掌握这些规则和规范，在船舶设计中根据具体的设计目标在满足法规和规则要求的基础上进行设计。

■ 10.2 船舶设计的程序及其主要内容

船舶设计的一般程序是：首先由船东（或用船部门）编制或提供船舶设计技术任务书，作为船舶设计的依据；然后由船舶设计部门（或结合建造部门）经过初步设计、详细设计、生产设计和完工设计等阶段，完成新船的设计。

10.2.1 船舶设计技术任务书及其编制

船舶设计技术任务书是船舶设计的出发点和依据，它主要规定新船的使用任务、主要技术指标、主要装备以及设计的限制条件等。设计技术任务书一般由船东（或用船部门）负责编制和提供，或由用船部门、设计部门和建造部门共同协商确定。一般运输船舶的设计技术任务书包括以下基本内容。

1）航区和航线

航区和航线是指新船的航行区域和具体航线。对于不固定航线的船舶，通常只给出航区，而对于定线航行的船舶，需要给出停靠的港口。

海船航区是根据航线离岸距离和风浪情况划分的。航区不同，对船舶的安全性和设备配置要求不同。中国船级社将海船的航行区域分为无限航区和有限航区。无限航区即无限制水域。有限航区的划分如表 10-2-1 所示。

表 10-2-1　有限航区划分

类　别	航行限制	
	距岸距离(n mile)	
1 类航区	200(夏季/热带①)	100(冬季[1])
2 类航区	20(夏季/热带①)	10(冬季[1])
3 类航区	遮蔽水域②	

注：① 季节区按 1966 年国际载重线公约附则Ⅱ附录Ⅰ的规定。

② 遮蔽水域包括海岸与岛屿、岛屿与岛屿围成的遮蔽条件较好、波浪较小的海域,且该海域内岛屿与岛屿之间、岛屿与海岸之间横跨距离不超过 10 n mile,或具有类似条件的水域。

2）用途

新船的使用要求,通常给出载运的货物种类和数量以及货物的理化性质和其他要求。例如：散货船的载货种类、载重量或载货量、货舱容积等;集装箱船的载箱数(TEU,20 ft 标准箱)、平均箱重和冷藏集装箱数;液货船的液货种类、货舱容积和液货的密度;客船的乘客人数、客舱等级标准以及公共处所的面积及设备标准。

3）船型

船型是指船舶的建筑结构特征,如上层建筑类型、机舱部位、甲板层数、首尾形状及其他特征。

4）船级和船籍

船级是指新船准备入哪个船级社,要取得什么船级标志,以此确定设计应满足的规范。

船籍是指所设计船舶在哪个国家登记注册,以确定新船应遵守的船籍国政府颁布的法定检验规则。例如,悬挂我国国旗的海船(即在中国登记注册),无论入哪个船级社,都应遵守我国政府主管当局颁布的法规和条例。

5）动力装置

给出主机和发电机组的类型、功率、转速、台数、燃油品质和推进方式。

6）航速和功率储备

民船的航速有试航航速和服务航速之分。

试航航速一般指满载试航速度,即主机发出额定功率的新船在静深水中不超过二级风、二级浪时满载试航所测得的船速。

服务航速指船平时营运所使用的航速,通常为主机功率85%～90%时的航速,即在一定的功率储备下新船满载能达到的航速。对拖船常提出拖带航速下拖力的要求或自由航速的要求。功率储备是指主机最大持续功率的某一百分数,通常低速机取10%,中速机取15%。

7）续航力和自持力

续航力是指在规定的航速(通常为服务航速)或主机功率下,船上所带的燃料储备量可供连续航行的距离(n mile)。自持力是指船上所带淡水和食品可供使用的天数。运输船舶不给出自持力时,淡水和食品的储备数量根据续航力和航速来计算。

8) 结构

提出船体和上层建筑结构材料、结构型式、甲板负荷和冰区加强等特殊加强的要求等。

9) 设备

规定船上主要设备的型式和能力的要求,如甲板起货设备的类型和起重能力、油船的货油泵类型及泵送能力、特殊设备的类型和规格等要求。

10) 船员人数及生活设施

给出船员人数、起居处所以及服务处所的标准等要求。

11) 限制条件

指出因船闸、港口、航道以及码头装卸设备等因素对船舶主尺度(如吃水、船宽、船长)的限制,船过桥梁时船舶水上建筑高度的限制,以及其他特殊要求。

设计技术任务书内容的详细程度与船舶类型、复杂程度以及前期工作的深度有关。但无论如何,它是船东使用要求的具体体现,是船舶设计的主要依据。除非它与法规、规范相抵触,或在设计上不合理,或因生产条件和限制不能制造,否则应予以满足。如果发生任何不能满足任务书的情况,应及时与船东或造船部门协商,并取得一致的修改意见。

在设计技术任务书的编制过程中,除考虑船东的使用要求之外,还应进行充分地技术经济论证。船型的技术经济论证是对不同船型方案的投资规模、经济效益和技术上的可行性进行比较和分析,包含大量的技术和经济论证工作,它关系到新船设计建造的方向性问题。如果任务书对新船的要求不合理,即使后面的设计尽了很大的努力,也不可能设计出一艘成功的新船,甚至会造成重大的损失。因此,在此阶段,船舶设计部门、使用部门(船东)以及建造部门必须进行充分沟通。

10.2.2 初步设计

初步设计阶段是在任务书的基础上,从全局出发,提出船体、轮机、电气不同专业方面的各种可行性方案,并通过分析比较得出一个合理的设计方案。

该阶段工作的核心是总体设计,包括船舶主要要素的决定、总布置、主机选型、船体型线、主要性能等方面的工作,如有必要还要通过计算、绘图和模型试验等技术手段得出决定全船技术形态的总体方案。同时,还要在船体基本结构、主要舾装设备、机舱布置、电力负荷、电站配置和机电设备选型等方面开展初步设计。这一阶段需要提交的主要技术文件有:

(1) 船体说明书;

(2) 总布置图;

（3）型线图；

（4）中剖面结构图及构件计算书；

（5）航速、稳性、舱容、干舷等估算书或计算书；

（6）机舱布置图；

（7）电力负荷估算书；

（8）主要设备规格书和厂商表。

初步设计的结果，应提交船东审查。主要图纸和技术文件应取得船东认可，并作为下一阶段设计的依据。

根据具体情况的不同，初步设计阶段的工作内容的深度和广度会有所不同。当以初步设计结果作为洽谈造船合同的依据时，初步设计的结果必须具备足够的技术把握，设备、材料等的数量和规格应准确，设计得出的主要技术指标和规格也是交船验收的依据，必须可靠。当船的技术复杂程度较高或开发设计新船型时，初步设计之前应增加方案设计（或称为基本设计、概念设计）阶段。方案设计一般只出较少的图纸，更着重于对全船技术形态的研究和方案的比较、优化。如果以技术设计的结果作为签订造船合同的依据时，可用方案设计取代初步设计。

在商业活动中，有时为了对船东的询价要求作出迅速反应，而仅提出概要的技术规格书、简要的总布置图和主要设备厂商表，作为船厂初步报价的依据，该过程通常称为报价设计。报价设计一般不作为正式的设计阶段，其设计结果也不作为签订造船合同的依据。

10.2.3 详细设计

该阶段是在上一阶段的总体设计的基础上，对各个局部的技术问题，分项目进行详细设计和计算，调整和解决船、机、电各方面具体的问题和矛盾，最终确定新船全部的技术性能、结构强度、各种设备、材料以及订货的技术要求等。其设计依据是造船合同和经审查通过的初步设计阶段的技术文件。

详细设计阶段船体方面需完成的主要技术文件有：

（1）船体说明书；

（2）详细的总布置图；

（3）正式的型线图；

（4）重量重心计算书；

（5）静水力曲线（或数据表格）和各种装载情况下的稳性和浮态计算书；

（6）干舷计算书（包括载重线标志图）、吨位计算书、舱容曲线（或数据表格）；

（7）航速计算书、螺旋桨设计图及强度计算书；

（8）船体构件规范计算书和总强度计算书（有时还需要振动计算书）；

（9）典型横剖面图、基本结构图、外板展开图、肋骨型线图；

（10）机舱结构图、首部结构图（包括首柱）、尾部结构图（包括尾柱）、主要舱壁结构图、上层建筑结构图；

（11）防火控制图；

（12）锚泊、起货、舵、救生等设备的计算书和布置图；

（13）各系统原理图；

（14）舱室内部舾装图；

（15）详细的设备、材料规格明细表；

（16）规范和法规有特殊要求的计算书以及试验报告等。

详细设计阶段完成的设计图纸和技术文件，需要提交法定检验机构和所入船级社审查。主要技术文件还需得到船东的认可。

这一设计阶段完成的工作内容的深度和广度较浅时，也称为技术设计。技术设计的深度一般至少应满足船检审图的要求。有些图纸虽然不要求送审，但因涉及船舶性能、设备配备以及对建造有重要影响的，也应在技术设计阶段完成。

根据详细设计的结果，造船厂可进行材料和设备的订购工作，并可开展下一步的生产设计。

10.2.4 生产设计

生产设计是在详细设计的基础上，根据船厂的条件，按建造的技术、设备、施工方案、工艺流程和生产管理等情况，设计和绘制施工图纸，设计施工工艺和规程等。生产设计的详细、完整和深入的程度对提高造船质量、缩短建造周期和提高生产效率有很大的影响，其详细程度要求很高。

当前一阶段完成的是技术设计时，本阶段的设计一般称为施工设计。施工设计的深度和广度一般不能完全满足建造施工的要求，通常缺少施工工艺和施工技术规程等方面的内容，因此造船厂还需要根据自身情况补充施工工艺和施工技术规程等方面的设计工作。

10.2.5 完工设计

在船舶的建造过程中，往往会对原设计进行一些更改。例如，型线在放样中的修改、布置的局部变动、某些设备的更换及材料的代用等。另外，在设计中和建造前，有些数据和指标是估算的，如重量重心。在船舶建造完工后，应根据实船倾斜试验结果、实际的型值和实际采用的材料、设备，修改原来的有关设计和计算，编制总体性能的完工计算书，对有变动的布置图、控制图、原理图都要进行相应的修改，绘制完工图纸。实船的试验和检验项目要编制报告书，并根据航行和操作需要编制有关的使用手册和操作手册。因此，该阶段称为完工设计，又称完工文件。

完工文件的编制要反映实船的真实状态,并应详细完整。这些文件是今后船舶营运、维修和改装的依据,也是船舶设计和研究工作的宝贵资料。

一般来讲,在以上各设计阶段中,前一阶段的设计结果是后一阶段设计的依据,前后衔接共同完成船舶的设计工作。然而,各阶段的划分及其具体的工作内容也并非严格不变,各阶段之间的界限也并非非常明确,而是根据具体情况会有所不同。特别是随着造船技术、管理方式的发展以及新技术的应用,船舶设计阶段的划分以及设计方法都必将发生变革。

▪ 10.3 船舶设计方法

船舶,尤其是现代大型船舶,具有系统复杂、设备众多、动用资金巨大等特点,因此在设计之初,必须开展充分的调查研究和资料搜集工作,要与船东充分沟通,以期对船东或用船部门的要求和意图有全面和深入的了解;同时,对设计船舶的相关信息,如航区、航线、航道、港口、码头、建造、维修以及相关船型的有关信息等,都应该有全面的把握。在设计过程中,要贯彻系统分析、抓主要矛盾、统筹兼顾、综合考虑的工作思想,采用逐步近似、反复迭代、螺旋式前进的工作方法,解决设计过程中遇到的矛盾和问题,以得到一个"最优"的设计方案。在总体设计中通常采用的螺旋设计法如图10-3-1所示。

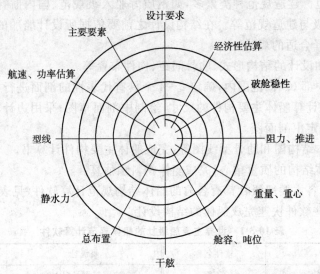

图 10-3-1 总体设计螺旋线

以上是船舶设计过程中总体上应该采用的工作方法,下面介绍几种具体的工作方法。

1) 母型改造设计方法

船舶作为一种传统的交通工具,已具备较长的发展历程。因此,通常总能找到与所要设计的新船近似的船型。所谓母型改造设计法,就是在设计时,首先选择一条或一类与新船在主要技术性能方面相近的优秀船型,作为"母型",新船的各项要素均在母型的基础上通过改造和创新得到。这里所说的"母型"可以是一条或几条实船,也可以是经过船模试验验证的优良船模资料,还可以以与新船属同一类型的船舶的统计资料为基础。

使用母型改造法,可以减少盲目性,使新船设计有较可靠的基础。某一类型船舶的发展和演变过程,存在着由它们的使用任务和要求所决定的共性问题,具有许多相近的技术特征和内在规律,而可以作为"母型"的船型通常是经历了长期实践检验的优良船型,是人们合理解决该类船舶设计中众多矛盾的结果,因此其可靠性和优良性是显而易见的。但是,在使用母型改造法时要注重改造和创新,不应该是简单的拼凑。当无母型可借鉴时,决不能生搬硬套,而是需要开发新的船型。

2)规范设计法

规范设计法主要用于船体结构设计,是指按照有关机构(如船级社)颁布的规范进行船体结构件的布置及尺寸的确定的设计方法。利用规范设计船体结构能够较方便地确定构件的尺寸,并有效地保证结构的强度、刚度及稳定性。民船、常规船舶一般都采用规范设计。

按照规范进行一般钢质运输船舶船体结构设计的基本步骤是:

(1)选择规范。建造规范种类繁多,如钢质海船入级规范、国内航行海船建造规范、海上移动平台入级与建造规范等。在结构设计之前要依据所设计船舶的建造材料、航行区域和类型等选择合适的规范。

(2)确定船舶设计的结构形式、肋骨间距、构件布置等。

(3)在船舶中部 $0.4L$ 范围内,确定 2~4 个具有代表性的剖面进行构件布置及其尺寸设计;再按规范计算船体主要构件的尺寸,绘制中剖面草图;采用边计算、边绘图、边完善的方法,最终确定中剖面图。

(4)设计基本结构图和肋骨型线图等,完成船体主要构件计算书。

(5)计算船体结构的质量重心,完成船体钢料预估算。

目前,世界上各主要船级社都有各自的船体结构规范计算软件(见表10-3-1),船舶设计者可以利用这些软件快速完成船体的结构设计。

表 10-3-1　世界主要船级社的船体规范计算软件

船级社	软件名称	船级社	软件名称
中国船级社(CCS)	CCSS	法国船级社(BV)	VeriSTAR
英国劳氏船级社(LR)	SHIP RIGHT	德国劳氏船级社(GL)	POSEIDON
挪威船级社(DNV)	NAUTICS	日本船级社(NK)	Prime Ship
美国船级社(ABS)	Safe Hull	意大利船级社(RINA)	Leonardo Hull

3）计算设计法

计算设计法是船体结构设计中的另一种方法，是利用结构力学原理进行船体结构的布置和尺寸计算的设计方法。与规范设计法相比，该方法计算量较大，但随着计算机技术和优化理论的发展，使得船体结构的优化设计成为可能。

4）计算机辅助设计

在前面的规范设计法中已提及计算机软件的使用，而实际上，现代船舶的设计与建造已离不开计算机。国外早在 20 世纪 50 年代就开始把计算机用于造船。自 60 年代中期起，从"船舶设计、建造和生产管理一体化"的思想出发，陆续研制了许多"计算机辅助船舶设计和建造集成系统"，大大提高了计算机系统的功效，缩短了设计、建造周期并提高了造船质量。这些系统的研制成功，加速了造船自动化进程，提高了科学管理水平，收到了相当大的经济效益，使船舶工业面貌发生了深刻的变化。

目前，船舶计算机辅助设计系统已进入到包括报价和初步设计、详细设计、生产设计乃至建造等各个阶段。较为著名的系统有：瑞典的 TRIBON，法国的 CATIA、美国的 CADDS、SHIPBUILDING，芬兰的 NAPA，原中船总的 CASIS 等。

思考题

1. 简述船舶设计的特点。
2. 简述船舶设计技术任务书的主要内容。
3. 船舶设计大致分为哪几个阶段？各阶段的主要任务是什么？
4. 常见的船舶设计方法有哪些？

第11章　船舶建造

船舶,尤其是现代大型船舶,往往具有非常复杂的系统构成,仅船体部分就可能由数以万计的构件构成。除此之外,船上还有各种各样的设备和装置。因此,现代船舶的建造过程是一个较为复杂的、综合性很强的系统工程。为了保证造船质量,提高生产效率,造船企业不仅要拥有先进的制造工艺、技术和装备,还必须拥有适合于本单位的先进的管理方法和技术。本章首先介绍造船用材料及其连接方法,然后重点介绍造船的主要工艺过程及其主要内容,最后介绍船舶建造的相关技术。

▣ 11.1　造船用材料与结构的连接

11.1.1　造船用材料

由于船舶的类型和用途多种多样,因此造船用材料的类型也有很多,如表 11-1-1 所示。然而,目前应用最为普遍的仍然是钢材,所以下面主要介绍造船用钢材。

表 11-1-1　造船用材料

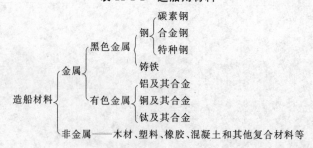

1) 造船用钢材

钢的分类如表 11-1-2 所示。对于整条船舶而言,由于其系统构成较为复杂且设备多种多样,因此其建造过程中会用到各种钢材,但主要是结构钢,其中既会用到碳素钢,也会用到合金钢。但总体来说,造船用钢材不仅应该具备足够的机械力学性能(强度、塑性和韧性),还要具备较好的工艺性能(冷、热弯曲变形,切削加工,焊接,锻压和铸造等),另外,还应具备较好的耐腐蚀性能和经济性能。

表 11-1-2　钢的分类

钢
- 按用途划分
  - 结构钢(用于制造各种机器零件和工程结构)
  - 工具钢(用于制造刀具、模具和量具等各式工具)
  - 特种钢(具有特殊物理和化学性能)
- 按化学成分划分
  - 碳素钢(含碳量小于 1.35%,除铁、碳和限量以内的硅、锰、硫、磷等杂质外,不含其他合金元素)
  - 合金钢(在碳素钢中加入一种或多种合金元素)
- 按脱氧程度划分
  - 沸腾钢(仅用弱脱氧剂不完全脱氧,冷却时,不断有 CO 气体析出,呈沸腾状)
  - 镇静钢(浇注前由脱氧剂完全脱氧,凝固时不析出气体,含氧量小于 0.01%)

在船体结构用钢材中,按其化学成分和性能常分为两大类:一般强度结构钢和高强度结构钢。下面以中国船级社的相关规范为依据分别介绍两者的特点。

(1)一般强度船体结构钢,又称船用碳素钢。分 A,B,D,E 四个等级,适用于厚度不超过 100 mm 的扁钢以及厚度不超过 50 mm 的型钢和棒材。

一般强度船体结构钢中的微量元素主要有碳、锰、硅、硫和磷。规范规定:A,B,D 级钢的含碳量≤0.21%,E 级的≤0.18%。一般来讲,在这个含碳量范围内,钢材的强度和韧性均很好。但含碳量增加后,钢材的焊接性能变差。通常认为锰和硅是钢材中的有益元素,锰可以改善钢材的焊接性能,硅可以使钢的强度和硬度提高;硫和磷是钢材中的有害元素,硫最主要的影响是使钢材的焊接性能变差,磷的主要影响是使钢材的塑性和韧性显著下降。规范对各元素的含量都作了限制。

镇静钢质量高,性能好,在船舶修造中应用较广。规范规定,除了厚度不超过 12.5 mm 的 A 级型钢可以采用沸腾钢外,其余均应采用镇静钢。

中国船级社对一般强度船体结构钢力学性能的要求如表 11-1-3 所示.

表 11-1-3　一般强度船体结构钢的力学性能

钢材等级	屈服强度 R_{eH} /(N·mm^{-2})	抗拉强度 R_m /(N·mm^{-2})	伸长率 A_5 /%	试验温度 /℃	夏比 V 形缺口冲击试验钢材 平均冲击功/J 厚度 t/mm					
					t≤50 纵向	横向	50<t≤70 纵向	横向	70<t≤100 纵向	横向
A	≥235	400~520	≥22	20	—	—	≥34	≥24	≥41	≥27
B				0	≥27	≥20	≥34	≥24	≥41	≥27
D				−20	≥27	≥20	≥34	≥24	≥41	≥27
E				−40	≥27	≥20	≥34	≥24	≥41	≥27

注:① 经 CCS 同意后,A 级型钢的抗拉强度的上限可以超出表中所规定的值。

② 除订货方或 CCS 要求外,t<50 mm 时冲击试验一般仅做纵向试验,但钢厂应采取措施保证钢材的横向冲击性能。

③ 厚度不大于 25 mm 的 B 级钢,经 CCS 同意可不做冲击试验。

④ 厚度大于 50 mm 的 A 级钢,如经过细化晶粒处理并以正火状态交货,可以不做冲击试验;经 CCS 同意,以温度-形变控制轧制状态交货的 A 级钢亦可不做冲击试验。

⑤ 型钢一般不进行横向冲击试验。

(2) 高强度船体结构钢,也称船用低合金钢。按强度分为三级,每一级中又按其冲击韧性的不同分为 A,D,E,F 级,共 12 个等级,分别为:AH32,AH36,AH40;DH32,DH36,DH40;EH32,EH36,EH40;FH32,FH36,FH40。均为经过细化晶粒处理的镇静钢。规范对每一等级钢的化学成分和性能均作了规定。这类钢材的强度高于一般强度船体结构钢,并且具有良好的可焊性和耐腐蚀性。目前主要用于大型远洋船舶,可以减小构件尺寸,减轻船体重量。中国船级社对高强度船体结构钢的力学性能的要求如表 11-1-4 所示。

表 11-1-4　高强度船体结构钢的力学性能

材料等级	屈服强度 R_{eH} /(N·mm^{-2})	抗拉强度 R_m /(N·mm^{-2})	伸长率 A_5 /%	夏比 V 形缺口冲击试验						
				试验温度 /℃	平均冲击功/J					
					厚度 t/mm					
					$t \leqslant 50$		$50 < t \leqslant 70$		$70 < t \leqslant 100$	
					纵向	横向	纵向	横向	纵向	横向
AH32	≥315	440～570	≥22	0	≥31	≥22	≥38	≥26	≥46	≥31
DH32				−20						
EH32				−40						
FH32				−60						
AH36	≥355	490～630	≥21	0	≥34	≥24	≥41	≥27	≥50	≥34
DH36				−20						
EH36				−40						
FH36				−60						
AH40	≥390	510～660	≥20	0	≥39	≥26	≥46	≥31	≥55	≥37
DH40				−20						
EH40				−40						
FH40				−60						

注:① 除订货方或 CCS 有要求外,冲击试验一般仅做纵向试验,但钢厂应采取措施保证钢材的横向冲击性能;型钢一般仅做纵向冲击试验。

② 如钢厂能保证冲击试验抽查合格,经 CCS 同意,AH32 和 AH36 级验收时冲击试验的批量可予以放宽。

2) 钢材的类型

(1) 钢板与型钢。

钢板与型钢是船体结构用的主要钢材。钢板主要用于船壳板、甲板板和分舱隔板。

型钢主要用于船体骨架以支撑船壳板等,一般由轧钢厂滚轧成型。型钢是标准件,按其剖面形状来分,常用的有扁钢、球扁钢、角钢和槽钢等。

(2) 铸钢与锻钢。

铸钢是用钢液在砂模中浇注成型的钢件。船体首柱、尾柱、带缆桩等常采用铸钢件。锻钢是将红热钢坯经过反复锤炼而成型的钢件。锻钢件的性能一般优于铸钢件,但受加工工艺限制,不适于制作结构复杂的构件。形状简单的轴、舵杆等多采用锻钢件。

11.1.2 船体构件的连接方法

1) 铆接(riveting)

早期的钢质海船建造时曾采用此方法。首先在要连接的构件上钻孔,再将烧红的铆钉插入两连接件叠放的铆钉孔中,并将伸出部分打成钉头,待铆钉冷却后收缩,并将构件拉紧密合,其常见连接形式如图 11-1-1 所示。这种方法的优点是构件所产生裂纹不易穿过铆接缝。但其缺点是劳动效率低,连接强度差,目前已很少使用。

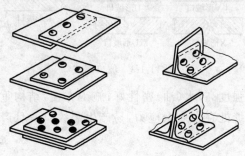

图 11-1-1　铆接

2) 焊接(welding)

焊接是现代钢质船舶修造的基本连接方法。工业上焊接方法有上百种之多,在修造船中采用的主要属熔化焊,即对构件连接处用局部加热方法,使之达到或接近液态而熔合,冷却后凝为一体。以电弧作加热源的称为电弧焊,简称电焊。电焊的工作效率高,使用方便,在修造船中用得最多。以乙炔气和氧气燃烧作加热源的称为气焊。气焊多用于薄板焊接和铸钢件的修补,在修造船中也常使用。此外,还有电渣焊、等离子弧焊等。

船体结构中最常见的焊缝形式是对接焊缝和角接焊缝,个别地方还可见到塞焊缝,如图 11-1-2 所示。对接焊缝常用于两块钢板的拼接。对于厚度较大的钢板,为了保证焊缝充分焊透,需要在接缝处开坡口,如图 11-1-3 所示。角焊缝是指角接接头、搭接接头、T形接头和斜接接头的焊缝,常用于相互交叉构件的连接。塞焊缝是在连接构件的其中一个上开有一系列圆孔或长孔,然后用电焊填满或焊接,常用于两构件搭接或复板加强。

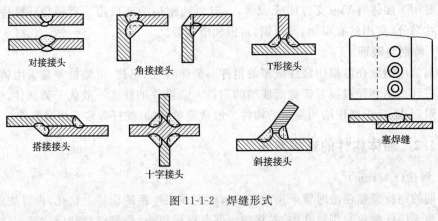

图 11-1-2　焊缝形式

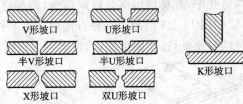

图 11-1-3　坡口形式

　　焊接的优点是连接强度高,水(油)密性好,施工方便,结构重量较轻,焊缝表面较光顺。焊接的缺点是在焊缝处存在剩余应力,易产生裂纹。一旦产生裂纹,会穿过焊缝向周围扩展。

　　3) 胶接(glueing)

　　胶接是采用各种高强度粘胶剂将各种结构件连接在一起的方法。胶接法的优点是:胶接处应力分布均匀,振动疲劳强度高;能胶接不同种类和性质差异较大的材料,如金属与非金属,对于某些无法焊接的非金属材料可以采用胶接;胶缝具有绝缘、密封和防腐蚀等作用。

　　在修造船中用得较多的是橡胶胶粘剂和各种合成树脂胶粘剂,如氯丁橡胶、酚醛树脂、环氧树脂等。

■ 11.2　船舶建造的主要工艺过程

　　现代钢质船舶建造的基本过程包括:各种材料和设备的准备,材料的成型加工,船体的装配焊接,各种设备、仪表、系统等的制造、安装和调试,舱室的绝缘、密封、装饰、家具等的制作和安装,待船舶建造完工后,还要进行下水、试验和交船。以上过程总体上可以划分为三大作业内容——船体建造、船舶舾装和船舶涂装,并可进一步划分为以下工艺过程:船体放样、钢材预处理与号料、船体构件加工、船体装配与焊接、密性试验、船舶下水、船舶舾装、船舶涂装、试验与交船等。以上各部分之间的关系如图 11-2-1 所示。

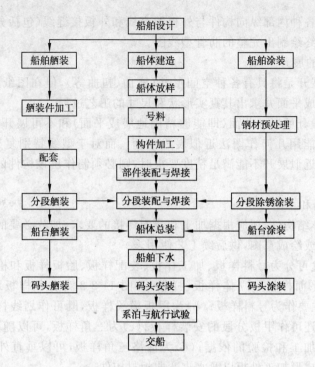

图 11-2-1 船舶建造的工艺过程

11.2.1 船体放样(lofting)

船体放样是将以一定缩尺比例绘制的图纸,按一定比例进行放大的工作。它是船舶建造过程中的首道工序,为船体构件的下料和加工提供依据。通过放样不仅可以将船图放大,取得较光顺的船体型值及构件的正确位置和形状,为后续工序提供施工依据,还能够对放样过程中暴露出来的设计错误或不合理之处进行修改或改善。

船体放样的主要内容包括船体理论型线放样、肋骨型线放样、船体结构线放样、船体构件展开(包括外板展开和纵向构件展开)和为后续工序提供资料(包括样板、样箱的钉制和草图的绘制等)。

1) 船体型线和结构线的放样

根据施工设计型线图上的型值表,按指定比例绘出船体型线的三个投影图(横剖线图、纵剖线图和半宽水线图),并将其型值修改光顺,使各对应投影点相吻合。船体型线修改光顺后,再根据肋骨站号绘制出全船的肋骨型线图。同时,还应补充绘制生产上必需但设计图纸中无法表达的一些型线(如横梁线、首柱线、尾轴出口线等)。

船体内部构件中的横向构件的真实形状、尺寸和位置在肋骨型线图上能直接表示,通常不需要绘制结构线图和进行展开。应根据设计图纸,并参照工厂材料供应情况及具体施工条件等,对各种内部纵向构件与外板的交线和外板接缝线(包括分段接缝线)等结构线进行放样,最终绘制出完整的肋骨型线图。

2)船体构件的展开

船体构件的展开是将具有各种空间形状(弯曲、扭曲等),但在图纸上无法表示出实际形状的构件,展成平面并求出其真实形状和尺寸的工艺过程。

船体构件一般分可展开曲面(即能够精确地展成平面)和不可展开曲面两类。对于不可展开曲面,只能用几何作图法近似展成平面。而对于型线特别复杂的不可展开曲面,用几何作图法近似展开不能满足精度要求时,则必须制作出该构件的样箱,供展开和加工时使用。

3)样板、样箱和草图

展开后的船体结构件,还应根据加工和装配焊接的要求,加放必要的工艺余量,并将其制成样板、样箱或绘成草图,供后续工艺使用。

样板按其用途可分为号料样板、加工样板、装配样板、胎板样板和检验样板等;按其空间形状可分为平面样板和立体样板(样箱)。图 11-2-2 为各种样板示意图。图中的(a)为肋板样板,主要作为号料样板;(b)为甲板横梁样板,既可作划线样板,又可作横梁加工的检验样板,还可作甲板分段的安装样板;(c)为三角样板,可以随时组合成曲面样板,作为外板成形加工和检验的依据;(d)为活络三角样板,可以垂直外板放置,使用简便,主要用于辊压成形加工外板以及水火弯曲板材构件。

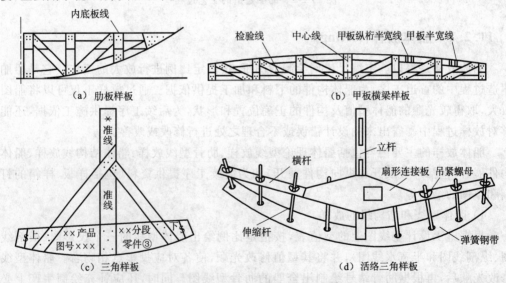

图 11-2-2　各种样板

前文曾提到,对于外形特别复杂的不可展开曲面,还需钉制样箱。样箱是一个三维立体模型,相当于从船体上切下来的一块立体部分,其表面表示了船体的理论表面。图

11-2-3 为某船尾轴包板样箱。

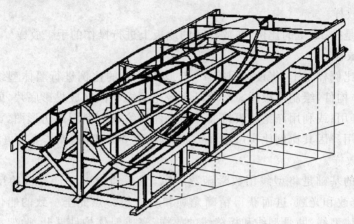

图 11-2-3　轴包板样箱

　　草图可将放样所取得的船体型值记录在纸上，用来进行号料和画线，可以补充施工图纸的不足，具有节省样板制作材料、易保存等优点。适用于小批量、形状简单的船体构件。草图包括号料草图、胎架画线草图、装配草图和加工草图等。图 11-2-4 为某船的部分甲板号料草图。

产品名称	图号	名称	件号	数量	牌号	规格
7 500 t客货轮	×××413−132−01	甲板	见图	见图	2C, 3C	见图

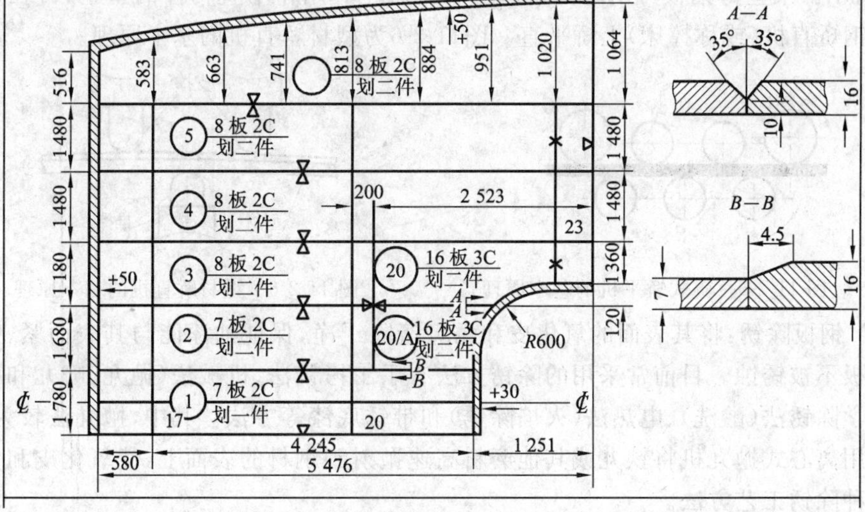

图 11-2-4　某船部分甲板号料草图

常用的船体放样方法有:实尺放样、比例放样和数学放样。

(1) 实尺放样。

实尺放样是按 1:1 的比例,在放样间的地板上进行操作的手工放样。

(2) 比例放样。

在特制的比例样台上,将设计图按 1:5 或 1:10 的比例进行船体型线和结构线的放样,展开船体构件,绘制样板图。然后以高倍比例缩小摄制成投影底片,即可供投影号料、电印号料等用;或利用涤纶薄膜将展开的零件描绘成套料图或仿形图,可供光电跟踪切割机配套使用。因其比例比实尺放样小,所以精度要求更高,操作要求更细致。

(3) 数学放样。

数学放样的基础是将型线用数学函数表示,然后通过电子计算机的反复校验和计算,实现型线修改和光顺,进而获得精确光顺和对应投影点完全一致的船体型线。在此基础上完成船体型线、肋骨型线和板缝线的放样,完成船体构件展开、胎架型值和加工样板尺寸等数据信息,并进一步控制数控设备(如数控绘图机、数控切割机和数控肋骨冷弯机等)完成绘图、切割和加工等工作。

11.2.2 船体钢材预处理与号料

1) 钢材预处理(steel pretreatment)

钢材在制造、运输和堆放过程中,会发生变形和锈蚀等情况,因此为了保证造船质量,需要在后续工艺之前对钢材进行预处理,主要是矫正、除锈、喷涂底漆等。

(1) 钢板矫正:一般在七辊或九辊矫平机上进行。辊式矫平机的基本原理如图11-2-5所示。某些薄钢板可用木榔头进行手工矫正。用作平直构件的型钢,可在切断后送往型钢矫直机(或称撑床)上矫平直。图11-2-6为型材矫直机的基本原理。

图 11-2-5　辊式矫平机的基本原理　　　　图 11-2-6　型材矫直机的基本原理

(2) 钢板除锈:将其表面的氧化皮和锈斑清除干净,保证油漆能与其表面紧密结合,保护钢板不被锈蚀。目前常采用的除锈方法有手工拷铲法、机械法(抛丸、喷丸和弹力敲击)、化学除锈法(酸洗)、电热法(火焰除锈)和带锈底漆等方法。其中,抛丸法较为常用,它是利用离心式抛丸机将铁丸或其他磨料高速抛射到钢材的表面上,使氧化皮和锈斑剥离的一种除锈工艺方法。

图 11-2-7 为钢板预处理流水线示意图。

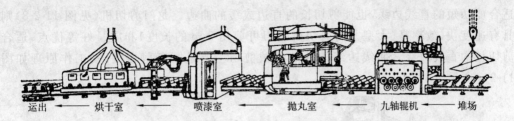

运出 ← 烘干室 ← 喷漆室 ← 抛丸室 ← 九轴辊机 ← 堆场

图 11-2-7　钢板预处理流水线

2）船体零件号料（marking of hull parts）

号料又称下料，是将放样展开后的船体构件的真实形状和尺寸，通过样板、草图、光、电、数控等不同方法，实尺划（割）在钢板或型材上的工艺过程。

常见的号料方法有以下几种：

（1）样板号料：用样板直接在钢板或型材上描出船体构件的实际轮廓线、构件安装线、加工检验线和规定要求的余量线等，并做出必需的各种标记、符号等；

（2）草图号料：用草图上记载的基本形状和精确的形状尺寸，在钢板上通过作图的方式将其真实图形再现出来；

（3）光学投影号料：在比例放样的基础上，将展开的各构件图形经过套料绘制成精确的投影底图，或通过摄影制成更小比例的投影底片，然后在光学投影放大装置上放大，在钢板上投射出 1∶1 的构件图样，最后对投影的构件各线条进行手工复描号料；

（4）电印号料：在光学投影号料的基础上，将放大成 1∶1 的构件图形影像投射到覆盖有一层带负电的光导电粉末的号料钢板上，使其曝光，再经显影和定影处理，在钢板上留下号料的线迹，实现自动号料；

（5）数控号料：利用电子计算机确定船体构件的图形，再将这些构件图形置于钢板边框内进行合理的排列。

11.2.3　船体构件加工（hull steel fabrication）

将造船钢材转变为船体结构零件的工艺过程称为船体构件加工，主要包括钢材的边缘加工和成形加工。

1）边缘加工

边缘加工是指经过号料（或套料）的船体钢材的切割分离和焊接坡口的加工。边缘加工的常见方法有机械切割法（剪切、冲孔、刨边和铣边）、化学切割法（气割）和物理切割法（等离子切割和激光切割等）。

（1）机械切割法：被切割的金属受到剪刀给予的超过材料极限强度的机械力挤压而发生剪切变形并断裂分离的工艺过程。在船体加工车间里，剪切直线边缘构件的加工机床主要有斜刃龙门剪床和压力剪切机（或联合剪冲机）等。压力剪切机速度较慢，适合剪切短的直线边缘,也能剪切长的直边或缓的曲边。龙门剪切机(见图 11-2-8)则具有速度快、效率高(大型龙门剪切机一刀可剪切 8 m 的长度)和质量好等优点,适合剪切长的直线边缘。曲线边缘构件的机械剪切主要是圆盘剪切机,其工作原理如图 11-2-9 所示。

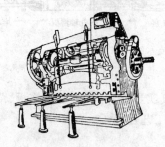 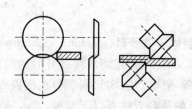

图 11-2-8　龙门剪切机　　　　图 11-2-9　圆盘剪切机的基本原理

(2) 化学切割法:目前主要采用氧炔气割。

直线边缘气割时,常用手工气割炬、半自动气割机和门式自动气割机。

① 手工气割炬:由操作者手工控制割嘴的运动,沿号料画出的切割线运动,其切割精度主要取决于操作者的技术。

② 半自动气割机:气割机由电动机驱动,沿着直线轨迹做匀速直线运动而实现对构件直线边缘的切割,如图 11-2-10 所示。割炬可处于垂直位置,也可以倾斜一定的角度切割出 V 形或 X 形坡口。

③ 门式自动气割机:在两根固定导轨上设置一个“门”形支架,在支架上设置一套或数套切割装置。切割时,由电动机驱动门式支架以一定的速度沿导轨做直线运动,切割装置随门式支架的运动而切出一条或数条割缝。一般,每套切割装置上都装有三个割嘴,除切割平直边缘外,还可一次割出 V 形、X 形、K 形和 Y 形焊接坡口,如图 11-2-11 所示。

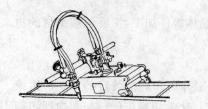 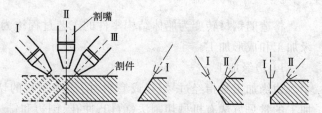

图 11-2-10　半自动气割机　　　　图 11-2-11　气割法加工焊接坡口

曲线边缘气割时,常用手工气割炬、光电跟踪自动气割机和数控自动气割机等。

① 光电跟踪自动气割机:由光电跟踪机构与气割执行机构两部分组成。气割机能够按一定比例切割出仿形图上所绘制的船体构件。

② 数控自动气割机:由控制部分和执行部分组成。它是把被切割构件的图形通过计算机进行运算和编码,得到数控切割机的切割程序,然后将该程序输入到控制装置中,控制切割装置以完成切割。

(3) 物理切割法:目前主要有等离子切割和激光切割。

① 等离子切割:利用特定的装置产生高速高温的等离子流,该等离子流从喷嘴孔喷射到被切割构件表面后,遇到冷却物质便立即复合成原子或分子并释放能量,使割缝处温度迅速升高而熔化,同时高速飞出的粒子产生的机械冲力,将被熔化的金属冲走而达到切割的目的。数控等离子切割机具有热变形较小、切割速度快、切割质量好、切割材料种类多、切割成本低等优点。但如果直接在空气中进行,对操作人员的安全和环境有害,因此目前多为水下等离子切割。

② 激光切割:利用激光器及其附属装置产生的高能量激光,照射在被切割构件表面,产生局部高温,使材料瞬时熔化或气化,随着割嘴的移动,在材料上形成割缝,同时用一定压力的辅助气体将割缝处的熔渣吹除,从而切开材料。数控激光切割机具有效率高、质量高、精度高等优点,但投资也比较高。

船体构件边缘焊接坡口的加工,除上述的多割炬组合气割方法外,还常采用刨边机和铣边机直接在构件的边缘刨(铣)出需要的坡口形式。

2) 成形加工

对于非平直的船体构件,在边缘加工后还需经过弯曲成形,使其达到所需的形状,该过程称为成形加工。成形加工的内容有单向曲度和双向曲度板弯制、零件折边、型材弯制等。

(1) 单向曲度板弯制:具有圆柱形或圆锥形的单向曲度板,通常用三辊弯板机加工成形。图 11-2-12 是三辊弯板机的弯板原理示意图。此外,也可在液压机上用通用压模(见图 11-2-13)进行压制,但操作过程较复杂,劳动强度也较高。

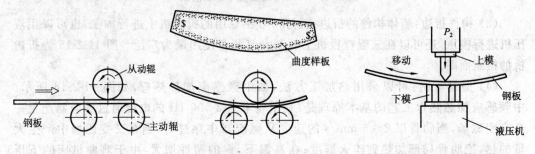

图 11-2-12　三辊弯板机弯板示意图　　　　图 11-2-13　通用压模

(2) 双向曲度板弯制:这类零件的空间形状比较复杂。在大批量生产时,可以制造专用压模,在液压机上压制成形;在小批量或单件生产时,通常先用三辊弯板机或液压机(使用通用压模)弯制出零件一个方向的曲度形状,然后用水火弯板工艺弯制另一个方向的曲度,从而获得复杂曲度的船体构件。

　　水火弯板是指先用氧-乙炔火焰对零件进行局部加热,并用水进行跟踪冷却,使钢材产生局部压缩塑性变形,从而将工件弯成所要求的曲面形状的一种热加工方法。由于受热金属的膨胀受到周围较冷金属的阻碍,在加热到一定温度后,再用冷水以一定距离冲被加热的部位,以实现快速冷却而产生收缩。这种局部收缩使钢板产生弯曲,从而获得构件所要求的曲度和形状。图 11-2-14 表示了复杂曲度板的加工过程:首先用三辊弯板机或液压机弯制出构件的横向曲度,然后用水火弯曲弯制出构件的纵向曲度。其中,图(a)表示弯制帆形板的情形和水火弯板的加热线位置,图(b)表示弯制鞍形板的情形和水火弯板的加热线位置。

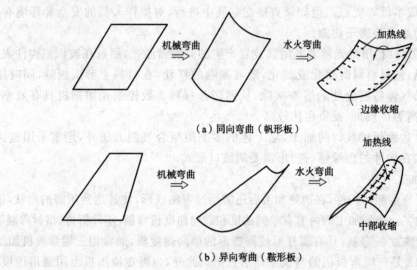

（a）同向弯曲（帆形板）

（b）异向弯曲（鞍形板）

图 11-2-14　双向曲度板弯制示意图

　　(3) 构件折边:船体构件的折边或折角,可在专用的折边机上进行加工,也可以用液压机进行模压,还可以在三辊弯板机上轧制。前两者使用最为广泛。图 11-2-15 为折边机的横断面图。

　　(4) 型材弯制:可以采用热加工方法,如中频感应加热热弯,如图 11-2-16 所示。中频感应加热热弯工艺的基本原理是:利用频率为 2 500 Hz 的电流通过感应器产生一个交变磁场,当肋骨以 2～3 mm/s 的速度从感应器中穿过时,钢在交变磁场中产生大量的热,把肋骨局部加热到淬火温度;在高温下,钢的塑性增大,由于弯曲机床的下压轮作用,在这个被加热区的狭窄带上发生弯曲,随后进行喷水淬火;肋骨经弯曲淬火后,放进大型回火炉进行回火,最后在液压机上矫正。该工艺对弯曲某些低合金钢环形肋骨效果很好。

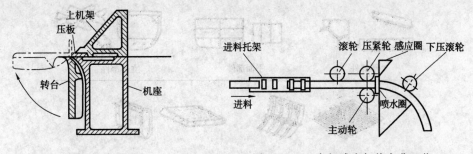

图 11-2-15　折边机　　　　　图 11-2-16　中频感应加热弯曲工艺

还可以在冷弯机上对型材进行冷弯。图 11-2-17 为我国研制的 50 t 肋骨冷弯机的主要部分及工作原理示意图。

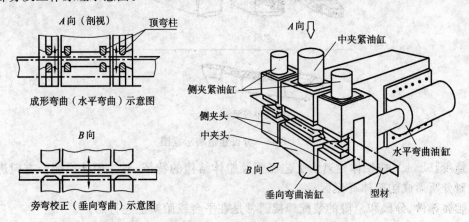

图 11-2-17　肋骨冷弯机的主要部分及工作原理示意图

11.2.4　船体装配(hull assembly)与焊接

1) 船体的"分段建造法"

在现代钢质船舶的建造中,普遍把船体装配与焊接分为以下工艺阶段:首先,将零件装焊成部件或组件;然后,由若干零件、部件或组件装焊成分段或总段;最后,进行船体总装。这种分阶段装焊的方法称为"分段建造法",如图 11-2-18 所示。

"分段建造法"的优点:① 扩大施工作业面;② 许多仰装、仰焊工作改变为俯装、俯焊,扩大了自动、半自动焊的应用;③ 许多工作可以在车间进行;④ 有利于组织连续性和专业化生产等。

2) 船体分段和总段的装焊

分段(section):根据船体结构特点和建造施工工艺要求,对船体进行合理划分所形成的区段。船体分段有平面分段、曲面分段及立体分段等几类。

315

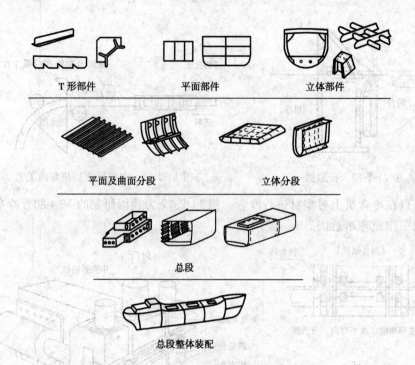

图 11-2-18　分段建造法示意图

总段(block)：按船体建造的工艺需要及船体结构的特征，对主船体沿船长方向进行横向划分所形成的船体环形区段。

船体部件、分段和总段的装配焊接通常是在平台或胎架上进行的。

平台一般是由水泥基础和型钢、钢板等组成的具有一定水平度的工作台，分为固定式和传送带式两大类。固定式平台主要用于装焊船体部件、组件、平面分段和带有平面的立体分段等，也可作为设置胎架的基础。图 11-2-19 为固定式钢板平台的基本结构。传送带式平台设有相应的传送装置，既可用于部件、组件和平面分段的装焊，也可用来运送工件，是组建生产流水线的重要工艺装备。图 11-2-20 为圆盘式传送带平台的基本结构。

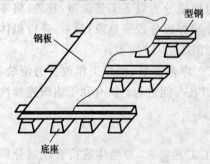

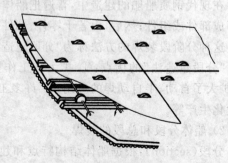

图 11-2-19　固定式钢板平台　　　　图 11-2-20　圆盘式传送带平台

　　胎架是根据船体分段的有关部位的线型制造,用于承托建造船体分段并保证其外形正确性的工艺设备。胎架的基本结构如图 11-2-21 所示。胎架的种类很多,按其适用范围分为专用胎架和通用胎架。专用胎架是专供某种分段使用的胎架,如图 11-2-22 所示。通用胎架是可供各种船舶的不同分段使用的胎架,如图 11-2-23 所示。其中套管式胎架中的每个支柱的高度是可调节的。

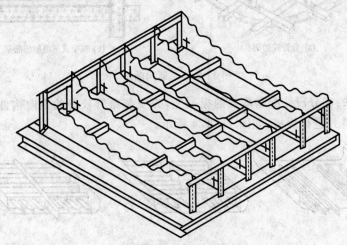

图 11-2-21　胎架的基本结构

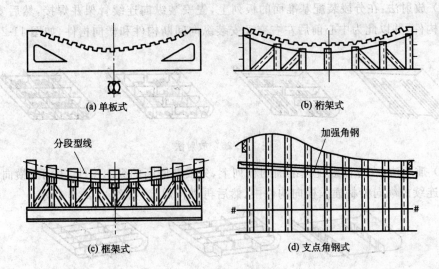

(a) 单板式

(b) 桁架式

分段型线

(c) 框架式

加强角钢

(d) 支点角钢式

图 11-2-22　专用胎架

　　分段的装配程序一般是先铺板,然后划线,再安装构件。按构件的安装顺序不同有如下装配方法:

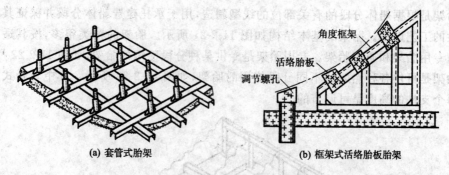

(a) 套管式胎架　　　　　(b) 框架式活络胎板胎架

图 11-2-23　通用胎架

（1）分离法：在分段装配基准面的板列上，先安装布置较密的主向构件并进行焊接，再安装交叉构件并进行焊接，如图 11-2-24 所示。

图 11-2-24　分离法

（2）放射法：在分段装配基准面的板列上，先安装纵向连续骨架并焊接，然后安装中间横向构件，并以此为中心前后左右交叉安装纵向间断构件和横向构件，如图 11-2-25 所示。

图 11-2-25　放射法

（3）插入法：在分段装配基准面的板列上，先安装间断的纵向构件，再插入横向构件，最后将连续的纵向桁材插入横向构件中，然后再进行焊接，如图 11-2-26 所示。

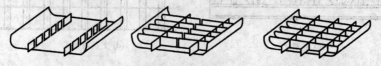

图 11-2-26　插入法

（4）框架法：先将所有的纵、横构件组装成箱形框架并焊好，再与板列组装在一起形成分段，如图 11-2-27 所示。

图 11-2-27 框架法

对于立体分段和总段,根据其装配工艺程序的特点,可分为正装法、倒装法和侧装法。施工时应根据便于施工、满足质量要求和节省辅助材料等原则选用。

(1) 正装法:先装船底,再装舱壁及舷部,最后安装甲板,完工后的位置是正的,如图 11-2-28(a)所示。

(2) 倒装法:在甲板胎架上先装甲板,再装肋骨框架、甲板纵桁、横舱壁及舱内零部件,最后安装船底分段和外板而构成总段,完工后的分段是倒置的,需吊起翻身,才能吊至船台装配,如图 11-2-28(b)所示。

(3) 侧装法:是在胎架上先铺其中一舷外板,然后再依次进行构件的装配与焊接工作,如图 11-2-28(c)所示。

3) 船体总装

船体总装是在部件、分段或总段装焊的基础上,完成船壳整体装配的工艺阶段。总装在船台或船坞内进行,直至完工后使船舶下水。

船台的类型主要有两种:纵向倾斜船台和水平船台。

(1) 纵向倾斜船台是一种与水平面呈一定倾斜度的船台,如图 11-2-29 所示。这是目前船体建造和下水采用最普遍的一种形式。地基由钢筋混凝土构成。沿船台两侧配置起重能力较大的起重机。有时采用降低船台标高的方法来减小分(总)段的起吊高度,将船台尾端伸入水中,并增设闸门,称为半坞式船台。建造船舶时,只要关闭闸门并将水抽干,即可进行船舶总装作业。

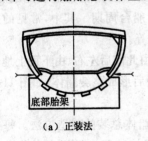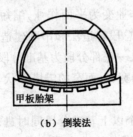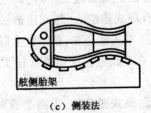

（a）正装法　　　　　（b）倒装法　　　　　（c）侧装法

图 11-2-28 分段建造方法示意图

(2) 水平船台是地基与水平面平行的船台。地基上铺设供船台小车(或随船架)移动的钢轨。由于船舶呈水平建造,所以相关作业较倾斜船台方便,且下水安全可靠。通常与机械化滑道、浮船坞等下水设施结合使用。常见于中型船舶修造厂。

船坞有干船坞和浮船坞之分。干船坞位于地面以下,有开口通向水域,并设有闸门,关闭闸门将水排干后即可用于修造船,如图 11-2-30 所示。浮船坞通常用于修船。

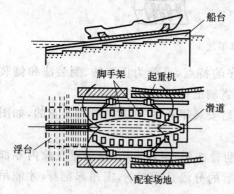

图 11-2-29　纵向倾斜船台

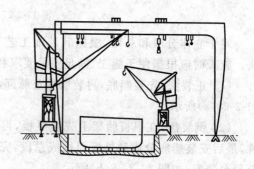

图 11-2-30　船坞造船

为了装配工作的顺利进行,船台(坞)除了配备必要的基础设施外,还配备一定数量的大型起重设备,常见的有高架起重机和龙门起重机(见图 11-2-30)。高架起重机起重能力有 40,80,100,150 t 等;龙门起重机最大起重量已达 1 500 t,跨度达 100 m以上。

根据船厂生产条件和船舶大小的不同,在船台(坞)进行的船体总装有多种不同方式,总体上可以分为整体建造法、分段建造法。

(1) 整体建造法:又称整体散装法,是将加工好的零部件直接运到船台上装配焊接成船体。这是沿用了铆接船体的建造方法,存在周期长、劳动条件差、成本高等缺点。在建造大、中型船舶中,早已被分段建造法所代替。

(2) 分段建造法:把预先在车间装配焊接好的各种分段吊运到船台上装配成船体。这种方法扩大了施工面,把高空作业变为平面作业,缩短了船台周期。其中,常见的总装方式有塔式建造法、岛式建造法、总段建造法和串联建造法等。

① 塔式建造法:在船台上以某一底部分段为基准分段,由此前后左右、由下而上地进行装焊,在建造过程中始终保持下面宽、上面窄的宝塔形状,最后形成整艘船体,如图 11-2-31所示。

② 岛式建造法:由两个或两个以上基准分段同时进行船体总装的建造方法。每一个基准分段简称为"岛"。在各岛内同时按塔式建造法进行船体装配。最后在各岛交接区吊装上"嵌补分段",从而形成整艘船体。有两个岛的称"二岛式建造法",有三个岛的称"三岛式建造法",如图 11-2-32 所示。它比塔式建造法作业面更广,焊接变形小,适宜造大船,但嵌补分段的安装难度较大。

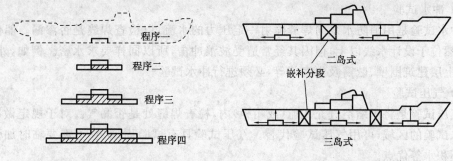

图 11-2-31 塔式建造法　　　　　图 11-2-32 岛式建造法

③ 总段建造法:以船体总段作为总装单元的建造方法。一般先将船中部(或靠近船中)的总段(基准总段)吊到船台上定位固定,然后依次吊装前后的相邻总段,如图 11-2-33 所示。这种建造方法在扩大施工面、减少船台工作量和焊接变形、提高总段内预舾装程度、缩短船台周期等方面是较理想的,但受船台起重能力的限制很大。此法较适用于在水平船台的随船小车上建造。

④ 串联建造法:如图 11-2-34 所示,当第一艘船在船台的末端建造时,第二艘船的尾部在船台前端同时施工,待第一艘船下水后,便将第二艘船尾部移至船台末端,继续安装其他分段,形成整艘船体,而第三艘船的尾部又可同时在船台前端施工。该方法能充分利用船台面积、缩短船台周期,适宜于成批建造船舶。

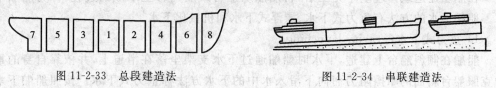

图 11-2-33 总段建造法　　　　　图 11-2-34 串联建造法

11.2.5 密性试验(tightness test)

密性试验的目的是检查外板、舱壁等的焊缝有无渗漏现象,以保证船舶的航行安全。在船体的装配焊接和火工矫正工作结束后,即可进行船体的密性试验,也可以在分段制造完工后就进行分段的密性试验,在船台上只进行大接头区域的密性试验。

船上各类舱室按其不同的用途,其密性要求也不同。密性试验可分为水密、油密和气密三种。水密是基本要求,油密和气密是对特殊舱室的要求。例如,贮油舱要求油密;军舰上层建筑的舱室,为防止烟雾和毒气则要求气密;而粮食舱库为避免串味也要求气密。

1) 灌水试验

凡是用于贮存液体的舱室均应进行灌水试验,也称水压试验。试验时,应灌水至舱室空气管顶。位于设计水线以下直接与船底板相连的舱室,均应进行灌水试验。

2）冲水试验

冲水试验是用消防水泵向焊缝喷射一定压力的水流，以检查焊缝是否渗漏。船体外部，虽然位于设计水线以上，但因其经常遭受波浪冲击，所以同样要求水密。例如，外板、甲板、上层建筑围壁、舷窗及水密门等，必须进行冲水试验。

3）气压试验

气压试验是将压缩空气充入舱（或箱柜）内，检查焊缝处是否漏气。对于规定做冲水或灌水试验的区域，可用气压试验代替。气压试验具有试验周期短、不需要临时加强和舱内不积水等优点。

4）冲气试验

冲气试验是用压缩空气软管向焊缝一侧冲气，在涂有肥皂液的另一侧检查焊缝是否漏气。对于规定做冲水试验的区域，可用冲气试验代替。

5）煤油试验

煤油试验是在焊缝一面涂以白垩粉液（石灰水），另一面涂以煤油进行焊缝检查的方法，在间隔一定时间后，观察白粉上有无油渍渗透现象。此法常用于灌水试验后修补焊缝的密性试验和分段焊缝检查。

11.2.6　船舶下水（launching）

在船舶建造或修理基本完工后，将船舶从船台或船坞移至水域的过程，称为船舶下水。船舶下水的方法有重力式下水、漂浮式下水和机械化下水。

1）重力式下水（gravity launching）

船舶在倾斜船台上建造，下水时船舶通过下水支架坐落在滑道上，并依靠自身的重力克服船台斜面的摩擦阻力而向下滑入水中的下水方法称重力式下水。按照船舶下水时的滑动方向，可分为纵向和横向下水两种。

（1）纵向下水（end launching）。

它所用的主要下水设备有滑道、滑板、下水支架、控制设备和下水龙骨墩等，如图11-2-35所示。滑道与滑板之间有润滑剂或钢珠。当船底下面的龙骨墩和支撑全部拆除，阻止滑板滑动的制动装置松开时，船舶就连同滑板和下水支架一起滑入水中。这种

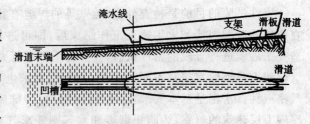

图11-2-35　纵向下水示意图

下水方式适用于大、中、小各种类型船舶的下水，其工艺设备简单，建筑投资少，但下水操作复杂，准备时间长，劳动强度大，水域宽度要求大（一般要求大于三倍船长）。

（2）横向下水（side launching）。

　　它也是利用滑道与滑板下水,与纵向、重力式下水的区别只是船舶是横向进入水中的。对纵向强度较弱的内河船舶采用此法为宜。由于是侧向下水,浮力增加很快,阻力也很大。所以滑行距离很短,适用于水面不太宽的船厂。图11-2-36 为横向下水示意图。

　　2) 漂浮式下水(floating launching)

　　漂浮式下水是利用水位的升高来增加浮力,将船舶就地浮起而移入水域的下水方法。主要有干船坞下水和浮船坞下水两种。

　　(1) 干船坞漂浮式下水如图11-2-37 所示。下水时,先将坞内注水,使船漂浮起来,当坞内与坞外的水面平齐时,即可开启坞门,拖船出坞。这种下水方法操作简单、安全可靠。

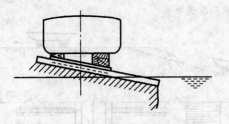

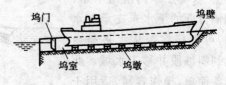

图 11-2-36　横向下水示意图　　　　　图 11-2-37　干船坞漂浮式下水示意图

　　(2) 浮船坞下水时,一般是和水平船台联合作业。首先使浮船坞就位,坞底板上的轨道和岸上水平船台的轨道对准;然后,将用船台小车承载的船舶移入浮坞;接着,脱开浮坞与岸壁的连接。如果坞下水深足够,浮坞就地下沉,船舶即可自浮出坞;如果坞下水深不足,就要将浮坞拖至专门建造的沉坞坑处下沉。图11-2-38 为浮船坞和水平船台联合作业的横向下水。

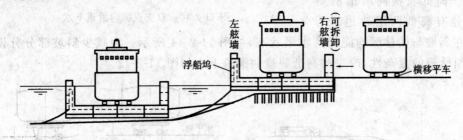

图 11-2-38　浮船坞和水平船台联合横向下水

　　3) 机械化下水

　　根据布置特点,机械化下水可分为纵向滑道机械化下水、横向滑道机械化下水及垂直升船机下水三种主要形式。

　　(1) 纵向滑道机械化下水。

　　常见的有:船排纵向滑道下水和双支点纵向滑道下水。

① 船排纵向滑道下水:在纵向滑道基础上添加了一些机械化设备,船坐落在带有滚轮的船排上,船排由绞车带动在轨道上移动,其顶面与轨面始终保持平行。该设备投资少,下水平稳安全,广泛用于小型船舶下水,如图 11-2-39 所示。

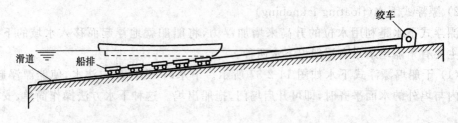

图 11-2-39　船排纵向滑道下水

② 双支点纵向滑道下水:用两辆分开的下水车支承下水船舶,可直接将船从水平船台拖曳到斜坡段并移入水域。此法设备简单,操作容易,适用于有足够纵向强度的小型船舶下水,如图 11-2-40 所示。

(2)横向滑道机械化下水。

常见的有:高低轨横向滑道和梳式滑道下水。

① 高低轨横向滑道的斜坡部分有高低两层轨道。下

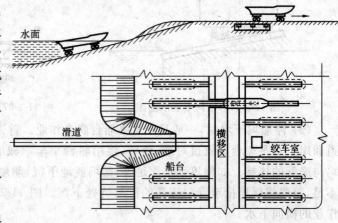

图 11-2-40　双支点纵向滑道下水

水车在斜坡与横移区均能保持水平状态,如图 11-2-41 所示。为减少斜坡部分分设高低两组轨道的复杂性,改进的高低腿横向滑道下水如图 11-2-42。

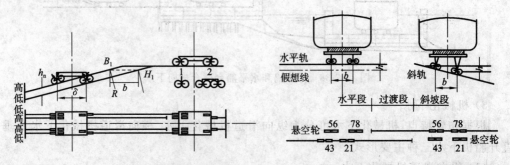

图 11-2-41　高低轨横向滑道过渡部分　　　图 11-2-42　高低腿横向机械化滑道下水

② 梳式滑道由滑道斜坡部分和横移区所组成。船舶下水时,船台小车将船横移到水平轨与斜坡轨的交接区,启动船台小车上部液压千斤顶将船微微升高,使下水楔形车移到船底部,降下船台小车上的千斤顶,使楔形车托起船舶,然后移开船台小车,即可用楔形车将船移入水中,如图 11-2-43 所示。

（3）垂直升船机下水。

垂直升船机下水是船厂岸边设液压或卷扬式绞缆机,将升船平台作垂直升降,使船舶下水或上墩。

机械化下水的方法很多,一般都设有船台和下水滑道,具有移船下水工艺简便安全、利用率高、可下水上墩等优点。

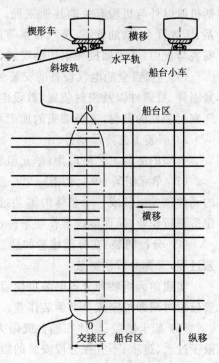

图 11-2-43　梳式滑道机械化下水

11.2.7　船舶舾装（outfitting）

船舶舾装泛指除船体结构以外的所有安装和调试工作,以及对船体进行系统化处理的生产活动。

1）舾装作业的内容

舾装作业主要包括船舶设备的安装和调试以及对船体表面直接进行工程处理两个方面。现代造船将船舶舾装分为甲板舾装、住舱舾装、机舱舾装和电气舾装（也可简称为外装、内装、机装和电装）,以及对船舶设备的调试。船体表面处理工程,包括防腐蚀处理、防火绝缘处理以及舱室装饰处理等三类。

（1）外装:除机舱区域和住舱区域以外所有区域的舾装工作。它所要安装的设备和装置多种多样,而且随着船舶种类和用途的不同而有很大差别。通常包括舵设备、锚设备、系泊设备、起货设备、通道设备、关闭设备、救生设备、消防杂件、自然通风部件,以及各种管路等的安装。还可能包括拖曳设备、集装箱绑扎装置、活动甲板、延伸跳板、防滑天桥和各种特殊装置的安装。其作业内容和作业环境变化较大,作业遍及全船。

（2）内装:上层建筑内各种船员或旅客住室和各种专用舱室内的舾装件或舾装单元的安装作业。作业内容包括绝缘、敷料等的敷设,舱室非钢质围壁、天花板、门、窗、家具、卫生设备等的安装,以及厨房、冷库、空调设备的安装等。

（3）机装:机舱内各种船舶设备的安装与调试作业。机装作业的范围通常限于从机舱舱底到烟囱这一竖向（机舱）区域和从主机到螺旋桨这一纵向（轴隧）区域之内,但也包括机舱以外与机舱有关的其他工程。机装作业的内容包括机舱管系、消防管系、通风管系、压载管系、输油管系、蒸汽管系等的安装,机座、油水箱柜的安装,轴系装置和主机的安装与校中,各种辅机和锅炉的安装,机舱格栅、梯子、扶手、起重梁和吊环等的安装。

(4) 电装:全船电气设备的安装和调试等作业。作业内容有装焊电气设备和电缆的紧固件、贯通件以及密封装置,敷设电缆、电气设备接线及设备填料密封,舱壁和甲板电气密封装置的密封,电缆端头的加工和接线,电气设备的试验与调整等。

2) 舾装工艺阶段划分

典型的舾装工艺阶段为:单元组装—分段舾装—船上舾装。

(1) 单元组装:单元是指一个与船体结构脱离的基本舾装区域。在同一舾装区域内的元件预先组装成一个整体的工艺过程称为单元组装。单元组装可使舾装工作与船体建造平行作业,从而能改善作业条件,缩短建造周期。

(2) 分段舾装:在分段建造的适当阶段,将分段上的舾装件或单元安装到分段上的工艺过程,又称分段预舾装。

实现单元组装和分段舾装可使船舶在下水前就完成大量的舾装工作,下水后只要花费较短时间即可完成全部舾装作业。

(3) 船上舾装:船体在船台或码头上安装阶段进行的舾装工作。理想的船上舾装仅限于过大、过重、不宜在分段安装的舾装件或是过早安装容易损坏的舾装件,以及分段与分段之间的舾装连接件。

11.2.8 船舶涂装(painting)

船体和舾装件的除锈和油漆作业称为船舶涂装。船舶涂装除了船体防腐外,还有外表装饰和船底防污等作用。

除了前文所提到的钢材预处理阶段的除锈和喷涂底漆之外,船舶涂装还包括:分段涂装、船台涂装、码头涂装和坞内涂装等,它贯穿了船舶的整个建造过程。

(1) 分段涂装:对分段的二次除锈和底漆喷涂作业。这是因为在船体构件加工和结构预装焊过程中,钢结构表面会不可避免地产生锌盐、铁锈、沾污油污和水分等,所以要进行二次除锈,然后再根据分段的不同要求进行底漆喷涂。分段涂装的优点是:可避免过早的锈蚀,使大部分作业都在地面及良好的工作环境下施工,便于质量管理。对涂装工作量大的船舶,将涂装的工作量分散到分段做,能大大缩短造船周期。

(2) 船台涂装:分段在船台上合拢以后直至船舶下水前这一建造过程中的涂装作业。该阶段涂装主要工作内容为:分段间大接缝修补涂装,分段涂装后由于机械原因或焊接、火工原因引起的涂层损伤部位的修补,以及船舶下水前必须涂装到一定阶段或需全部结束之部位的涂装。船台涂装的重点是船壳外板的涂装。

(3) 码头涂装:船舶下水到交船前停靠在码头的涂装作业。除了必须在坞内进行的涂装作业外,该阶段应该对全船各个部位做好完整性涂装。

(4) 坞内涂装:对于有船坞造船而言的,主要是对船体水线以下区域进行的完整性涂装,也作为一些码头舾装阶段来不及进行的涂装工作。

以上各工艺阶段,根据船舶涂料的配套与特点、船厂的设备能力、建造周期及工作习惯等会有所变化,应根据具体情况确定相应的工作内容。

11.2.9　试验与交船

事实上,在船舶的整个建造过程中,需要经常性地对各个工程项目进行严格的检验与验收,但在船舶即将完工时,还是需要对各种设备与系统进行全面而严格的试验工作,称为交船试验,以便确认新建船舶是否满足设计任务书和有关规范的要求,并保证船舶能够安全可靠地投入运营。同时,它也是获得船舶检验机构相关证书的必经阶段。

交船试验的主要目的是检查和评价设备和系统的安装质量的工作状况,尤其是工作的可靠性。通常包括系泊试验(包括倾斜试验)、航行试验、设备拆检和检查性航行试验等阶段。

1) 系泊试验(mooring trial)

系泊试验是当船体工程、动力装置和电气设备安装基本完工时,在系泊状态下对船舶的动力装置及机电设备进行的一系列实效试验的总称。系泊试验一般在船厂码头将船系住进行,故俗称"码头试车"。

系泊试验按规范、规程规定的试验大纲进行,主要的工作及目的如下:

(1) 根据设计图纸、说明书及建造技术规程,对船体主要结构进行检查;

(2) 检查所有机械装置、电气、通信设备的安装质量及其工作可靠性;

(3) 检查各种管系是否畅通,紧固处有无渗漏现象;

(4) 检验驾驶设备、锚设备、起货设备及救生设备操作是否灵活;

(5) 全船通道装置及关闭装置的检查及试验;

(6) 调整各种安全阀及减压阀的压力,为试航作好充分准备。

此外,为了确定船舶的重心位置以校核船舶稳性,通常还要在使船处于系泊,但又可以自由横摇的状态下进行"倾斜试验"。

2) 航行试验(sea trial)

在航行状态下,对船体、动力装置、仪表设备以及各种机电设备进行一系列实效试验的总称,通常称为"试航"。试航按航行试验大纲进行,由船厂、船东和检船机构三方面代表组成领导小组,负责实施。

航行试验的主要项目及目的如下:

(1) 检查主机、辅机及与其有关的动力装置一起工作的可靠性;

(2) 检查一切保证船舶航行的装置及机械设备工作的可靠性;

（3）进行抛锚试验；

（4）检查船舶的航行性能，包括以下三个方面：

① 速率试验——在试验区测定主机在不同工况时的航速，并确定计程仪校正值；

② 回转试验——进行船舶在全速时操舵试验，以测定船舶的回转半径大小；

③ 惯性试验——为了测定主机停车或倒车后船舶因惯性而自由滑行的距离，即惯性冲程以及滑行时间（包括自全速前进到停止、从全速前进到全速后退、从全速后退到停止以及全速后退到全速前进等项目）。

交船试验工作由船厂主持，规定的试验项目必须请验船师和船东代表到现场参加验收，并会签有关试验记录、文件和证书作为交船文件。在各方代表确认船舶的各项性能指标满足合同要求后，即可举行交船仪式。通常，交船并不是合同的结束，船厂在交船后的规定期限内仍需承担质量保证的责任。

思考题

船舶建造一般包括哪些工艺过程？其主要内容是什么？

第 12 章　船舶检验

船舶是大型、高价值、有较高安全性要求且活动范围很大的产品，其质量水平事关航运企业、顾客、保险商、航行区域和社会各方面的利益，因此船舶质量检验及其有效性受到了各个方面的高度关注。

船舶检验(survey)就是验船机构对船舶进行的技术监督检验。它属于技术质量监督检验的范畴，是国家对船舶和水上设施执行技术监督和鉴定的一项重要措施。其主要任务包括：① 制定船舶、水上设施及其材料、机械、设备的规范；② 审查技术资料；③ 现场监督检验；④ 签发检验证书等。船舶检验的目的是通过对船体结构、安全性能、动力装置、安全设备及其所用重要材料和部件等的监督检验和试验，促进船舶、海上设施和船运集装箱符合国际公约、国家法令和船舶检验机构规范的各项要求和规定，使其具备安全航行和安全作业的技术条件，以保障水上人员和财产的安全，防止船舶和水上设施污染水域。

■ 12.1　船舶检验机构及相关国际组织

船舶检验机构是指执行船舶技术监督、制定船舶规范和规章、保障船舶具备安全航行技术条件的机构，亦称验船机构或验船部门。

船舶的检验机构基本上可以分为两类：一类是国家的船舶技术监督机构，即政府验船机构，它根据接受的有关国际公约或本国政府制定的各项法律、法令和规则等，对本国所属船舶进行技术监督检验，同时对到达本国港口的船舶进行监督检验，即所谓的法定检验；另一类是民间性质的验船机构，统称为船级社，它制定各种船舶规范，对申请船级符号的船舶进行技术检验，即所谓的船级检验，还可承担各种公证检验。

各国验船机构的职能不尽相同，一般有以下三种情况：

(1) 只设有政府验船机构，不仅进行法定检验，而且进行船级检验和公证检验，具有双重职能；

(2) 同时设有政府和民间验船机构，分别进行法定检验和船级检验；

(3) 同时设有政府和民间验船机构,但民间验船机构经过本国政府授权后,可以进行部分或全部法定检验工作。

12.1.1　中国船舶检验机构

1) 中华人民共和国海事局

中华人民共和国海事局是国家对船舶、海上设施和有关的船用产品实施技术监督检验的主管机关。它在国内主要港口和工业区设置的直属机构和各省、自治区、直辖市设置的地方海事局,都是根据国家海事局的规定实施技术监督检验的执行机构。

中华人民共和国海事局(又称"交通部海事局",以下简称"海事局")是在原中华人民共和国港务监督局(交通部安全监督局)和原中华人民共和国船舶检验局(交通部船舶检验局)的基础上合并组建而成的。海事局为交通部直属机构,实行垂直管理体制。根据法律、法规的授权,海事局负责行使国家水上安全监督和防止船舶污染、船舶及海上设施检验、航海保障管理和行政执法职责,并履行交通部水上交通安全生产等管理职能。

海事局的主要职责包括:

(1) 拟定和组织实施国家水上安全监督管理和防止船舶污染、船舶及海上设施检验、航海保障以及交通行业安全生产的方针、政策、法规和技术规范、标准。

(2) 统一管理水上安全和防止船舶污染。监督管理船舶所有人安全生产条件和水运企业安全管理体系;调查、处理水上交通事故、船舶污染事故及水上交通违法案件;归口管理交通行业安全生产工作。

(3) 负责船舶、海上设施检验行业管理以及船舶适航和船舶技术管理;管理船舶及海上设施法定检验、发证工作;审定船舶检验机构和验船师资质、审批外国验船组织在华设立代表机构并进行监督管理;负责中国籍船舶登记、发证、检查和进出港(境)签证;负责外国籍船舶入出境及在我国港口、水域的监督管理;负责船舶载运危险货物及其他货物的安全监督。

(4) 负责船员、引航员适任资格培训、考试、发证管理。审核和监督管理船员、引航员培训机构资质及其质量体系;负责海员证件的管理工作。

(5) 管理通航秩序、通航环境。负责禁航区、航道(路)、交通管制区、港外锚地和安全作业区等水域的划定;负责禁航区、航道(路)、交通管制区、锚地和安全作业区等水域的监督管理,维持水上交通秩序;核定船舶靠泊安全条件;核准与通航安全有关的岸线使用和水上水下施工、作业;管理沉船沉物打捞和碍航物清除;管理和发布全国航行警(通)告,办理国际航行警告系统中国国家协调人的工作;审批外国籍船舶临时进入我国非开放水域;负责港口对外开放有关审批工作以及中国便利运输委员会日常工作。

(6) 负责航海保障工作。管理沿海航标无线电导航和水上安全通信;管理海区港口航道测绘并组织编印相关航海图书资料;归口管理交通行业测绘工作;组织、协调和指导水上搜寻救助,负责中国海上搜救中心的日常工作。

(7)组织实施国际海事条约;履行"船旗国"及"港口国"监督管理义务,依法维护国家主权;负责有关海事业务国际组织事务和有关国际合作、交流事宜。

(8)组织编制全国海事系统中长期发展规划和有关计划;管理所属单位基本建设、财务、教育、科技、人事、劳动工资、精神文明建设工作;负责船舶港务费、船舶吨税有关管理工作;负责全国海事系统统计工作。

2)中国船级社

中国船级社(China Classification Society,简称CCS),是根据中华人民共和国政府的有关法令经国务院批准成立的为社会公众利益服务的团体。它的前身是原中华人民共和国船舶检验局内原办理船舶入级的部门及其下属的入级检验机构。从1956年起,中国船级社以自己的名义开展业务并逐步建立了独立的船级管理体系。1988年5月,加入国际船级社协会(IACS),成为其正式成员。

中国船级社是交通部直属事业单位,是国家的船舶技术检验机构,是中国唯一从事船舶入级检验业务的专业机构。

中国船级社的主要任务是:承担国内外船舶、海上设施、集装箱及相关工业产品的入级检验、公证检验、鉴证检验和经中国政府、外国(地区)政府主管机关授权,执行法定检验等具体检验业务,以及经有关主管机构核准的其他业务。

船级社主要职责包括:

(1)承担国内外船舶、海上设施、集装箱及相关工业产品的入级检验、公证检验、鉴证检验;

(2)接受中国政府、外国(地区)政府主管机关的授权,执行法定检验和发证工作;

(3)承办有关船用产品、集装箱的检验,签发相应的证书,出版《船用产品录》;

(4)接受中国政府和外国政府有关机关的授权,依据国际海事组织的《国际安全管理规则》要求,对船舶及气船公司执行安全管理体系的审核认定;

(5)承办ISO 9000系列国际标准要求的质量体系审核认证;

(6)制定各种船舶和海上设施的入级规则和规范,及时进行更新,并受交通部海事局委托制定各种船舶和海上设施的法定检验规则;

(7)进行有关安全技术和入级标准的研究和试验;

(8)提供技术咨询服务及其他技术业务服务。

3)中华人民共和国渔业船舶检验局

中华人民共和国渔业船舶检验局(以下简称"渔检局"),是我国专门对渔船和渔船用相关产品进行检验和发证的渔业船舶检验机构,是国家农业部的直属机构。它的总部设在北京,在国内主要内河和沿海省市设有地方渔船检验局。

渔检局的主要职责包括:

（1）贯彻执行国家有关渔业船舶检验的法律法规，履行有关国际公约的义务。

（2）起草渔业船舶检验的法律法规、渔业船舶及船用产品检验计费标准；起草渔业船舶法定检验规则，经农业部批准后组织实施；制定渔业船舶检验规范、规程、证书格式及指导性文件并监督实施。

（3）负责渔业船舶和船用产品法定检验及监督管理；处理渔业船舶检验中的重大技术问题、业务纠纷；组织协调有关国家和地区委托的渔业船舶检验业务；组织、协调、指导渔船公证检验业务。

（4）负责渔业船舶检验机构检验业务核定；承担渔业船舶注册验船师制度实施的相关工作；监督渔业船舶检验机构业务执行情况；监督验船人员依法检验与文明执法。

（5）负责渔业船舶的设计单位、修造企业及重要船用产品制造、维修企业、检测机构的认定和监督管理；承担渔业船舶船用锅炉压力容器的安全监察管理；指导渔业船舶修造企业特殊工种人员的培训、考核工作。

（6）拟定渔业船舶必须检验的重要设备、部件和材料目录，经农业部批准后组织实施；承担全国渔船标准的制定、修订工作。

（7）承担全国渔船渔机渔具行业的指导工作。

（8）承办农业部交办的其他事项。

12.1.2　世界主要船舶检验机构

目前世界上船级社或船舶检验机构约有 40 多个，其中主要船检机构情况如表 12-1-1 所示。

表 12-1-1　世界主要船舶检验机构

中文名称	全　称	简　称	成立年份
美国船舶局	American Bureau of Shipping	ABS	1862
印度尼西亚船级社	Biro Klasifikasi Indonesia	BKI	1964
法国船级社	Bureau Veritas	BV	1828
中国船级社	China Classification Society	CCS	1956
中国验船中心（台北）	China Corporation Register of Shipping	CR	1951
挪威船级社	Det Norske Veritas	DNV	1864
德国劳氏船级社	Germanischer Lloyd	GL	1867
希腊船级社	Hellenic Register of Shipping	HRS	1919
印度船级社	Indian Register of Shipping	IRS	1975
韩国船级社	Korean Register of Shipping	KR	1960
英国劳氏船级社	Lloyd's Register of Shipping	LR	1760

续 表

中文名称	全 称	简 称	成立年份
日本海事协会	Nippon Kaiji Kyokai	NK	1899
巴拿马验船协会	Panama Bureau of Shipping	PBS	1966
波兰船舶登记局	Polish Register of Shipping	PRS	1946
俄罗斯船舶登记局	Russian Maritime Register of Shipping	RS	1932
意大利船级社	Registro Italiano Navale	RINA	1861

12.1.3 相关国际组织

与船舶检验密切相关的国际组织主要有两个:一是与法定检验有关的政府间组织,称为国际海事组织(International Maritime Organization,简称 IMO);一个是与入级检验有关的非政府性的民间组织,称为国际船级社协会(International Association of Classification Societies,简称 IACS)。

1) 国际海事组织

IMO 是联合国下属的一个专门负责海上航行安全和防止船舶造成海上污染的专业机构。1948 年 3 月在日内瓦召开的联合国国际海运会议上,通过了《政府间海事协商组织公约》,1958 年 3 月 17 日该公约生效。1959 年 1 月 6 日在伦敦正式成立了"政府间海事协商组织"(Inter-Governmental Maritime Consultative Organization,简称 IMCO),总部设在伦敦,1982 年 5 月 22 日更名为"国际海事组织"。

国际海事组织的权力机构是大会,大会每两年召开一次,由本组织的全体会员国参加。我国于 1973 年 3 月 1 日正式参加该组织,1975 年第九届大会当选为理事国。IMO 设有理事会(包括技术合作委员会与便利运输委员会)、海上安全委员会、法律委员会、海上环境保护委员会和秘书处,其技术工作大都由海上安全委员会承担。IMO 制定的国际公约可以分为以下六个方面:① 安全;② 防污染;③ 吨位丈量;④ 便利运输;⑤ 航行值班和海上救助;⑥ 海事责任与赔偿。

与船检有关的主要公约如表 12-1-2 所示。有些公约还有相应的议定书和修正方案,表中并未列出。

表 12-1-2 与船检有关的主要国际公约

序 号	公约全称	公约简称
1	1974 年国际海上人命安全公约	SOLAS 1974
2	1971 年特种业务客船协定	STP 1971
3	1972 年国际集装箱安全公约	CSC 1972
4	1972 年国际海上避碰规则公约	COLREG 1972

序 号	公约全称	公约简称
5	1973 年国际防止船舶造成污染公约	MARPOL 1973
6	1969 年国际船舶吨位丈量公约	TONNAGE 1969
7	1966 年国际载重线公约	LL 1966
8	国际散装运输危险化学品船舶构造和设备规则	IBC
9	国际散装运输液化气体船舶构造与设备规则	IGC

2）国际船级社协会

IACS 是一个从事海事技术咨询的国际民间组织，于 1968 年 9 月 1 日在汉堡正式成立。IACS 的权力实体是正式会员国组成的理事会，理事会每年召开一次，下设稳性、载重线、集装箱等 14 个工作小组，执行理事会认为需要进行的各种技术工作。1969 年 10 月，经 IMO 第六届大会批准，IACS 成为 IMO 的咨询机构。

IACS 的主要任务是：

（1）参加 IMO 的技术会议；

（2）保持同国际标准化组织以及其他国际性组织的联系；

（3）统一解释国际公约；

（4）统一船舶建造规范。

除上述两个国际组织以外，还有一些组织，如国际电信联盟、国际标准化组织（ISO）、国际电工技术委员会（IEC）、内燃机国际理事会暨国际海运协会（ICS）等，它们制定和通过的无线电规则、国际无线电咨询建议书、船用机械标准、船电工标准等，都直接影响各国的有关规定。这些国际组织通过的规则和标准，有的是必须遵守的，如国际无线电规则；有的虽不在法律上起约束作用，但提供了国际通用的技术标准。所以，在制定船舶规范和船用产品标准时，也需要参考或采用这些规定。

12.2 船舶检验的种类

船舶检验的种类较为庞杂，可能包括：船舶制造检验、初次检验、特别检验、定期检验、年度检验、临时检验、入级检验、船用产品检验以及其他公证检验等。但通常按照工作性质的不同，将其分为法定检验、入级检验和公证检验三大类。

12.2.1 法定检验

法定检验是船旗国政府根据其颁布的船舶规范规定及所参加或接受的有关国际公约的规定，对船舶进行的强制性监督检查。由政府主管部门检查机构的官员、验船师或政府授权的机构及个人，按照颁布的规范、条例和国际公约的规定进行检验。合格者以政府名义签发各种证书。该种证书常为法定证书。没有法定证书的船舶不允许参加国际海上运输活动。

世界上有许多国家设有法定的检验机构,如中华人民共和国海事局、英国贸易部、法国海关局、美国海岸警卫队、挪威海事管理局、联邦德国海员协会、日本运输省等。

法定检验的依据是船旗国政府颁布的法令、法规和批准接受的国际公约以及据此制定的船舶规范与标准。目前依据的主要国际公约有:《1966年国际船舶载重线公约》(ICLL 1966)、《1990年国际海上人命安全公约》(SOLAS 1990)、《1973年国际防止船舶造成污染公约》(MARPOL 1973)等。

有关政府颁布的法令有:英国商船法;法国商船法;美国海岸警卫队航行规则、外国船舶进入美国港口的规定、美国港口和油船安全法、美国海员安全和保健规则;挪威海事管理局规则;德国海运规则;日本船舶安全法;我国的海洋环境保护法、海上交通安全法、内河交通安全管理条例、船舶海上设施检验条例等。

下面以中华人民共和国海事局为例说明法定检验的内容和种类。

我国海事局法定检验的内容包括三个方面,即制造检验、营运检验以及船用产品检验和集装箱检验。

1) 制造检验

制造检验包括船舶设计图纸审查及制造中的检验。它是按照国家海事局《船舶与海上设施法定检验规则》的规定,对新建船舶从审查设计图纸资料开始,以及在制造过程中各阶段的检验、试验和试航,直至签发船舶证书为止的一系列检验工作。图纸审查一般由设计单位向验船部门提交申请,制造检验由生产厂报检。

2) 营运检验

营运检验亦称定期检验,它是验船机构为查明营运或修理中船舶能否保持安全航行的技术条件,按规定项目和间隔期限而进行的检验工作。一般由船厂提交检验;凡未经修理或自行修理者,由船舶使用部门报检。营运检验大致分以下几种:

(1) 初次检验。凡未经我国验船部门监督建造的国外进口船舶,在抵达我国后,应向船籍港验船部门申请初次检验;原不属验船部门监督检验的船舶,转由各地验船部门检验时,亦应申请初次检验。

(2) 年度检验。年度检验是在证书的每周年之日期前、后各3个月内进行,对与特定证书有关的项目进行总的检查,以确保船舶处于良好的状态,并且符合船舶预定的营运任务的要求。

(3) 中间检验。中间检验是在相应证书的第2个周年之日期前、后各3个月内或第3个周年之日期前、后各3个月内进行,对于特定证书有关的指定项目进行检验,以确保船舶处于良好的状态,并且符合船舶预定的营运业务。中间检验可替代一次年度检验。

(4) 换证检验。换证检验又称定期检验,是在证书到期前的3个月内进行,对与特定证书有关的项目进行检验,以确保船舶处于良好的状态,并且适合船舶预定的营运任务,并颁发一张新证书。

（5）船底外部检查。船底外部检查又称坞内检验,是指针对不同的船舶类型,按不同的期限要求,对船舶水下部分和有关项目进行的检查,以确保船舶处于良好的状态,并且适合船舶预定的营运业务。

（6）附加检验。附加检验又称临时检验,是在船舶发生有碍航行安全的事故、改变航区或用途、法定证书失效、船东或经营人变更及船名或船籍变更、涉及船舶安全的修理或改装时,根据具体情况进行的一次普遍或部分的检验。

3）船用产品检验和集装箱检验

（1）船用产品检验。

船用产品检验,是按照国家海事局《船用产品检验规则》的规定,对船用产品的监督检验。它根据产品结构、用途和生产方式的不同,分别进行工厂认可和型式认可,认可后对产品进行制造检验、出厂检验或不定期抽查。

工厂认可是通过审查有关资料和现场查核,通过产品的型式试验,对生产厂的生产条件、产品标准和质量保证系统的认可。工厂认可后,签发"工厂认可证书"。工厂认可的范围包括:

① 生产船舶及其主要机械设备所用的钢材、钢管、有色金属管、铸件、锻件、焊件材料、耐火材料、电缆、底漆、钢丝绳、纤维缆等的工厂或车间;

② 制造锅炉、受压容器、锚、锚链及其附件、发动机的主要零部件、螺旋桨、舱盖板、玻璃钢救生艇、货物集装箱及其构件,以及根据产品的生产方式认为需要进行工厂认可的其他产品的制造厂或车间。

型式认可是对产品的设计图纸、技术标准、型式试验和样品质量的认可。型式认可后,签发"型式认可证书"。

船用产品经批准获得工厂认可和型式认可后,还应接受产品制造检验、出厂检验或不定期抽查。检验合格后,签发"船用产品检验证书",并在产品的规定位置打上检验合格标志。未取得"船用产品检验证书"的产品,不得装船使用。

（2）集装箱检验。

集装箱是专门运输集装箱货物的集装箱船的货物运送单元,适用于集装箱现行的检验规范是 2003 年 4 月正式实施的中国船级社的《集装箱检验规范》,它满足国际标准化组织和国际船级社协会的有关规定。

集装箱制造厂在投入生产前,首先向船舶检验机构申请样箱检验和试验,合格后签发相应的"样箱证书",制造厂按样箱质量标准和批准的资料进行批量生产,然后对集装箱进行制造检验,合格的集装箱发给相应的集装箱证书,印上规定的标记。使用中的集装箱还要按规定进行定期检验。

迄今为止,我国海洋与内河船舶的船体结构、稳性、载重线、舱室设备与乘客定额、吨位丈量、防污染结构与设备、救生、消防、航行信号、起货设备及部分船用产品的检验,都属于法定检验性质。

12.2.2　入级检验

1）船级

船级是指船舶的技术、质量等级。船级是按照船级社的规范就船舶结构的完整性和机械、设备等的可靠性以及船舶用途所必要的设施等所作的评价。船级是通过船级社的入级检验来实现的。

入级检验是船舶所有人或经营人,由于保险和竞争的需要而自愿申请,接受船级社的检验,使自己的船舶或海上设施取得该社的某种船级的一种技术检验。

船舶入级的意义主要有如下几点:

（1）区分船舶技术状况,提高船舶修造质量,保障运输安全,减少海事发生;

（2）入级船舶投入营运,保险商易于接受船舶与货物的保险;

（3）根据船级决定运费和保险费的高低;

（4）根据国际贸易规定,只有获得某种船级的船舶,才能载运相应的货物;

（5）租船或购买人可根据船级证书了解船舶的技术状况,从而作出选择;

（6）为托运人或旅客选择可靠的船舶提供依据。

2）入级船舶的检验种类

《中华人民共和国船舶和海上设施检验条例》规定,中国籍船舶的所有人或经营人应根据船舶的不同情况,向船舶检验机构申请不同的检验:

（1）建造或改建船舶时,申请建造检验;

（2）营运中的船舶,申请定期检验;

（3）由外国籍船舶改为中国籍船舶,申请初次入级检验。

与此相对应,中国船级社对船舶的入级检验分为:

（1）入级检验。申请入级的船舶,应按表 12-2-1 的规定进行检验。

表 12-2-1　入级检验种类和内容

检验种类	检验内容
建造入级检验	① 审查图纸资料; ② 建造中入级检验,要求按《船舶建造检验规程》检验。
初次入级检验	① 审查图纸资料; ② 按坞内检验、特别检验、螺旋桨轴和尾轴检验、锅炉检验的规定进行检验。

(2) 保持船级的检验。已入级的船舶,为保持其已获得的船体级和轮机级,必须定期履行下列各种保持入级的检验(详见《钢质海船入级规范》):年度检验、坞内检验、锅炉检验、螺旋桨轴和尾轴检验、特别检验和惰性气体系统检验(如有时)。

船舶取得船级是基于船级社对船舶设计图纸的审查,确信所设计的船舶符合规范的要求,通过验船师在船舶建造过程中的检验与试验,确信所建造的船舶符合规范和批准图纸的要求。

船舶保持船级是基于船级社按规范规定的检验制度进行检验,确保船舶的技术状况符合规范要求,船舶所有人按照船级社授予的船舶证书、船级符号和附加标志的条件对船舶进行良好的维护与管理。

3) 船级符号

入级检验合格后,由船级社签发证书,授予船级符号及附加标志,并登入船级社定期出版的船名录中。船级符号的作用是说明此船或海上设施是在该船级社的监督下建成;或是在建成后由该船级社进行全面的初次入级检验,证明符合该船级社的规范或规定。比如,中国船级社的规定:凡船舶的船体(包括设备)与轮机(包括电气设备)经 CCS 批准入级,将根据不同情况授予下列入级符号:★CSA、★CSM 或★CSA、★CSM 或★CSA、★CSM。其含义如下:

★CSA—表示船舶的结构与设备由 CCS 审图和建造中检验,并符合 CCS 规范的规定;

★CSA—表示船舶的结构与设备不由 CCS 审图和建造中检验,其后经 CCS 进行入级检验,认为其符合 CCS 规范的规定;

★CSM—表示船舶推进机械和重要用途的辅助机械由 CCS 进行产品检验,而且船舶轮机和电气设备由 CCS 审图和建造中检验,并符合 CCS 规范的规定;

★CSM—表示船舶推进机械和重要用途的辅助机械不由 CCS 进行产品检验,但船舶轮机和电气设备由 CCS 审图和建造中检验,并符合 CCS 规范的规定;

★CSM—表示船舶轮机和电气设备不是由 CCS 审图和建造中检验,其后经 CCS 进行入级检验,认为其符合 CCS 规范的规定。

4) 附加标志

附加标志是根据船舶及设备的具体条件,在船级符号后面附加一个或数个标志,如船舶类型、货物装载、特种任务、航区限制、冰区加强等。它分为船体附加标志和轮机附加标志。

(1) 船体(包括设备)附加标志。

① 船舶类型标志。除普通干货船外,均须加注船舶类型标志,如表 12-2-2 所示。

表 12-2-2　船舶类型附加标志

船舶类型	附加标志	船舶类型	附加标志
油船（货油闪点超过60℃）	Oil Tanker,F. P. >60℃	矿砂船	Ore Carrier
滚装船	RO/RO Cargo Ship	拖　船	Tug
集装箱船	Container Ship	开底泥驳	Hopper Dredger
散货船	Bulk Carrier		

② 特种任务标志。加注于从事特种任务的船舶，如表 12-2-3 所示。

表 12-2-3　特种任务标志

特种任务	附加标志	特种任务	附加标志
科学考察船	Research Ship	适用于扑灭大火的消防船	Fire Fighting Ship 2
适用于扑灭初期大火的消防船	Fire Fighting Ship 1	适用于扑灭大火和油类火灾的消防船	Fire Fighting Ship 3

③ 航区限制标志。加注于航区受限制的船舶，如表 12-2-4 所示。

表 12-2-4　航区限制标志

航区限制	附加标志
近海航区	Greater Coastal Service
沿海航区	Coastal Service
遮蔽航区	Sheltered Water Service

④ 冰区加强标志。加注于具有符合《钢质海船建造规范》要求的航行冰区加强的船舶，如表 12-2-5 所示。

表 12-2-5　冰区加强标志

冰　况	附加标志	冰　况	附加标志
最严重的冰况	Ice Class B1 *	轻度的冰况	Ice Class B3
严重的冰况	Ice Class B1	除大块固定冰以外的漂流浮冰	Ice Class B
中等的冰况	Ice Class B2		

⑤ 特定航线标志。加注于从事航行于两个或几个指定港口之间的船舶，如上海—东京航线的附加标志为 Shanghai-Tokyo。

（2）轮机（包括电气）附加标志。

轮机（包括电气）附加标志如表 12-2-6 所示。

表 12-2-6 轮机(包括电气)附加标志

序 号	附加标志	名 称
1	AUT-0	由驾驶室控制站进行遥控运行的推进机械装置,机器处所集中控制站周期性无人值班
2	MCC	由机器处所集中控制站进行控制运行的推进机械装置
3	BRC	由驾驶室控制站进行遥控运行的推进机械装置,机器处所有人值班
4	IGS	惰性气体系统
5	PMS	船舶机械计划保养系统
6	SCM	有螺旋桨轴状况监控
7	CMS	轮机实行循环检验
8	Engine Lub-oil Condition Monitoring	船舶柴油机滑油状态监控

5)入级符号及附加标志实例

★CSA Oil Tanker, F. P. <60 ℃ Ice Class B3 表示船体和设备在中国船级社检验下建造的油船,无限航区,能载运闪点低于 60 ℃ 的货油,具有 B3 级冰区加强。

★CSM Aut-0 IGS 表示船体和设备在中国船级社承认的船级社监督下制造,并在中国船级社监督下安装、检验和试验的,能以周期性无人机舱运行,装有惰性气体系统的入级船舶。

12.2.3 公证检验

公证检验,又称为公证性鉴定。它是根据申请人要求办理的检验,验船师以第三者的身份,独立、公正的态度,以其专门的知识和丰富的经验,运用各种专门的检验技术,对申请检验的项目进行检验和鉴定。公证检验不同于法定检验和入级检验,公证检验没有规定的检验项目和规定的检验间隔期,更不受公约、法令、法规和规则的强制性的要求,而是应申请人、保险人、承保人、保险代理人、保险经纪人、船舶所有人、承租人等的需要,对其申请项目进行检验和鉴定,提供处理有关业务问题的依据。

公证检验是一项政策性和技术性很强的工作,种类繁多、内容广泛复杂、涉及面广,对验船师要求高。公证检验是应申请人的请求所进行的一种证明性或鉴定性的检验,为申请人在解决或处理问题时提供凭证或依据。因此,一般来说,公证检验多为海事问题或纠纷等的法律裁决提供所需要的证明、鉴定等评判依据。

公证检验包括以下种类:

(1) 损坏检验。

损坏检验又称海损检验。由于海损事故造成船舶及其设备发生损坏时,船级社根据申请人的要求对损坏范围、程度、性质和原因、及对船舶安全航行或作业的影响程度、修理要求和范围、修理费用等进行检验、鉴定或评估。

（2）起租、退租检验。

起租检验是公证检验的一种，检验项目由出租人、承租人提出，或双方共同协商而定。国际上起租检验一般包括装卸货物处所及其船舶结构和设备完好情况、货舱清洁情况、船上燃油和淡水存量及船舶证书情况等。起租检验也可以按承租人与被承租人之间的租用合约的要求进行检验。

退租检验一般是根据租约来进行的，检验内容有：装卸货物处所及临近范围的船舶结构及设备的完好情况，货舱清洁情况，船上的燃油、淡水存量等。

检验后编写相应的检验报告，作为双方处理起、退租业务的依据。

（3）索赔检验。

索赔检验一般是指根据用户与制造厂的商业合同，在用户所购买的船舶、船用产品、机械设备、仪器和仪表等在规定的使用期内已损坏的情况下，为了向制造厂提出索赔要求而向船级社申请进行的证明性检验。所以索赔检验也是一种公证检验。

索赔检验是通过对船舶、船用产品、机械设备、仪器和仪表等的检验，判定其损坏程度、性质、范围和原因，并提出处理意见（进行修理、赔偿等），作为申请人索赔的依据。一般索赔检验仅指直接损坏，检验后船级社签发相应的检验报告。

（4）船舶状况检验。

船舶状况检验是指保险商、船舶经纪人在船舶进行承保、抵押、拍卖、作价等业务活动中或货主等有关方为了了解船舶状况向船级社提出申请，要求对船舶的技术状况和设备状况等进行检验，并作出详尽和准确的技术鉴定，以便作为商业活动的有利凭证。

船舶状况检验是对船舶状况进行的一次全面检查和鉴定，所以检验范围广、内容多，主要包括：船舶资料的审查，船体、设备及其目前技术状况的鉴定，机械设备、航行和通信导航设备的型号、参数的审查及其目前技术状况的鉴定等。检验后验船师要编写相应的检验报告。

（5）货物损坏检验。

货物损坏检验是指货主、货物保险商、货物承租人或船舶所有人对船舶运输过程中发生的货物损坏、丢失等情况向船级社提出申请——为其货物损坏的数量、损坏的程度和原因等进行检验，可为申请人提供报赔理算业务的证明材料。因此，货物损坏检验也是一种公证检验。目前此项检验大多由商检部门进行，一定情况下由船级社进行，通常是从专业角度对货损原因进行检验和分析，最后编写检验报告。

12.2.4 法定检验与入级检验的关系

法定检验与入级检验的关系可从检验机构、检验依据、检验证书和检验范围进行比较。

1）检验机构

法定检验是由国家的主管机关或由主管机关授权的个人或组织进行,例如经主管机关授权,船级社也可以进行部分或全部的法定检验;而船级检验是由船级社进行。

2）检验依据

法定检验是根据国际公约和国家主管机关颁布的有关法令、规则和规程等;而船级检验是根据船级社颁布的各种规范。前者一般比较原则地提出船舶安全方面的规定,而后者比较详细,且一般包括了有关国际公约的内容。

3）检验证书

法定检验后由主管机关签发国际公约或主管机关规定的有关法定证书;而船级检验后,由船级社签发有关的船级证书。

4）检验范围

法定检验项目与船级检验项目基本相同。如安全公约规定:船舶营运前检验应包括船舶结构、机器和设备、锅炉及其他受压容器、电气设备、无线电通信设备、救生设备、消防设备等,检验合格后才能签发客船安全证书、货船构造安全证书、货船设备安全证书等。制造入级检验也包括上述内容,检验合格后签发各种船级证书。

如法定检验和船级检验分别由主管机关和船级社进行的话,为避免重复,法定检验只限于签发法定证书的部分有关项目,而船舶结构、主辅机、锅炉及受压容器、泵和管系等则归为船级检验范围。目前,世界上大多数国家的主管机关均授权船级社承担法定检验工作。

■ 12.3　船舶规范

广义的船舶规范(rules)应该是国家颁布的有关船舶的法律、法令,船检机构所颁布的各种规章、规则、规范和规程的总称。

具体的专业技术性规范和检验规程是船舶构造、性能、系统、装置、设备和材料等安全质量方面的综合性技术规定,是船舶设计、建造、修理、检验和管理等工作的重要依据。

一方面,船舶规范是船舶科研、设计、修造、检验和营运实践经验的总结,可用以指导船舶设计、建造和使用,促进航运与海上开发的发展;另一方面,随着理论和生产的发展,船舶规范不断进行修正,因而它是相对正确的。在制定和运用规范时,都应完整、准确、辩证地处理和理解。

规范只对涉及船舶航行、作业与停泊安全的有关方面,诸如船舶稳性、强度、消防救生等作出规定,而不限制船舶设计、建造与使用的其他技术条件和要求。规范的形成广泛地采用了数学、力学分析、数理统计、调查研究、引进消化外国规范等方法。尽管世界各验船机构所颁布的规范在内容和形式上有所不同,但基本上都应符合有关国际公约或标准的要求,并注意与国家标准、船舶标准的技术要求相一致。

　　船舶规范可分为入级规范和法定检验规范、综合性规范和专一性规范、海船和内河船规范。这些规范主要适用于新建船舶。对于营运中的船舶,为了定期或临时检查其技术状况,查明其是否保持安全营运的技术条件,验船机构还制定了营运船舶的检验规程,明确检验的范围、程序和要求。

　　中华人民共和国有关船舶的主要法律与法令包括:《中华人民共和国船舶和海上设施检验条例》、《中华人民共和国国际海运条例》、《中华人民共和国防止船舶污染海域管理条例》、《中华人民共和国航道管理条例》、《中华人民共和国水路运输管理条例》、《中华人民共和国海上交通安全法》、《中华人民共和国海洋环境保护法》、《中华人民共和国水污染防治法》、《中华人民共和国船舶载运危险货物安全监督管理规定》以及《中华人民共和国渔业船舶检验条例》。

　　中华人民共和国海事局、中国船级社颁布的有关规则、规程如表 12-3-1 所示。

　　中国船级社颁布的相关规范如表 12-3-2 所示。

　　中国船级社还有作为其规范支持系统的各种指南、计算和评估软件系统,具体内容可参考相关文献,此处不再列出。

表 12-3-1　中华人民共和国海事局、中国船级社颁布的有关规则、规程

序　号	文件名称
1	中华人民共和国船舶和海上设施检验条例
2	电子计算机系统检验规程
3	焊工考试规则
4	焊工基本知识考试大纲
5	无损检测人员资格认可规范
6	船舶清除可燃气体检验规则
7	船舶清除可燃气体检测机构及检测人员认可暂行办法
8	国际高速船安全规则
9	珠江水域至香港特别行政区高速船检验规定
10	特种用途船舶安全规则
11	20 m 以下沿海船舶检验暂行规定
12	固体散装货物安全操作规则
13	船用矿物棉制品的试验方法与检验
14	敞口集装箱船检验暂行规则
15	国内海船入级规则
16	中国船级社 CCS 级营运船舶检验/ISM 审核计费规定

序　号	文件名称
17	中国船级社新建船舶检验计费规定
18	中国船级社船用产品检验计费规定
19	中国船级社海洋工程检验计费规定
20	海底管道系统安全规则
21	海上固定设施安全技术规则
22	海上移动平台安全规则
23	海上设施法定检验暂行办法
24	潜水系统和潜水器安全规则
25	移动式近海钻井船建造和设备规则
26	海上移动式钻井平台构造和设备规则
27	海上移动平台建造后检验规程
28	海上平台安全规则、海上移动平台安全规则补充规定
29	海上固定平台、移动平台入级与建造规范补充规定
30	海上单点系泊装置安全规则
31	海上浮式装置安全规则

表 12-3-2　中国船级社颁布的相关规范

序　号	文件名称
1	钢质海船入级规范
2	材料与焊接规范
3	船舶与海上设施起重设备规范
4	沿海小船入级与建造规范
5	海上高速船入级与建造规范
6	集装箱检验规范
7	浮船坞入级与建造规范
8	散装运输危险化学品船舶构造与设备规范
9	散装运输液化气体船舶构造与设备规范
10	海底管道系统规范
11	海上移动平台入级与建造规范
12	海上固定平台入级与建造规范
13	船舶保安系统认证规范

序 号	文件名称
14	船舶安全管理体系认证规范
15	潜水系统和潜水器入级与建造规范
16	海洋工程锚链规范
17	海上单点系泊装置入级与建造规范
18	海上浮式装置入级与建造规范
19	浅海固定平台建造与检验规范
20	国内航行海船入级规则
21	国内航行海船建造规范
22	内河小型船舶建造规范
23	内河船舶入级规则

思考题

1. 船舶检验机构有哪些？它们有什么差别？
2. 什么是船级社？其主要职能是什么？世界知名船级社有哪些？
3. 简述船舶检验的类别和内容。

附录 A 船体近似计算

前文曾提到,船体计算中的许多曲线很难用准确的数学表达式表达,因此在进行积分计算时,就只好采用近似计算的方法。船体计算中常用的近似计算方法有:梯形法、辛普森方法、乞贝雪夫方法和样条曲线积分等。这些方法都属于数值积分方法,计算时不需要准确的类似 $y = f(x)$ 的函数表达式,只需被计算曲线上若干点的坐标值,并利用基本的四则运算求解,当然所得结果为近似解。

▣ A.1 近似计算方法

如图 A-1-1 所示,已知某曲线 $y_0 y_n$ 上 $y_i (i = 0, 1, \cdots, n)$ 各点的坐标值为 $(x_i, y_i)(i = 0, 1, \cdots, n)$,计算多边形 $x_n x_0 y_0 y_n$ 所围的面积,即计算积分 $\int_{x_0}^{x_n} y \mathrm{d}x$。下面将以该问题为例分别讨论各近似计算方法的基本原理和具体计算公式,主要介绍梯形法、辛普森方法和乞贝雪夫方法。

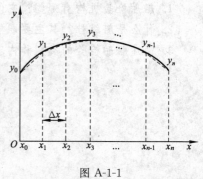

图 A-1-1

首先讨论 n 等分(等间距划分)的情况,即 $x_{i+1} x_i = \Delta x = x_n x_0 / n, (i = 0, 1, \cdots, n-1)$。为方便讨论,此处的 $x_i, y_i (i = 0, 1, \cdots, n)$ 既表示点,又表示相应的坐标值。

A.1.1 梯形法(Trapezoidal rule)

梯形法的基本思想是:利用连接曲线上相邻两点的直线代替原有曲线。因此原曲线被替换成折线(如图 A-1-1 所示)。于是相应多边形所围的面积可按下式计算:

$$A = \frac{1}{2}(x_1 - x_0)(y_0 + y_1) + \frac{1}{2}(x_2 - x_1)(y_1 + y_2) + \cdots + \frac{1}{2}(x_{n-1} - x_{n-2})(y_{n-1} + y_{n-2}) +$$

$$\frac{1}{2}(x_n - x_{n-1})(y_n + y_{n-1})$$

$$= \frac{1}{2}\Delta x(y_0 + 2y_1 + 2y_2 + \cdots + 2y_{n-2} + 2y_{n-1} + y_n)$$

$$= \Delta x\left(\frac{1}{2}y_0 + y_1 + y_2 + \cdots + y_{n-2} + y_{n-1} + \frac{1}{2}y_n\right)$$

$$= \Delta x\left[\sum_{i=1}^{n-1}y_i + \frac{1}{2}(y_0 + y_n)\right]$$

$$= \Delta x\left[\sum_{i=0}^{n}y_i - \frac{1}{2}(y_0 + y_n)\right]$$

A.1.2　辛普森法(Simpson's rule)

辛普森法的基本思想是:以通过相邻多点的抛物线代替原曲线进行计算。利用此思想的方法有多种,统称为抛物线法。在船体计算中常用辛普森第一法和辛普森第二法。

1. 辛普森第一法

辛普森第一方法是以通过相邻三点的二次抛物线代替原曲线进行计算。比如由图 A-1-1 中的 y_0, y_1, y_2 三点可以确定一条抛物线,其表达式类似 $y = ax^2 + bx + c$。由此可以得出多边形 $y_0 y_2 x_2 x_0$ 所围面积的近似计算公式(推导过程从略):

$$A = \frac{1}{3}\Delta x(y_0 + 4y_1 + y_2)$$

以此类推,多边形 $y_0 y_n x_n x_0$ 所围面积的近似计算公式为:

$$A = \frac{1}{3}\Delta x(y_0 + 4y_1 + 2y_2 + \cdots + 2y_{n-2} + 4y_{n-1} + y_n)$$

$$= \frac{2}{3}\Delta x\left(\frac{1}{2}y_0 + 2y_1 + y_2 + \cdots + y_{n-2} + 2y_{n-1} + \frac{1}{2}y_n\right)$$

2. 辛普森第二法

辛普森第二法是以通过相邻四点的三次抛物线代替原曲线进行计算。比如由图 A-1-1 中的 y_0, y_1, y_2 和 y_3 四点可以确定一条抛物线,其表达式类似 $y = ax^3 + bx^2 + cx + d$。由此可以得出多边形 $y_0 y_3 x_3 x_0$ 所围面积的近似计算公式(推导过程从略):

$$A = \frac{3}{8}\Delta x(y_0 + 3y_1 + 3y_2 + y_3)$$

多边形 $y_0 y_n x_n x_0$ 所围面积的近似计算公式为:

$$A = \frac{3}{8}\Delta x(y_0 + 3y_1 + 3y_2 + 2y_3 + \cdots + 2y_{n-3} + 3y_{n-2} + 3y_{n-1} + y_n)$$

3. 辛普森法的应用

辛普森第一法仅适用于求解等分数为 2 的倍数,或具有 $(2m+1)$(m 为正整数)个坐标值的情况。辛普森第二法仅适用于求解等分数为 3 的倍数,或具有 $(3m+1)$(m 为正整数)个坐标值的情况。

当等分数既是 2 的倍数又是 3 的倍数时,两种方法都可以使用;当等分数既不是 2 的倍数,又不是 3 的倍数时,则需要结合两种方法。例如,当等分数为 5(6 个等分点)时,可以对前两个等分(前 3 个点)采用辛普森第一法,对于后三个等分(后 4 个点)采用辛普森第二法,如图 A-1-2 所示,最后的计算公式是:

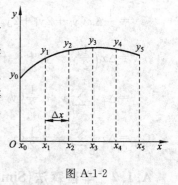
图 A-1-2

$$A = \frac{1}{3}\Delta x(y_0 + 4y_1 + y_2) + \frac{3}{8}\Delta x(y_2 + 3y_3 + 3y_4 + y_5)$$

A.1.3 乞贝雪夫方法

前面讨论的两种方法均是在等间距划分的不同的坐标值前乘以不同的系数,然后相加获得最终的积分值。乞贝雪夫方法则是采用不等间距的坐标值,所有的坐标值采用同一个系数进行计算。

乞贝雪夫方法的基本思想是:用 n 次抛物线代替实际曲线,采用 n 个不等间距的坐标值计算该抛物线下在指定区间内的面积,并以此近似代替实际曲线下的面积(即积分)。此时曲线下的面积 A 表示为 n 个坐标值之和,再乘以一个共同的系数 p。p 的值为曲线底边长度 L 除以纵坐标数目 n,即 $p = L/n$。具体表达式为:

$$A = \frac{L}{n}(y_1 + y_2 + \cdots + y_n) = \frac{L}{n}\sum_{i=1}^{n} y_i$$

图 A-1-3 为 3 个坐标值的情况,图 A-1-4 为 9 个坐标值的情况。其相应公式分别为:

$$A = \frac{L}{3}(y_1 + y_2 + y_3)$$

$$A = \frac{L}{9}(y_{-4} + y_{-3} + y_{-2} + y_{-1} + y_0 + y_1 + y_2 + y_3 + y_4)$$

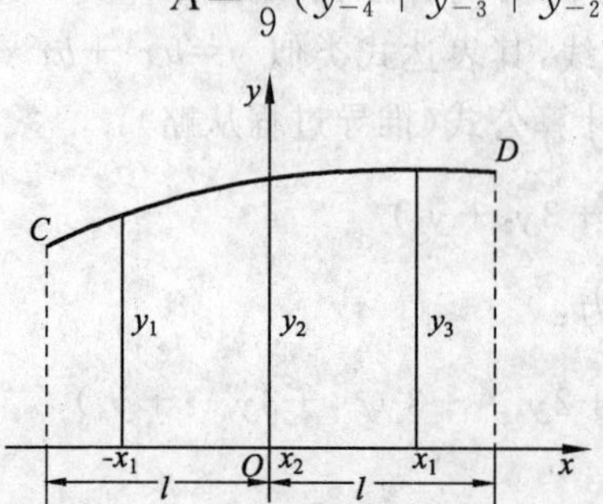

图 A-1-3

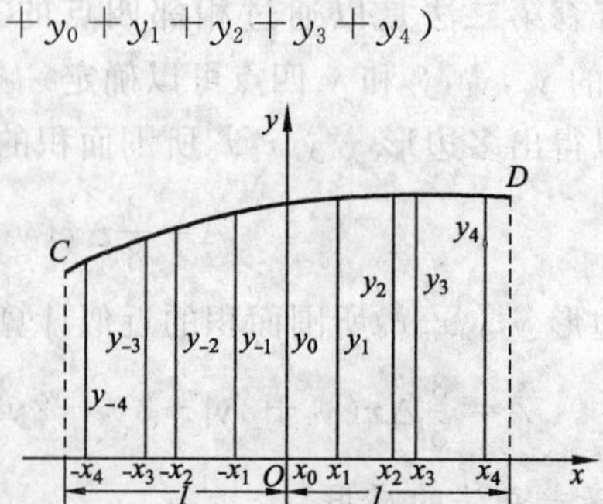

图 A-1-4

需要注意的是,随着坐标个数的不同,其在曲线上的位置也是不同的。其分布特征是关于纵轴对称。

乞贝雪夫方法及其公式的推导过程不作详述,表 A-1-1 是坐标数目为 2～10 和 12 个时的坐标位置,可在具体计算时直接使用。为保证精度,在进行船体计算时一般采用 9 个以上的坐标数。

使用乞贝雪夫方法进行船体计算时,需要确定坐标的位置及其值,因此稍显繁琐。

表 A-1-1

纵坐标数 n	纵坐标位置(距底边中点的距离,以底边半长 l 的分数表示)					
	x_1/l	x_2/l	x_3/l	x_4/l	x_5/l	x_6/l
2	0.577 3					
3	0	0.707 1				
4	0.187 6	0.794 7				
5	0.374 5	0.832 5				
6	0.266 6	0.422 5	0.866 2			
7	0	0.323 9	0.529 7	0.883 9		
8	0.102 6	0.406 2	0.593 8	0.897 4		
9	0	0.167 9	0.528 8	0.601 0	0.911 6	
10	0.083 8	0.312 7	0.500 0	0.687 3	0.916 2	
12	0.066 9	0.288 8	0.366 7	0.633 3	0.711 2	0.933 1

A.1.4 近似计算法的比较

梯形法,计算简单,可以用于任何等分的情况,但误差较大,当需要获得较高精度时,需要增加等分数。

辛普森法,对等分数有要求,但如果结合两种方法,则几乎不受等分数的限制;计算较梯形法复杂,但精度较高。

在某些情况下,需要结合以上两种方法进行计算。

以上介绍的梯形法和辛普森法仅适用于曲线被等间距划分的情况,对于不等间距划分的情况,则需要使用其他方法,如乞贝雪夫方法。

■ A.2 近似计算方法在船体计算中的应用

下面结合水线面、横剖面、排水体积和浮心位置的计算说明近似计算法在船体计算中的应用。

A.2.1　水线面计算

水线面计算主要包括面积 A_w、漂心纵向坐标 x_F 及水线面系数 C_{wp} 的计算。其中面积和漂心纵向坐标的计算会用到近似计算。

1. 基本公式

图 A-2-1 是某船的水线面图。各基本计算公式如下。

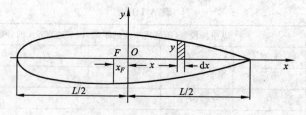

图 A-2-1　水线面

（1）水线面面积 A_w：

$$A_w = 2 \int_{-\frac{L}{2}}^{\frac{L}{2}} y \, \mathrm{d}x$$

式中　y——离 Oy 轴 x 处的水线面半宽；

　　　L——水线长，在计算中一般取垂线间长。

（2）漂心纵向坐标 x_F：

$$x_F = \frac{M_{Oy}}{A_w}$$

其中，

$$M_{Oy} = 2 \int_{-\frac{L}{2}}^{\frac{L}{2}} x y \, \mathrm{d}x$$

2. 近似计算

图 A-2-2 为某货船某吃水处的半宽水线面图。由于水线面对称于中纵剖面，所以通常只给出水线面的一半，习惯上把 Oy 轴放在左舷。在进行计算时，一般将船长 L 分成 20 等份，即取 21 个站，间距 $\delta L = L/20$，站号从船尾至船首依次编为 0 至 20，各站相应的半宽为 $y_0, y_1, y_2, \cdots, y_{19}, y_{20}$。

下面分别介绍采用梯形法和辛普森法进行计算时的计算公式。

1）梯形法

（1）水线面面积：

$$A_w = 2 \int_{-\frac{L}{2}}^{\frac{L}{2}} y \, \mathrm{d}x \approx 2\delta L \sum y_i$$

其中，

$$\sum y_i = \frac{1}{2}y_0 + y_1 + y_2 + \cdots + y_{18} + y_{19} + \frac{1}{2}y_{20}$$

或

$$\sum y_i = y_0 + y_1 + y_2 + \cdots + y_{18} + y_{19} + y_{20} - \frac{1}{2}(y_0 + y_{20})$$

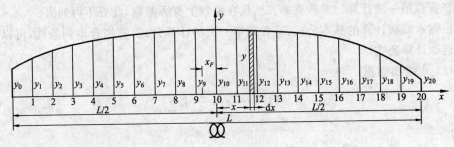

图 A-2-2 半宽水线面

(2) 漂心纵向坐标 x_F。

首先计算水线面对 Oy 轴的静矩 M_{Oy}：

$$M_{Oy} = 2\int_{-\frac{L}{2}}^{\frac{L}{2}} xy\,dx$$

由梯形法的计算公式,并参考图 A-2-2,可得：

$$\int_{-\frac{L}{2}}^{\frac{L}{2}} xy\,dx \approx \delta L\left(\frac{1}{2}x_0 y_0 + x_1 y_1 + x_2 y_2 + \cdots + x_{18} y_{18} + x_{19} y_{19} + \frac{1}{2}x_{20} y_{20}\right)$$

$$= \delta L\left[\frac{1}{2}(-10\delta L y_0) - 9\delta L y_1 - 8\delta L y_2 - \cdots - 2\delta L y_8 - \delta L y_9 + 0 y_{10} +\right.$$

$$\left.\delta L y_{11} + 2\delta L y_{12} + \cdots + 8\delta L y_{18} + 9\delta L y_{19} + \frac{1}{2}(10\delta L y_{20})\right]$$

$$= (\delta L)^2\left[-0 y_{10} + (y_{11} - y_9) + 2(y_{12} + y_8) + \cdots + 8(y_{18} - y_2) +\right.$$

$$\left.9(y_{19} - y_1) + \frac{1}{2} \times 10(y_{20} - y_0)\right]$$

若令：

$$\sum{}' k_i y_i = 0 y_{10} + (y_{11} - y_9) + 2(y_{12} + y_8) + \cdots + 8(y_{18} - y_2)$$

$$+ 9(y_{19} - y_1) + \frac{1}{2} \times 10(y_{20} - y_0)$$

则：

$$M_{Oy} = 2\int_{-\frac{L}{2}}^{\frac{L}{2}} xy\,dx \approx 2(\delta L)^2 \sum{}' k_i y_i$$

因此,

$$x_F = \frac{M_{Oy}}{A_w} \approx \frac{2(\delta L)^2 \sum' k_i y_i}{2\delta L \sum' y_i} = \delta L \frac{\sum' k_i y_i}{\sum' y_i}$$

2）辛普森法

由于本例的等分数为 20，因此要么采用辛普森第一法计算，要么联合多种方法，这里采用辛普森第一法计算。辛普森第二法仅在系数上有所差别，此处不再列出。

根据水线面计算的基本公式、辛普森第一法的计算公式，并结合本例条件，可以得到以下近似计算公式。

（1）水线面面积：

$$A_w = 2\int_{-\frac{L}{2}}^{\frac{L}{2}} y\,dx \approx \frac{2}{3}\delta L \sum_A$$

其中，

$$\sum_A = (y_0 + 4y_1 + 2y_2 + \cdots + 2y_{18} + 4y_{19} + y_{20})$$

或

$$\sum_A = 2\left(\frac{1}{2}y_0 + 2y_1 + y_2 + \cdots + y_{18} + 2y_{19} + \frac{1}{2}y_{20}\right)$$

（2）漂心纵向坐标 x_F。

首先，水线面对 Oy 轴的静矩 M_{Oy}：

$$M_{Oy} = 2\int_{-\frac{L}{2}}^{\frac{L}{2}} xy\,dx \approx \frac{2}{3}(\delta L)^2 \sum_{M_{Oy}}$$

其中，

$$\sum_{M_{Oy}} = [0 \times 2 \times y_{10} + 1 \times 4 \times (y_{11} - y_9) + 2 \times 2 \times (y_{12} - y_8) + \cdots + 8 \times 2 \times (y_{18} - y_2) +$$
$$9 \times 4 \times (y_{19} - y_1) + 1 \times 10(y_{20} - y_0)]$$

因此，

$$x_F = \frac{M_{Oy}}{A_w} = \frac{2\int_{-\frac{L}{2}}^{\frac{L}{2}} xy\,dx}{2\int_{-\frac{L}{2}}^{\frac{L}{2}} y\,dx} \approx \frac{\frac{2}{3}(\delta L)^2 \sum_{M_{Oy}}}{\frac{2}{3}\delta L \sum_A} = \delta L \frac{\sum_{M_{Oy}}}{\sum_A}$$

3. 计算实例

某船船长 $L = 147.18$ m，船宽 $B = 20.4$ m，吃水 $d = 8.2$ m，$\delta L = L/20 = 7.359$ m。其半宽水线图如图 A-2-2 所示，半宽坐标值如表 A-2-1 所示。分别利用梯形法和辛普森第一法计算其水线面面积 A_w、漂心纵向坐标 x_F 和水线面系数 C_{wp}。

在船体计算中，通常采用表格的形式列表计算，如表 A-2-1 所示。其中 Ⅱ，Ⅲ 两列为已知数据。

1）梯形法

列表计算如表 A-2-1 所示。

表 A-2-1 梯形法计算表

站 号	水线半宽 y_i/m	乘 数	面积乘积	矩 臂	面矩乘积
Ⅰ	Ⅱ	Ⅲ	Ⅳ＝Ⅱ×Ⅲ	Ⅴ	Ⅵ＝Ⅳ×Ⅴ
0	2.305	0.5	1.152 5	−10	−11.525
1	4.865	1	4.865	−9	−43.785
2	6.974	1	6.974	−8	−55.792
3	8.568	1	8.568	−7	−59.976
4	9.559	1	9.559	−6	−57.354
5	10.011	1	10.011	−5	−50.055
6	10.183	1	10.183	−4	−40.732
7	10.200	1	10.200	−3	−30.600
8	10.200	1	10.200	−2	−20.400
9	10.200	1	10.200	−1	−10.200
10	10.200	1	10.200	0	−391.944
11	10.200	1	10.200	1	10.200
12	10.200	1	10.200	2	20.400
13	10.200	1	10.200	3	30.600
14	10.040	1	10.040	4	40.160
15	9.416	1	9.416	5	47.080
16	8.015	1	8.015	6	48.090
17	6.083	1	6.083	7	42.581
18	3.764	1	3.764	8	30.112
19	1.885	1	1.885	9	16.965
20	0.375	0.5	0.187	10	1.875
总 和			$\sum{}' y_i = 162.103$		$\sum{}' k_i y_i = -92.360$

注：① 表中的 −391.944 为该列其以上各行的和；② 表中数据可能存在舍入误差，下同。

由表 A-2-1 的计算结果，并利用近似计算公式，可以得到：

（1）水线面的面积

$$A_w \approx 2\delta L \sum{}' y_i = 2 \times 7.359 \times 162.103 \approx 2\,385.83 (\text{m}^2)$$

（2）漂心纵向坐标

$$x_F \approx \delta L \frac{\sum' k_i y_i}{\sum' y_i} = 7.359 \times \frac{(-92.36)}{162.103} \approx -4.19(\text{m})$$

（3）水线面系数

$$C_{\text{wp}} = \frac{A_{\text{w}}}{BL} = \frac{2\,385.83}{20.4 \times 147.18} \approx 0.79$$

2）辛普森第一法

列表计算如表 A-2-2 所示。

表 A-2-2　辛普森第一法计算表

站　号	水线半宽 y_i/m	乘　数	面积乘积	矩　臂	面矩乘积
I	II	III	IV = II × III	V	VI = IV × V
0	2.305	0.5	1.152 5	−10	−11.525
1	4.865	2	9.730	−9	−87.570
2	6.974	1	6.974	−8	−55.792
3	8.568	2	17.136	−7	−119.952
4	9.559	1	9.559	−6	−57.354
5	10.011	2	20.022	−5	−100.110
6	10.183	1	10.183	−4	−40.732
7	10.200	2	20.400	−3	−61.200
8	10.200	1	10.200	−2	−20.400
9	10.200	2	20.400	−1	−20.400
10	10.200	1	10.200	0	−575.005
11	10.200	2	20.400	1	20.400
12	10.200	1	10.200	2	20.400
13	10.200	2	20.400	3	61.200
14	10.040	1	10.040	4	40.160
15	9.416	2	18.832	5	94.160
16	8.015	1	8.015	6	48.090
17	6.083	2	12.166	7	85.162
18	3.764	1	3.764	8	30.112
19	1.885	2	3.770	9	33.930
20	0.375	0.5	0.187	10	1.875
总　和			243.730		−139.500

注：表中的乘数采用的是(0.5,2,1,…,1,2,0.5)这种形式，而非(1,4,2,…,2,4,1)，这样可以省去将近一半的乘法运算，提高运算效率。

由表 A-2-2 的计算结果，并利用辛普森第一法近似计算公式，可以得到：

（1）水线面面积

$$A_w = 2\int_{-\frac{L}{2}}^{\frac{L}{2}} y\mathrm{d}x \approx \frac{2}{3}\delta L\sum\nolimits_A = \frac{2}{3}\times 7.359\times 2\times 243.730\approx 2\,391.48(\mathrm{m}^2)$$

（2）漂心纵向坐标

$$x_F = \frac{M_{Oy}}{A_w} = \frac{2\displaystyle\int_{-\frac{L}{2}}^{\frac{L}{2}} xy\mathrm{d}x}{2\displaystyle\int_{-\frac{L}{2}}^{\frac{L}{2}} y\mathrm{d}x} \approx \delta L\frac{\sum\nolimits_{M_{Oy}}}{\sum\nolimits_A} = 7.359\times\frac{-(139.500)}{243.730}\approx 4.21(\mathrm{m})$$

（3）水线面系数

$$C_{wp} = \frac{A_w}{BL} = \frac{2\,391.48}{20.4\times147.18}\approx 0.797$$

比较以上两种方法的计算过程和结果，可以发现：两者的计算结果非常接近，辛普森法的精度较高，梯形法运算起来较简便。

A.2.2　横剖面计算

横剖面计算主要包括面积 A_s 和面积形心垂向坐标 z_a 的计算，对中横剖面来说，还需计算中横剖面系数 C_m。

1. 基本公式

图 A-2-3 是某船的横剖面半宽图。参照该图，各基本计算公式如下。

（1）横剖面面积 A_s：

$$A_s = 2\int_0^d y\mathrm{d}z$$

（2）面积形心垂向坐标 z_a。

首先计算横剖面对 Oy 轴的静矩 M_{Oy}：

$$M_{Oy} = 2\int_0^d zy\mathrm{d}z$$

则：

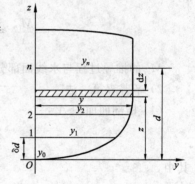

图 A-2-3　横剖面半宽图

$$z_a = \frac{M_{Oy}}{A_s} = \frac{2\displaystyle\int_0^d zy\mathrm{d}z}{2\displaystyle\int_0^d y\mathrm{d}z} = \frac{\displaystyle\int_0^d zy\mathrm{d}z}{\displaystyle\int_0^d y\mathrm{d}z}$$

2. 近似计算公式

近似计算时，将横剖面沿吃水方向分成 n 等份，其间距为 δd，横向坐标 $y_i(i=0,\cdots,n)$ 为相应吃水处的半宽坐标值，如图 A-2-3 所示。下面分别介绍梯形法和辛普森法对横剖面的近似计算公式。

1) 梯形法

(1) 横剖面面积 A_s：

$$A_s = 2\int_0^d y\,\mathrm{d}z \approx 2\delta d \sum{}' y_i$$

其中，

$$\sum{}' y_i = \frac{1}{2}y_0 + y_1 + y_2 + \cdots + y_{n-2} + y_{n-1} + \frac{1}{2}y_n$$

或

$$\sum{}' y_i = y_0 + y_1 + y_2 + \cdots + y_{n-2} + y_{n-1} + y_n - \frac{1}{2}(y_0 + y_n)$$

(2) 面积形心垂向坐标 z_a。

首先计算横剖面对 Oy 轴的静矩 M_{Oy}：

$$M_{Oy} = 2\int_0^d zy\,\mathrm{d}z \approx 2(\delta d)^2 \sum{}' k_i y_i$$

其中，

$$\sum{}' k_i y_i = \frac{1}{2} \times 0 \times y_0 + 1 \times y_1 + 2 \times y_2 + \cdots + (n-1) \times y_{n-1} + \frac{1}{2} \times n \times y_n$$

则：

$$z_a = \frac{M_{Oy}}{A_s} \approx \frac{2(\delta d)^2 \sum{}' k_i y_i}{2\delta d \sum{}' y_i} = \delta d\,\frac{\sum{}' k_i y_i}{\sum{}' y_i}$$

M_{oy} 的推导过程与水线面部分的内容相同，此处不作详细介绍。

2) 辛普森第一法

(1) 横剖面面积 A_s：

$$A_s = 2\int_0^d y\,\mathrm{d}z \approx \frac{4}{3}\delta d \sum\nolimits_A$$

其中，

$$\sum\nolimits_A = \frac{1}{2}y_0 + 2y_1 + y_2 + \cdots + y_{n-2} + 2y_{n-1} + \frac{1}{2}y_n$$

(2) 面积形心垂向坐标 z_a。

首先计算横剖面对 Oy 轴的静矩 M_{Oy}：

$$M_{Oy} = 2\int_0^d zy\,\mathrm{d}z \approx \frac{4}{3}(\delta d)^2 \sum\nolimits_{M_{Oy}}$$

其中，

$$\sum\nolimits_{M_{Oy}} = 0 \times \frac{1}{2}y_0 + 1 \times 2y_1 + 2 \times y_2 + \cdots + (n-2) \times y_{n-2} + (n-1) \times 2y_{n-1} + n \times \frac{1}{2}y_n$$

因此，

$$z_{\mathrm{a}} = \frac{M_{Oy}}{A_{\mathrm{s}}} \approx \delta d \frac{\sum_{M_{Oy}}}{\sum_A}$$

3）辛普森第二法

辛普森第二法的计算公式仅仅在系数上与辛普森第一法有所不同。

（1）横剖面面积 A_{s}：

$$A_{\mathrm{s}} = 2\int_0^d y \mathrm{d}z \approx \frac{3}{4}\delta d \sum_A$$

其中，

$$\sum_A = y_0 + 3y_1 + 3y_2 + 2y_3 + \cdots + 3y_{n-3} + 3y_{n-2} + 2y_{n-1} + y_n$$

（2）面积形心垂向坐标 z_{a}。

首先计算横剖面对 Oy 轴的静矩 M_{Oy}：

$$M_{Oy} = 2\int_0^d zy \mathrm{d}z = \frac{3}{4}(\delta d)^2 \sum_{M_{Oy}}$$

其中：

$$\sum_{M_{Oy}} = 0 \times y_0 + 1 \times 3y_1 + 2 \times 3 \times y_2 + 3 \times 2 \times y_3 + \cdots + (n-2) \times 3 \times y_{n-2} +$$
$$(n-1) \times 3 \times y_{n-1} + n \times y_n$$

因此，

$$z_{\mathrm{a}} = \frac{M_{Oy}}{A_{\mathrm{s}}} \approx \delta d \frac{\sum_{M_{Oy}}}{\sum_A}$$

3. 计算实例

某货船的中横剖面半宽图如图 A-2-3 所示，其半宽坐标值如表 A-2-3 所示。该船宽 $B = 20.4$ m，吃水 $d = 8.4$ m，沿吃水方向分为 7 等份，$\delta d = 1.2$ m。用近似计算法列表计算其横剖面面积 A_{s}、面积形心垂向坐标 z_{a} 和中横剖面系数 C_{m}。

此处仅列出利用梯形法的计算结果，其他方法可依此进行。

梯形法列表计算如下。

表 A-2-3　梯形法计算表

水线号	水线半宽 y_i/m	乘　数	面积乘积	矩　臂	面矩乘积
I	II	III	IV = II × III	V	VI = IV × V
0	8.37	0.5	4.185	0	0
1	9.96	1	9.96	1	9.96
2	10.20	1	10.20	2	20.40

续　表

水线号	水线半宽 y_i/m	乘　数	面积乘积	矩　臂	面矩乘积
Ⅰ	Ⅱ	Ⅲ	Ⅳ = Ⅱ × Ⅲ	Ⅴ	Ⅵ = Ⅳ × Ⅴ
3	10.20	1	10.20	3	30.60
4	10.20	1	10.20	4	40.80
5	10.20	1	10.20	5	51.00
6	10.20	1	10.20	6	61.20
7	10.20	0.5	5.10	7	35.70
总　和			$\sum{}' y_i = 70.245$		$\sum{}' k_i y_i = 249.66$

注：表中的 $y_0 = 8.37$ 是修正后的值，如果采用原值0，则会产生较大误差。

由梯形法的近似计算公式可得：

（1）横剖面面积 A_m

$$A_m \approx 2\delta d \sum{}' y_i = 2 \times 1.2 \times 70.245 = 168.588(\text{m}^2)$$

（2）面积形心垂向坐标 z_a

$$z_a \approx \delta d \frac{\sum{}' k_i y_i}{\sum{}' y_i} = 1.2 \times \frac{249.66}{70.245} \approx 4.26(\text{m})$$

（3）中横剖面系数 C_m

$$C_m = \frac{A_m}{Bd} = \frac{168.588}{20.4 \times 8.4} = 0.984$$

A.2.3　排水体积计算

排水体积的计算有两种方法：① 由水线面面积计算，即所谓的垂向计算法；② 由横剖面面积计算，即所谓的纵向计算法。下面分别进行讨论。

1. 由水线面面积计算排水体积

其基本公式为：

$$\nabla = \int_0^d A_w \mathrm{d}z$$

式中　A_w——距基线 z 处的水线面的面积。

由基本公式知，在计算排水体积之前需首先算出各水线处的水线面面积 A_{wi}，然后可得到相应的近似计算公式。

（1）梯形法公式：

$$\nabla = \int_0^d A_w \mathrm{d}z \approx \delta d \sum{}' A_{wi}$$

其中，

$$\sum {}'A_{wi} = \frac{1}{2}A_{w0} + A_{w1} + A_{w2} + \cdots + A_{w(n-2)} + A_{w(n-1)} + \frac{1}{2}A_{wn}$$

式中 δd——水线面之间的间隔距离，一般为 d/n。

（2）辛普森第一法公式：

$$\nabla = \int_0^d A_w \mathrm{d}z \approx \frac{2}{3}\delta d \sum {}'A_{wi}$$

其中，

$$\sum {}'A_{wi} = \frac{1}{2}A_{w0} + 2A_{w1} + A_{w2} + \cdots + A_{w(n-2)} + 2A_{w(n-1)} + \frac{1}{2}A_{wn}$$

当需要计算不同吃水下的排水体积时，应仅取相应吃水以下的各水线面面积参与计算。例如，当要计算 2 号水线以下船体的排水体积时，则梯形法计算公式中的水线面面积可写为：

$$\sum {}'A_{wi} = \frac{1}{2}A_{w0} + A_{w1} + \frac{1}{2}A_{w2}$$

当采用梯形法并列表计算时，有如表 A-2-4 所示较为简洁的计算方法。表中第 1 列为水线号；第 2 列为不同水线号对应的吃水；第 3 列为对应的水线面面积；第 4 列为成对和，即前一列的本行和上一行的值的和；第 5 列为自上而下和，即前一列（成对和）的本行至第 1 行的所有值的和；第 6 列为相应吃水时船体的排水体积，由公式 $\nabla_i = \delta d\, \mathrm{V}/2$ 求得，即前一列（自上而下和）本行的值乘以水线（吃水）间隔 δd，再除以 2。

表 A-2-4 所列内容虽然是用于计算不同吃水时的排水体积，但这种列表计算的方法适用于利用梯形法的其他类似求解内容。

表 A-2-4

水线号	d_i	A_{wi}	成对和	自上而下和	∇_i
I	II	III	IV	V	VI
0	d_0	A_{w0}	—	—	0
1	d_1	A_{w1}	$A_{w0} + A_{w1} = a$	a	
2	d_2	A_{w2}	$A_{w1} + A_{w2} = b$	$a+b$	
3	d_3	A_{w3}	$A_{w2} + A_{w3} = c$	$a+b+c$	
...	d_i	A_{wi}	...		
计算公式			$\nabla_i = \delta d\, \mathrm{V}/2$		

2. 由横剖面面积计算排水体积

基本公式为：

$$\nabla = \int_{-\frac{L}{2}}^{\frac{L}{2}} A_s \mathrm{d}x$$

式中 A_s——离中站面 x 处的横剖面面积。

因此,在计算排水体积之前需首先算出各横剖面的面积 A_{si},然后可得到相应的近似计算公式。

(1)梯形法公式:

$$\nabla=\int_{-\frac{L}{2}}^{\frac{L}{2}} A_s \mathrm{d}x \approx \delta L \sum{}' A_{si}$$

其中,

$$\sum{}' A_{si}=\frac{1}{2}A_{s0}+A_{s1}+A_{s2}+\cdots+A_{s(n-2)}+A_{s(n-1)}+\frac{1}{2}A_{sn}$$

式中 δL——横剖面之间的间隔,一般为 L/n。

(2)辛普森第一法公式:

$$\nabla=\int_{-\frac{L}{2}}^{\frac{L}{2}} A_s \mathrm{d}x \approx \frac{2}{3}\delta L \sum{}' A_{si}$$

其中,

$$\sum{}' A_{si}=\frac{1}{2}A_{s0}+2A_{s1}+A_{s2}+\cdots+A_{s(n-2)}+2A_{s(n-1)}+\frac{1}{2}A_{sn}$$

A.2.4 浮心位置的计算

浮心位置的计算同样有两种计算方法,即分别由水线面和由横剖面计算。下面仅介绍由水线面计算浮心的纵向坐标和垂向坐标的近似计算方法及公式。

1. 浮心纵向坐标的计算

基本公式为:

$$x_B=\frac{M_{yOz}}{\nabla} \qquad M_{yOz}=\int_0^d x_F A_w \mathrm{d}z$$

由基本公式可知,计算时需要以下基本数据:各水线面的面积 A_{wi}、漂心纵向坐标 x_{Fi} 和该吃水下的排水体积 ∇_i。以上参数的计算方法前面都已介绍,因此主要的计算就是由 A_{wi} 和 x_{Fi} 计算出 M_{yOz}。

(1)M_{yOz} 的梯形法计算公式为:

$$M_{yOz}=\delta d \sum{}' (x_{Fi}A_{wi})$$

其中,

$$\sum{}' (x_{Fi}A_{wi})=\frac{1}{2}x_{F0}A_{w0}+x_{F1}A_{w1}+x_{F2}A_{w2}+\cdots+x_{F(n-2)}A_{w(n-2)}+x_{F(n-1)}A_{w(n-1)}+$$
$$\frac{1}{2}x_{Fn}A_{wn}$$

δd 的意义同前。

（2）M_{yOz} 的辛普森第一法计算公式为：

$$M_{yOz} = \frac{2}{3} \delta d \sum{}'(x_{Fi}A_{wi})$$

其中，

$$\sum{}'(x_{Fi}A_{wi}) = \frac{1}{2}x_{F0}A_{w0} + 2x_{F1}A_{w1} + x_{F2}A_{w2} + \cdots + x_{F(n-2)}A_{w(n-2)} + 2x_{F(n-1)}A_{w(n-1)} +$$

$$\frac{1}{2}x_{Fn}A_{wn}$$

δd 的意义同前。

计算出 M_{yOz} 之后，将其除以该吃水下的排水体积 ∇_i 即可得到相应吃水下的浮心纵向坐标。

2. 浮心垂向坐标的计算

在第 3 章的排水体积曲线的特性中提到浮心垂向坐标的计算公式为：

$$z_B = d - \int_0^d \nabla \mathrm{d}z \,/\, \nabla_i$$

由该公式可见，主要是计算积分 $\int_0^d \nabla \mathrm{d}z$，即需要计算吃水 d 下的各吃水处的排水体积。具体计算时较为简单，下面仅列出利用梯形法列表计算时的表格形式，如表 A-2-5 所示。

表 A-2-5

水线号	∇_i	成对和	自上而下和	$h\text{IV}/(2\nabla_i)$	d_i	z_{Bi}
I	II	III	IV	V	VI	VII = VI − V
0	∇_0	—	—	—	d_0	—
1	∇_1				d_1	
2	∇_2				d_2	
...						
计算公式			$z_{Bi} = d_i - h\text{IV}/(2\nabla_i)$			

■ A.3　近似计算时的端点修正和局部处理

对于船体型线在首尾末端和局部曲率变化较大的位置，采用近似计算法计算时会造成较大误差，因此常采用增加中间坐标和修正端点的方法以提高计算的精确程度。

1. 增加中间坐标

如图 A-3-1 所示的曲线，其底部处曲度变化较大，近似计算时应在坐标 y_0 和 y_1 之间增加一个中间坐标 $y_{1/2}$。

2. 修正水线面艏艉型线

其修正方法如图 A-3-2 所示。通常有三种情况：

1）曲线端点在坐标位置上

如图 A-3-2(a)所示，水线的端点在原点处。当采用梯形法计算曲边三角形 OBC 时，所得的值实际上是直角三角形 OBC(如图中的虚线所示)的面积，因此会产生较大误差。修正时的具体方法是：在 Oy 轴上取一点 D，连接 CD，使得图中两阴影部分的面积相等，取图中所示 OD 作为该坐标位置上的水线半宽 y_0'。

2）曲线端点未到坐标点

如图 A-3-2(b)所示，水线的端点未到达所取的坐标位置 E 处。具体修正方法是：在横轴上取一点 D，连接 BD，使图中两阴影部分的面积相等，然后过 D 点作 BE 的平行线，交纵轴于 F，取图中 EF 作为该坐标位置上的水线半宽 y_0'。注意，此时 y_0' 是一个负数。

3）曲线端点超过坐标点

如图 A-3-2(c)所示，水线的端点超过了所取的坐标位置 G。具体修正方法是：在横轴取一点 E，连接 DE，使两阴影部分的面积相等，然后过 E 作 DA 的平行线，交纵轴于 F，取 DF 的长度作为该坐标位置上的水线半宽 y_0'。注意，此时 y_0' 是一个正数。

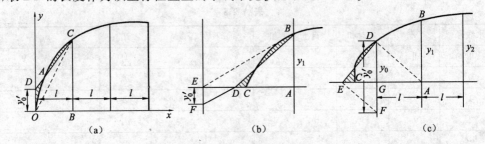

图 A-3-2　水线面艏艉型线的修正

3. 修正横剖线端部坐标

通常有如图 A-3-3 所示的四种情况。图中的(a)相当于图 A-3-2 中的(a)，因此修正方法也一样。图中的(c)和(d)分别相当于图 A-3-2 中的(b)和(c)。图中的(b)是另一种端点未到达坐标位置的情况，修正时可直接在通过坐标位置 0 的平行线上取一点 C，使得 $01AC$ 的面积与原曲边三角形 $1AB$ 相等，以 $0C$ 的值作为该坐标位置上的修正值。

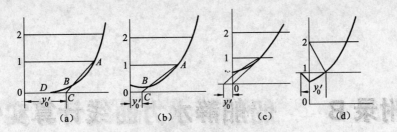

图 A-3-3 横剖线端部坐标的修正

习 题

1. 某船吃水 4.2 m 时的水线分为 10 等份,其横向坐标间距为 3.5 m,自首向尾的横向半宽坐标值分别为:0,3.30,5.30,5.90,5.90,5.90,5.90,5.85,5.22,3.66 和 1.03 m。试分别用梯形法和辛普森法求该水线面的面积、漂心纵向坐标和水线面系数。

2. 某船中横剖面的半宽坐标,自基线向上分别为:0,2.43,5.23,6.28,6.60,6.75 和 6.80 m,两半宽坐标间的垂向间距为 1 m。试用辛普森法求其横剖面面积、面积形心垂向坐标和中横剖面系数。

附录B　船舶静水力曲线计算实例

◾ B.1　船舶基本资料

船名:×××　　　　　　平均吃水 d:1.00 m

总长 L_{oa}:17.70 m　　　站距 l:0.80 m

垂线间长 L:16.00 m　　　水线间距 h:0.25 m

型宽 B:4.00 m　　　　　水的密度 γ:(淡水)1×10^3 kg/m³

型深 D:1.35 m　　　　　附体系数 k_{ap}:1.006

◾ B.2　静水力曲线计算书

首先需要根据船舶的型线图和型值表准备计算所需的数据。表 B-2-1 是结合型线图和型值表得到的计算所需的基本数据,型值表和型线图在此略去。注意填写数据时要进行端点修正,如 5 号水线的 0 号站半宽(3 580 mm)超过船的半宽是由端点修正造成的。

表 B-2-1　由型线图和型值表得到的计算所需的基本数据

横剖面站号	各水线半宽/mm						
	0	1	2	3	4	5	...
0	—	—	—	—	780	3 580	
1	—	−60	−70	180	1 330	1 840	
2	50	420	630	870	1 610	1 920	
3	400	920	1 350	1 580	1 800	1 955	
4	720	1 400	1 670	1 815	1 915	1 980	
5	900	1 620	1 830	1 930	1 980	1 995	
6	1 020	1 740	1 910	1 970	1 995	2 000	
7	1 025	1 800	1 950	1 995	2 000	2 000	
8	1 030	1 840	1 980	2 000	2 000	2 000	

横剖面站号	各水线半宽/mm						
	0	1	2	3	4	5	⋯
9	1 035	1 860	1 985	2 000	2 000	2 000	
10	1 040	1 880	1 990	2 000	2 000	2 000	
11	1 020	1 860	1 975	2 000	2 000	2 000	
12	1 000	1 835	1 960	2 000	2 000	2 000	
13	950	1 770	1 930	1 995	2 000	2 000	
14	900	1 700	1 880	1 970	1 990	2 000	
15	840	1 540	1 720	1 870	1 940	1 970	
16	740	1 260	1 470	1 645	1 805	1 880	
17	400	895	1 130	1 310	1 500	1 675	
18	180	550	770	915	1 100	1 325	
19	0	200	410	460	555	890	
20	—	—	—	0	140	510	
L_i/m	13.9	14.32	14.59	14.78	16	16.84	
B_i/m	2.08	3.76	3.98	4	4	4	

表 B-2-2　水线面各参数计算表

水线号:1♯　　$d=0.25$ m

横剖面站号	y_i/m	面矩乘数	惯矩乘数	面矩乘积	惯矩乘积	y_i^3
Ⅰ	Ⅱ	Ⅲ	Ⅳ = Ⅲ²	Ⅴ = Ⅱ × Ⅲ	Ⅵ = Ⅱ × Ⅳ	Ⅶ = Ⅱ³
0	—	−10	100	—		—
1	−0.06	−9	81	0.54	−4.86	0.000
2	0.42	−8	64	−3.36	26.88	0.074
3	0.92	−7	49	−6.44	45.08	0.779
4	1.40	−6	36	−8.40	50.40	2.744
5	1.62	−5	25	−8.10	40.50	4.252
6	1.74	−4	16	−6.96	27.84	5.268
7	1.80	−3	9	−5.40	16.20	5.832
8	1.84	−2	4	−3.68	7.36	6.230
9	1.86	−1	1	−1.86	1.86	6.435
10	1.88	0	0	0	0	6.645
11	1.86	1	1	1.86	1.86	6.435

横剖面站号	y_i/m	面矩乘数	惯矩乘数	面矩乘积	惯矩乘积	y_i^3
Ⅰ	Ⅱ	Ⅲ	Ⅳ=Ⅲ²	Ⅴ=Ⅱ×Ⅲ	Ⅵ=Ⅱ×Ⅳ	Ⅶ=Ⅱ³
12	1.835	2	4	3.67	7.34	6.179
13	1.77	3	9	5.31	15.93	5.545
14	1.70	4	16	6.80	27.20	4.913
15	1.54	5	25	7.70	38.50	3.652
16	1.26	6	36	7.56	45.36	2.000
17	0.895	7	49	6.265	43.855	0.717
18	0.55	8	64	4.40	35.20	0.166
19	0.20	9	81	1.80	16.20	0.008
20	—	10	100	—	—	—
$\sum{}'$	25.03			1.705	442.705	67.873
修正值＝(首项＋末项)/2	0.07	—		1.170	5.670	0.004
$\sum = \sum{}'-$修正值	24.96			0.535	437.035	67.869
计算公式	$A_w=2l\sum$Ⅱ	$C_{wp}=A_w/(L_iB_i)$	$x_F=l\sum$Ⅴ$/\sum$Ⅱ	$I_L=2l^3\sum$Ⅵ	$I_F=I_L-A_wx_F^2$	$I_T=\dfrac{2}{3}l\sum$Ⅶ
计算结果	39.936	0.742	0.017	447.524	447.512	36.197
单　位	m²	—	m	m⁴	m⁴	m⁴

注意：计算时表 B-2-2 所需张数与选取水线数目相同，即每一个水线面对应一张表格。

表 B-2-3　∇,Δ,C_b,TPC 计算表

水线号	d_i	A_{wi}	成对和	自上而下和	∇_i	Δ_i	$L_iB_iD_i$	C_{bi}	TPC_i
Ⅰ	Ⅱ	Ⅲ	Ⅳ	Ⅴ	Ⅵ	Ⅶ	Ⅷ	Ⅸ	Ⅹ
0	0	21.160	—	—	0	0	0	—	0.212 9
1	0.25	39.936	61.096	61.096	7.637	7.682 8	13.461	0.567 4	0.401 8
2	0.50	45.280	85.216	146.312	18.289	18.399	29.034	0.629 9	0.455 5
3	0.75	48.664	93.944	240.256	30.032	30.212	44.340	0.677 3	0.489 6
4	1.00	54.368	103.030	343.288	42.911	43.168	64.000	0.670 5	0.546 9
5	1.25	59.960	114.330	457.616	57.202	57.545	84.200	0.679 4	0.603 2
计算公式				$\nabla_i=h$Ⅴ$/2,\Delta_i=\nabla_i\gamma k_{ap},C_{bi}=\nabla_i/(L_iB_iD_i),TPC_i=A_{wi}\gamma k_{ap}/100$					

表 B-2-4　x_B 计算表

水线号	A_{wi}	x_{Fi}	$A_{wi}x_{Fi}$	成对和	自上而下和	∇_i	x_{Bi}
I	II	III	IV = II × III	V	VI	VII	VIII
0	21.160	0.017	0.358	—	—	0.000	—
1	39.936	0.017	0.685	1.043	1.043	7.637	0.017
2	45.280	−0.007	−0.307	0.378	1.421	18.289	0.010
3	48.664	0.013	0.614	0.307	1.728	30.032	0.007
4	54.368	−0.406	−22.061	−21.446	−19.718	42.911	−0.057
5	59.960	−0.669	−40.122	−62.182	−81.901	57.202	−0.179
计算公式			$x_{Bi} = h\,\text{VI}/(2\nabla_i)$				

表 B-2-5　z_B 计算表

水线号	∇_i	成对和	自上而下和	$h\,\text{IV}/(2\nabla_i)$	d_i	z_{Bi}
I	II	III	IV	V	VI	VII = VI − V
0	0	—	—	—	0	—
1	7.637	7.637	7.637	0.125	0.25	0.125
2	18.289	25.926	33.563	0.229	0.50	0.271
3	30.032	48.321	81.884	0.341	0.75	0.409
4	42.911	72.943	154.827	0.451	1.00	0.549
5	57.202	100.113	254.94	0.557	1.25	0.693
计算公式			$z_{Bi} = d_i - h\,\text{IV}/(2\nabla_i)$			

表 B-2-6　$\overline{BM}, \overline{BM}_L, \overline{KM}, \overline{KM}_L$ 计算表

水线号	∇_i	I_{Ti}	I_{Li}	$\overline{BM}_i$	$\overline{BM}_{Li}$	$\overline{KB}_i$	$\overline{KM}_i$	$\overline{KM}_{Li}$
I	II	III	IV	V = III / II	VI = IV / II	VII	VIII = V + VII	IX = VI + VII
0	0	—	—	—	—	—	—	—
1	7.637	36.197	447.524	4.740	58.599	0.125	4.865	58.724
2	18.289	48.325	554.967	2.642	30.344	0.271	2.913	30.615
3	30.032	54.958	654.244	1.830	21.785	0.409	2.239	22.194
4	42.911	62.539	906.757	1.457	21.131	0.549	2.006	21.680
5	57.202	81.872	1 197.327	1.431	20.932	0.693	2.124	21.624
...								
计算公式		$\overline{BM}_i = I_{Ti}/\nabla_i$, $\overline{BM}_{Li} = I_{Li}/\nabla_i$, $\overline{KM}_i = \overline{KB}_i + \overline{BM}_i$, $\overline{KM}_{Li} = \overline{KB}_i + \overline{BM}_{Li}$						

表 B-2-7　**MTC 计算表**

水线号	Δ_i	$\overline{BM}_{Li}$	$\Delta_i\overline{BM}_{Li}$	L_i	MTC_i
I	II	III	IV = II × III	V	VI
0	0	—	—	—	—
1	7.683	58.599	450.216	14.32	0.314
2	18.399	30.344	558.299	14.59	0.383
3	30.212	21.785	658.168	14.78	0.445
4	43.168	21.131	912.183	16.00	0.570
5	57.545	20.932	1 204.532	16.84	0.715
计算公式			$MTC_i = \Delta_i\overline{BM}_{Li}/L_i/100$		

表 B-2-8　**C_m,C_p 计算表**

水线号	中横剖面水线半宽	成对和	自上而下和	A_{mi}	Bd_i	C_{mi}	C_{bi}	C_{pi}
I	II	III	IV	V	VI	VII	VIII	IX
0	1.04	—	—	—	—	—	—	—
1	1.88	2.92	2.92	0.730	0.94	0.777	0.567	0.730
2	1.99	3.87	6.79	1.698	1.99	0.853	0.630	0.738
3	2	3.99	10.78	2.695	3	0.898	0.677	0.754
4	2	4	14.78	3.695	4	0.924	0.670	0.726
5	2	4	18.78	4.695	5	0.939	0.679	0.723
计算公式			$A_{mi} = h\,IV, C_{mi} = A_{mi}/(Bd_i), C_{pi} = C_{bi}/C_{mi}$					

表 B-2-9　**静水力曲线计算结果汇总表**

水线号	0	1	2	3	4	5
吃水 d/m	0	0.25	0.50	0.75	1.00	1.25
排水体积 ∇/m³	0	7.637	18.289	30.032	42.911	57.202
总排水体积(包括附属体)/排水量 t	0	7.683	18.399	30.212	43.168	57.545
水线面面积 A_w/m²	21.16	39.936	45.28	48.664	54.368	59.96
x_F/m	0.017	0.017	−0.007	0.013	−0.406	−0.669
x_B/m		0.017	0.010	0.007	−0.057	−0.179
z_B/m		0.125	0.271	0.409	0.549	0.693
$\overline{BM}$/m	—	4.740	2.642	1.830	1.457	1.431
$\overline{BM}_L$/m	—	58.599	30.344	21.785	21.131	20.932

水线号	0	1	2	3	4	5
$MTC/(\text{t} \cdot \text{m})$	—	0.314	0.383	0.445	0.570	0.715
$TPC/(\text{t} \cdot \text{cm}^{-1})$	0.213	0.402	0.456	0.490	0.547	0.603
C_{wp}	0.732	0.742	0.780	0.823	0.850	0.890
C_m	—	0.777	0.853	0.898	0.924	0.939
C_b	—	0.567	0.630	0.677	0.670	0.679
C_p	—	0.730	0.739	0.754	0.725	0.723

■ B.3　静水力曲线图的绘制

　　静水力曲线一般用坐标纸绘制,具体样式参考第 4 章。图中纵坐标为吃水,横坐标为厘米读数。图中曲线分布要均匀,避免挤在一起造成混淆,比例选择要适宜,既要种类少,又要尽可能使图上读到的数字易于换算。绘制曲线的数据来自静水力曲线计算结果汇总表。

参 考 文 献

[1] E. C. Tupper. Introduction to Naval Architecture. 4th ed. Elsevir, 2004
[2] Edward V. Lewis. Principles of Naval Architecture. 2nd rev. SNAME, 1988
[3] Thomas C. Gillmer, Bruce Johnson. Introduction to Naval Architecture. United States Naval Institute,1982
[4] 全国科学技术名词审定委员会.《船舶工程名词》.北京:科学出版社,1998
[5] 盛振邦,刘应中.船舶原理.上海:上海交通大学出版社,2003
[6] 盛振邦,杨尚荣,陈雪深.船舶静力学.上海:上海交通大学出版社,1992
[7] 邵世明,赵连恩,朱念昌.船舶阻力.北京:国防工业出版社,1995
[8] 王国强,盛振邦.船舶推进.北京:国防工业出版社,1985
[9] 吴秀恒.船舶操纵性与耐波性.北京:人民交通出版社,1999
[10] 刘雪梅.船舶原理.哈尔滨:哈尔滨工程大学出版社,2005
[11] 潘晓明.船舶原理.北京:人民交通出版社,2007
[12] 魏莉洁.船舶结构与制图.北京:人民交通出版社,2006
[13] 马家法,孙广.船舶结构与设备.大连:大连海事大学出版社,2000
[14] 吴仁元.船舶结构.北京:国防工业出版社,1986
[15] 蔡厚平.船舶设计基础.哈尔滨:哈尔滨工程大学出版社,2006
[16] 顾敏童.船舶设计原理.上海:上海交通大学出版社,2001
[17] 陆伟东,危行三,王笃其.船舶建造工艺.上海:上海交通大学出版社,1991
[18] 魏莉洁.船舶建造工艺.哈尔滨:哈尔滨工程大学出版社,2006
[19] 饶小江.船体检验.北京:人民交通出版社,2007
[20] 马志良,罗德涛.近海移动式平台.北京:海洋出版社,1993
[21] 程斌.船舶与海洋工程导论.上海:上海交通大学出版社,1996
[22] 金仲达.船舶概论.哈尔滨:哈尔滨工程大学出版社,2002
[23] 王肇庚,龚昌奇.运输船舶设备与系统.北京:人民交通出版社,2001
[24] 陆文兴.航海仪器.大连:大连海事大学出版社,2000
[25] 中国船级社.钢质海船入级规范.北京:人民交通出版社,2009
[26] 中国船级社.材料与焊接规范.北京:人民交通出版社,2009
[27] 中国船级社.海上移动平台入级与建造规范.北京:人民交通出版社,2005